U0596332

国 家 社 科 基 金 项 目

周蜀蓉 著

发现边疆：
华西边疆研究学会研究

中华书局

图书在版编目（CIP）数据

发现边疆：华西边疆研究学会研究/周蜀蓉著. —北京：中华书局，2018.11

ISBN 978-7-101-13329-5

Ⅰ.发…　Ⅱ.周…　Ⅲ.边疆地区–地方史–研究机构–中国

Ⅳ.K928.1-242

中国版本图书馆 CIP 数据核字（2018）第 150913 号

书　　名	发现边疆：华西边疆研究学会研究	
著　　者	周蜀蓉	
责任编辑	李闻辛	
装帧设计	周　玉	
出版发行	中华书局	
	（北京市丰台区太平桥西里 38 号　100073）	
	http://www.zhbc.com.cn	
	E-mail：zhbc@zhbc.com.cn	
印　　刷	北京瑞古冠中印刷厂	
版　　次	2018 年 11 月北京第 1 版	
	2018 年 11 月北京第 1 次印刷	
规　　格	开本/710×1000 毫米　1/16	
	印张 24½　插页 3　字数 420 千字	
印　　数	1-1000 册	
国际书号	ISBN 978-7-101-13329-5	
定　　价	118.00 元	

作者简介

周蜀蓉，1955 年生于四川成都，文学学士，四川大学博物馆研究馆员，四川大学宗教所基督教研究中心兼职研究员，四川大学考古学实验教学中心兼职教授。20 世纪 80 年代以降，先后从事中国古代女性、四川古代移民、华西基督教及近代华西边疆研究。研究并完成国家社会科学基金青年项目、重庆市移民局项目、国家社会科学基金一般项目、教育部人文社会科学重点研究基地重大项目等各类课题。主持并完成国家社会科学基金一般项目"华西边疆研究学会研究"和教育部人文社会科学重点研究基地重大项目"藏学研究珍稀基础资料  《华西边疆研究学会杂志》整理、研究与重刊"。在《史学月刊》《四川大学学报》《宗教学研究》《西南师范大学学报》《西南民族学院学报》等十余种刊物上发表学术论文三十余篇。出版《走向开放的人口》（合著）、《葛维汉民族学考古学论著》（合编）、《巴蜀移民史》（合著）、《边疆服务》、《华西边疆研究学会杂志影印本》（合编）等图书，《巴蜀移民史》获四川省第十三届哲学社会科学优秀成果三等奖。

目　录

插图目录

表格目录

序

本书为四川大学博物馆周蜀蓉研究员主持国家社科基金项目"华西边疆研究学会研究"的最终成果。周蜀蓉研究员是一位视野开阔、眼光高远、思维敏锐，且耐得寂寞、潜心学术的真诚学者。本书虽然是她 2010 年起主持国家社科基金项目形成的最终成果，但实际是她十多年着力研究华西边疆研究学会及其所办《华西边疆研究学会杂志》的一部力作，是国内第一本系统研究华西边疆研究学会的专著。周蜀蓉研究员嘱我为之作序，我颇感为难。因我未曾对华西边疆研究学会史事进行过梳理，仅在研究抗战时期基督教在西南边疆地区的传播时对之稍有了解，本不宜为这部十年磨一剑的大作作序，但阅读本书内容后，深为周蜀蓉研究员书中的许多精深见解所吸引，也为周蜀蓉研究员上下求索、锲而不舍的为学精神所感动，由是冒昧为序，意在将这部倾注了周蜀蓉研究员十多年心血的著述推介给广大读者。

华西边疆研究学会（West China Border Research Society）始创于 1922 年 3月，发起者为私立华西协合大学的几位外国学者。创办伊始，他们不可能意识到这是一项永垂史册的创举，今人回望历史才明确认识到这是近代中国第一个以华西边疆研究为宗旨的专业性国际学术机构，且为民国时期华西边疆研究领域中影响最大、历时最久的国际学术机构之一。华西边疆研究兴盛之时有英、美、加、法、德、中、日、澳等国学者加入，会员一度达五百四十余人。学会立足于成都，开展了大量卓有成效的工作，直接推动了近代西南民族、人类、地理、动植物、博物等学科的发展，更直接促成了中国民族学"华西学派"的形成。

1950 年，华西边疆研究学会会务终止，并被错误定性为"反动的西方学术机关"，研究就此成为国内学界不能涉猎的"禁区"，尘封半个世纪无人问津。迄今为止，学术界对华西边疆研究学会的了解还极为有限，关于华西边疆研究学会的活动、研究等史事都未得到系统梳理，也没有看到一本关于华西边疆研究学会的研究专著问世。研究成果与学界的关注度都与华西边疆研究学会的重要地位不相符合。

华西边疆研究学会之所以长期未得全面研究，一方面因受当初政治定性的影响，一方面也因研究的不易而使不少学人望而却步。学会早年成员大都是有基督教背景的外国学者，来源较为分散，档案和其他文献资料均不易获取，学术研究很难取得突破性的进展。研究这个题目，面临的首要难点是资料的缺佚。周蜀蓉研究员之所以能写成本书，除她具有坚定的学术志向之外，也得益于近水楼台之便。她所在的四川大学博物馆与华西边疆研究学会附属的图书、博物两馆一脉相承，现馆中收庋了较为完整的华西边疆研究学会档案和学会会刊《华西边疆研究学会杂志》（*Journal of the West China Border Research Society*）。得天独厚的条件给予她接触、并长期系统研究华西边疆研究学会档案和学会杂志的良机。她前期即对《华西边疆研究学会杂志》作过相当精深的研究，还耗时耗力整理出版了完整的《华西边疆研究学会杂志》目录索引。正因如此，作者可以透过珍贵的档案研究，为学界提供较为真实、可靠的历史记叙，今人可一定程度重回历史现场，了解整个学会创立、发展、衰落的来龙去脉。

对于未知对象的研究，重建史实是必须迈出的首要一步，但历史研究又不能仅仅停留于此。在这本专著中，作者不仅较为系统、全面、清晰地勾勒了学会创办、研究活动、演变过程、发展阶段以及社会影响，而且有意识地将学会放在全球文化殖民与 20 世纪民族主义兴起的大历史背景以及近现代中国学术生长、发展的宏大文化演进时空来考察学会的价值和意义。换言之，作者的研究事实上带着一系列很重要的思考。譬如以外国学者为核心甚至带有"文化殖民"色彩的华西边疆研究为何兴起，对帝国边疆研究的价值和意义何在，学会与近现代中国边疆学术研究的关系如何？作者通过对华西边疆研究学会从外国学者为主体到以中国学者为主体的转变研究，围绕近代政学关系、"帝国想象"与"国族意识"的论述对上述问题给出了自己的回答。虽为一家之言，却无疑地做出了非常有益的尝试，开拓了新的研究思路，足以为后来者的研究提供有益的借镜。

尤其能显示作者功力的，是该部专著通过华西边疆研究学会的研究，对西南边疆研究的现代转型进行了学术史的清理。因私立华西协合大学与四川大学的历史渊源，从今日四川大学诸多学科的研究（或者放大了些说，整个西南边疆研究）现状中都可或多或少地看到华西边疆研究学会的痕迹。除了民族学耳熟能详的"中国学派"由华西边疆研究学会直接促成，其他诸如考古、博物馆、动植物学等学科的兴起、转型也都多受其影响，甚至学术风格、学术理念也有一脉相承之处。在中国学术文化的现代转型过程中，作为西南边地的四川与京华中心地区存在明显的差异。中心地区在西潮激荡之下，科学理念与方法迅为学人普遍效法，新成就大规模应运而成；作为西南边地的四川，学术文化转型与社会转型一样，皆徐徐而来。史学渐行由经入史，民族学等学科亦经历了由传统模型向科学方法的缓慢转变过程。厘清这一差异对全面认知中国学术现代转型进程具有极其重大意义。周蜀蓉研究员本书的问世，从一个重要方面展示了四川学术文化现代转型的面貌，呈明了这一转型的特殊机运及行进特点与轨迹。可说是研究非中心地区学术文化转型的颇具代表性的重要成就。

任何学术著述都不可能尽善尽美，世界上不存在完美无缺的学术研究。周蜀蓉研究员本书自然也不例外。譬如华西边疆研究学会涉及的研究范围极广，但本书仅就引人注目的民族学、考古学等相关研究作了介绍，对于一些相对较偏冷的研究则涉及较少，对华西边疆研究学会创生与存在的意义和影响也还可进一步阐论与揭示。当然，一本书不可能解决所有的问题，学术本来也不可穷尽，如果一个学术领域的研究形成几部著作就达到完美，历史研究就失去了永恒的魅力。周蜀蓉研究员写成这部专著是在华西边疆研究学会研究上跨出了重要的一步。她的研究不会终止，其他学人也会加入研究行列，完全可以期待将来有更多相关研究成果的持续涌现。

是为序。

陈廷湘
于四川大学
2016 年 9 月

绪　论

　　与"国家"政治的近代转轨类似，中国西南边疆的学术研究也存在着近代转型的过程。自秦汉始，中国西南地区因其独特的地位更受到研究者的关注，这种传统一直沿继到清末，并引发边疆史地研究热潮。然自清末以降，西学东渐之风大盛，传统学风以及学术范式亦渐受西学影响与支配。与此同时，以外国学者为主导、中国学者积极参与其间的近代西南边疆研究日趋成型。较之传统的边疆史地研究，近代西南边疆研究在研究范式、研究特点上无疑有着根本性的区别。这两种不同学术范式的研究的本质区别即在于后者采用了近代学科分类的方式，利用近代学术方法对西南边疆进行研究。

　　在近代西南边疆研究的转型过程中，成立于 1922 年的华西边疆研究学会（West China Border Research Society，简称学会）扮演着重要的角色，它是中国近代第一个以华西边疆①研究为宗旨的国际学术机构。华西边疆研究学会会刊《华西边疆研究学会杂志》（*Journal of the West China Border Research Society*，简称杂志）更成为近代西南边疆研究最权威、最有影响的国际性刊物，堪称是民国时期西南边疆研究的标杆。时至今日，《华西边疆研究学会杂志》刊载的研究成果在学术研究中仍被视为经典之作。

---

　　① 华西（West China）一词，是外国人对近代中国西部的总称，包括四川、云南、贵州、西康、甘肃、青海、西藏等地。"边疆"一词，学者贾湖亭认为包括四种含义，即地理的边疆、经济的边疆、政治的边疆与文化的边疆。本文所用"华西边疆"一词，采用西人及贾湖亭给出的含义。其时国人虽亦用此说，但更多使用"西南边疆"一词指代该区域，时有小于或等于该范围的表述。

一、学术回顾与问题的提出

1950 年，华西边疆研究学会淡出中国学术舞台，结束了它在中国学术史上近三十年的历程。20 世纪 50 年代以降，学会的汉学背景被国内学界视为研究"禁区"，无学者论及，欧美学者亦因缺乏第一手材料少有涉及。80 年代以来国内学术"复苏"，90 年代才有学者一般性提及，但研究仍因文献档案的缺佚无法深入。截至 2010 年，国内学术界对该学会少有介绍，更无专题研究。20 世纪 40 年代，徐益棠《十年来中国边疆民族研究之回顾与前瞻》（1942）和马长寿《十年来边疆研究的回顾与展望》（1947），在他们的著述中偶有提及。此后五十年几乎无人论及，直到 90 年代华西医科大学在编写《华西医科大学校史》（1990）时，才有所留意。进入 21 世纪，有中外学者在研究中开始关注与提及，如周蜀蓉《研究西部开发的珍贵文献——〈华西边疆研究学会杂志〉》（2003），张泽洪《近代以来西南少数民族宗教研究：以国外学者为中心》（2004），李绍明、周蜀蓉《葛维汉民族学考古学论著》（2004），王毅《皇家亚洲文会北中国支会研究》（2005），王建民《中国人类学西南田野工作与著述的早期实践》（2007），李绍明《略论中国人类学的华西学派》（2007），杨天宏《基督教与中国"边疆研究"的复兴》（2008）等。以上著述都是一般性提及，没有专门就学会本身做基础研究。到 2010 年以后有专论发表，如周蜀蓉《华西边疆研究学会之再诠释》《传教士与华西边疆研究——以华西边疆研究学会为例》《华西地区基督教传教士人类学思想演变初探（1922—1950）——以华西边疆研究学会为中心的考察》《基督教与华西边疆研究中的本土化进程——以华西边疆研究学会为例》《华西边疆研究学会与三星堆文化的早期研究》等。罗安国（Andres Rodriguez）《民国时期的民族构建和人类学：四川西部的传教人类学事业》，从传教人类学的视角对学会进行文化人类学方面的研究。李如东《华西的植物研究：1920—1937——以华西协合大学为中心》，以学会会员在华西展开的博物学活动与研究为考察对象，探析华西人类学研究的博物学基础。迄今为止尚无就学会本身做基础研究的专著问世，这表明国内外学界对它的研究尚不充分。

华西边疆研究学会在华西研究领域曾风云一时，因历史原因被错误定性，这造成了学术传统中断，亦影响到中国西部人文社会科学的发展。旅美学者王笛《街头文化：成都公共空间、下层民众与地方政治，1870—1930》自序中，有一段寻找传教士葛维汉（D.C.Graham）的经历。在此过程中，他发现葛维汉是一位非凡的学者，曾撰著数十篇与四川宗教、风俗、考古、民族有关的人类学论文。王笛感叹："我作为一位专门研究四川的学者，对他竟然一无所知。同时也为这样一位对四川宗教文化研究有重要贡献的美国人及著作被默默无闻地埋没而深感遗憾！"人类学家李绍明评论，王笛曾在四川大学就读又专攻近代史，但对葛在四川生活了三十八年，长期担任华西协合大学（West China Union University，简称华大）教授与博物馆馆长，有大量著作问世的情况，竟然不知道，这只能说明我们文化断层，学术传承无继的严重性①。葛维汉是华西边疆研究学会早期的学术带头人，学术无继，埋没的不止葛维汉，学会一大批优秀的中外学者都被埋没了。探讨学术传承，当代学者责无旁贷，给前辈一个交代，给后人提供一个哲学思维空间。

　　华西边疆研究学会是本书研究的对象。课题研究思路与研究意义在于，通过对学会创建背景、发展历史、组织机构、学术活动、研究范围、研究特点及学术影响的研究，展示民国时期中国学术尤其西学本土化的进程及演变脉络，这是目前学界提出华西学派等重要问题的依据。在复原学会历史真实的基础上，重新评估学会在华西基督教宣教史、中国近代边疆研究史、中国近代学术史、国际汉学史、中西文化交流史中的地位与影响，进而理解学会的历史作用。笔者运用历史唯物主义、历史学、文化人类学（考古/民族）、语言文字学及自然科学等方法，进行跨学科的综合分析研究。本书的篇章结构是，第一章：华西边疆研究学会创建的背景；第二章：华西边疆研究学会的创建与发展；第三章：华西边疆研究学会的组织结构；第四章：华西边疆研究学会的附属机构；第五章：华西边疆研究学会的学术活动；第六章：华西边疆研究学会的边疆研究；第七章：华西边疆研究学会的研究特点；第八章：华西边疆研究学会与近代边疆研究。"历史编纂学与历史哲学有点不同，简而言之，前者主要以复原历史面貌为己任，后者则要研究历史发展的规律。"② 本书归于前者，它将对后者深邃的哲学思维提供有价值的参考。华西边疆研究学会研究填补了近代边疆研究领域中的一个学术空白，有利于学术的繁荣，但学会及会刊仍有诸多问题有待探讨。

　　笔者是从 90 年代末开始从事学会文献资料收集整理与研究。四川大学博

---

① 李绍明：《略论中国人类学的华西学派》，《广西民族研究》，2007 年 3 期，第 45 页。
② 王毅：《皇家亚洲文会北中国支会研究》，上海：上海书店出版社，2005 年版，《序》第 1 页。

物馆的前身，是华西协合大学博物馆（West China Union University Museum）。四川大学博物馆承袭了华西协合大学博物馆全部文物标本和华西边疆研究学会葛维汉图书室（David Crockett Graham Library）文献资料。四川大学博物馆出于对这批馆藏民国时期珍稀的西部研究文献资料的全面抢救保护的考虑，出于为国内外学界提供更翔实的学术参考的考虑，启动了整理这批资料遗产的工作，笔者有幸承担对《华西边疆研究学会杂志》、《华西教会新闻》（The West China Missionary News）、《教务杂志》（The China Recorder）、《皇家亚洲文会北中国支会会报》（Journal of the North China Branch of Royal Asiatic Society）等文献的整理工作。1999 年以降，笔者在《四川图书馆学报》《中华文化论坛》《宗教学研究》《西南民族学院学报》《四川大学学报》《四川文物》《南方民族考古》《博物馆学刊》等刊物上发表与华西边疆研究相关的数篇论文①。2004 年出版《华西边疆研究学会杂志目录索引》，2014 年出版《华西边疆研究学会杂志影印本》②。

2007 年，四川大学博物馆发现华西边疆研究学会三千多份原始档案及数据，这为研究学会提供了丰富参考。2010 年，笔者以"华西边疆研究学会研究"为题，向全国哲学社会科学规划办公室申请国家社会科学基金项目。同年，《华西边疆研究学会研究》（10BZS047）正式被批准为国家社会科学基金项目。2016 年 4 月，《华西边疆研究学会研究》项目结项，本书稿正是国家社会科学基金项目的最终成果。项目的资料主要来源于上文提及的西文刊物及民国刊印的边疆杂志、学会数千份档案、学会会员著述及传记、华大及其他基督教大学校史及刊印的文献。

二、华西边疆研究学会与近代华西边疆研究

西方殖民主义者对中国西南边疆的关注、认识和研究开始于 19 世纪中后期，在一段时间里西方的政要、贵族、军人、商人及传教士蜂拥而至西南边疆考察、游历。所以一般认为，近代意义上的中国西南边疆研究兴起于此时，西方学者是这一领域的主要开拓者。西方学者群体主要以学者、军官、传教士为主。民国边

---

① 论文题目参见本书的参考文献部分。
② 前者附录于李绍明、周蜀蓉选编：《葛维汉民族学考古学论著》，成都：巴蜀书社，2004 年版。后者是笔者主持教育部人文社会科学重点研究基地重大项目《藏学研究珍稀基础资料〈华西边疆研究学会杂志〉整理、研究与重刊》（13JJD850004）的前期成果。

疆史学家徐益棠回顾中国边疆民族研究时说"我国边疆民族之研究，创始于外国之传教士、商人、领事、军事家、自然科学家，而尤以法国之天主教徒及英国之基督教徒为最有贡献"①。当代学者评论中国人类学时说，19 世纪末至 20 世纪 20 年代，在西南展开的接近人类学的研究，多数是外国传教士和探险家、植物学家、地理学家所为，中国人最多就是帮他们提提行李，做做翻译，整理材料②。李绍明论西南民族时亦说，"在国人应用现代科学体系研究西南民族以前，西南民族研究的领域主要是由外国学者开拓的。近代，一些外国人先后进入西南地区，除了有的是直接为帝国主义侵华服务或传教外，也有不少学者进行了非常重要的研究工作"③。

　　传教士对华西边疆的研究由来已久。自传教士进入华西以来，即不可避免地要对这片他们置身其间的世界观察、了解。无论是早期传教士对华西边疆人口、自然、环境、文化只言片语的描述，还是他们游历过程中所见所闻的观察、理解都可视为早期传教士了解、理解、研究华西边疆的源头。不过，早期的这类研究大多是单纯的个人行为，有很强的随意性，也无固定的研究方法，因而谈不上有系统、有组织的研究。如果说源起于 19 世纪晚期的近代西南边疆研究，还多体现出传教士、探险家、博物学者各自为政的个人英雄主义特色，那么 20 世纪以来，机构化、团队化则成为近代学术发展的基本特征。特别是 20 年代以华西传教士为核心组建的华西边疆研究学会系近代首个以华西边疆研究为宗旨的学术机构，在西南边疆研究史上占据着举足轻重的地位。

　　华西边疆研究学会 1922 年 3 月 24 日成立于中国四川成都华西协合大学，是首个以华西边疆研究为宗旨的专业学术机构。学会旨在研究华西（包括四川、云南、贵州、西藏、甘肃等地）的政治、人文、风俗习惯及其自然环境，尤其是这四个因素对少数民族的影响。鼓励、支持并发表华西地区的社会与自然研究成果，特别是以西南地区为其考察研究的重点领域。学会会务终止于 1950 年，历经近三十年，是民国时期西南边疆研究影响最大、历时最久的学术机构。

　　华西边疆研究学会最初是一个由外国传教士创办的学术小团体，最初学会成员仅十一人。学会章程明确规定会员不得超过二十五人，必须居住在华西，因此

①　王铭铭：《中国人类学评论》第 7 辑，北京：世界图书出版公司，2008 年版，第 150 页。
②　徐益棠：《十年来中国边疆民族研究之回顾与前瞻》，《边政公论》，1942 年第 1 卷第 5—6 期，第 51 页。
③　李绍明：《西南民族研究的回顾与前瞻》，《贵州民族研究》，2004 年第 3 期，第 53 页。

早期会员大多是在川的传教士、华西协合大学教授。学会负责人是美籍体质人类学家、解剖学家莫尔思（W.R.Morse），主要成员有理学院教授戴谦和（D.S.Dye）、医学人类学专家胡祖遗（E.C.Wilford）、文学院教授布礼士（A.J.Brace）等，荣誉会员是西方著名地理学家叶长青（J.H.Edgar）①。随着研究的拓展与学会的发展，30 年代后，学会逐渐跨出封闭的传教圈，发展成为国际性的学术团体。特别是抗战时期，为躲避日寇侵略，大量高校、研究机构内迁云贵川西南三省。研究人员的大量涌入，以及西南边疆在国家复兴战略上的重要地位，使得华西边疆研究学会在抗战时期呈现空前繁荣。人类学、社会学、地理学、语言学、生物学、医学、农学等学科人才的加入，为学会的繁荣注入了新生力量，使学会的研究水平和影响力日益提高。华西边疆研究学会在一份材料中提及：

> 在这过去的八年时间里，学会有来自中国各地的学者，所以学会得到很大荣誉和利益。我们感到特别荣幸的是，学会拥有齐鲁大学的侯宝璋（Hou Pao-chang）教授、张奎（Chang Kuei）教授，南京大学的李小缘（Li Siao-yuan）教授、徐益棠（Hsu Yu-tang）教授和芳威廉（William P. Fenn）博士，金陵大学的刘恩兰（Liu En-lan）博士，燕京大学的林耀华（Lin Yueh-hwa）博士，中央研究院历史语言所的李方桂（Li Fang-kueh）博士和吴金鼎（Wu Gin-ding）博士。他们不仅积极推进了华西研究，而且对学会有极大的兴趣与关心。②

大批高水平学人的加入使得学会的人员结构发生根本性的改变。一方面，学会从原来以西人为主，逐步向中、西学人共同研究的方向转变。自 30 年代后半期以降，中国会员的人数不断增加，方叔轩、侯宝璋、李安宅等学者甚而还担任了学会会长，中国学者日益成为学会组织机构的核心力量。另一方面，随着文化机构的内迁，大批外籍学者也在 30 年代中后期加入学会，一些海外学者也被发展成为学会通信会员，华西边疆研究学会真正成为一所立足本地、面向世界的国际性学术机构。

作为跨学科的综合性研究机构，华西边疆研究学会在人文社会科学（特别是民族学、人类学、考古学、语言学）和自然科学研究（动物学、植物学、地质学、

---

① 周蜀蓉：《研究西部开发的珍贵文献——〈华西边疆研究学会杂志〉》，《中华文化论坛》，2003 年第 1 期。

② "Secretary Writing", *Journal of the West China Border Research Society*, Vol.16. B, (1946)：222. （为引用方便，以后用 "JWCBRS" 代 *Journal of the West China Border Research Society*）

医学、农学）领域都取得了令人瞩目的成就。以民族学/人类学为例，华西边疆研究学会对中国西南边疆地区的部分少数民族做了最早的民族学/人类学研究。其中，尤其以莫尔思、葛维汉和李安宅为代表，这三人分别在 20 年代、30 年代、40 年代担任华西边疆研究学会会长，集中展现了西南地区民族学/人类学学术发展的基本脉络。莫尔思系华西边疆研究学会发起人，首任会长，亦是一位医学家，他的研究集中体现在体质人类学方面。早在 1924 年，莫尔思就在学会杂志上发表《关于藏东部落成员人类学数据记录》一文，这是最早的华西体质人类学研究代表作。1935 年至 1936 年间，莫尔思又主持了三次华西体质人类学考察，收集了汉、苗、藏和羌族血型，撰成《四川人的血型研究》论文。1937 年，莫尔思发表了《体质人类学观测一览表》，介绍了对 1919 年至 1926 年四川十个民族中的三千零五十一名健康人的七十个人体专案的检测资料，这是典型的医学人类学（其时言"体质人类学"）的研究成果。1938 年，这一成果在《英国人类学杂志》发表，引起世界人类学界的关注。

美国文化人类学者葛维汉（美国浸礼会传教士）是上世纪 30 年代华西边疆研究最具代表性的人物。葛氏 1911 年入川，在四川宜宾浸礼会工作，一边从事教会活动，一边进行人类学的调查研究工作。他曾十五次在四川各地考察，在四川生活并从事学术研究长达三十八年。1932 年，葛氏出任华大古物博物馆馆长并兼任文化人类学教授，并在 1934 年主持了四川汉州三星堆遗址的考古发掘。直至 1948 年，葛氏才离职退休返美。葛氏对苗、羌、藏的民族及宗教研究，以及西南地区考古学、博物学的发展影响巨大[①]。1941 年李安宅来到华大任教，历任社会学系教授、社会学系主任、边疆研究所常务所长，40 年代中后期，任华西边疆研究学会会长，是华西边疆研究学会杂志人文版 1945 年主编。李氏一生专治民族学、宗教学、社会学、藏学研究，学术成绩斐然，是富有盛誉的人类学研究的学者，可视为学会 40 年代人类学研究的代表。除上述几位代表性的人物外，华西边疆研究学会的其他会员，如西人陶然士（T.Torrance）、叶长青、顾富华（R.Cunningham）、约瑟夫·洛克（J.F.Rock）、戴谦和，中国学者郑德坤、闻宥、冯汉骥、林耀华等对西南地区的民族学/人类学研究也有非常

---

① 李绍明：《中国人类学的华西学派》，《中国人类学评论》，第 4 辑。苏珊·R. 布朗著、饶锦译：《在中国的文化人类学家——戴维·克罗克特·葛维汉》，载李绍明、周蜀蓉选编：《葛维汉民族学考古学论著》，成都：巴蜀书社，2004 年版。

重要的贡献。华西边疆研究学会对西南地区人类学的开创性研究，逐步形成了"兼收并蓄、史志结合、关注边疆"的研究风格，进而开创中国人类学研究中独具一格的华西学派①。

华西边疆研究学会致力推进"华西边疆之综合研究"，重点关注川西北、西康、川藏及滇北藏、羌、彝、苗等民族地区。研究领域宽广，涉及人文自然科学诸科，成果丰硕，不乏开拓性、价值高的论述。黄思礼（L.C.Walmsley）就指出，尽管华西边疆研究学会的主要研究集中于人类学及考古学等重大题目，但他们也出版与自己专业有关的"植物种群和动物种族、气候与地貌问题，以及语言和文学、种族与宗教、一夫多妻制与生理学"等问题②。在这些问题的研究上，华西边疆研究学会的研究工作也同样可以说是富有开创性的。譬如莫尔思对华西体质人类学的研究，林则（A.W.Lindsay）对中国口腔医学的研究，刘承钊对两栖类动物的研究，胡秀英对冬青的研究，郑德坤对四川考古的研究，方文培对植物学的研究等都可谓贡献空前、意义重大。此外，华西边疆研究学会还直接参与了华大博物馆建设。学会对华西地区丰富的物种资源及文化多样性开展的扎实的田野研究使得依托学会成立的自然史与古物两博物馆"庋藏之富，地域之宜，亦无过之者"③。特别是华大古物博物馆，迅速成为收藏该地区迅速消失的地方文化数据的有价值的陈列馆，并被誉为西南最完善之博物馆。

华西边疆研究学会的学术呈现出"跨领域、多学科"的特点，这些研究成果主要通过学会以英文面向全世界公开发行的会刊《华西边疆研究学会杂志》来发表。华西边疆研究学会卓有成效的工作使得其成为民国时期西南边疆研究中的引领者。在中国自身可划归现代学术范畴的边疆研究还处于萌芽之时，学会于中国西南边疆研究中所起的先驱及传承作用，几可断言。至于30年代后期西南边疆研究地位陡然上升，各类机构竞相成立时，华西边疆研究学会则因其厚积薄发，亦领时代之先声。马长寿在回顾边疆研究十周年（1937年—1947年）时也说，当时从事边疆研究诸学会中，该学会"工作最为努力"，刊印的杂志"最有历史性"④。

---

① 李绍明：《中国人类学的华西学派》，《中国人类学评论》，第4辑。
② 黄思礼著、秦和平译：《华西协合大学》，珠海：珠海出版社，1999年版，第122—123页。
③ 《华西边疆研究所缘起》，《华西协合大学校刊》，1942年第2期，第7页。
④ 马长寿：《十年来边疆研究的回顾与展望》，《边疆通讯》，1947年，第4卷第4期。

三、《华西边疆研究学会杂志》

《华西边疆研究学会杂志》是华西边疆研究学会向海内外公开发行的大型综合性英文学术刊物。它是中国近代第一份以"华西边疆研究"为目的的刊物，也是近代华西第一份由外国传教士创办的外文学术刊物。1922年4月创刊于中国四川成都，1924年发行创刊号（第1卷），1947年停刊，共出刊十六卷二十二册（两册专著为增刊）。从1940年始，分为A、B两编，前者为人文科学版，后者为自然科学版（其中1941年的第13卷为AB合编）。

就《华西边疆研究学会杂志》刊载的三百多篇文章来看，杂志综合性极强，明显反映出华西边疆研究学会"兼收并蓄"的研究风格，学会并未明确规定会员具体的研究领域，而只作研究地域上的界定，凡举华西的社会、民族、宗教、文化、动物、植物、农业、气象、环境、医学等皆视研究者之兴趣推进。学会提倡运用科学理论方法去多视角探究华西社会，结果自然而然地形成了"综合性、多元化"的研究特色，这在杂志上表现极为明显。杂志创刊之初，出版委员会秘书布礼士就曾在《教务杂志》上发布题为《华西边疆研究学会杂志》的介绍文字。布氏鼓吹杂志创刊号内容涉及调查华西地形、地质、人类学、原住民宗教、社会风俗、地图，从"这些文章能获得大量非常有价值的信息"[①]。

《华西边疆研究学会杂志》毫无疑问是较严肃的学术性刊物，但它却并非任何一门学科的专业性杂志。杂志可谓包罗万象，内容涉及中国西南地区的民族学、人类学、考古学、历史学、语言学、民俗学、社会学、宗教学、地理学、地质学、生物学、动植物学、医学、农学等多个学科。时至今日，杂志刊载的成果在海内外论著中仍占有很高"引用率"。据笔者对杂志的初步研究，在《华西边疆研究学会杂志》上刊发的文章除去书评之外，大致可以分为二十余个大的类别。虽然某些文章事实上跨越多个类别，分类并不一定精确，但仅从基本的分类统计上也不难看出杂志"综合"的特色。

虽然《华西边疆研究学会杂志》是综合性的学术刊物，内容极为庞杂，但这

[①]　A.J.Brace, Journal of the West China Border Research Society, *The China Recorder*, No. 10, (1924): 679.

并不代表学会没有明确的研究重心。笔者对杂志文章分类统计①，可见华西边疆研究学会研究兴趣与重点所在。杂志刊载最多的是生物科学类论文，总刊发五十九篇，占到整个篇幅的 17.4％。其次为宗教类论文，共刊发五十四篇，占总数的15.9％。再次为文物考古类论文，总数为三十八篇，占杂志总量的 11.2％。排名第四的是民族学类的论文，刊载三十五篇，占文章总数的 10.3％。这四类论文总数达一百八十六篇，占文章总数的 54.8％。很明显，在人文社会科学领域，学会的优势在华西边疆地区的宗教、考古、民族方面，而在自然科学领域，学会的学术成就主要集中于生物学研究。除上述研究方向外，学会杂志还刊载有历史、地理、语言、文学各有十余篇，另外音乐、教育、医学、农业、气象、环境、交通、建筑等也略有涉及。

《华西边疆研究学会杂志》所刊载的论文及报告，大多是华西边疆研究学会会员的学术研究成果。这些成果建立在大量的田野考察基础上，诸如民族调查、考古发掘、地质考察、动植物材料收集、医学调查、农业实践、古籍文献搜索，通过学者对所获得的大量原始资料进行分析研究形成文字，再由学会组织专题学术讲座，经学者演讲及诸到场学者讨论才撰成完整的报告、论文，获得学会执行委员会通过，由学会杂志发表。学会杂志还刊载有少量非成员著述，如柯姆伯（G.A.Combe）、戴卫尼夫人（Alexandra David-Neel）、商承祚、陈邦杰、李先闻、姜淮章、吴征镒、高尚荫等②，他们大多是这一时期研究华西领域的知名学者。

在《华西边疆研究学会杂志》上发表文章最多要属叶长青，其次为葛维汉③。叶长青系英国内地会传教士、英国皇家地理学会会员，是华西边疆研究学会早期最重要的支持者。叶氏 1898 年来川，长期在打箭炉（康定）等地生活传教。叶长青对藏彝走廊的历史地理，藏族、纳西族及傈僳族的生活习俗，以及语言变化等都有兴趣并有深入的研究。叶氏仅在《华西边疆研究学会杂志》上就发表文章七

① 资料源于《华西边疆研究学会杂志目录索引》，载李绍明、周蜀蓉选编：《葛维汉民族学考古学论著》，成都：巴蜀书社，2004 年版。

② 在会刊发表《打箭炉"鬼舞"》《喇嘛教的"拉都尼巴"仪式》《关于殷墟甲骨》《中国雉尾藓属之报告》《单倍体小麦的细胞学研究》《中国瓢虫研究》《云南瑞丽流域植物种类初志》《嘉定发现的淡水水母》。

③ 杂志发文数量较多的学者：叶长青、葛维汉、戴谦和、刘承钊、布礼士、顾富华、启真道（L.G. Kilborn）、莫尔思、陶然士、戴卫尼夫人、郑德坤、费尔朴（D.L.Phelps）、闻宥。参见周蜀蓉、谌海霞整理：《华西边疆研究学会杂志影印本》，北京：中华书局，2014 年版。

十多篇，领域涉及民族学、人类学、宗教学、地理学、语言学、动植物学等。这些文章中，有二十多篇涉及川康及藏东地区人文地理内容，如《打箭炉地区山脉概述》《"雅拉"名考》《汇集于打箭炉的商路》《打箭炉和拉萨的驿站》等。《西藏地理环境对藏族的影响》是通过实地考察指出地理环境对藏人的成长影响很大，由此解释他们的思维行为及性格的形成。"高原气候使得这里的人们被称为自然的奴隶，藏民逐渐形成一种粗犷的性格，这种环境使藏民是牧人、农夫或商人。"① 有十篇宗教类的论述，如《西藏黑教概述》《西藏本教》《喇嘛教的玛尼等级制度》《川康地区天主教概述》《西藏景教》《中央政府在藏区的政策及其与传教事工的关系》，内容包括藏传佛教、天主教和基督教在华西的传播；有十多篇是关于民族学的，如《天葬记要》《丹巴拜神节》《藏语音调系统》《藏族人的燃料和照明》《藏东可耕土地大麦调查》等和一卷《英语—嘉绒词汇表》。可以说，藏族生存环境、宗教信仰、语言文字、生活习俗是他关注的重点。叶长青去世后，学会专门出版一卷纪念杂志，以追思他对学术的卓越贡献。葛维汉说，"叶长青的去世是学会的一个巨大损失"②。

葛维汉系英国皇家地理学会、美国文化人类学会、美国民俗学会、远东研究所会员及美国纽约动物学会终身会员。葛维汉在《华西边疆研究学会杂志》上刊发文章多达五十五篇，研究范围极为广阔，涉及华西的宗教、语言、历史、考古、民族等诸多领域，许多论断都极具开创性。这些文章中，有二十多篇是关于华西历史考古内容的，如《汉代习俗研究》《华西协合大学古物博物馆收藏翰林藏书楼的一卷永乐大典》《四川新石器时代晚期文化》《华西协合大学古物博物馆所藏史前石器》《有关僰人的历史文献》等。有近三十篇涉及汉、藏、羌、苗、彝族的宗教、语言、文化、习俗及社会生活范畴，如《四川汉族原始宗教评论》《西藏神灵节面面观》《藏族宗教仪式及节日》《羌人习俗》《羌民念咒法术》《四川倮倮》等。以下就他对川南苗族的研究以及考古学的贡献略作阐述。

1927 年，葛维汉在今属珙县洛表镇的王武寨等地调查苗族文化。此后，葛氏五次深入苗寨调查，详细记录了川南苗族的历史、艺术、习俗及宗教信仰等情况。葛氏与苗族基督徒学人合作，搜集苗族歌谣、传说七百篇，编成《川苗故事

---

① J.H.Edgar, "Geographic Control and Human Reactions in Tibet", *JWCBRS*, Vol.2, (1924 – 1925): 2 – 19.

② D.C.Graham, "President's Address", *JWCBRS*, (1937): 226.

与歌谣》，还为华大古物博物馆收集了大量苗族蜡染服饰及羊皮鼓、芦笙等文物。葛氏发表了《川南苗族》《川苗续评》《川苗习俗》《川苗仪式》《川苗传说》《川苗词汇表》《川苗宗教》等系列学术论文，不少有关苗族的论著至今仍然是研究苗族的经典。1934 年 3 月，葛维汉与林名均组成的华大古物博物馆科考队对汉州三星堆遗址进行首次考古发掘，1935 年他在《华西边疆研究学会杂志》发表《汉州发掘的初步报告》，由此揭开了四川"三星堆文化"考古与研究新纪元。此外，葛氏主持了叙府（四川宜宾地区）、重庆等地汉墓，唐宋邛窑，成都琉璃厂窑考古及川南"僰人悬棺"调查，其《叙府汉墓发掘报告》《重庆汉墓发掘报告》《成都琉璃厂窑址》《四川南境的僰人坟》等报告相继在学会杂志上刊发。这些成果详细记录了出土文物，并就考古发现进行了最早的科学研究，在国内外学术界引起广泛关注，为四川地区的考古研究打开了新局面。

30 年代以前，华西边疆研究学会可以说是一个纯粹的西人汉学团体，而《华西边疆研究学会杂志》也几乎没有中国学者的论文。自 30 年代始，华西边疆研究学会开始逐步吸引有学术影响力的中国学者加入。随后，学会杂志陆续刊发中国学者的文章。特别是抗战内迁以降，中国学者数量稳步增长，并成为学会研究主力，他们中的一些人成为编委会成员，郑德坤、刘承钊、李安宅等人还多次担任主编、副主编。据笔者统计，杂志第 12 卷－第 16 卷共刊文九十五篇（人文四十二篇、科学五十三篇），中国学者发文五十八篇（人文十九篇、科学三十九篇），外籍学者发文三十七篇（人文二十三篇、科学十四篇），中国学者发文量占总数的 60％以上，科学类发文量约是西人的 2.8 倍。1943 年学会秘书郑德坤博士在致华大中国文化研究所所长闻宥的信函中自豪地说，学会现在拥有数量多质量高的学术文章，其中部分是西方学者的，而大部分是中国学者的①。这直接反映出中国学者的成长，中国学者在西南边疆研究中的学术话语权正不断增强。

四、华西边疆研究学会及会刊的价值

华西边疆研究学会是民国时期边疆研究领域中的一个学术重镇，《华西边疆研究学会杂志》刊载的有关华西边疆的研究成果代表了 20 世纪 20 年代至 40 年代华西各个领域的最高学术水准。杂志学术价值极高，在宗教学、民族学、民俗

---

① 四川大学博物馆档案编号：I－C－1－2001。

学、人类学、考古学、语言学、教育学、地质学、医学、西南体质人类学、动植物学、农学、边疆史地、音乐美术、华西基督教史及中西文化交流史上占有重要地位，是当代学者研究我国西部社会、政治、经济、文化、科学等方面不可或缺的珍稀文献。华西边疆研究学会及会刊的价值巨大，笔者认为它们的价值至少体现在以下三个方面：

（一）华西边疆研究学会是近代以来用科学方法对华西边疆地区进行最为系统、全面研究的学术机构。会刊《华西边疆研究学会杂志》中有许多重要的研究开中国西南边疆研究之先声。这些研究成果迄今为止都是西南边疆研究的宝贵资料。

在华西边疆研究学会成立之前，国内尚无专门针对西南边疆的科学研究，更无专门的研究团体。徐益棠注意到，民国以还，"边疆学术之综合的研究，尚无人注意，而民族学在我国之幼稚，在当时亦毋庸讳言也"①。在中国自身可划归现代学术范畴的边疆研究刚开始起步时，华西边疆研究学会就致力于华西边疆的综合研究，无疑是这个领域的拓荒者。

不仅如此，华西边疆研究学会自创建以来，其价值与影响贯穿整个近代西南边疆研究史。自近代意义上的西南边疆研究开创之始，整个民国时期，华西边疆研究学会始终是西南边疆研究的重要参与者与推动者，是那个时代边疆研究中最富国际影响力的学术重镇。学会参与、组织、推动了一系列有关中国西部社会、康藏边区的社会学、人类学、考古学、语言学、地质学、医学、生物学、植物学、农学等学科的学术研究。早在国民政府关注西南边陲之前，华西传教士受西方国家兴起的"科学帝国主义"影响，就对西南边地的自然环境、风土人情、语言文化充满极大兴趣。他们投入大量的人力物力，组织社团派遣人员前往考察，进行初步的科学研究。至抗战爆发，政治文化中心西迁，西南边陲在国家复兴进程中的意义日益强化后，华西边疆研究学会凭借其高规格的学术水平、长期的学术积淀，成为30年代至40年代西南边疆研究热潮中的引领者之一。鉴于华西边疆研究学会在西南边疆研究中的贡献，它足以成为近代西南边疆研究的典范。

与华西边疆研究学会的重要地位相对应，《华西边疆研究学会杂志》作为学会成果的发表及展示平台，更是西南边疆研究的权威。《华西边疆研究学会杂志》刊载的文章，大多数都是这一时期西南边疆研究的重量级学者对西南边疆的开创

---

① 徐益棠：《十年来中国边疆民族研究之回顾与前瞻》，《边政公论》，1942年第5—6期。

性研究。尤其是在学会重点研究的生物学、人类学、考古学及民族宗教问题上，杂志刊发的许多论文都代表了学术界的最高水平。以自然科学研究为例，《华西边疆研究学会杂志》刊载的李哲士《川藏边界药用植物学观察》、傅文博（G.M. Franck）《四川蝴蝶收集与分类》、何文俊《四川金花虫科之分类分布及经济上的重要意义》《四川蝶类名录》等文章皆领华西动植物研究之先，他们所应用的科学理论与模式对后学多有启发意义。刘承钊 1940 年至 1946 年间在杂志发表有关华西两栖类十一篇论文，被视为中国两栖类研究领域的开山之作。刘氏由此撰成《华西两栖类》一书，在国际两栖爬行学界引起极大反响，至今仍被视为研究中国两栖动物的经典之作。此外，其他一些植物学家，如胡秀英对华西冬青等植物的研究，方文培对峨眉杜鹃的研究，吴征镒对瑞丽流域植物种类的研究，也都是各自领域的权威，其论著代表了其时相关领域植物学研究的最高水平。

《华西边疆研究学会杂志》集中展示了 20 世纪上半叶学术界对西南边疆最集中、系统的研究成果，其权威性在当时已得到学术界的广泛认可。马长寿曾对华西边疆研究学会的工作极表认同。陈永龄则在追述当时刊载民族学的理论方法的文章以及他们对中国少数民族调查研究的材料时说，外文杂志方面主要集中于华西边疆研究学会编辑的《华西边疆研究学会杂志》、辅仁大学出版的《华裔学志》（Monumenta Serica）和《华裔学志专刊丛书》，以及辅仁大学附设的人类学博物馆机关报《民俗学志》等，但后者主要研究汉族地区的民俗①。《华西边疆研究学会杂志》同时也得到国际学术机构的广泛认可，被认为是华西边疆研究的权威期刊。

（二）华西边疆研究学会及会刊《华西边疆研究学会杂志》引入了西方知识及研究方法，特别是学会对西方的认知观念、知识生产模式的具体实践对近代西南边疆研究的学术转型起着至为关键的作用。

传教士创办的第一个以华西边疆研究为宗旨的现代学术机构，对西南边疆的科学研究有重要的示范意义。华西边疆研究学会向中国同行及后来者明确展示西方学术研究的先进方法和基本轨则。它完全移植了西式学术团队组织模式与研究理念，其体制机构、计划拟定、实地调查、学术讲座、出版发行乃至规章制度等诸多方面，几乎完全借鉴西方学术团体模式。这种现代学术团体在 20 世纪 20 年

---

① 陈永龄：《20 世纪前期的中国民族学》，载中国民族学研究会编：《民族学研究》（第 1 辑），北京：民族出版社，1981 年版，第 298 页。

代的中国学界显然罕见，这对中国学术研究的近代转型有着明显的示范与导向作用。从这个意义上讲，华西边疆研究学会为现代西南边疆研究奠定了基本框架与学术基础。

　　华西边疆研究学会在对西南边疆早期的研究实践中，示范性地展示了"西式学术"是如何运用来研究边疆问题的，这种有别于中国传统治学的方式，在很大程度上奠定了近代西南边疆研究的方法和路数。在清末的边疆危机中，国人亦治西南边陲诸事，不过仍不脱"经世致用"的范畴，尚不具备现代学术研究的含义。钱穆回顾传统治学时说："中国古人并不曾把文学、史学、宗教、哲学各别分类独立起来，毋宁是看重其相互关系，及其可相通合一处。"① 从国人研究内容看，亦主要集中在边疆史地方面，很少涉及民族学、人类学、宗教与社会，更遑论动植物学、医学、农学等自然学科。而反观华西边疆研究学会研究，是建立在现代西方分科制的基础之上，以独特的学术路径、田野考察视野及崭新研究方法对西南边疆进行分门别类的研究。其研究突破了传统史地研究，传统史地研究已渐被近代科学知识体系所取代，学术研究逐渐从以传统的"经世"为目的的研究范围中分离出来，自成体系②。华西边疆研究学会对中国西南边疆研究近代转型的影响不仅体现在对相关学科西方知识及研究方法的引进上，更体现在与近代学术研究制度相关的学科分类、认知观念、知识生产模式方面。胡适曾言传教士的真正价值在于"总是带回一种新的观点，一种批判的精神。这种观点和精神是一个对事件之既存秩序逐渐习以为常、漠然无动于衷的民族所缺乏的，也是任何改革运动所绝对必须的"③。相较于那些由传教士引入的具体的知识，传教士带来的理念、精神和生产方式更为重要，也更为既存秩序"习以为常、漠然无动于衷的民族"所需要。胡适所赞赏的，恰恰是传教士对传统知识"去疆界化"④ 的努力，在他看来，这是用一种新的文明摧毁旧的认知秩序。已经有不少学者注意到葛维汉在华西的研究很大程度上受到其时主流的美国文化人类学之父博厄斯（Franz

---

① 钱穆：《中国学术通义·四部概论》，载罗联添编：《国学论文选》，台北：学生书局，1985年版。
② 龙伟：《基督教与西南边疆研究的近代转型》，《中国史研究》（韩国），总71辑，2011年4月。
③ 转引自罗志田：《再造文明的尝试：胡适传（1891—1929）》，中华书局，2006年版，第1—2页。
④ Gilles Deleuze and Felix Guattari, *Anti-Oedipus*, *Capitalism and Schizophrenia*, University of Minnesota Press, 1983. pp.222-240.

Boas）的影响①。就葛维汉在华西的研究实践来看，博厄斯理论经葛氏居中转译影响了华西协合大学人类学、考古学和博物学的研究路径。民国时期，华西边疆研究学会逐步经历了世俗化与专业化的过程。机构附设于教会大学之中，但宗教色彩已大为弱化，研究主体也渐由传教士转变成为职业的学者。专业性的研究机构的推进，专业性的期刊连续出版，西南边疆研究在体制上的"专业化"，既显示出近代西南边疆研究的逐步成熟，又为该领域的进一步发展提供了体制保障。这种从西方移植而来的"去疆界化"与"再疆界化"的进程，无疑主宰了20世纪学术发展的主要形式②。

（三）《华西边疆研究学会杂志》是近代西方认识中国、认识中国西南边疆的第一手数据，堪为中西方文化沟通的桥梁。此外，《华西边疆研究学会杂志》中有大量西方观念的表达，因此也是今日反思西方"科学帝国主义"、重新认识隐藏于"东方学"叙事背后的西方文化的重要历史资料。

19世纪以来，西方对中国边疆的认识主要依赖于传教士、探险者的零星、片断的旅行人类学表述。这些记述不但极为分散，而且不够严谨、科学，因此整体上讲，西方对中国西南边疆的认识长期都被神秘主义笼罩，以想象的成分居多。这种认识维持了相当长的时期。20世纪许多传教士对西南边疆的描述都冠用"未知"的称谓，其中最有名的是塞缪尔·博格理（Samuel Pollard）所著《在未知的中国》③。"Unknown"一词事实上生动如实地展示了以传教士为代表的整个西方世界对西南边疆的基本认识。1933年，詹姆斯·希尔顿（James Hilton）出版了《消失的地平线》，希尔顿的小说及其后相关影视作品对"香格里拉（Shangri-La）"如梦如幻的描述同样暴露了西方对中国西南边疆虚幻与神秘的认识④。总

---

① 李绍明、王铭铭等持此种观点，美国部分学者也作此观。参见苏珊·R. 布朗著、饶锦译：《在中国的文化人类学家——戴维·克罗克特·葛维汉》，以及李绍明：《中国人类学的华西学派》，《中国人类学评论》，第4辑。

② 参见龙伟：《基督教与西南边疆研究的近代转型》，《中国史研究》（韩国），总71辑，2011年4月。

③ Samuel Pollard, *In Unknown China: A Record of the Observations, Adventures and Experiences of a Pioneer Missionary During a Prolonged Sojourn Amongst the Wild and Unknown Nosu Tribe of Western China*, Seeley, Service & Company Limited, 1921.

④ James Hilton, *Lost Horizon*, Macmillan, 1933. 1937年，美国导演弗兰克·卡普拉（Frank Capra）将它搬上了银幕，从而引发了西方世界对"香格里拉（Shangri-La）"乌托邦的群体想象。

地看来，西南边疆对于西方人来说多是极为遥远、神秘的存在。

与以往传教士游记、札记等旅行作品不同，《华西边疆研究学会杂志》以一种相对科学、严谨的方式向西方展示了一个更为清晰、具体的华西。从这个角度来看，《华西边疆研究学会杂志》无疑是西方认识中国内陆，特别是认识西南边陲的重要来源，它通过提倡科学实证的方式向西方揭开西南边疆的神秘面纱。在这里，科学实证本身即是西方资本主义扩张过程中构筑近代世界秩序的重要手段与方法，学会的成员通过旅行考察、田野研究进而将西南民族、地理、社会、自然等以前西方未知的具体知识——纳入西方的知识体系，从而使中国西南边疆进入世界知识的框架范围之中。或许正因为《华西边疆研究学会杂志》是西方世界了解中国西南边疆不可多得的绝佳材料，这反过来也加重了杂志在西方学界的分量。

此外，《华西边疆研究学会杂志》的重要价值还在于作为历史数据，它提供了反思西方"科学帝国主义"、重新认识隐藏于"东方学"叙事背后的西方文化的可能。对历史表述演变的梳理，不仅可以更为清晰地看到被表述者的真相，也可以从怎样表述及何以如此表述中看到表述者本身的历史"真相"。华西边疆研究学会西南边疆知识的生产，事实上与近代西方的殖民扩张存在着内在的关系。华西边疆研究学会的成立原本就是资本主义文化在全球范围扩张并谋求话语权的结果。19 世纪到 20 世纪初，西方国家中东方学、人类学、民族学、宗教学、社会学等学科获得长足发展，西方学术思想和理论方法为华西边疆研究学会现代意义上的"边疆研究"提供了学理及方法层面的支撑。更甚者，伴随西方列强的政治及军事征服，西方人的田野博物学研究也直接伸展到中国内陆①。马长寿在新中国成立前论人类学的发展的文章中就清晰展现这一内在逻辑：

> 人类学的发生原系由于帝国主义势力的扩张……欧洲先进国家莫不迫切需要了解殖民地与民族，特别是野蛮民族的一切状况，这便成了如何控制殖民地的主观要求。调查、探险，成了一时的风尚，商人们的日记和传教士的报告等，就是当时人类学原始的资料。他们用白种人的尺度，来测量有色人种的体质和文化，用基督教的教义，来判断异教徒的信仰、道德和制度，以为统治殖民地民族的凭借。所以人类学最初实际只是一种蛮族学

---

① 范发迪著、袁剑译：《清代在华的英国博物学家：科学、帝国与文化遭遇》，北京：中国人民大学出版社，2011 年版，中文版序第 4 页。

（Barbarology）而为帝国主义侵略的工具。①

华西边疆研究学会在西南地区的科学研究无疑也符合这一逻辑。葛维汉曾抓捕过一只名叫"潘多拉"的大熊猫，并将其送到 1939 年世界博览会上展出②。"潘多拉"的命运事实上就隐喻了地方性的物种、文化是如何被卷入帝国主义知识生产、审美需求的过程。从本质上讲，"潘多拉"在世界博览会的亮相与华西地区的其他物种、文化、具体知识进入西方的知识体系如出一辙。柯尔曾言："在 19 世纪末，国家、民众、学术的自豪感与政府对科学文化的援助相结合，尤其是与大量资本主义慈善事业的输出，引起了令人难以置信的大量机构投身于收藏和展示科学和人工作品的现象。"③虽然这些学术性的活动看上去与武装侵略毫无关系，甚而还是一场文化救助运动，但无法否认的是，这些活动恰恰是资本主义知识体系生产过程中的一环。无论是华西边疆研究学会的科学考察、经费来源，还是其科学研究的方法与范式，其本身就是近代资本主义在非资本主义世界文化垦荒的表现，也是全球政治格局于学术层面的呈现。

从学术的层面观察，西南边疆研究的现代转型既是以西方学术为标准的西学对传统中国学问的示范、规训的过程，同时也是中国本土的西南边疆研究面对西方冲击不断发展、逐渐成熟的过程。早期加入学会的传教士大多有着探险的欲望，都对川康边区充满了好奇与向往。20 世纪 20 年代，传教士个人或团体的探险、考察、旅行极为盛行。他们通过科学的论文或非正式的游记、通信、札记等多种方式向其他西方人传递对"未知"之地的探索与了解，他们通过对这些未知之地的各种事物的定位、制图、描绘，从而将这些"未知"因素转变成为西方知识体系中的一部分。华西边疆研究学会在华的科学研究过程当然不可避免地包含有萨义德所谓的"东方主义"的书写模式和范发迪认为的"科学帝国主义"的心态，也饱含东西方文化在跨文化交流中的合作与对抗，学术书写的反殖民、独立化等诸多议题。无论从哪个角度来看，华西边疆研究学会在近代西南边疆研究史上的意义、价值都不容忽视。

---

① 马长寿：《人类学在我国边政上的应用》，《边政通讯》，1947 年第 6 卷第 3 期，第 5—6 页。
② 苏珊·R. 布朗著、饶锦译：《在中国的文化人类学家——戴维·克罗克特·葛维汉》，载李绍明、周蜀蓉选编：《葛维汉民族学考古学论著》，成都：巴蜀书社，2004 年版，第 216 页。
③ 苏珊·R. 布朗著、饶锦译：《在中国的文化人类学家——戴维·克罗克特·葛维汉》，载李绍明、周蜀蓉选编：《葛维汉民族学考古学论著》，成都：巴蜀书社，2004 年版，第 226 页。

第一章　华西边疆研究学会创建的背景

第一节　传统边疆研究的近代转型

一、中国传统"边疆研究"之回顾

19世纪中叶至20世纪初，是中国边疆民族史地研究的开拓时期。所谓中国边疆民族史地研究的开拓，并不是说我国在19世纪中叶之前对边疆民族史地没有研究，而是指在此之前，从先秦至晚清历史上的"边疆研究"基本属于传统学者的治学范畴，尚不具有现代学术研究的含义，即没有应用现代人文自然科学体系理论与方法去研究。在我国古代文献中，既积累了浩如烟海的边疆民族史志资料，同时亦有考证与研究。此外，还有大量的少数民族历史文献，如满、蒙、藏、西夏、东巴、彝、傣、突厥、回鹘、契丹等民族的历史文献，这些都是边疆史地研究中弥足珍贵的资料，至今仍可利用。

中国边疆民族史地的记述、图记历史，可追溯到上古时代。先秦时华夏族将其周边地区文化落后些的诸部族，统称为"四夷"。而"四夷"史料，无不散见于古代经史子集之类的文献中。诸如先秦的《尚书》《诗经》《周礼》《论语》《孟子》《荀子》《国语》《山海经》等。秦汉以降，史家对边疆民族史地更加关注，出现专门记述"四夷"、边地的新体裁，汉代史学家司马迁、班固是其先锋。司马迁《史记》的《匈奴列传》《南越列传》《西南夷列传》，班固《汉书》的《西域传》创始性地将徼外舆地及方国事迹记入"列传"，开官修正史①以"列传"表述"四夷"人文地理之先河。"四夷列传"这一体裁，被历代官修、私撰史书效仿与推崇。正史因之积累有丰富的边疆史地和民族志方面的资料。

梁启超称班固《汉书·地理志》是方志学的开山之作②，开魏晋六朝修撰州郡地志之风，其后亦有记述边疆地志的专著出现。各地方志中积累有大量的边疆民族史地资料。如：东汉袁康《越绝书》、东汉赵晔《吴越春秋》、吴康泰《扶南土俗传》、魏晋佚名《永昌郡传》、佚名《外国传》、晋释道安《西域志》、晋郭义恭《广志》、晋常璩《华阳国志》、南朝宋范晔《西域传》、南朝宋盛弘之《荆州记》、隋佚名《诸蕃风俗记》、佚名《突厥所出风俗事》、隋虞世基《区宇图志》、唐樊绰《蛮书》、唐贾耽《古今郡国道县四夷述》、唐李泰《括地志》、唐李吉甫《元和郡县志》、宋乐史《太平寰宇记》、宋王存《元丰九域志》、宋欧阳忞《舆地广记》、宋王象之《舆地纪胜》、元李京《云南志略》。上述古籍中有部分已成佚书，但在正史"艺文志"和《太平御览》等类书中有部分保存。《太平御览》保存了宋以前的许多文献资料，全书共引用了一千多种古书，是保存了五代以前文献最多的一部类书，仅"四夷部"即征引边疆史地各类地志数十种③。

"经世致用"是中国最重要的文化传统之一，"经世致用"之风是构建传统学术体系的核心价值所在，也是学术精髓与学术宗旨所在④。"经世致用"观念在边疆史地考证历史上常常表现为，一旦边事告急或边陲为统治者所重视，议论边事或图记边陲便流行起来，这种以"致用"为目的的考证旨在为执政者决策提供参考。如汉司马相如《喻巴蜀檄》，班固《西戎论》《窦将军北征颂》《封燕然山铭》，江统《徙戎论》，戴祚《西征记》《宋武北征记》，隋裴矩《西域图记·序》。《隋书·裴矩传》载，隋大业三年（607）隋炀帝派遣裴矩至张掖，负责诸胡商"与中

① 特指"二十四史"，即司马迁《史记》、班固《汉书》、范晔《后汉书》、陈寿《三国志》、房玄龄《晋书》、沈约《宋书》、萧子显《南齐书》、姚思廉《梁书》、姚思廉《陈书》、魏收《魏书》、李百药《北齐书》、令狐德棻《周书》、魏徵《隋书》、李延寿《南史》、李延寿《北史》、刘昫《旧唐书》、欧阳修《新唐书》、薛居正《旧五代史》、欧阳修《新五代史》、脱脱《宋史》、脱脱《辽史》、脱脱《金史》、宋濂《元史》、张廷玉《明史》。
② 梁启超论述："中国地理学，本为历史附庸，盖自《汉书》创设地理志，而此学始渐发展也。其后衍为方志之学。"梁启超：《中国近三百年学术史》，北京：中国书店，1985 年版，第314页。
③ ［北宋］李昉：《太平御览》，北京：中华书局影印，1985 年版，第3455—3557 页。
④ 孙家洲、高宏达：《"经世致用"学术传统之诠释》，《光明日报》，2011 年 3 月 31 日，第11 版。

国交市"。裴矩在张掖与西域诸胡商广泛接洽，又考察西域诸国人文自然地理，还查阅大量的图书典籍，搜集到西域四十四国之山川、姓氏、风土、服章、物产等数据，并标绘地图，撰《西域图记》上奏朝廷，为隋统一天下献计献策①。

　　清季是我国边疆地区陷入全面危机的历史时期，"经世致用"激发了清乾隆年间西北边疆史地研究的兴起，至嘉道咸年间，遂成清季"最流行的学问"②，涌现出一大批讲求潜心研究边疆的学者。重要者如钱大昕、祁韵士、徐松、洪亮吉、龚自珍、沈垚、魏源、姚莹、俞正燮、张穆、何秋涛、李文田、丁谦等，盛极一时，边疆史地研究遂成为其时学术研究的"显学"。清季边疆史地研究涌现出一大批经典之作，较重要者如祁韵士《西陲总统要略》，徐松《西域水道记》，沈垚《新疆私议》，龚自珍《西域置行省议》，姚莹《康輏纪行》，张穆《蒙古游牧记》《海疆善后宜重守令论》，何秋涛《朔方备乘》，魏源《海国图志》，李文田《元史西北地名考》，李光廷《汉西域图考》，陶葆廉《辛卯侍行记》等。

　　虽然，西南边疆的研究在清末的边疆危机中曾成为一门"显学"，然而上古至晚清历史上的"边疆研究"基本不脱传统"经世致用"的治学范畴，尚不具有现代学术研究的含义。从研究范围看，或关注边事或为开发边陲所需的局部区域。从研究领域看，研究大致局限在史地范畴，很少涉及民族、宗教与社会，自然科学更是空白。从方法上看，沿袭传统士人撰述方法和体裁，以游记、杂录、地志居多。

二、近代以来西南边疆研究之回顾

　　可以划归现代学术范畴的中国边疆问题研究，始于晚清西学东渐。鸦片战争后，中国国门被西方列强"坚船利炮"洞开，西人纷至沓来，渐而兴起对中国边疆考察、探险的热潮。尤其是第二次鸦片战争后，中国被迫与西方列强签订了一系列辱国丧权的条约，让西方人享有可以在通商口岸租买房屋、自由居住，以及到内地传教、游历的权利。就华西边疆而言，19世纪后半叶，中国边疆危机四伏，西南边疆与印度、缅甸、越南间的商贸交通地理，以及藏、彝、羌、苗、纳西等民族的神秘领地，成为西方冒险家争相探险的目标。赴西南地区探险、考

---

① ［唐］魏徵：《隋书》卷六十七《裴矩传》，北京：中华书局，1973年版，第1578—1580页。
② 梁启超论述："一时风会所趋，士大夫人人乐谈，如乾嘉间之竞言训诂音韵焉。而名著亦往往间出。"参见梁启超：《中国近三百年学术史》，北京：中国书店，1985年版，第28页、第322—323页。

察、旅行的西人络绎不绝，尤以英、法两国的探险家人数为多。他们纷纷撰写游记或考察报告或专著，向西方世界报导中国西南地区的人文史地及民族情况，从而开启了近代西南边疆研究的大幕。对于早期西人针对西南边疆探险的学术价值，民国学者徐益棠曾有过系统性的描述，徐氏说：

> 我国边疆民族之研究，创始于外国之传教士、商人、领事、军事家、自然科学家，而尤以法国之天主教徒及英国之基督教徒为最有贡献。就余所知，法国国家图书馆以及英国皇家地理学会所庋藏之稿本及小册，数以百千计，即就安南河内之法国远东学院，已颇可观。盖自鸦片战争以后，西人之旅行吾中华者，年有增加，归辄录其所见闻者以成书，虽精审者少，然经政府以及学术团体之奖掖与提倡，其中亦不乏高明之作，而尤以 1906 年前后为最发达，盖其时吾国国势凌替，列强正谋蚕食我边疆之会也。①

徐氏所论，将近世边疆研究热潮的兴起置于世界列强竞争、中国边疆危机四伏的格局之下，将近代政治与学术的互动、近代西人热衷边疆研究的原因分析得清晰透彻。在近代中西文化竞争的语境之下，中国文化在不断抛离传统、倾心西化之时，西方学术却在资本主义全球扩张的浪潮下积极向边地、未知领域探索扩张。19 世纪 60 年代至 20 世纪 20 年代，西方人对西南边疆的旅游探险、科学考察活动日趋频繁，这些探险、科考活动计有：

1860 年，英国人布拉克斯顿（T.Blaekiston）② 考察长江上游的四川、湖北、湖南各地，1862 年《扬子江五月考察记》（*Five Months on the Yang-tze*，1862），详细记述彝族、苗族的体质与风俗。1861 年至 1863 年间，英国驻缅甸代表威廉姆斯（C.Williams），两次前往缅北边城八莫及云南地区勘探，著《从缅甸到中国西部》（*Through Burma to Western China：Being Notes of a Journey in 1863*，1868）③。

1862 年，法越签订《西贡条约》以后，法国设想利用湄公河航运，打通与中国西南地区的国际贸易之道。1867 年，法殖民当局派遣由杜达尔·特拉格来（D.

---

① 徐益棠：《十年来中国边疆民族研究之回顾与前瞻》，《边政公论》，1942 年第一卷第 5—6 期合刊，第 51 页。

② 本书中外国人名首次出现时，采用中英文对照名，其后仅用中文名。但在部分照片说明文字中和介绍人物生平时，将用中英文对照名。

③ Clement Williams, *Through Burma to Western China：Being Notes of a Journey in 1863 to Establish the Practicability of a Trade-route Between the Irrawaddy and the Yang-Tse-Kiang*，W.Blackwood and sons，1868.

de Lagree）、安邺（F.Garnier）率领"湄公河勘探队"从越南进入我国云南，进行滇越道路的勘测活动。勘探队访问了云南元江河谷、大理、昭通、大关，又北上四川凉山、会理、叙府等地，考察西南少数民族地区人文自然情况，后经长江航行至上海返回。勘测活动结束后，勘探队成员安邺和卡尔内（L.de Carné）在 19 世纪 70 年代出版有《印度支那 1866、1867 和 1869 年的勘探旅行》（*Voyage d'Exploration en Indo-Chine Effectue Pendant les Annes 1866，1867et1869，*1873）和《从印度支那到清帝国的旅行》（*Voyage en Indo-Chine et dans l'Empire Chinois，*1872)[①]。

1869 年至 1870 年，法国驻蒙自领事官弥乐石（E.Rocher）经长江航行到云南，对宣威州、曲靖、昭通、云南府、澄江、新兴州（今玉溪市）、蒙自县等地考察，著有《云南省》（*La Province Chinoise du Yun-nan，*1879），对南诏历史及少数民族习俗有详细介绍[②]。

1868 年、1875 年，英属缅甸政府派遣斯莱登使团（Sladen Mission）和布朗使团（Brown Mission）勘查中缅商路。使团成员安德森（John Anderson）分别在 1871 年及 1876 年发表《滇西探险报告》（*A Report on the Expedition to Western Yunnan Viâ Bhamô，*1871）以及《从曼德勒到猛缅：1868 年和 1875 年在中国西部的两次探险》（*Mandalay to Momien：A Narrative of the Two Expeditions to Western China of 1868 and 1875，*1876）。这是安德森对两次考察活动的实录，详细记录了使团组建的原因，概述了缅中交往史，重点调查了中缅边境各部族人文地理自然环境的情况[③]。

托马斯·汤姆威尔·库珀（T.T.Cooper）于 1869 年至 1870 年间考察长江上游的川西和滇西北，其后发表《商业先驱者游记》（*Travel of a Pioneer of Commerce in Pigtail and Petticoats，Or an Overland Journey from China towards India，*1871）。库珀的考察主要着眼于川藏、滇藏、滇缅的贸易，还记录了有关

①　Francis Garnier, *Voyage d'exploration de l'Indo-Chine：effectuée par une commission française présidée par le capitaine de frégate Doudart de Lagrée，relation empruntée au journal le tour du monde，*Paris：Librarie Hachette et Cie. ed.1873. Louis de Carné, *Voyage en Indo-Chine et dans l'Empire Chinois，*E.Dentu，1872.

②　Émile Rocher, *La province chinoise du Yün-nan，*E.Leroux，1879.

③　John Anderson, *A Report on the Expedition to Western Yunnan Viâ Bhamô，*Office of the Superintendent of Government Printing，1871；John Anderson, *Mandalay to Momien，a Narrative of the Two Expeditions to Western China of 1868 and 1875，*Macmillan，1876.

藏、傈僳、摩梭等土著人的风俗。19世纪中后期，英法两国从事勘探印度、缅甸与中国之间的陆上商路尤为积极，库珀是其中的代表人物①。

1876年至1880年，英国外交官贝德禄（E.Colborne Baber）在四川、云南等地探险旅行，对途经之地的地形地貌、河流山川、农业生计、商业交通等方面的情形进行了考察，并对四川、云南、西藏的经济情况做了分析，1882年出版了题名为《中国西部旅行与调查》的调查报告（Travels and Researches in the Western China，1882)②。

英国驻华外交官谢立山（Alexander Hosie），1876年受英政府派遣来到中国进入驻华领事馆做翻译，1881年担任英国驻重庆领事。1882年至1884年，谢立山率探险队考察川、黔、滇少数民族地区。多次在华西各地旅行，搜集了大量商业信息、人类学材料和博物学标本。1897年出版《华西三年记》（Three Years in Western China：A Narrative of Three Journeys in Szechwan，Kuei-chow，and Yün-nan，1897)，随后出版《四川的物产、实业和资源》 （Szechwan，Its Products，Industries and Resources，1922）等著作③。

为英国发展中国西部贸易之需要，英国皇家地理学会会员立德（Archibald John Little），1883年前往华西考察，溯长江而上，到四川边地、云南等地活动，出版有《穿越云南：一次神奇之旅》（Across Yunnan：A Journey of Surprises，1910)。书中对正在修建的滇越铁路做了重点介绍，对工程造价、线路情况、设计人员、劳工以及开筑中的困难等都有所说明，对了解滇越铁路的建设情况颇有参考价值④。

1885年10月至1886年5月，英国驻重庆领事代办班德瑞（F.S.A.Bourne）按英国政府指示，在中国西南地区进行了一次有关商业贸易环境与情况的考察，著有《中国西南的考察报告》（Report by Mr.F.S.A.Bourne of a Journey in South-

---

① Thomas Thornville Cooper, *Travels of a Pioneer of Commerce in Pigtail and Petticoats*，Or an Overland Journey from China Towards India，London：John Murray, Albemarle Street，1871.

② E.Colborne Baber,*Travels and Researches in the Western China*，London：J.Murray，1882.

③ Sir Alexander Hosie, *Three Years in Western China：A Narrative of Three Journeys in Ssŭ-ch'uan，Kuei-chow，and Yün-nan*，G.Philip & Son，1897；*Manchuria：Its People，Resources and Recent History*，Methuen，1901；*Szechwan，Its Products，Industries and Resources*，Shanghai：Kelly & Walsh, Ltd. ，1922.

④ Archibald John Little, *Across Yunnan：A Journey of Surprises*，London：Sampson Low，Marston & co，1910.

Western China，1888)①。

1889 年，法国人邦瓦洛特（P.G.Bonvalot）进行从西伯利亚到暹罗的探险旅行，途经青藏高原，撰著《从巴黎到东京②：穿越未知的西藏》（*De Paris au Tonkin àtravers le Tibet inconnu*，1891），该报告提交给巴黎地理学会③。

1894 年 2 月，英国爱丁堡医学博士莫理循（G.E.Morrison）由上海溯长江而上至重庆，经四川、云南抵达缅甸。次年，莫理循出版此次旅行的游记《一个澳大利亚人在中国》（*An Australian in China*，*Being the Narrative of a Quiet Journey Across China to British Burma*，1895)④。正因为这本书的出版，他受到《泰晤士报》的赏识，随后被《泰晤士报》聘为驻华首席记者，成为影响近代中国政局的"中国的莫理循"。

1895 年，法国亲王亨利·奥尔良（H.D'Orleans）率领一支探险队对云南湄公河流域进行了为期一年的考察，穿越滇、藏、缅交界地带回到印度，发表《云南游记：从东京湾到印度》（*Du Tonkin aux Indes*，1898）。《云南游记》对云南二十四个部族历史、宗教、文化、建筑、生计、服饰等方面做了大量记述，保存有 19 世纪末云南少数民族大量的原始资料。他在赴金沙西岸大小凉山和楚雄、思茅、蒙自等处实地考察时，搜集了大批彝文手稿回国，送给巴黎东方语言学会图书馆珍藏⑤。

1894 年至 1900 年，英国人戴维斯（H.R.Davies）四次带领考察队对云南的地形地貌、气候物产、民族分布、风俗习惯等情况作了详细的实地考察与记录，写成《云南：联结印度和扬子江的链环》（*Yunnan：The Link Between India and the Yangtze*，1909）。该书较客观地反映了 19 世纪末期云南的政治、经济、文化概貌，具有较高的史料价值，是研究我国近代西南民族、外交、经济、交通之必备资料⑥。

---

① F.S.A.Bourne，*Report by Mr.F.S.A.Bourne of a Journey in South-Western China*，H.M.Stationery Office，1888.

② 指越南北圻。

③ P.G.Bonvalot，*De Paris au Tonkin àtravers le Tibet inconnu*，L.Hachette et Cie.，1891.

④ George Ernest Morrison，*An Australian in China*，*Being the Narrative of a Quiet Journey Across China to British Burma*，H.Cox，1895.

⑤ Henri Philippe Marie Orléans，*Du Tonkin aux Indes*，C.Lévy，1898.

⑥ Henry Rodolph Davies，*Yun-nan：The Link Between India and the Yangtze*，Cambridge，1909. 戴维斯著、李安泰译：《云南：联结印度和扬子江的链环：19 世纪一个英国人眼中的云南社会状况及民族风情》，昆明：云南教育出版社，2000 年版。

此外，法国沙尔雅（Sariya）考察队曾到云南省的武定、禄劝一带彝区复制彝文碑文，并从当地人手中收集彝文碑文和经书。保尔·博厄尔（P.Bolle）到云南曲靖、彝良彝族地区考察，将搜集的彝族语言词汇数据送交巴黎东方语言学会。英国人斯普莱（R.Sprye）、亚历山大·鲍尔斯（A.Bowers），法国人伊博斯（Ibos）、普亚（T.R.Pourrias）、拉古柏里（T.De Lacoupere）、德维亚（C.Dereria）等人，都曾进入华西进行商业或人类学方面的考察，并发表过相关的考察报告。

20世纪初，外国人考察华西边疆的势头达到高潮。1902年，英国腾越领事烈敦（G.J.L.Litton），"往云南府，与滇督面商铁路、边界事宜"[①]，借其从云南府返回腾越的机会，游历、调查了滇西北各地及四川小凉山地区，撰有《滇西北旅行》（*Report by Acting Consul Litton on a Journey in North-West Yunnan*）一册[②]。这篇报告虽然只有二十三页，却对滇西北各地城镇规模、交通状况、人口密度、市场状况、农副产品、经济产业等情况作了详细描述。还对沿途所见的少数民族，如傈僳族、怒族、白族、彝族的分布状况一一加以介绍。1902年至1903年，日本学者鸟居龙藏率考察团考察了中国西南诸省，云、贵、川边的诸部族是他调查的重点。鸟居龙藏撰有《"倮倮"[③]的神话》（1905）、《从人类学上看中国西南》（1926）。后者是其考察日记，日记采用现代科学方法记录华西各族生活文化实态，是华西人类学研究的珍贵田野资料。1904年，英国植物学家乔治·弗雷斯特（G.Forrest）开始访问云南，直至1936年的三十二年中，他曾七次在云南、藏东等地探险和采集植物，经他发现并命名的植物不少，他还将一些稀有物种带回英国栽培，促进英国园艺业的发展。弗雷斯特发表《萨尔温江上游的旅行》（*Journey on Upper Salween*）、《弩弓之地》（*The Land of the Crossbow*），对居住在萨尔温江上游的傈僳人的宗教信仰、生计及生态环境有所记录。

1906年1月6日到7月15日，英国人庄士敦（R.F.Johnston）进行了一次自山东威海卫到曼谷的旅行，并将旅行所见以各地的文化、历史、哲学等为主题撰写成游记发表，即《从北京到曼德勒：一次从华北到缅甸的旅行，经四川、云南

---

① 《云南行政纪实》第三编《外交》之《各国来滇设领及购地情形》载："光绪二十八年（1902），外务部咨滇，准驻京英使照会，该国驻腾越领事烈敦，不日即往云南府，与滇督面商铁路、边界事宜。"参见云南财政厅编：《云南行政纪实》，昆明：云南财政厅印刷局承印，1943年版。

② G.Litton, *Report by Acting Consul Litton on a Journey in North-West Yunnan*, H. M. Stationery Office, 1903.

③ 指彝族。

藏区》（又名《从北京到瓦城》）（*From Peking to Mandalay*，*A Journey from North China to Burma through Tibetan Ssuch'uan and Yunnan*，1908）①。1906 年至 1909 年，法国多隆（d'Ollone）探险队先后在川、黔、滇少数民族地区考察，著《彝藏禁区行》（*Les derniers barbares*，*Chine-Tibet-Mongolie*，1911），记述 1907 年穿越大凉山禁区的过程②。多隆探险队的胡勒莱尔（Fleurelle）一行，则进行云南东部彝族和贵州苗寨的探险。1907 年，法国文学院院士夏瓦讷（Edouadehvnne）赴云南各地彝族聚居区考察。1907 年至 1910 年，法国吕真达（A.F.Le'gendre）考察队两次赴川滇彝区考察，著有《健昌"倮倮"》，记叙了凉山彝族的奴隶制及其等级制。英国记者丁格尔（Edwin John Dingle），曾于 1909 年至 1910 年 2 月两次深入到华西边疆地区进行调查，著有《步行中国游记》（*Across China on Foot：Life in the Interior and the Reform Movement*，1911），记述了诺苏（彝族）、苗族和傈僳族的生产生活情况③。

英国植物学家弗朗西斯·金登·沃德（Francis Kingdon Ward）从 1911 年开始探访云南，在澜沧江流域采集植物标本，随后又到滇西北和藏东等地区采集，探险与采集活动一直持续到 20 年代，著有《缅甸最远处》（*In Farthest Burma*，1921）、《西藏之神秘水道记》（*The Mystery River of Tibet*，1923）、《浪漫的植物采集》（*The Romance of Plant Hunting*，1924）等，多以华西边疆人文地理为主题④。1913 年春，英国人安斯克夫（T.M.Ainscough）从成都出发，经灌县、打箭炉、宁远府、盐源、永北、腾越等地进行旅行考察，著有《边境笔记》（*Notes from a Frontier*，1915），记述了川、藏、滇边藏族和大小凉山"倮倮"社会情况，对四川的贸易和水陆交通及云南滇缅铁路等情况都有详细介绍⑤。1916 年 8 月，

①　Sir Reginald Fleming Johnston, *From Peking to Mandalay*，*A Journey from North China to Burma through Tibetan Ssuch'uan and Yunnan*, London：J.Murray, 1908.

②　Henri d'Ollone，*Les derniers barbares：Chine-Tibet-Mongolie*, P.Lafitte & cie, 1911.

③　Edwin John Dingle, *Across China on Foot：Life in the Interior and the Reform Movement*, H.Holt and Company, 1911.

④　Francis Kingdon Ward, *In Farthest Burma：The Record of an Arduous Journey of Exploration and Research Through the Unknown Frontier Territory of Burma and Tibet*, Lippincott, 1921；*The Romance of Plant Hunting*, London, 1924；*The Mystery Rivers of Tibet：A Description of the Little-known Land where Asia's Mightiest Rivers Gallop in Harness Through the Narrow Gateway of Tibet，Its Peoples，Fauna，& Flora*, Lippincott, 1923. 亦可参见沃德著、杨图南译：《西藏之神秘水道记》，南京：蒙藏委员会发行，1934 年版。

⑤　Thomas M.Ainscough, *Notes from a Frontier*, Shanghai：Kelly and Walsh, Ltd., 1915.

美国自然历史博物馆自然学家安德鲁斯（Roy Chapman Andrews）率领"亚洲动物学探查队"（Asiatic Zoological Expedition）由滇越铁路进入云南，开始了对中国西藏、华西、华北等地区的考察，发表《在中国宿营和追踪》（*Camps and Trails in China*，1918），考察活动持续到 1932 年①。1922 年，英国地质学家格雷格里（J.W.Gregory）从缅甸进入云南考察，发表考察报告《前往中国藏区的高山》（*To the Alps of Chinese Tibet*，1923）②。法国藏学家戴维尼夫人（Madame Alexandra David-Neel，一译亚力山德拉·戴维·尼尔），是研究西藏问题的国际权威。1923 年从成都出发前去西藏，次年抵达拉萨，是第一位抵达拉萨的西方妇女。她先后七次出入康藏地区，实地研究藏族宗教文化，1927 年出版《一个巴黎女子的拉萨之行》（*Voyage d'une Parisienne a Lhassa*）。

19 世纪 60 年代以后，外国传教士进入华西少数民族地区，不少人在传教中调查当地的语言文化、宗教信仰、风土民情和社会情况，亦有研究华西社会、自然、历史、部族等方面的著述。1861 年，英国伦敦会传教士雒魏林（William Lockhart）著有《中国的苗人或土著居民》，对苗族人种及风俗习惯都有详细介绍。1878 年，英国内地会传教士克拉克（S.R.Clarke）携夫人入川传教，对苗、布依、彝、仡佬等族的宗教习俗进行记录与研究，著《在中国西南部落中》（1911）。1881 年至 1884 年，英国内地会传教士克拉克（G. W. Clarke）前往大理传教，发表《云南省：过去、现在和未来》（*The Province of Yun-nan：Past，Present and Future*）、《云南六个古代王国的历史纲要》（*An Outline of the Six Ancient Princes*）等文，对云南经济贸易、矿业资源、邮政盐政、城市交通、民族习俗等众多内容作了真实记录。为法国多隆探险队作向导的德·格布瑞安（Guebriant）神父，著有《经过未知的中国——罗罗的国土》（1903），记述了所见大凉山彝族的情况。法国传教士利埃达尔（A. Liétard）在云南路南、昭通彝区传教十余年，对云南少数民族有较深入的研究，他分别著有《"倮倮"阿细人区域》（*Le District des Lolos A-chi*）、《云南"倮倮"：中国南方的一个土著部族》（*Au Yun-nan，Les Lolo p'o，Une tribu des aborigènes de la Chine méridionale*，1913），概括反映了 20 世纪初川滇交界处彝族人的社会情况，涉及语言、习俗、宗教、生产生活、医药、社会等

---

① 　Roy Chapman Andrews，*Camps and Trails in China*，D.Appleton，1919.

② 　J.W.Gregory，*To the Alps of Chinese Tibet：An Account of a Journey of Exploration Up to and Among the Snow-clad Mountains of the Tibetan Frontier*，Seeley，Service & Company，Limited，1923.

内容①。

英国圣经基督教教会传教士塞缪尔·博格理（S.Pollard），1905 年至 1915 年在贵州威宁石门坎传教，著《苗族纪实》（*The Story of the Miao*，1919）记录了滇黔川边苗族人皈依基督教、营建石门坎教会的经过，以及苗族人的生存状况②。博氏还著有《在未知的中国》（*In Unknown China*，1921），记述了华西地区的彝、汉、苗等民族历史、经济、交通、文化、习俗等详细资料③。法国巴黎外方传教会传教士萨维纳（F.M.Savina）著《苗族史》（*Histoire des Miao*，1924），记述了苗族语言、历史、生活、信仰等内容。他是最早对苗族社会文化生活进行田野考察的西方人④。法国传教士马尔丹（Madrolle）在四川彝族地区传教二十年，搜集了大量彝族风物和彝文文献资料，成为西方研究彝族文化的学者的重要参考资料。美国传教士洛克（J.F.Rock）长期在四川、云南少数民族地区采集博物学标本和实地考察纳西族文化，在美国《地理杂志》发表纳西族文章，著《纳西—英语百科词典》（*A Nakhi-English encyclopedic dictionary*，1963）、《中国西南古纳西王国》（*The Ancient Nakhi Kingdom of Southwest China*，1948）等，后者是洛克研究纳西族语言、文化、信仰及生存环境的代表作，对国内外人类学界影响很大⑤。

其中，法国传教士保尔·维亚尔（Paul Vial）取得的成绩最显著。维亚尔，汉名邓明德。他 1880 年到云南盐津、漾濞、嵩明等地传教，1887 年到路南彝区传教，同时研究彝族语言文化，直至三十年后病逝于路南。维亚尔出版《云南"倮倮"文字研究》（1890）、《法"倮"字典》（1909）等论著。《"倮倮"的历史、宗教、风俗、语言和文字》（1898），记述了路南撒尼人的社会、生活、宗教、生计、性情、婚姻、文学、服饰、丧葬习俗，是 19 世纪末彝族撒尼人珍贵的田野资料。

---

① Alfred Liétard，*Au Yun-nan，Les Lolo p'o，Une tribu des aborigènes de la Chine méridionale*，Munster，Aschendorff，1913.

② Samuel Pollard，*The Story of the Miao*，London，1919.

③ Samuel Pollard，*In Unknown China：A Record of the Observations，Adventures and Experiences of a Pinoeer Missionary during a Prolonged Sojourn amongst the Wild and Unknown Nosu Tribe of Western China*，J.B.Lippinott Company：London，Seeley，Service & Company Limited，1921.

④ F.M.Savina，*Histoire des Miao*，Paris：Societe des Missions Etrangeres，1924；Soc.des missions-étrangères，1930（second edition）.

⑤ J.F.Rock，*The Zhi-ma Funeral Ceremony of the Nakhi of Southwest China*，Vienna，1955；J.F. Rock，*Nakhi-English Encyclopedic Dictionary*，Serie Orientale Roma，1963；J. F. Rock，*The Ancient Nakhi Kingdom of Southwest China*，Harvard University Press，Cambridge，Mass.，1947.

鉴于维亚尔在彝族文化研究上的卓越贡献，法国文学院授予他文学博士称号，罗香林先生称之为西人研究"倮倮"问题之最早者①。

此外，自 19 世纪后半期以后，在英、法、美等国及在华外侨创办的地理、时政、学术、宗教类杂志上，陆续刊登有西方人关于华西边疆调研报告和探险游记等，其中著名的有英国《皇家地理学会会要》（*Proceedings of Royal Geographic Society*）、《地理杂志》（*Geographical Journal*）、《皇家亚洲文会期刊》（*Journal of the Royal Asiatic Society of Great Britain and Ireland*）、《皇家亚洲文会北中国支会会报》（*Journal of the North China Branch of Royal Asiatic Society*）、法国《地理学会公报》（*Bulletin de la Societe de Geographie*）、《法国远东学院通报》（*Bulletin de I'E'cole Francaise D'extre'me-orient*）、美国《地理评论》（*The Geographical Review*）、《远东评论》（*The Far Eastern Review*）、《国家地理》（*National Geographic*）、《美国东方学会杂志》（*Journal of the American Oriental Society*）等。法国天主教会创办的《天主教团》、西方基督新教传教士在华创办的《教务杂志》（*The Chinese Recorder*）、西方基督新教传教士华西地区创办的《华西教会新闻》（*The West China Missionary News*）上，也有许多传教士留下的有价值的数据。虽然他们的调查研究均有其特定的时代背景，但他们为西南民族研究引进了现代科学的理论与方法，早期研究所形成的学术成果至今仍有重要的参考价值②。

晚清至民国时期，来西南边疆调研的各类人员络绎不绝，留下的各类著述、报告数量甚众。这些来华的各类人员背景复杂、其所撰写的报告、著作涉及领域极为广泛，故而这批文献的数量到底有多少，学界现在还很难有精确的统计。杨梅、贺圣达根据其所掌握的六十多种资料，对这批文献及其著述人作了初步的分析与判断。他们发现，在六十多种比较重要的调研专著中，约有 27％的著作是由西方各国政府官员或派驻当地官员留下的，这些著作的政治性和商业性较强；6％的著作是由西方各国商业人士留下的，他们对打开中国的后门——中国西南地区颇有兴趣，前来探路、搜集信息的个人或团体纷至沓来；12％的著作是由西

---

① Paul Vial, *De la Langue Et de L'écriture Indigènes Au Yûn-Nân*, 1890; Paul Vial, *Dictionnaire Français-lolo, Dialecte Gni*, Hongkong, 1909; Paul Vial, *Les Lolos, histois, religion, moeurs, langue, ecriture*, Imprimerie de la Mission catholique, Orphelinat de T'ou-sè-wè, 1898; Paul Vial, *Grammaire Francorientale Le Deuxième Livre de la Jeune France en Chine*, Hongkong, 1913.

② 李绍明：《西南人类学民族学历史、现状与展望》，《西南民族大学学报》（人文社会科学版），2007 年第 10 期，第 4 页。

方传教士留下的，他们长期与当地民众生活在一起，将所见所闻和调查研究的结果著书立说，多以少数民族和当地的历史为写作对象；8%的著作是前来调研的学者留下的，中国西南边疆拥有丰富的动植物资源和民族人文资源，吸引了地质学家、动植物专家和民族研究者的到来，他们调研收集到的资料具有学科的针对性，而他们调研的成果具有科学者的视角；47%的著作是形形色色的探险家和旅行者留下的，他们有的是记者，有的是工程师，有的是社会活动家，有的是专门从事探险的地理爱好者……留下的记录内容也无所不包①。尽管这一统计的样本并不全面，统计结果也不尽准确，然而却大致勾勒了晚清民国时期西人对西南边疆探险、研究的基本情况。

第二节　近代基督教②在四川的传播

　　1840 年鸦片战争后，中国封建的闭关自守状态被打破，西方传教士们凭借不平等条约获得了在通商口岸进行传教活动的权力。1860 年第二次鸦片战争后，清政府与西方列强签订了《天津条约》《北京条约》，传教士们获得了在中国内地自由传教、办学、置产和建设传教建筑物等特权。基督新教传教士在"传教条款"的保护下纷纷涌入中国，企图实现他们"中华归主"的梦想。

　　传教士在华西地区的活动以四川最为显著，四川基督教的历史以 1868 年英国伦敦会（London Missionary Society）牧师杨格非（Griffith John）和大英圣书公会（The British and Foreign Bible Society）牧师伟烈亚力（Alexander Wylie）来华西考察为开端。他们返回后，将考察情况报告给了各国差会本部及在华各传教士，为以后各国差会进入华西地区作准备。此后，在华的各差会传教士纷纷前往华西地区传教和建立教会，同时还创办教育、医疗和慈善等事业，来推动传教事业的发展。

　　1899 年 1 月，为适应传教活动的迅速发展，协调各差会的关系，云贵川的部分差会在重庆召开了华西传教士大会，到会代表七十六人，代表内地会、美以美会、公谊会、浸礼会、英美会、英行教会、英伦敦会等七个差会和美国圣经会、

---

①　杨梅、贺圣达：《晚清至民国西方人在中国西南边疆调研资料的编译与研究》，《清史译丛》（第十辑），济南：齐鲁书社，2010 年版。

②　本文特指基督新教。

英国圣经会、苏格兰圣经会等三个圣经会。此次会议评估了整个形势并且以仁爱的精神将各差会联合起来为"上帝国"实现于华西而努力奋斗。会议订立了"睦谊协定"，划分了各差会的传教领域，成都、重庆为公共传教区，并且更进一步确定了差会之间相互协作的精神。会议决定成立华西顾问部（Advisory Board for West China，又称顾问会），协调各差会的传教工作。顾问部下设成都、重庆、云南与贵州四个分会。顾问部每年开会一次，各差会派人参加，商议互助事宜①。这次大会在 19 世纪末 20 世纪初的华西教会史上具有重要的意义。此后，华西基督教步入了发展时期。以四川基督教发展为例，1900 年在川的传教士有二百四十五人，多数是来自英国、美国和加拿大②。到 1901 年重庆海关华特森（W.C.H. Watson）给税务司赫德（Robert Hart）的报告称，英、美、法、加等国有九大教会在四川，男女传教士三百一十五人，教堂二百二十一所，教徒达十万余人，建有医院、药房、学校、孤儿院、救济所等六百七十三处。到 1910 年时，教会增至十三个，外国传教士增至五百一十五人。当时，四川是基督教差会传教活动的重要地区，发展的教徒数量占全国第三位③。

伴随着外国传教士的日益增多，基督教在华西的传教事业蒸蒸日上。传教士试图通过办学、行医、搞慈善的方式传播宗教达到引人归主的目的。在华西开展传教的各差会都十分重视办学，通过创办学校来推动传教事业和传播西方文化，已成为传教士传播宗教的一个重要手段。加拿大传教士、四川英美会开创人赫斐秋（V.C.Hart）曾说："我们传教士很懂得，如要使中国人通道，就必须加强教育工作。"④ 1907 年，基督教各差会已在四川开办小学一百七十三所，以及求精、华英、广益、华美、华西协合等数所中学⑤。20 世纪初，成都开始成为华西传教的中心，大量的传教活动被安排在成都进行，其中最具影响力的事件就是筹建华西协合大学（West China Union University，简称华西大学、华大）。

---

① George E.Hartwell, *Granary of Heaven*, Toronto：Ryerson Press，1939，p.110；"Echoes from the First West China Conference"，*The West China Missionary News*，No.2，（1925）：7 - 8.（为引用方便，以后用"WCMN"代 *The West China Missionary News*）

② 刘吉西：《四川基督教》，成都：巴蜀书社，1992 年版，第 3 页。

③ 四川大学史稿编审委员会：《四川大学史稿：华西协合大学（1910－1949）》第四卷，成都：四川大学出版社，2006 年版，第 4－5 页。

④ E.I.Hart, *Virgil C.Hart：Missionary Statesman, Founder of the American and Canadian Missions in Central and West China*，New York：Hodder & Stoughton；G.H.Doran Co.，1917. p.56.

⑤ 刘吉西：《四川基督教》，成都：巴蜀书社，1992 年版，第 341－379 页。

　　1905 年，华西各差会顾问部决议联合各差会创办一所"规模宏大，科学完备"的高等学府。1907 年，美国、英国、加拿大三国基督教会的五个差会①联合在成都创办了华西协合大学。这是一所以西方基督教会向我国西部介绍西方科学文化和发展传教事业为目的的教会大学，其办学宗旨是"借助教育为手段以促进基督教事业"，大学行政管理及机构设置仿照牛津（Oxford University）、剑桥（Cambridge University）之体制。1910 年开学时，学校章程规定："本大学之目的拟在华西于基督教主办之下，以高等教育为手段促进天国的发展。"② 初创之时仅设文、理两科，后来增设了医、牙、教育、宗教等科，成为一所文理并重的综合性大学。华西协合大学是中国西部地区建立的第一所现代化意义的大学。早期大学聚集了一大批由各国基督教差会选派来的医学、教育传教士③。这些传教士既是大学及各学科的创始人，又是大学管理者、教师及学者，或有教育管理经验或有教学科研能力，身体健康且意志坚定，甘于奉献且事业心强，为华西协合大学以及整个华西地区的文化教育、医疗卫生、科学研究作出了卓越贡献。

　　近代科学是从基督教内部培育出来的，与基督教有着千丝万缕的联系。作为一所基督新教的教会大学，西方博雅教育理念④是其重要的办学思想，其重要特征就是非常重视开设研究自然科学的课程。新教大多数神学家都认为神存在于自然之中，自然法则和神的理性是同一的，对自然的科学研究与探索，有利于清楚地认识上帝和人类本身。华西协合大学首任校长毕启（J.Beech）亦说："由于冰川运动在美洲大陆和欧洲毁灭了很多植物和动物，我们只能从发现的化石中知道它们。而在华西则是完全不同的历史，西北高山和横断山脉使这个地区具有亚热带

---

① 华西协合大学由英国、美国、加拿大三国基督教会的五个差会（美以美会、公谊会、英美会、浸礼会、圣公会）仿照牛津（Oxford University）、剑桥（Cambridge University）大学的体制共同开办，成立于 1910 年，是中国西部建立的第一所现代化意义的大学。关于华西协合大学的更多介绍，参见四川大学史稿编审委员会：《四川大学史稿：华西协合大学（1910—1949）》第四卷，成都：四川大学出版社，2006 年版。

② 四川大学史稿编审委员会：《四川大学史稿：华西协合大学（1910—1949）》第四卷，成都：四川大学出版社，2006 年版，第 10 页。

③ 华西协合大学早期的教职员大都为外籍教员，除有关中文方面的课程由国人名儒讲授外，余皆是外籍教员讲授。大学特聘中外名儒，目的在于提高办学质量和办学水平。

④ 博雅教育理念虽然起源甚早，内容丰富，此处所论主要是从其与近代科学和基督新教密不可分的关系出发的。参见王玮：《中国教会大学科学教育研究（1901—1936）》，2008 年博士学位论文，上海交通大学，第 4 页。

的气候，既有很潮湿的地方，也有相当干燥之处，谷深山高使各种动植物能生存下来，这在地球上是个非凡的地方，是研究动植物和人种学等的宝库。"① 创办者的卓识远见与崇尚科学的态度，让大学一开始就沿着既注重培养人才亦倡导科学研究的方向发展，教学与科研同步进行。由于大学地处华西，在科学研究方面尤其关注华西人文、自然、科学及医学等领域。

华西地区独特的人文地理环境，为华西协合大学筹建大学博物馆奠定了天然而坚实的基础。校长毕启不仅期望大学拥有博物馆，而且也期望，"华西协合大学博物馆应该成为世界上研究华西地区汉族和非汉族的最好的博物馆"②。"华西协合大学图书馆和博物馆应当成为世界上研究华西文明的最好的研究机构。"③ 毕启校长的态度，对传教士学者产生了很大的影响。美国传教士戴谦和（D. S. Dye）说："川康、打箭炉、巴塘、西藏地区有特殊物种，与非洲未知地区比较，值得去探险，包括峨眉山……值得研究有地质学、矿物学、动植物、农业、水利灌溉、人类学、部落风俗、民间传说、历史、陶瓷或建筑。同样可以做中药、中国森林、竹产品、中国灯具、雕版印刷、拓片研究。"④ 正是在这样的背景之下，1914 年华西协合大学理事会同意筹建一座大学博物馆，并决定由理学院教授戴谦和"收集有科学价值的物品"。1914 年华西协合大学博物馆（West China Union University Museum）创立，时称博物部，创始人戴谦和⑤。

1917 年以前华大的文科（人文科学与社会科学的简称），分为哲学、教育、西洋史和综合文科等五个学系。当时学校即注重人类学与社会学的教育。如哲学

---

① 四川大学史稿编审委员会：《四川大学史稿：华西协合大学（1910－1949）》第四卷，成都：四川大学出版，2006 年版，第 180 页。

② 四川大学博物馆档案编号：2010－704－1。

③ D.C.Graham, "The West China Union University Museum", *WCMN*, No.1,（1933）：14.

④ D.S.Dye, "The West China Union University Museum", *WCMN*, No.6,（1920）：17.

⑤ 郑德坤讲，"1914 年，华西大学理学院美籍教授戴谦和征得学校许可，开始收集有关学术之古物，创建古物博物院。因经费欠缺，进展缓慢，标本多为戴氏所采集，或为热心人捐赠。后得到陶然士（T.Torrance）、叶长青（J.H.Edgar）两位外籍教授合作，又有各界人士的热心赞助，捐赠物品，藏品增多"。易遵谅撰文亦如是说。参见郑德坤：《五年来之华西大学博物馆》，华西大学博物馆铅印单行本，1947 年版，第 1 页；易遵谅：《忆华西协合大学博物馆》，载成恩元：《成恩元文集》（上下卷），成都：四川民族出版社，2013 年版，第 870－873 页。易遵谅女士是郑德坤馆长的硕士研究生成恩元的夫人，20 世纪 40 年代末至 50 年代初，在华西大学博物馆工作。在博物馆创办问题上，笔者与郑德坤、易遵谅的认识稍有差异。

系、西洋史学系均设有"人类及人种学"课程。而理科的生物学系亦设有"人种与人类学"课程①。综合文科系还设有"社会学"课程。当时教授这些课程的老师主要由外籍传教士担任。正是在这样的背景之下，华西协合大学的传教士们于1922 年 3 月 24 日成立了华西边疆研究学会（West China Border Research Society，简称学会）②，学会旨在研究华西（包括四川、云南、贵州、西藏、甘肃等地）的政治、人文、风俗习惯及其自然环境，尤其是这四个因素对少数民族的影响。学会鼓励、支持传教士针对华西边疆的研究，并支持他们发表关于华西地区社会与自然的研究成果，尤其是以西南边疆地区为其考察研究的重点领域③。最初学会成员共有十二人，多是在川的传教士、华西协合大学的教授，学会负责人是美籍体质人类学家、解剖学家莫尔思（W.R.Morse），主要成员有戴谦和、医学人类学专家胡祖遗（E.C.Wilford）、布礼士（A.J.Brace）等，英国皇家地理学会和人类学会会员、西方著名地理学家叶长青为荣誉会员④。

　　华西协合大学与华西边疆研究学会的联系是多方面的。不仅学会早期创始人及骨干成员，诸如莫尔思、毕启、戴谦和、费尔朴（D.L.Phelps）、李哲士（S.H. Liljestrand）等，绝大多数都是华西协合大学的工作人员，而且在很长一段时间里学会研究方面的经费也是由华西协合大学校理事会从学校科研经费中划拨的。此外，华西协合大学早期建立的古物博物馆、图书馆等研究辅助机构也一并为华西边疆研究学会的研究工作提供帮助与支持⑤。作为近代学术史上第一个以研究华西边疆为目的学术团体，华西边疆研究学会的成立既是华西协合大学科学研究事业的延伸，也是基督教在华教育事业壮大发展的结果。

---

① 李绍明：《中国人类学的华西学派》，《中国人类学评论》（第 4 辑），北京：世界图书出版公司，2007 年版。

② 亦有学者译为"华西边疆协会"，根据四川大学博物馆保存的华西边疆研究学会中文牌匾、中文印章及《华西边疆研究学会杂志》封面中英对照文字，"华西边疆研究学会"是正确的中文名称。

③ 1922 年 4 月 21 日会议通过的章程，原件藏于四川大学博物馆（原华西协合大学古物博物馆），参见四川大学博物馆档案编号：I—C—2—2230。

④ 周蜀蓉：《研究西部开发的珍贵文献——〈华西边疆研究学会杂志〉》，《中华文化论坛》，2003 年第 1 期，第 33—34 页；《华西边疆研究学会之再诠释》，《中华文化论坛》，2010 年第 3 期，第 82—89 页。

⑤ L.G.K.，"Foreword"，*Journal of the West China Border Research Society*，Vol.6，（1934—1935）：Foreword.

图 1-2-1　20 年代华西边疆研究学会会址

（1928 年懋德堂 ［The Lamont Library and Harvard -Yenching Museum］ 落成，一楼是大学图书馆，二楼是大学博物馆，华西边疆研究学会亦设在楼内。阅览大厅内门挂有"华西大学博物馆"和"华西边疆研究学会"牌子。影像数据藏于四川大学博物馆。）

第三节　世界范围内国际汉学的发展

正如徐益棠先生所言，我国边疆民族的研究肇始于外国的传教士、商人、领事、军事家、自然科学家。这是我国学界公认的一个事实，华西边疆领域的研究亦然。在国人应用现代科学体系研究华西边疆之前，国外学者是华西研究这一领域的主流。华西边疆研究学会是近代率先对华西边疆进行系统科学研究的学术机构，它的成立与近世国际汉学的发展、基督教的海外宣教运动、20 世纪的政教关系都有密切的关联。

首先，从国际视野来看，东方学、国际汉学的发展，为华西边疆研究学会建立的外在条件。

19 世纪 20 年代，随着殖民扩张运动在亚洲各地不断升级，西方对东方的研究进入一个全新的阶段。西方各国先后在欧美和亚洲各地成立了各类亚洲学会，旨在对亚洲进行调查研究。1822 年，法国巴黎建立亚细亚学会（France Asiatic Society of Paris）。1823 年，英国伦敦成立以"调查和研究与亚洲相关的科学、文学及自然产物"为宗旨的大不列颠及爱尔兰皇家亚洲文会（Royal Asiatic Society of Great Britain and Ireland）①。1832 年，美国传教士在广州创办《中国丛报/澳门月报》（The Chinese Repository）。1842 年，美国建立东方学会（The American Oriental Society），发行《美国东方学会杂志》。1890 年，巴黎创办《法国远东学院通报》。这些学会和刊物都以中国为研究重点，也有关于华西社会及少数民族研究的报道。

随着西方列强依靠武力洞开近代中国的大门，带有深厚殖民色彩的欧洲学术机构也逐步在中国建立学术组织、创办学术刊物，就近开展各类研究。19 世纪末 20 世纪初在中国内地外国侨民及传教士聚居之地陆续有汉学研究机构或社团出现，诸如文会分会、读书会、俱乐部之类。1847 年，外国侨民在香港成立了中国亚洲学会（The Asiatic Society of China），后更名皇家亚洲文会中国支会（The China Branch of Royal Asiatic Society，简称文会）。1856 年，西方传教士在上海建立了上海文理学会（Shanghai Literary and Scientific Society），次年更名皇家亚洲文会北中国支会（The North China Branch of Royal Asiatic Society）。1885 年，北京东方学会（Peking Oriental Society）在北京成立。1867 年，传教士在上海创办的《教务杂志》，1875 年，传教士创办主要在英国出版和发行 China's Millions。1898 年，西方各国传教士在重庆创办了《华西教会新闻》。这一时期，研究东方已成为欧美学界的一种"时尚"，在众学者推动下，东方学研究渐成国际学界之"显学"。约经过半个世纪的积累，到 20 世纪上半期，汉学研究实现了从信息调查、语言学习转变到具体问题的学术研究层面上，"人们正在向其所熟悉的中国问题和各个分支进行深入研究，而不再是对中国文献作泛泛研究"②。

华西边疆研究学会的成立显然深受国际汉学研究潮流的刺激与影响，甚至它

---

① 皇家亚洲文会成立于 1823 年，全名大不列颠及爱尔兰皇家亚洲文会（Royal Asiatic Society of Great Britain and Ireland，简称 RAS），宗旨是"调查和研究与亚洲相关的科学、文学及自然产物的课题"。该会是一个通过讲演、杂志和其它出版物而形成的代表有关亚洲文化及社会的最高水平的学术论坛。它是英国亚洲研究领域的高级学会。成员包括在亚洲研究上有极高成就的著名的学者。皇家亚洲文会有香港、上海、韩国、孟买等分会。上海分会被称为亚洲学会北中国支会。

② "Proceedings", Journal of the North China Branch of Royal Asiatic Society, Vol.XLII, （1911）: 256 - 257.（为引用方便，以后用"JNCBRAS"代 Journal of the North China Branch of Royal Asiatic Society）转引自王毅《皇家亚洲文会北中国支会研究》，上海：上海书店出版社，2005 年版，第 23 页。

在很大程度上模仿、学习了其他一些研究机构的组织模式和活动模式。诚如华西边疆研究学会会长启真道（L.G.Kilborn）①所述，早在该学会成立之前，关于华西边疆的研究就开始了。《皇家亚洲文会北中国支会会报》上就刊载了许多有关四川地区传教士探险的文章。到了20世纪初，来到华西的西人先后组织了一些从事汉学研究的社团，如皇家亚洲文会北中国支会成都协会（Chengtu Association）、成都双周俱乐部（Fortnightly Club of Chengtu）和周六晚俱乐部（Saturday Night Club）②。1904年，英国外交官谢立山还被推选为皇家亚洲文会北中国支会成都协会的主席，谢氏的就职演讲就是"四川短访"，这篇演说后于1921年收录在《四川的物产、实业和资源》一书之中。此后，皇家亚洲文会北中国支会成都协会相继出版了一系列有关华西不同时期的研究报告，其他社团也紧随其后发表有关华西边疆的报告。正是这种良好的学术氛围，为华西边疆研究学会的创立奠定了坚实的基础。

不仅如此，华西边疆研究学会的筹建，还直接得到了皇家亚洲文会北中国支会的引导与支持。学会成员中有不少人都是文会会员。从华西边疆研究学会的人员组建上看，该学会的倡导者、首任会长莫尔思③自己就是皇家亚洲文会北中国支会会员，华西边疆研究学会的十多位创始人④中有四位就是皇家亚洲文会北中国支会会员。华西边疆研究学会首届执委会五人中，四人都是皇家亚洲文会北中国支会成员，学会第一位荣誉会员叶长青也是皇家亚洲文会北中国支会成员。不仅两会的人员有很大的重叠，而且两会的组织建构与活动方式也极为类似。如华西边疆研究学会实行的执委会制、学会主办的会刊、讲座，以及博物馆、图书馆等建制都与当时西方流行的学术机构组织方式高度一致。

其次，华西边疆研究学会的研究宗旨及具体方法受到西方学术的直接影响。

从研究的宗旨上看，学会的成立深受西方学术科学研究、探险精神的鼓舞与

---

① 启氏于1941年—1942年任会长。

② 前者以流逝的文学艺术为探讨主题，后者以中国文化研究为目的。参见"Presidential Address"，*JWCBRS*，Vol.7，（1935）：140. 在1927年撤离的过程中，一些学会，如致力于中国文化研究的双周俱乐部和关注文学的周六晚俱乐部都相继衰落。A.J.Brace，"Presidential Address"，*JWCBRS*，Vol.7，（1935）：138 - 141；Leslie G.Kilborn，"President's Address"，*JWCBRS*，Vol.14.A，（1942）：101 - 106.

③ 莫氏于1922年—1923年任会长。

④ 王毅《皇家亚洲文会北中国支会研究》一书中称，华西边疆研究学会六名创始人中五名是文会会员，有误，笔者据学会杂志第1卷更正。

影响。皇家亚洲文会北中国支会总干事艾约瑟（Joseph Edkins）回忆道："我们学会是基于亚洲学会香港支会的创建者的理念建立的。那就是对这个国家研究的强烈愿望——欧洲对于亚洲这个大的帝国知之甚少。"① 艾约瑟的这一表述和当时西方资本主义在全球的殖民扩张与科学探索精神高度一致，对于未知世界的探索欲望成为推动、刺激文会研究的强劲动力。皇家亚洲文会北中国支会的理念也可以从其研究目标看出端倪，该会（时称上海文理学会）在 1857 年成立时制定的目标为 "The field of whose investigations shall be the Empire of China and surrounding Nations"（调查领域为中华帝国以及周边国家），1864 年文会复会时正式确立文会的目标为 "The investigations of subjects connected with China and the neighbouring countries"（调查主题关涉中国及其邻国）。与皇家亚洲文会北中国支会颇有"政治"色彩及会员成分复杂相较，华西边疆研究学会无疑更"纯粹"一些。华西边疆研究学会基本上是由传教士建立的，最初的会员也是清一色的传教士。不过，两个学会对于"未知之地"的强烈探索与研究精神却是一致的。华西边疆研究学会首位会长莫尔思称：

> 了解中国和中国人民是我们的使命，是我们传教士神圣的职责。我们现在发现与了解到的将会影响后人，因此关于我们的责任我们必须要有很清晰的认识……我们将自由志愿地为伟大的科学事业进行研究、工作和献身，宗教信仰使我们感到必须走这条路。在学习和研究背后，有一种力量鼓舞着我们，那就是通过广泛深入研究这些民族和他们居住的地域，为其谋福利。②

不可否认，在那个历史时期，西方人研究华西的主要目的是从殖民扩展需要出发的，这类研究与西方国家的全球殖民有着内在的政治关联。对比华西边疆研究学会与皇家亚洲文会北中国支会成立的动机与目标，不难发现两者基本的研究方法与形式都有着相通之处，两者都有着较明显西方中心立场，对异域的研究有着鲜明的早期人类学色彩。当然，作为创办华西边疆研究学会的传教士，他们也无不认为，传教是他们工作的基础，一切科学研究都会受到上帝真言的熏染。他们自愿"为伟大的科学事业进行研究、工作和献身"。华西边疆研究学会即是传教士传教事业及其"科学研究"某种形式的合一③。

---

① "Proceedings", *J NCBRAS*，Vol.8，（1936）：1.

② W.R.Morse. *"President's Address"*，*J WCBRS*，Vol.1，（1922－1923）：2－7.

③ 李如东：《华西的植物研究：1920－1937——以华西协合大学为中心》，2012 年硕士学位论文，中央民族大学，第 40 页。

再者，华西边疆研究学会直接采用了西式的研究方法，其学术理念也与西方的学术发展直接关联。比如华西边疆研究会非常强调对地方文化的探索研究，这即与彼时美国盛行的"抢救性人类学"的发展有密切联系①。西方人类学学者将抢救正在现代化洪流中消失的少数族群文化作为自己义不容辞的责任。那些秉持科学精神的传教人类学者也开始在世界范围内努力地记录他们认为藏在音乐、诗集、人工艺术品等形式中的传统和民间传说，以求保存那些正在消失的文化的载体。这种人类学者的紧迫感很明显地体现在学会创建者身上，如葛维汉（D.C. Graham）在写给华盛顿的史密斯索尼学院（Smithsonian Institution）威特莫尔（A.Wetmore）博士的信中就表示，学会专攻比较宗教学和原始宗教学的科学家们都认为"东方宗教将发生迅速而巨大的变化，因此，尽快地搜集其文物，研究其文化是非常重要的"，并且"越快越好"②。刘延龄（R.G.Agnew）呼吁："我们必须认识到，马上行动是必要的，如果我们不在环境变化之前对有用的材料进行整体的研究，那么，很多原始状态将会永远地失去。"③

对于"抢救性人类学"而言，华西给他们的学术理念提供了广阔的实验田。中国西部地处中国内陆腹地，有大量的原生态与前现代文明，是人类学理想的研究场所。华西丰富多彩的人文地理和自然风貌也深深感染着来到这片土地上的传教士。在四川传教多年的学会成员李芝田（R.O.Jolliffe）博士曾赞美华西的迷人与多彩，"湍急的河流，激动人心的高山峡谷，终年积雪的山巅，生长热带植物的灼热高原，红色的猩猩木和棕榈树……这土地上有熊猫和麝獐，喇嘛教的寺庙和分散各地的布道点，在远远的地平线上，茶树散发着芳香，生长着珍稀的药用植物，这里出产蚕丝、皮毛和桐油"④。这些自然引发了传教士学者极大的兴趣，而原生态的自然资源和人文资源，又为其研究地质、动植物、人类学等学科提供了极好的材料。他们萌发了为人类知识文库做一点贡献的想法，是一种客观存在

① 关于"抢救性人类学"的具体论述，参见苏珊·R. 布朗著、饶锦译：《在中国的文化人类学家——戴维·克罗克特·葛维汉》，李绍明、周蜀蓉选编：《葛维汉民族学考古学论著》，成都：巴蜀书社，2004 年版，第 226 页。

② D.C.Graham to Alexander Wetmore，Associate Secretary Smithsonian Institution（SI），February 13, 1927，Permanent Administrative Files，RU 192，Box 328，Folder 95599，p.2. 转引自苏珊·R. 布朗著、饶锦译：《在中国的文化人类学家——戴维·克罗克特·葛维汉》，李绍明、周蜀蓉选编：《葛维汉民族学考古学论著》，成都：巴蜀书社，2004 年版，第 258 页。

③ R. Gordon Agew，"President's Address"，*JWCBRS*，Vol.10，（1938）：241 - 245.

④ R.O.Jolliffe，"West China - The Land &.The People"，*WCMN*，No.1 - 2，（1941）：4.

的精神感悟。遥远而神秘的广袤华西刺激着他们的拳拳研究之心，学会创始人莫尔思在学会首次公开演讲中坦言：

> 这个学会的会员和支持者没有任何其他掩饰的居心；其实我们也不需要其他的信念来支持我们在这几乎无所知的疆界进行研究。因此，我们谦谨地希望能为人类共有知识文库添加一点我们的贡献。建立这个学会的想法是在我们意识到了在我们周围有无人重视的无知人群的压力和激动之下而诞生的，是在我们去调查这些人群的生活条件需要遭受长期的负担之下而诞生的，是在世界上最美丽风景的激励之下诞生的，是在这陌生及无人调查过山区隘口的纯净空气之中诞生的，也是在像你们一样的人目睹这山区奇妙的风景而迸发的想象力中诞生的。我希望你们能用人类善良的乳汁悉心呵护、照料、培养和锻炼这个想法，因为它若受到正确的指导，我们都将能够给全人类提供很有价值的知识……在每个人内心，都有对创新的渴望。我们想做前人未做的事，或发现或创造一种新事物。这样精神跟利他主义结合，成为我们在这古老地球的偏僻地区中进行调查研究的基础。这是一种为自我、为华西、为全人类的服务。①

最后，华西边疆研究学会的成立同样受到这一时期世界基督教传教思想、20世纪的政学关系变化的影响。

华西边疆研究学会的成员大多都是传教士，对他们行为的理解也不能脱离 20世纪宗教思潮的背景。基督教的海外宣教运动肇始于西方殖民主义对外扩张的时期，如果说 19 世纪上半叶是海外宣教事业的拓荒期，从 1850 年到 1900 年，便是基督教宣教运动扩展的黄金时期。1910 年，爱丁堡世界传教士大会倡导 "呼吁基督教建立在本土文化的积极方面之上"②。大会要求传教士以新的态度与视角来观察审视他们所在的环境。故此，以研究华西地区的政治、人文、风俗和环境等，尤其是这些因素对少数族群的影响为重要内容的华西边疆研究学会的成立，无疑是在响应西方基督教海外宣教运动的号召，是顺应了国际汉学发展的时代潮流。

---

① W.R.Morse，"President's Address"，*JWCBRS*，Vol.1，（1922 - 1923）：2 - 7.

② Patrick Harries，"Anthropology," in Norman Etherington，*Mission and Empire*，*The Oxford History of the British Empire*，Oxford：Oxford University Press，2003，p.241. 转引自罗安国：《民国时期的民族构建和人类学：四川西部的传教人类学事业（1922—1945）》，特木勒编：《多元族群与中西文化交流：基于中西文献的新研究》，上海：上海人民出版社，2010 年版，第 107 页。

创建者们视学会是整个基督教传教事业的重要基础，是传教士的责任。因为"了解中国和中国人民是我们的使命，是我们传教士神圣的职责。我们现在发现与了解到的将会影响后人"①。

　　而从政学关系语境上看，华西边疆研究学会是 19 世纪 60 年代以后中国被迫对外开放，基督教及其附属的教育、医疗、慈善、社会文化事业发展的产物。没有庞大的传教机构以及大规模高素养的传教队伍，就谈不到研究学会的建立。从学术的内在理路上审视，19 世纪到 20 世纪初，英美国家中东方学、人类学、民族学、宗教学、社会学、博物学等学科的长足发展，为华西边疆研究学会现代意义的"边疆研究"提供了学理及方法层面上的支撑。正是在 20 世纪初期东西方政治、学术、宗教思潮彼此交织的语境下，一批来到华西的传教士，为中国西南边疆的人文自然环境所吸引，在他们的努力下建立起中国近代第一个"以研究华西边疆为目的"的学术机构。

---

　　①　W.R.Morse，"President's Address"，*JWCBRS*，Vol.1，（1922 – 1923）：3.

第二章　华西边疆研究学会的创建与发展

　　成立于 20 世纪 20 年代的华西边疆研究学会，经历了从创立到发展（1922 年－1937年）、从繁荣到结束（1937 年－1950 年）两个时期。笔者这样划分的理由是，华西边疆研究学会的发展与衰落与中国政治息息相关。20 年代国民革命战争，30 年代至 40 年代抗日战争、解放战争以及 1949 年中华人民共和国成立等重大政治事件，无不对学会发展产生直接影响。20 年代是学会的初创及发轫时期，随后在 1927 年受大革命冲击，学会几乎夭折。1927 年之后，学会克绍箕裘踵武相接，恰值国内局势稳定，学会迎来平稳发展。1937 年，抗战全面爆发，带给中国人民的是无尽灾难和痛苦。与国家的苦痛相比，学会由于地处西南大后方，值抗战内迁，国家文化与学术重心西移，"反于是时积极扩充"[1]。40 年代国民政府因抗战之需对边疆研究高度重视，于是乎中国边疆研究呈现出前所未有的繁荣景象，边疆研究的学术地位陡升，成为学术界之"显学"。学会顺势大力发展，进入其鼎盛时期。40 年代后期学会工作停滞不前，发展已接近尾声。随着新中国诞生，学会核心成员相继离开华西，学会停止一切学术活动，退出华西边疆研究这一领域，成为国际与中国学术史上的一段尘封的往事。

第一节　创办与发展 1922 年—1937 年

　　传教士对华西边疆的研究由来已久。自传教士进入华西以后，即不可避免地要对这片他们置身其间的世界进行观察和了解。无论是早期传教士对华西边疆人

---

① 　徐益棠：《十年来中国边疆民族研究之回顾与前瞻》，《边政公论》，1942 年第一卷第 5－6 期合刊，第 54 页。

口、自然、环境、文化只言片语的描述，还是其游历过程中对所见所闻的观察、理解，都可视为早期传教士了解、理解、研究华西边疆的源头。不过，早期的这类研究大多是单纯的个人行为，有很强的随意性，也无固定的研究方法，因而谈不上有系统、有组织的研究。

如前文所述，随着进入内地的传教士数量日益增多，不少对华西边疆自然、人文有浓烈兴趣的传教士开始自然地聚集在一起，从而形成了传教士华西边疆研究的小团体。在华西边疆研究学会成立之前，华西地区就已经成立了皇家亚洲文会北中国支会成都协会、成都双周俱乐部、周六晚俱乐部等西人活动的文化团体。在其组织活动中，会员们通常会宣读各自的文章并进行讨论，以促进传教事业的发展和科学事业的进步。这在很大程度上为华西边疆研究学会的创建奠定了组织和会员基础，尤其是成都双周俱乐部的运作对华西边疆研究学会的成立有着直接的影响。

20 世纪 10 年代生活在成都的传教士、外交官及西方侨民中，出现了数个组织相对分散的学术交流圈，目的是为最大限度地认知本地社会与本地文化。随着学术交流不断发展，组织西人俱乐部的想法也提上了议事日程。1916 年 5 月 15 日，雅尔德（J.M.Yard）、法格圣（T.T.Fergusson）、陶然士（T.Torrance）、汉普森（W.E.Hampson）、饶和美（H.G.Brown）、布礼士、毕腾恩（K. J. Beaton）、韦斯塔韦（S.P.Westaway）、林则（A.W.Lindsay）、谢安道（C.W.Service）、海布德（E.Hibbard）、黎伯斐（C.B.Kelly）、张天爵（N.E.Bowles）、海士（L.N.Hayes）十四位西方传教士聚集在成都四圣祠街布礼士家里，讨论成立成都双周俱乐部事宜。这标志着以加拿大传教士为代表的成都双周俱乐部（Fortnightly Club of Chengtu）① 的正式成立。成都双周俱乐部以每两周举行一次中国文化讨论会得名，其宗旨是，联合对中国和中国事物感兴趣的西方人士，互利互惠，从哲理和科学的高度去探险和研究中国。俱乐部建制照搬近代西方学术机构模式，拟有章程，实行会员制。会员范围限制于定居在成都的西人传教士，并且要求会员有一年学习汉语的经历。申请入会者需经提名和十三名或十四名会员投票通过。会员每年要向俱乐部交年会费和提交一篇研究报告（论文）。两周一次的讲演有详细的活动时间表，例如 1916 年 10 月至 1917 年 5 月举办了十七次讲座②，讲座内容

① 四川大学博物馆档案编号：I—C—2—0001。
② 四川大学博物馆档案编号：I—C—2—0001。

涉及中国宗教、历史、语言、文化及社会等多个方面的研究。布礼士讲"四川方言"，法格圣讲"四川土著民"，雅尔德讲"成都回教"，戴荣光（R.C.Taylor）讲"当前形势预测"，海布德讲"冰河时代"，陶维新（R.J.Davidson）讲"中国古典文学中的爱情观"，张天爵讲"成都的穷人与乞丐"，陶然士讲"成都历史"，毕腾恩讲"谈话心理学"，R.H.Davidson讲"从柏拉图和孔子到今天的社会理想"，汉普森讲"中国绅士"，黎伯斐讲"一些关于痢疾的记录"，海士讲"中国历史上最著名的一百个人物"，W.C.Lundy讲"中国的罪与罚"，林则讲"四川饮食及其影响的研究"，饶和美讲"中国人的激励为正确的生活"，韦斯塔韦讲"四川窑和四川陶瓷的调查报告"。透过这些演讲可以看到，由于成员地处成都，会员们因此尤其关注本地区人文自然科学的调查研究。

　　上述研究小团队的出现是华西传教士开展人文自然科学研究的最初形态，从双周俱乐部的运作情况来看，这些俱乐部虽然组织相对松散、研究也较为自由分散，还停留在小圈子内相互鼓励的阶段，但它的组织、运作有一定的规范，重要的是它团结聚集了一批有浓厚研究兴趣的传教士研究者，这无疑为随后华西边疆研究学会的成立奠定了思想、组织、人员的基础。例如1919年11月至12月双周俱乐部就举办了五次讲座①，这五次讲座分别是陶然士讲"张献忠屠蜀"，赫立德（G.G.Helde）讲"学习中文文法（外语语音）的归纳方法"，彭普乐（T.E.Plewman）讲"部族地区行纪"，何忠义（G.E.Hartwell）讲"成都的娱乐活动"，陶然士夫人讲"成都的名胜古迹"。从上述讲座的内容看，俱乐部的研究兴趣集中在华西社会。从发表演讲者本身情况看，上述讲座者除何忠义外，其余诸人都加入了华西边疆研究学会。由此，不难看出早期的研究俱乐部与华西边疆研究学会的亲缘性关系。这反映了俱乐部与学会发展之间有着内在联系。1922年3月24日，在四川成都华西协合大学，学校教授莫尔思、戴谦和、司特图（H.N.Steptoe）、布礼士、慕如（J.R.Muir）、路门（G.B.Neumann）、李哲士、彭普乐等十二位传教士聚集到莫尔思家里，举行了为建立关于在山区及面向华西部落做野外调查的研究学会的讨论。会议主席莫尔思阐述了这次会议的目标和这项研究的范围。经与会者商议，大家决定建立一个新的机构，机构定名为"华西边疆研究学会（West China Border Research Society）"。随后，任命了一个委员会（小组）来起草会规和章程。4月21日，学会举行第二次会议，通过了学会的章程，并选

①　四川大学博物馆档案编号：I—C—2—0001。

举出一个由五个委员组成的执行委员会（简称"执委会"）。执委会成员分别是会长莫尔思、副会长赫立德、秘书冬雅德（E.Dome）①、财务总管费尔朴、会员总管胡思敦（J.Hutson）。叶长青当选为学会第一位荣誉会员。不久，冬雅德回国，布礼士被补选为新秘书，胡思敦辞职，毕启博士被选为会员总管。1923 年 3 月 19 日会议，选举出第一届出版委员会（小组），会长莫尔思，秘书赫立德、毕启、布礼士。任命毕启为学会会刊第 1 卷的编委，负责学会会刊的编辑出版②。

20 年代是华西边疆研究学会的初创时期，以莫尔思、赫立德、毕启、傅文博（G.M.Franck）、彭普乐、戴谦和为首的执委员会，领导学会召开了四十五次会议，举办学术讲座四十六场③。华西协合大学的怀德堂（The Whiting Memorial Administration Building）（又名事务所［The Senate Room of the University］）、赫斐院（Hart College）及教育大楼（Education Building）先后作为学会日常开会的活动场所。

1922 年 4 月 21 日华西边疆研究学会召开大会，讨论并通过了十一条章程。1922 年 4 月版章程对华西边疆研究学会名称、宗旨、会员职责、研究对象、组织结构等方面内容作了明确规定。章程第二条规定：

> 目的是研究华西地区的政治、人文、风俗和环境，尤其是这四个因素对少数民族有什么影响。为达到此目的，协会将通过调查、出借设备、举行会议和讲座、发表论文、出版刊物以及其它各种会员决定支持的方法来促进研究和学习。学会总部设在成都。④

章程反映出学会的宗旨在于调查研究华西社会。莫尔思会长在学会首次公开会议上以"研究"为题发表讲演，鼓励传教士人类学者投身于华西边疆研究活动，同时表明学会在华西开展调查研究活动，既是为增强对华西的认识和了解，又是为基督教在华西的传播作准备，既是为华西为人类谋福利，又是为人类共有

---

① 在 1922 年 12 月 8 日举行的华西边疆研究学会执行委员会会议上，鉴于冬雅德回国，布礼士教授当选为新秘书。

② "Organization and First Year's Program", *J WCBRS*, Vol.1, (1922 - 1923)：1；四川大学博物馆档案编号：I—C—2—2301—2305。毕启被任命出版学会会刊第 1 卷编委，是因为他曾经是华西差会顾问委员会机关报《华西教会新闻》的出版委员会委员，有编辑出版经验。参见 Joseph Beech, "Report of the Publishing Committee", *WCMN*, No.1, (1901)：3 - 4.

③ 附表：《1922 年—1950 年华西边疆研究学会历次讲演目录》。

④ 1922 年 4 月 21 日会议通过的章程，原件藏于四川大学博物馆（原华西协合大学古物博物馆）；四川大学博物馆档案编号：I—C—2—2230。

图 2-1-1　华西协合大学赫斐院（Hart College）

（1920 年落成的赫斐院，又名合德堂，是学会首次举行公开会议的地方，1923 年 1 月 27 日，会长莫尔思［W.R.Morse］在此发表了题为"研究"［Address on "Research"］的就职讲演。20 年代至 30 年代常有学会学术活动在此举行。影像数据藏于四川大学博物馆。）

知识文库作贡献。概言之，莫尔思这次演说，清楚反映出学会的"研究"行为包含着文化交流、宗教传播、科学研究、殖民扩张等多种意向。

学会在这一发展时期进行的活动主要有：其一，截至 1937 年年底，华西边疆研究学会共举办学术讲座一百五十场①，讲演讨论的范围涵盖华西的地理、宗教、民俗、地质、气候、民族、动植物、医药、公共卫生、教育、饮食、水利等学科内容，形成全方位调查研究华西的学术态势。其二，1924 年学会出版会刊创刊号，名为《华西边疆研究学会杂志》（*Journal of the West China Border Research Society*，简称"会刊"）②。其三，博物馆和图书馆是研究的基础。1924 年初，学会执委会就将学会博物馆和图书馆（实际办的是图书室）建设提上了议事日程。

---

①　附表：《1922 年－1950 年华西边疆研究学会历次讲演目录》。

②　笔者注：关于第 1 卷出版时间有多同说法，例如徐益棠《十年来中国边疆民族研究之回顾与前瞻》述，是民国十二年（1923），辑印杂志第 1 卷；周蜀蓉以杂志封面印刷的年号为准，认为会刊是 1922 年在成都办刊的，至 1946 年停刊；葛维汉 1937 年在其"会长讲演"中所提及，学会创建两年之后，出版发行第 1 卷会刊；又据四川大学博物馆现藏 1924 年 7 月拟定的对外交流机构名单确定，会刊是 1924 年出版的。参考文献：徐益棠：《十年来中国边疆民族研究之回顾与前瞻》，《边政公论》1942 年第一卷第 5－6 期合刊，第 51－63 页；周蜀蓉：《研究西部开发的珍贵文献——〈华西边疆研究学会杂志〉》，《中华文化论坛》2003 年第 1 期；D.C.Graham，"President's Address"，*JWCBRS*，Vol.9，（1937）：225. 四川大学博物馆档案编号：I－C－3－2681。

由于学会所在的华西协合大学已建立有大学博物馆、图书馆，且两馆的负责人又是学会核心成员，为了节约有限的经费，学会本着资源共享的原则，准备与大学博物馆和图书馆建立合作关系。其四，1924 年学会在大学博物馆举办首次汉藏边疆文物标本照片展。大学博物馆馆长兼学会展览负责人戴谦和评论说："这次展览是一个有价值的开端，它展出的对象包括来自汉藏边疆的器皿、工具、服饰、经书等。"

自 1922 年学会成立后，华西边疆研究学会尝试针对华西边疆自然、社会、宗教等诸多领域进行研究。不过正待学会大展拳脚、稍有起色之时，国内的紧张局势直接导致了学会工作的中断，使得学会被迫陷入短暂的停顿。1927 年初，北伐军攻占武昌、汉口，国内局势骤然变得紧张起来，在华西的传教士被迫向上海撤离，这使得华西边疆研究学会的工作也无奈中断。华西的一位传教士何忠义写道：

> 1927 年，南方政府的军队取得了出人意料的胜利，成功控制了武汉三镇。中国最大的水路——长江被控制在一个旨在驱逐外国人和根除基督教的军队手中，这更是增添了巨大的恐慌。非基督教和排外运动愈演愈烈，以致领事急切地要求国民从内陆撤离以免类似于"庚子拳乱"的屠杀再次发生。因此，在 1927 年，除了在友好的邓锡侯将军保护下自愿留下的少部分人外，其他的加拿大传教士都撤至上海的公共租界。[1]

1 月 7 日，鉴于长江流域日益恶化的局势，华西差会顾问部（The West China Missions Advisory Board）专门集会布置撤离方案。顾问部认为：在局势明朗之前，妇女和小孩不应该返回四川；每位传教士（根据领事的建议），只要愿意离开四川，都会得到尽可能的帮助；所有的小孩、在今年轮休的以及那些过度紧张的传教士应该尽可能地离开[2]。截至 1927 年 2 月底，除了五位加拿大传教士、十三位美国人和三位英国教徒留在了成都，成都其它的传教士都已撤离四川[3]。传教士的大面积撤离，使得基督教在华西的各项事业陷入全面停顿，传教士们针对

---

[1] George E.Hartwell, *Granary of Heaven*, Toronto：Ryerson Press, 1939, p.218.

[2] "Minutes 26th Annual Meeting of the West China Missions Advisory Board", *WCMN*, No.2, (1927)：7.

[3] Alvyn J. Austin, *Saving China：Canadian Missionaries in The Middle Kingdom 1888 - 1959*, University of Toronto Press, 1986, p.208；关于 1927 年传教士从四川撤离的具体详情可参见龙伟：《传教士视野中的 20 年代四川基督教运动——以〈华西教会新闻〉刊载材料为中心的考察》，2005 年硕士学位论文，四川大学。

西南边疆的自然、人文研究也自然中断。

从 1922 年华西边疆研究学会的初创，至 1927 年初学会工作的暂停，这一时期可视为华西边疆研究学会的发轫期。在此五年间，学会虽然奠定了基本的组织框架，展开了一系列的学术研究和科学考察，但仍属起步阶段，影响不大。一个很明显的例子是，学会成立多年后，在与同为传教士创办的北平协和医学院（Peking Union Medical College）进行学术交流时，对方复函称，他们并不知道学会的存在[①]。由此可见，学会在来华传教士的学术圈中尚不知名。总的来说，学会在 20 年代发展缓慢的原因大致有以下数端：

造成学会发展缓慢的最重要原因是政治影响，特别是 1927 年华西基督教"大撤退"对他们有很大影响。中国 20 年代的民族主义、社会混乱失序等政治因素和社会环境在很大程度上影响了学会的正常运作。1919 年"五四"运动启发了国人的民族意识，随着 20 年代一系列具有"民族国家"性质事件的发生，华西基督教被越来越多地卷入了"冲击"的漩涡。非基督教运动，收回教育权，五卅惨案，万县事件，收回汉口、九江租界，南京事件等一系列极具"民族性"的事件迫使华西基督教迎接民族主义的挑战。1926 年 9 月 5 日发生了震惊全国的万县惨案，成都爆发了声势浩大的反对英帝国主义运动。矛头直指西人的罢课、罢教、罢市、罢工此起彼伏[②]。随着民族意识不断高涨，外国人成了众矢之的，华西的外国人纷纷撤离，被迫逃往东部沿海口岸城市。到 1927 年绝大多数传教士都从华西撤离，华西基督教遭遇了"庚子事件"之后的又一次"危机"。大约一年之后，他们才有组织地重返华西工作。这就是在华西传教士文献档案中屡屡提到的 1927 年"大撤离"。可见，国人并不太认同传教士的工作。学会大多数成员被迫撤离华西后，学会的活动均告暂停，直到 1928 年年底讲座、出版、研究等事宜才陆续恢复。戴谦和主编在会刊第 3 卷（1930）前言中追述："杂志的发行大大延迟于预期之后，主要因为 1927 年的大革命导致了大多数学会成员离开华西，结果造成我

---

①　Letter from Bernard E.Read to Kilborn（April 2，1931），四川大学博物馆档案编号：Ⅰ—C—3—802。

②　如陶然士在成都圣经学校里遭到了反帝爱国群众的攻击。据陶氏的记录，1926 年圣诞节，陶然士和几位传教士正在成都的"围居区"内给羌族学生讲解《圣徒行传》第 22 章，突然，"一阵可怕的骚乱出现在房子对面的街道上……一群'狂暴的''激进分子'来到门前，公开斥责传教士并诅咒基督"，陶然士一行躲到了门道内，后来陶氏回忆说，"每个人都举着凳子，大嚷着咒骂。只要他们再大胆一点，他们完全可能杀死我们。最可怕险恶的是他们的那种态度"。Rev. Thomas Torrance，"My Work among the Tribes"，*Chinese Recorder*，April，（1930）：2.

们准备出版的论文很长时间搁在编辑委员会编辑的手中。当局势逐渐稳定，我们学会的大多数成员又回到这个研究领域。"①

　　其二，社会的混乱和无序状态也使得学会一些正常的考察计划受到干扰。因地方局势的混乱失序，一些到少数民族地区的旅行调查无法进行，直接影响到研究成果的提交和公开讲座的举办，从而扰乱了学会正常的科研秩序。章程第 4 条规定："期望每个会员至少每三年一次地去边疆地区旅行考察，在考察基础上，向学会提交一份书面的研究结果报告，时限为旅行考察之后的六个月之内。每个会员可以提交支持学会目的又是自己感兴趣的任何主题报告。"而当时华西的局势是军阀混战造成的连绵战事，不仅加剧了灾荒和饥馑，强盗和土匪的出没也阻碍着商旅通行，鸦片和毒品的贩卖更以惊人的速度泛滥②。戴谦和在会刊前言中坦言，华西边疆地区既无序又无法律保护，边疆地区越来越严重的蛮荒和无序状态使得到这些部落地区旅游愈发困难危险，希望学会成员能有规律地经常地按预期到该地区访问基本不可能。因此该学会活动范围亦扩大到研究该地区的所有问题，包括华西独特的人文地理，不管是汉族的还是少数民族的。学会要求会员集中研究与华西地域有关的课题，允许学者对中华文明发展各个阶段的各民族文化遗产进行研究③。学会为了保证研究活动不受影响，扩大研究范围似乎是应对危机的唯一良策。

　　其三，华西边疆研究学会早期"基督教学术小团体"的自我定位制约着学会的发展。学会的召集人与参加者都是清一色的传教士。学会之所以发起，主要是在华西的部分对科学研究有兴趣的传教士自我组织的小群体。在学会创办初期，与"圈子"成员志同道合、意趣相投者数量有限，这个研究圈子本身也不够开放。当然，学会的开放程度也可能与学会的自我定位有关。这种所谓"自我定位"，就是将学会纳入华西基督教运动旗帜下，服务于该地区基督教教育与科学研究。但这种定位会使学会失去与中国社会（学术界）建立广泛联系的机会，让学会陷入"孤独无援"的境地。虽然学会的建立者希望每位会员都能为学会的华西研究做出贡献，但 20 年代中国社会广泛存在的反对基督教思潮，一定会影响到他们的研究活动。

---

① D.S.D., "Foreword", *JWCBRS*，Vol.3，(1926-1929)：7-8；四川大学博物馆档案编号：I—C—2—2375。
② 文忠志：《出自中国的叛逆者——文幼章传》，成都：四川人民出版社，1983 年版，第106页。
③ D.S.D., "Foreword", *JWCBRS*，Vol.3，(1926-1929)：7-8。

　　其四，学会经济上的匮乏也制约着学会的发展。学会从一开始就缺乏雄厚资金支撑，从而导致会刊的出版和调查研究活动无法正常开展。学会早期资金来源主要依靠以下两项：一是大学各基督教差会组成的校理事会提供的研究补助。启真道会长曾说，"华西协合大学作为一个基督教机构为学会提供许多经济及其他方面的援助。因为我们学会是华西一个重要的科研中心"①；一是会员缴纳的会费。如前文所论，学会章程规定二十五人的限制，致使收取的会费完全不够学会的开支。会刊的发行收入仅占学会总收入的极少部分，连支付会刊出版费用也远远不够。外加学会早期的社会影响力较小，愿意给学会提供援助者寥寥无几，所以入不敷出的窘境时有发生。

　　1927 年初，传教士从四川的撤离短暂地中断了学会的正常工作。所幸，局势很快明朗，不久之后，传教士又陆续回到华西，继续他们未竟的事业。学会也同样如此，在短暂的中断后，继续开展华西边疆研究。虽然在刚刚返回四川的两三年内，学会重振旗鼓，发展滞缓，但进入 30 年代后，稳定的时局使得华西边疆研究学会迎来了迅速发展时期。

　　稳定的政局为华西边疆研究学会系统、规范地开展边疆研究提供了机会，而起关键作用的亦是政治影响。从政教角度更能观察到两者之间的互动。自 19 世纪初基督教传入中国以来，由于文化冲突、民族矛盾等诸多复杂原因，导致中国社会对它抵制和反对。教会拥有不平等条约规定的传教特权，使之成为凌驾于政府之上的宗教。中国社会将基督教视为西方对中国侵略的一部分。随后爆发的国民革命是以反帝反封建为目标的民族主义运动，基督教被视为帝国主义文化侵略工具而成为打击对象。基督教会以本色化运动②来应对这场空前严峻的挑战。1927 年蒋介石控制下的南京国民政府成立，1928 年北伐胜利，结束了民国初年形成的南北分裂局面，全国统一。客观的讲，统一有利于国家发展、经济建设和社会安定。蒋介石出于政治与外交的考虑转变了对基督教的态度，既强调宗教自由的原则，又认为基督教不能超越于政府之外，应服从中国的国家利益。南京国民政府采取的策略是，以改订新约的方式，收回部分主权。通过制定法律法规，强化对

---

①　L.G.K.，"Foreword"，*JWCBRS*，Vol.6，（1933 - 1934）.

②　20 世纪 20 年代的非基督教运动，对基督教会产生极大的震动，无论是中国教会领袖，还是中国知识分子基督徒都思考到中国的情势、自己的信仰与在中国传教的问题。非基督教运动对基督教会形成巨大的冲击和挑战，教会则以本色化运动的方式来响应。参见周蜀蓉：《本色化运动中的中国基督教文社》，《宗教学研究》，2005 年第 4 期，第 88—93 页。

教会的监管。用国民党三民主义思想排挤宗教的影响力。在基督教会的文化、教育、医疗事业中去宗教化。20 世纪 30 年代后，随着时势的变化，政府与基督教形成了新的和谐共处的关系。

由基督教五大差会创办的华西协合大学决定顺应时势实施改革，向中国政府立案。1926 年 11 月，校方决定向中国教育行政机关申请立案。1927 年 10 月，正式向省教育厅呈文立案。由于传教士校方与教育部存在分歧，立案一事暂时受阻。1931 年，学校董事会推荐张凌高为校长，并正式呈报教育部申请立案。1933 年，教育部准予私立华西大学立案①。在中外进步人士的努力下，学校向中国政府立案，撤销了有碍我国"国家教育之统一"的教育科体制：例如修改了办学目的，吸收中国人参加主持校政，取消了原来的宗教科，改由学生自由选修宗教课②。依托华西协合大学创办的华西边疆研究学会，因其传教士成员多数都参与了华西大学向中国政府立案一事，或多或少地受到本色化思潮影响，让他们清醒地认识到，在华西边疆研究领域中"惟我独尊"的传教士探险时代业已结束，只有与中国政府协同合作，与中国学者共进学术，学会才有可能获得更大的发展空间，"华西的问题只有华西的人们才能解决"③。向中国学者开放是学会改革的一个重点，具体表现是学会从"排斥"国人转为"吸纳"国人，由一个"非中国人"的传教士社团发展到一个"非完全西人"的国际社团，由此促进学会步入发展的正轨。

随着华西边疆研究学会传教士观念的转变，这一阶段实施的措施是，1927 年大撤离之后，为了应对经济的困境以及维持会刊的正常发行，学会执委会在会长戴谦和领导下开始扩大会员规模。1931 年 5 月，在戴谦和的主持下，修订了学会章程，删除了原章程中关于"会员人数被限定在二十五人"的条款。学会会刊主编启真道对这一修订抱积极态度，他说，现在允许会员加入的资格更加宽泛，这使得出版更好的杂志成为可能，也增加了发行的频率，加快了周期，现在是每两年出版一册，希望实现一年一册④。学会秘书在《华西教会新

---

① 关于华西协合大学立案的问题，可参见龙伟：《教会大学与"地方认知"：基于华西协合大学立案的分析》，《宗教学研究》，2009 年第 1 期。

② 四川大学史稿编审委员会：《四川大学史稿：华西协合大学（1910－1949）》第四卷，成都：四川大学出版社，2006 年版，第 59－63 页。

③ C.D.Reeves, "President's Address", *JWCBRS*, Vol.13, (1941): 60－65.

④ L.G.K., "Foreword", *JWCBRS*, Vol.4, (1930－1931).

闻》上宣传，欢迎本年度（1930 年－1931 年）加入学会的二十九名新成员，对于
以前设有二十五名会员资格限制的章程而言，这是一个可喜的变化。会员范围的
扩大，带来的希望是，在尽可能短的时间里出版发行更好的会刊。居住华西的任
何人，只要对这一区域人们的生活感兴趣就欢迎加入该会。即使不在华西定居，
只要对该会的目标感兴趣就可成为该会的通信会员①。戴氏采纳了当时国内外一
些著名学术团体扩大规模的运行模式，例如伦敦的皇家地理学会（Royal Geo-
graphical Society）、华盛顿的国家地理学会（National Geographic Society）和上海
的皇家亚洲文会北中国支会等会。学会领导希望能在保持既定宗旨与学术目标的
前提下，通过这种方式吸引更多的华西地区的研究者，增强学会实力和竞争力，
以此避免被重组的危险②。从戴谦和、布礼士、启真道、葛维汉、刘延龄等人的
讲稿中我们了解到，他们对此都持有积极开放的态度，表面上看似乎是基于缓解

图 2－1－2　华西边疆研究学会接待来访的西康活佛根桑泽程

(1934 年 11 月西康活佛根桑泽程来华大访问，学会会长布礼士 [A.J.Brace，后排
左三]、副会长杨少荃 [二排左四]、秘书葛维汉 [D.C.Graham，后排左一]、委员张凌
高 [二排左三] 等中外会员参加了接待活动。影像数据藏于四川大学博物馆。)

① "West China Border Research Society"，*WCMN*，No.7，（1931）：41－43.
② A.J.Brace，"Presidential Address"，*JWCBRS*，Vol 7，（1935）：138－141.

经费紧张、避免被重组、创办一流会刊、扩大影响诸因素的考虑，实际上是他们观念逐渐转变的表现。

学会的研究范围也开始不断地拓展，对华西边疆的研究日益朝着全面、深入、专业化的方向发展。1937 年，时任会长的葛维汉①说，学会的目标已扩大到包括研究中国的风俗、文化与历史。成员也扩大到对华西所有研究感兴趣的、经学会批准的、并愿意为学会做事情和分享其收获的人。值得关注的是，还有一些会员是来自中国东部、加拿大、美国和欧洲的，其中不乏在国际学术界有一定知名度的学者②。葛氏把为学会做出卓越贡献的会员概括为多种类型，有贡献报告文章的，有为学会办事的和有为学会尽义务的，即学会不仅拥有研究人员，还拥有一大批忠实的为学会服务的工作人员和义务人员。葛氏特别强调，只要每位成员支付了会费，参加了会议，就是为学会的成功做出了贡献。他借用皇家亚洲文会北中国支会 1936 年届会长的讲话鼓励本会会员，"我也恳求我们学会的所有成员在即将到来的一年里发展更多的成员，通过各种方式推进学会的影响，作为上海最古老的一个文化机构，理应成为这座城市知识领域的领军人"。这也表达作为学会会长葛维汉的心愿——希望学会成为华西研究领域的领军人。因此葛氏呼吁：

> 我将同样的呼吁传递给各位。学会值得大家的支持。它所涉及的研究领域，是当今世界最受关注的领域之一，在世界普遍感兴趣的这一地区，有大量的东西等待着人们去发现。为了继续保持现有效率，并在将来达到更高的水平，学会的委员要尽力而为，每位成员都应帮助学会发展更多的会员，提供友善的批评与建议，并尽可能地去推进学会的影响。③

30 年代的华西边疆研究学会发展迅速，在莫尔思、戴谦和、方叔轩、李哲士、布礼士、杨少荃、葛维汉等人的领导之下，学会以一种迫切的心情对华西边疆开展了大量的研究工作。受西方人类学的影响，华西边疆研究学会将抢救正在现代化洪流中消失的少数族群文化作为自己义不容辞的责任。时任会长刘延龄④强调说：

> 毫无疑问所有的会员都知道，我们正拥有一个机会，即对西藏边疆这个

---

① 葛氏于 1936 年—1937 年任会长。

② D.C.Graham，"President's Address"，*JWCBRS*，Vol.9，(1937)：225.

③ D.C.Graham，"President's Address"，*JWCBRS*，Vol.9，(1937)：226.

④ 刘氏于 1937 年—1938 年任会长。

独一无二领域的研究，但我不断地提醒大家注意我们的权利和责任。我们与生活在这里的众多土著原始部族近距离接触，不仅进行了粗略研究而且还收集到丰富的实证，但对于华西和西藏这一广阔区域我们绝对还没有进行彻底的考察，我们为什么不更充分展开对那些迫切期待解答的主要问题的研究？诸如考古学，地质学，人类学，生物学，社会学，语言学等领域……在上述领域立即展开调研活动是十分必要的。新文化、新习俗、现代生活和道德标准的侵袭是如此之快，以至于涉及那些研究领域中人类自身。我们必须认识到，马上行动是必要的，如果我们不在环境变化之前对有用的材料进行整体的研究，那么，很多原始状态将会永远的失去。①

学会另一位副会长葛维汉②也注意到"华西民族处于十分快速的文化变迁之中，今后的五十年，今天华西汉、藏民族中广泛存在的文化要素，其大部分可能都不能保留下来"。因此，葛维汉希望学会尽可能对华西边疆社会进行"抢救性研究"，并"通过援助博物馆搜集、保存和展示这些东西"③。很显然，华西边疆研究学会对这块未开发土地充满着研究热情，他们执着投入，况且认为这一研究尚有广阔的发展空间，尤其是希望能给生活在那里的人们提供建议。这一时期，学会开始运用地质学、地理学、人类学和考古学等不同学科理论来加强对华西边疆的研究。边疆民族的诸多领域都成为学会研究的内容，一些诸如边民的婚姻家庭、生产手工、娱乐活动、犯罪与刑法、住房建筑、环境、人口状况、赋税、土地所有制和占有权等等，都成为学会研究的对象。学会也努力将学术研究与边疆社会改良结合起来，他们认为这样将引起社会对边疆少数民族生计和福利更广泛的关注。例如学会就明确表示将努力为西藏边疆部落的调查研究和信息传播提供服务④。

另外，作为以传教士为主体的研究机构，学会对华西边疆少数民族宗教的研究也是学会学术研究上一个亮点。当国人还在讨论宗教的归属问题时，学会已将宗教纳入人类学研究的范围。他们自诩"在华西我们至少不用考虑把宗教排除在学会研究领域之外。宗教是文明文化的重要组成部分，有关宗教的研究是人类学研究的重要组成部分，从某种意义来看我们成员所作的研究报告将对基督教传教

①　R.Gordon Agnew, "President's Address", *JWCBRS*, Vol.10, (1938): 241 - 245.
②　葛氏于 1935 年－1936 年任副会长。
③　D.C.Graham, "The West China Union University Museum", *WCMN*, No.1, (1933): 14.
④　"West China Border Research Society", *WCMN*, No.11, (1932): 24 - 26.

事业产生影响"①。

1933 年 9 月，学会在华西大学校园内的小礼堂举办了为期两天的中国艺术品展，共展出了三百一十五幅由黄思礼（L.C.Walmsley）、莫尔思夫人及丁克生夫人创作的画作，两位夫人亦在展场发表有关中国艺术的讲演。数百人前往参观，产生了一定的社会影响②。

会刊出版方面，20 年代，学会共出版三卷会刊，发表的内容大多是会员田野调查报告和研究成果。由于 1927 年的大革命，使得第 3 卷会刊出版的时间延迟到 1929 年底，稿子仍搁置在编辑的手上。随着局势的稳定，出版编辑委员会（小组）准备出版定期杂志③。30 年代会刊出版变得更为稳定，学术影响力也变得越来越显著。学会杂志共刊发八卷，与初创时两年一刊或多年一刊相比，会刊正朝着一年刊发一卷的方向努力。同时代的中国学者评价学会会刊说，此期的会刊"篇幅益见增多，内容亦见精彩，国际间亦渐有其相当的地位矣"④。特别是第 6 卷，无论在内容、篇幅、材料以及采编水平上均超过以往，这表明学会想通过会刊扩大他们与世界同行的交流愿望。在第 6 卷上增辟"书评"栏。学会希望在对涉及汉学的书刊进行广泛收集的基础上，评论涉及华西内容的古今图书，为研究者提供更完整的华西信息。又将学会活动信息刊登于卷末，供关注学会发展的人士参考⑤。会刊从创刊到第 7 卷均是由成都华英书局（The Canadian Mission Press）承印，但从 1937 年的第 8 卷起，转为由上海文瑞印书馆承印（Printed by Thomas Chu & Sons Shanghai，China）。国内的汉学及中文学术刊物亦对会刊给予了很高的评价，如 Arthur de C.Sowerby 主编的《中国杂志》（China Journal）⑥。会长报告亦提及其影响，"这本刊物将我们学会推广到了很多国家。去年（1936）在很多重要的中文科技期刊上都对我们的刊物给予评论，所有中国学者给予的评

①　L.G.K.，"Foreword"，JWCBRS，Vol.6，（1933－1934）.

②　D.C.Graham，"Report of the Secretary of the West China Border Research Society"，JWCBRS，Vol.6（1933－1934）：i. 四川大学博物馆档案编号：I－C－2－2288。

③　D.S.D.，"Foreword"，JWCBRS，Vol.3，（1926－1929）：7－8.

④　徐益棠：《十年来中国边疆民族研究之回顾与前瞻》，《边政公论》，1942 年第一卷第 5－6 期合刊，第 54 页。

⑤　A.J.Brace，"President's Address"，JWCBRS，Vol.7，（1935）：138－141；L.G.K.，"Foreword"，JWCBRS，Vol.6，（1933－1934）.

⑥　"West China Border Research Society"，WCMN，No.11，（1937）：32.

价都很高"①。1939 年国立北平图书馆给学会来信说，会刊为学者提供了方便，希望继续收到第 9 卷以后的会刊。国立中央图书馆则称，馆内的会刊被人拿走了，希望购买会刊②。会刊内容丰富、印刷优良、装帧精致，知名度不断提升，学会的影响随之不断扩大。

为了将学会会刊办成一流的学术刊物，除在会刊上刊登订阅广告外，1932 年开始，还在《华西教会新闻》上为会刊作宣传，"广告语"称："自 1922 年以来，《华西边疆研究学会杂志》以双年刊的形式印刷发行，刊发有关华西汉族和少数民族文化的文章。我们欢迎从事有关华西问题研究的学者投稿。"③ 这是目前所见的最早一则"征稿语"。1934 年学会又分别在上海、北平和伦敦等地设立杂志的发行代理④。这些都是会刊的新变化、新气象，也是学会实力增强的一个明显标志。

尽管在 30 年代，华西边疆研究学会一直持续、稳定地发展，但经费问题仍然困扰着学会。布礼士会长⑤在讲演中提及，"为了能维持会刊的正常发行，我们不得不采用压缩页数的方式来求得收支平衡"⑥。在 1934 年 6 月召开的年会上，编辑启真道提议再版会刊第 2 卷，这一提议虽然获得与会者一致表决通过，但再版的前提却是必须等到有足够的钱（捐款）来支付出版费用⑦。学会执委会于 1935 年 5 月 27 日会议决议：学会秘书在咨询了莫尔思、戴谦和之后，应写信给美国国家研究学会（The National Research Council of the United States）和卡内基基金会（The Carnegie Foundation），恳求他们给学会提供华西田野考察所需的仪器⑧。这些都表明，30 年代中期学会的经济状况仍然紧张，旅行考察的设备、研究成果的印刷，都需要赞助经费来解决。

---

① D.C.Graham，"President's Address"，*JWCBRS*，Vol.9，(1937)：225 - 226.

② 四川大学博物馆档案编号：Ⅰ—C—3—2173，76。

③ "West China Border Research Society"，*WCMN*，No.11，(1932)：25.

④ 1934 年 11 月 24 日学会会议记录，W.C.I.同意担任杂志在欧洲的发行代理。四川大学博物馆档案编号：Ⅰ—C—2—2330。

⑤ 布氏于 1934 年—1935 年任会长。

⑥ A.J.Brace，"Presidential Address"，*JWCBRS*，Vol 7，(1935)：138 - 141.

⑦ D.C.Graham，"Minutes of the Annual Business Meeting of of the West China Border Research Society"，*JWCBRS*，Vol 6，(1933 - 1934)：V.

⑧ D.C.Graham，"Report of the Executive Committee of the West China Border Research Society"，*JWCBRS*，Vol.7，(1935)：145.

直到 1937 年，华西边疆研究学会的经济状况才出现转机。时任会长葛维汉报告，目前学会暂时没有受到经费的困扰，一部分是因为拥有为学会支付会费的会员，一部分是因为编辑的辛勤工作。这都要归功于财务总管沈克莹（R. I. Simkin）先生①。这一时期学会收入来源于成员会费、会刊订购、华西大学与其他机构的赞助。随着学会成员增多和学术影响增大，会费和会刊订费占学会总收入的三分之二以上。

第二节　繁荣与衰落 1937 年—1950 年

1937 年全面抗战爆发之后，国民政府及文化教育机关纷纷内迁，国家政治、经济、文化中心随之移至华西。因抗战的缘故，这成了"民族复兴"的基地和"抗战建国"的大后方。政府需要开发西部诸省，为长期抗战作准备，而西部地区少数民族聚居最多，政府亟须了解他们的状况。从而西部地区受到政府公众的特别重视和学者们异乎寻常的关注。马长寿先生曾评论，当时之边疆研究，尤其是西南边疆的研究，呈现一种空前的热烈与紧张，国人对于它的研究，就其研究的人数上来说，实有"空前绝后"之感。学人对于西南边疆研究的热忱，主要由于政府西迁，人文荟萃于西南一隅。其次国民政府播迁西南，川康藏滇边区成为其要屏，西南边区人民在战略上与政治上有举足轻重之势。第三，抗战时期，边疆研究似乎成为一种显学，各科人士皆谈边疆，"盖西南边疆千载一时之幸运也"②。西南边疆研究空前热烈的结果便是"民族研究之团体在此时期内极发达，重庆一地即有八个单位，其它大都市间，每处必有一二团体之组织"③。这一时期，出版边疆研究的定期刊物近三十种④。学术团体或学者个人在西南地区开展的"民族学田野调查"共三十余次，其中涉及教会大学或学术机构参与的有六次⑤。郑德坤评论，尽管遭受日本侵略，但中国政府和中国人民在教育和文化机

---

① D.C.Graham, "President's Address", *JWCBRS*, Vol.9, (1937): 225 - 226.
② 马长寿：《十年来边疆研究的回顾与展望》，蒙藏委员会：《边疆通讯》，1947 年第四卷第 4 期第 1 页。
③ 徐益棠：《中国民族学发达史略》，《斯文》，1941 年第二卷第 3 期，第 5—9 页。
④ 江应樑：《人类学的起源及其在我国的发展》，《云南社会科学》，1983 年第 3 期，第 59—65 页。
⑤ 根据王建民教授相关研究提供的材料统计。参见王建民：《中国民族学史》（上卷），昆明：云南教育出版社，1997 年版，第 229—242 页。

构，以及科研项目方面取得了长足进步①。因抗战时局，中国边疆研究步入第一个"黄金时期"，华西边疆调查研究也盛极一时。

随国民政府西移华西，在战区的中央大学、金陵大学、金陵女子学院、齐鲁大学、东吴大学、燕京大学，都先后迁来成都华西坝，与华大联合办学。抗战"五大学"联合办学的华西坝，学人荟萃，盛极一时，成为大后方的文化教育中心之一②。大批中西学人涌入华西，无疑给华西边疆研究学会带来难得的发展机会。随内迁人类学、社会学、医学、生物学、地理学、语言学等学科人才的加入，华西边疆研究学会的研究水平和国内外影响力得到大幅度的提升，新生力量带给学会极大的活力与繁荣。在一份材料中，华西边疆研究学会提及：

> 在这过去的八年时间里，学会有来自中国各地的学者，所以学会得到很大荣誉和利益。我们感到特别荣幸的是，学会拥有齐鲁大学的侯宝璋（Hou Pao-chang）教授、张奎（Chang Kuei）教授，南京大学的李小缘（Li Siao-yuan）教授、徐益棠（Hsu Yu-tang）教授和芳威廉（William P. Fenn）博士，金陵大学的刘恩兰（Liu En-lan）博士，燕京大学的林耀华（Lin Yueh-hwa）博士，中央研究院历史语言所的李方桂（Li Fang-kueh）博士和吴金鼎（Wu Gin-ding）博士。他们不仅积极推进了华西研究，而且对学会有极大的兴趣与关心。③

40 年代的第一任女会长黎富思（C.D.Reeves）则表示要激励更多的年轻人加入学会，投身研究。黎氏说，展望未来，学会应当鼓励学生和年轻人集中研究边疆地区的情况。这些受过教育并具有冒险精神的年轻人，渴望生活在这个未被开发的地区，搜集该地区的情况。增加会员，也将激励人们了解学会的存在。这样他们就可以投稿，学会还应鼓励那些没有与之联系的中国年轻人参与到学会的工作中来④。

这一时期，华西边疆研究学会因为有大量学人的加入，以致学会的人员结构正悄然发生根本性的改变。其中最显著的特色即是，学会从原来以西人研究为

---

① T.K.Cheng, "Foreword", *JWCBRS*, Vol.14.A, (1942).
② 1942 年前为金大、女金大、齐大、中大和华大，1942 年后为金大、女金大、齐大、燕大和华大。更多的介绍，参见四川大学史稿编审委员会：《四川大学史稿：华西协合大学（1910—1949）》第四卷，成都：四川大学出版社，2006 年版。
③ "Secretary Writing", *JWCBRS*, Vol.16.B, (1946)：222.
④ C.D.Reeves, "President's Address", *JWCBRS*, Vol.13, (1941)：60 – 65.

主，渐渐地向中、西学者共同研究的方向转变。时任学会秘书的郑德坤也提到，
去年他就任时说过，将吸纳更多的中国人参与学会的工作，并一直在尽力去做①。
从 1939 年下半年至 1950 年上半年，学会共选举出十一届执委会，其中有二十二
位来自美国、英国、加拿大、中国的学者担任正、副会长，在十一名会长中，西
方各国学者为六人，中国学者为五人。在十一名副会长中，中国学者为六人，西
方学者为五人，单就承担会长一职而言，中西学者承担的次数基本上是"平分秋
色"。担任过会长一职的中国学者有方叔轩（1939—1940）、侯宝璋（1942—1943）、
李安宅（1943—1945）、刘承钊（1946—1947）和蓝天鹤（1948—1949），而方叔轩、
侯宝璋、李安宅等还多次担任正、副会长。这些都表明，中国学者已成为学会组
织机构的核心力量。

　　40 年代学会坚持研究方向，进行边疆实地考察，积极举办公开演讲，举办边
疆文物展览，出版发行研究成果，学会的学术活动与科学研究都呈现出一派欣欣
向荣景象。学会每月邀请专家学者作专题讲演、举办各种主题讲座。1938 年至
1950 年，学会共举办公开或非公开的讲座一百二十七场②。主题涉及人文与自然
诸领域。在这些演讲中，有六十五场由中国学者演讲，中国学者发表的演讲占该
时期演讲总数的 50％以上，这标志着中国学者正日益成为华西边疆研究的重要力
量。学会活动受到人们的普遍关注，赢得中外学人一致赞扬。马长寿就评论说，
在从事边疆研究的诸多学会中，华西边疆研究学会是"工作最为努力"的③。徐
益棠对比了华西协合大学与国立四川大学对西南边疆的研究，徐氏在赞扬华西边
疆研究学会不断进取的同时大发感叹，华大与川大同在一城，而两校边疆研究事
业之进退如此④。1942 年，时任会长的启真道回忆，上一年学会是成功的一年，
学术讲座获得社会的关注。举办各种形式的学术活动使学会更具影响力，成员的
研究得到中国及外国学者的赏识⑤。秘书郑德坤的记忆里，1943 年至 1944 年是学
会成立以来最忙碌的一年，学会不断壮大并在世界范围内得到广泛认可。这一年
里，学会与中国和其他国家的多家文化研究机构建立了正式联系。北平国立图书

---

①　T.K.Cheng，"Report of the Secretary"，*JWCBRS*，Vol.13.A&B，(1941)：65.

②　附表：《1922 年—1950 年华西边疆研究学会历次讲演目录》。

③　马长寿：《十年来边疆研究的回顾与展望》，蒙藏委员会《边疆通讯》，1947 年第四卷第 4 期，第
　　2 页。

④　徐益棠：《十年来中国边疆民族研究之回顾与前瞻》，《边政公论》，1942 年第一卷第 5—6 期合刊，
　　第 54 页。

⑤　L.G.K.，"President's Address"，*JWCBRS*，Vol.14.A，(1942)：106.

馆（The National Library of Peiping）、地质协会（The Geological Society）、中国地质调查所（The Geological Survey of China）都以极大的兴趣参与了学会的研究活动①。

　　华西边疆研究学会的繁荣也体现在这一时期会刊的出版上。1940 年伊始，学会即将刊物每卷分为 A、B 编出版，这一发行方式一直坚持到刊印 1946 年度研究成果为止，即第 16 卷 B 编出版后告停。早在 30 年代后期，编辑委员会就有将会刊每卷扩展为 A、B 编（两册）的意图。编辑徐维理在 1937 年出版的第 8 卷封底广告中提到，如果学会的经费足够的话，目前打算出版两个系列，A 编内容包括文化研究（即人文社会科学版），B 编内容包括自然历史（即自然科学版）②。会刊分人文科学和自然科学两编出版，反映出学会学术繁荣、经费充裕，即会员在人文社会科学与自然科学研究方面已具备足够的研究实力，研究成果足以支撑会刊的分刊，同时学会获得多项来自国内外学术基金的支持，换言之，学会拥有充足的经费来支撑成果的出版。经费是学会出版发行工作的根本保证，而用于出版的经费都是由国内外官方及文化基金团体捐助的，如哈佛燕京学社（The Harvard-Yenching Institute）基金、华西协合大学中国文化研究所基金。前者成立于 1928 年，是建立在美国霍尔（Charles M. Hall，1863—1914）遗产基金之上的汉学机构，其宗旨是基于共同需要，协商开展中美大学合作，共同培养精通中国传统文化的人才，互派学者教学或攻读高学位，资助出版学术著作等，追求学术性与公益性，以促使中国文化研究取得辉煌成果。同年美国哈佛大学与中国燕京等六所教会大学获得霍尔基金。学会的汉学研究获得哈佛燕京学社出版基金的长期支持，30 年代学会的出版物均由该学社赞助。而后者于 40 年代为学会提供不少出版经费。来自国内外的学术基金间接反映学会事业的蓬勃发展，以及学会在中外学界中相当的地位。这些基金帮助学会度过了抗战最艰难的岁月。第二次世界大战结束后，国际国内形势都发生变化，学会受其影响，在发行了会员 1946 年的成果后停刊。

　　笔者统计，在杂志第 12 卷至第 16 卷中，共刊载有九十五篇文章③，人文科学四十二篇，自然科学五十三篇。西人共发表三十七篇，其中人文科学二十三

　　①　T.K.Cheng，"Proceedings of the Society"，*JWCBRS*，Vol.15,A，(1944)：95.

　　②　"Magazine ads to order"，*JWCBRS*，Vol.8，(1936)：Magazine's cover.

　　③　参照李绍明、周蜀蓉选编：《葛维汉民族考古学论著·附录：华西边疆研究学会杂志目录》，马蜀书社，2004 年版，第 265—413 页。

篇，自然科学十四篇；国人共发表五十八篇，其中人文科学十九篇，自然科学三十九篇。这些数据显示，国人发表的文章占其发表总数的 60％以上，特别是自然科学类，国人发表文章大约是西人发表的 2.8 倍。1943 年郑德坤在给闻宥的信函中无比自豪地说，学会现在拥有数量多质量高的学术文章，其中部分是西方学者的，而大部分是中国学者的①。在 40 年代，国人郑德坤、李安宅、刘承钊先后担任会刊主编，如果不是时局骤变、经费匮乏造成突然停刊，想必还会有更多有才华的国人担任主编。以上数据表明，中国学者已逐渐成长壮大，他们不仅是学会组织机构的核心力量、华西边疆研究领域的绝对主力，同时也是中国学界边疆研究的领军人。

马长寿在回顾边疆研究十周年（1937－1947）时，高度赞扬学会出版的杂志是当时"最有历史性的"杂志②。与大量刊物停刊相反的是，杂志凭借着自身的价值与影响，发行日见增多。1942 年届会长启真道总结说："我们的研究在中国和全世界都得到了赞扬，这将意味着更多会刊交换清单、更多的订刊人。"③ 到 40 年代中期，随着学会影响日益扩大，学会收到更多会刊交换单和订单。订户大多来自国内学术机构和海外的政府部门或学术机构。要求订购过刊的订单也源源不断寄到编辑处。私人订户也不少，其中不乏知名学者和政府高官，甚至有来自印度阿萨姆邦（the Assam）丛林地区的订单④。

1943 年，学会通过了一项扩大其社会影响的新举措，决定联合大学博物馆、中华基督教会边疆服务部（简称"边疆服务部"）举办一场羌族文物与图片展。葛维汉代表学会负责这次布展工作。早在 40 年代初，葛维汉就被边疆服务部聘为特约研究员，并多次参与该部组织的边疆考察活动。葛氏在给边疆服务部主任张伯怀的信函中提到，自己从事的羌族研究和边疆服务部的研究目的是一致的，因此希望与边疆服务部合作，同时希望合作筹办一个与羌族礼俗及信仰有关的展览⑤。这一想法得到边疆服务部响应，正如《边疆服务》所报道，"本部与华西大学博物馆、华西边疆研究学会于 5 月 15 日在华西大学化学楼联合举办羌民文化演

---

① 参见四川大学博物馆档案编号：Ⅰ－Ｃ－1－2001。
② 马长寿：《十年来边疆研究的回顾与展望》，蒙藏委员会《边疆通讯》，1947 年第四卷第 4 期，第 3 页。
③ L.G.Kilborn，"President's Address"，*JWCBRS*，Vol.14.A，（1942）：106.
④ T.K.Cheng，"Proceedings of the Society"，*JWCBRS*，Vol.15.A，（1944）：95.
⑤ 四川大学博物馆档案编号：Ⅰ－Ｃ－3－2289。

讲会与展览会。展览内容分羌区风光、羌地古物、羌民宗教与羌民生活四组，每组除实物外均有照片与彩色速写数幅至数十幅，参观者甚感兴趣。午后三时由本部特约研究员葛维汉博士演讲'羌民的习俗'"①。展出的器物来源于葛维汉本人、边疆服务部和大学博物馆的收藏品。羌民文化展览对公众开放，有数百人前往参观。观众兴趣很高，产生了一些社会反响。"经葛维汉带动及华西大学（华西边疆研究学会）的推进，边疆服务部在羌族礼俗及宗教研究方面积累渐丰。"② 1944年，华西协合大学古物博物馆与华西边疆研究所（The West China Frontier Research Institute）提议，与华西边疆研究学会合作，共建葛维汉图书室（David Crockett Graham Library），此后这三个机构学术上的合作更加紧密。

1945年8月日本投降，抗战胜利。到1946年时内迁华西的许多高校陆续迁回原地，大批学者随之返回故里。学会的侯宝璋、张奎、李小元、徐益棠、刘恩兰、林耀华、李芳桂、吴金鼎也先后离开了华西③。这对学会及华西的研究有一定的影响。好在华西各学科的研究已形成自身特点，各学科研究仍沿着既定的方向发展着。华西边疆研究学会、华西边疆研究所、华西大学博物馆、康藏研究社，以及四川大学边疆研究学会等研究机构仍继续从事着各自的教学和科研。学会的田野考察、公开讲座等学术活动仍在进行，只是会刊因经费匮乏而停刊。但华西边疆研究所任乃强、谢国安、刘立千创办了《康藏研究月刊》（1946—1949），这在一定程度上弥补了会刊停刊带来的遗憾。

学会的学术讲座一直举办到1950年5月。在华西协合大学博物馆进修的美国学者桂玉芳（M.P.Mickey）发表"川苗刺绣图案释义"讲演，是该学会所举行的最后一次公开讲演。到40年代后期，学会会址仍设在大学博物馆。所以，在博物馆1947年至1948年工作计划书上，列有学会工作计划。研究助理宋蜀青负责葛维汉图书室、学会及会计工作；研究助理周乐钦承担博物馆和学会书刊印刷出版及日常事务④。目前所见到的最晚一届执委会名单是1949年至1950年度的，学会活动是到1950年上半时停止的。1950年6月，学会不再举行会议和活动。下面我

---

① 《边疆服务》编辑：《本部与二团体联合举办羌民文化展览》，《边疆服务》，1943年第2期，第23页。

② "West China Border Research Society Secretary's Report 1942－1943"，*JWCBRS*，Vol.14 B，（1943）：Proceedings of the Society.

③ "Secretary Writing"，*JWCBRS*，Vol.16，B，（1946）：222.

④ 美国惠特曼学院（Whitman College）彭罗斯图书馆（Penrose Library）藏葛维汉资料第16箱《大学博物馆1947—1948》（Box16，"Personnel and Work to the W. C. U. U. Museum 1947－1948"）。

们就学会会刊停刊原因作进一步探讨，同时对学会活动结束时间略作考订。

造成会刊停刊的直接原因是经费问题。40 年代后期经费问题已成为学会挥之不去的阴影。秘书 1946 年报告，"近几年由于法币贬值，学会执委会决议增加会费和会刊价额"①。面对经济恶化造成的金融危机、通货膨胀和日益攀升的印刷费用，这一做法无疑是杯水车薪，显得力不从心，办法不多。尽管编辑部一再坚持出版，但最终出版了 1946 年度的研究成果（第 16 卷 A、B 编）之后就停止了。这是目前学者所能见到的最后卷编。在这期会刊后，编辑是在没有刊载任何有关停刊信息的情况下突然停刊的。据四川大学博物馆历史档案分析，经费紧张是造成会刊临时停刊的原因。杂志编辑启真道给学会顾问林则的信件中提到，由于哈佛燕京学社没有再提供经费给学会，导致学会急需要钱来完成两件事：一，出版杂志第 13 卷，原稿 1942 年 12 月 9 日已经交至上海准备印刷，但由于太平洋战争爆发，没有完成印刷，原稿被退回。希望可以筹到资金出版；二，筹集资金，希望尽量于 1947 年再出版一卷杂志②。又据当时在华大博物馆工作的易遵谅女士回忆，1948 年葛维汉派成恩元去邛崃发掘，后在葛维汉的鼓励下，成恩元成用英文写成邛崃龙兴寺佛教石刻发掘报告，并在当年华西边疆研究学会年会上作了学术讲演。原计划在华西边疆研究学会杂志上发表该报告，杂志因故停刊，英文原稿至今保存完好③。

按学会本意，停刊只是暂时性的，一旦筹集到足够的经费就会出版下一卷。一直等到 1948 年，学会仍然没有筹建到足够的资金，为了使杂志继续出版，林则提议它与大学杂志合并，更名"华西研究杂志"出版④。可这一讨论，未见实质性的结果，学会仍在为会刊复刊四处奔波，努力寻求援助。从 1947 年 2 月到 1950 年 8 月，执委会成员郑德坤、葛维汉、启真道、林则等人都在"锲而不舍"地给英美文化机关及个人去函请求援助。特别是学会负责对外事务的林则顾问更是一如既往为学会力争外援。让林则负责此事，想必是利用林则任华西协合大学副校

---

① "Report of the Secretary"，*JWCBRS*，Vol.16.B，(1946)：220.

② 四川大学博物馆档案编号：I—C—2—2006。

③ 易遵谅：《忆华西协合大学博物馆》，载成恩元：《成恩元文集》（上下卷），成都：四川民族出版社，2013 年版，第 870—873 页。

④ 四川大学博物馆档案编号：I—C—2—2007；1948 年 6 月 17 日，林则在给副会长徐维理的信中提到，学校在本年度最后一次校务会上通过了一个决议，即成立一个专门委员会与学会执委会会面，共同计划与大学其它杂志商谈合并事宜，一旦合并实现，将出版名为《华西研究杂志》的刊物，以此代替 1946 年停刊的《华西边疆研究学会杂志》。

务长和国际著名医学家的声誉。如 1949 年 4 月至 1950 年上半时，林则曾频繁地写信给英国文化委员会（The British Council）驻南京办事处请求经费援助，最早回馈回来的信息让学会充满希望，被告之伦敦总部年度预算中列有援助学会杂志经费的款项。可随后又被告这个信息是他们工作失误造成的误会，经费预算早已被伦敦总部取消了。而南京办事处表示愿意帮助学会向伦敦总会再申请，这似乎又带来一线希望，但等到 1950 年 8 月，得到的最后答复是"伦敦方面拒绝了学会的申请"①。申请杂志经费曲折又漫长的过程说明，最初学会执委会和编辑们都一致认为停刊是暂时的，只要争取到经费杂志就可复刊，而且下一期的稿子都已准备就绪。殊不知争取外援是如此的艰难，复刊已成为不可能。而后时局的变化超出他们的预期，未能复刊成为学会永远的遗憾。可见，造成杂志暂时性停刊是经费的问题，而永久性停刊与当时政局变化不无关系。1950 年 6 月 10 日学会在林则住宅进行了该年度年会，年会议程包括选举新的执委会和交纳会费等内容。以上论述也表明，学会的一些活动一直持续到 1950 年上半年时，并有继续发展的意愿。但中国的客观现实是不以他们的意志而为转移的。

　　华西边疆研究学会的命运与中国政局变化息息相关，它的结束也不例外。局势变故引发学会精英及中外学者相继离开成都乃至华西，人去楼空，学会名存实亡。据笔者目前所掌握的资料表明，学会活动的最终结束时间是 50 年代初。在 1949 年至 1950 年度由十二名中外学者组成的执委会中有七名外国学者，他们都是 50 年代初离华归国的。委员费尔朴、秘书白天宝（C.Bright）、顾问林则及夫人均于 1950 年下半年离开。会计韩培林（E.R.Cunningham）于 1951 年离开，会长徐维理、编辑部主任启真道、编辑云从龙（L.E.Wilmott）在 1952 年离开②。执委会的五位中国学者分别是方叔轩、蓝天鹤、陈思义、刘承钊、邹海帆。刘承钊 1950 年受燕京大学和中国科学院动物标本整理委员会之聘去了北京，一年后回到华西就任新中国第一任华西大学校长，已无暇顾及学会事务。其余四人仍在华西大学，但都各忙各的事，如蓝天鹤 1948 年组建起华西生物化学研究所并任所长。其他会员亦各奔东西，学会秘书兼主编（A 编）郑德坤 1947 年去了英国讲学，1950 年回成都处理事务后又去了英国。李安宅 1950 年初参加了中国人民解放军第十八军进

　　① 四川大学博物馆档案编号：I-C-2-2006-2014。
　　② 四川大学史稿编审委员会：《四川大学史稿：华西协合大学（1910—1949）》第四卷，成都：四川大学出版社，2006 年版，第 202-209 页。

军西藏，投身于和平解放西藏的事业。随着主要人物的离去，学会完成了它的历史使命。华西边疆研究学会，是一个由外国传教士创办，继而发展成以中国学者为科研主体的国际性学术团体，在国际学界和中国学术史上存在近三十年之后，永远地退出了中国与世界的学术舞台。

第三章　华西边疆研究学会的组织结构

第一节　章程与细则

　　1922 年 3 月 24 日下午 3 点，一群致力于华西边疆和部落族群研究的西方传教士聚在华西协合大学校园内莫尔思家里召开一次筹备会，讨论决定成立一个学术组织。参加这次会议的共有十二人，分别是莫尔思、戴谦和、周芝德（A.E. Johns，又名詹尚华）、福司德（C.W.Foster）、冬雅德、司特图、布礼士、慕如、路门、胡祖遗、李哲士、彭普乐。除司特图是英国外交官，福司德是旅华洋商外，其余的都是华西协合大学的传教士教师与在华西的传教士，会议原本还邀请了在成都的英国内地会牧师胡天申（J.Hutson）、法国外交官博德施（M.Baudez）、英国内地会传教士陶然士、英国外交官许立德（W.M.Hewlett）、华西协合大学教师班勤（P.M.Bayne）、校长毕启、副校长杜焕然（J.L.Stewart）、宗教主任兼英文教授费尔朴和美国浸礼会传教士葛维汉，但这几位都因故缺席了这次会议①。此次筹备会议讨论了创建该学术组织的名称、宗旨、会员管理制度、会员义务、机构设置与管理、对外联络等问题。组织被命名为"华西边疆研究学会"，还任命一个专门委员会（小组）草拟会规和学会章程（细则）。

　　经过多次讨论和修改，在 1922 年 4 月 21 日成立大会上，选举出学会的主要负责人。会长：莫尔思博士，副会长：赫立德；秘书：冬雅德；财务总管：费尔

---

① 四川大学博物馆档案编号：I－C－2－265。

朴；会员总管：胡思敦；荣誉会员：叶长青、陶然士，并正式通过学会章程及
细则①。

一、章程及细则内容

章程：

1.学会名称是华西边疆研究学会。

2.学会宗旨是以研究华西地区的政治、人文、风俗和环境，尤其是这四个因
素对少数民族有什么影响为目的。为达到此目的，学会将通过调查、出借设备、
举行会议和讲座、发表论文、出版刊物以及其它各种会员决定支持的方法来促进
研究和学习。学会的总部设在成都。

3.学会由三个级别的会员组成，分别是荣誉会员、通信会员和普通会员。会
员候选人首先必须由两名学会会员推荐，再提交执行委员会，最后通过由在四川
的四分之三的会员组成的投票委员会投票表决赞同，并在交纳了年度会费后，将
被宣布成为一名会员②。会员会费参见章程细则部分；推选那些有独创研究和其
学问对国家和人民有贡献的人做荣誉会员，并考察其研究和贡献是否得到了承
认。选举荣誉会员，需要一名会员提名，另一名会员支持他的提案，并获得四川
会员四分之三选票的支持；不在成都定居但对该会的目的感兴趣者可以被推选为
通信会员。通信会员将享有学会会员除选举之外的所有权力。

4.期望每个会员至少每三年去边疆地区旅行考察一次，在考察的基础上，向
学会提交一份书面的研究结果报告，时限为旅行考察之后的六个月之内。每个会
员可以提交支持学会目的又是自己感兴趣的任何主题报告。

5.学会管理者有会长、副会长、秘书和一名财务总管。他们和那些被推选的
会员将组成一个执行委员会。所有的负责人都必须是定居在成都的。在年度会

---

① 1922 年 4 月 21 日会议通过的章程，原件藏于四川大学博物馆（原华西协合大学古物博物馆）；
四川大学博物馆档案编号：I−C−2−193（I−C−2−2230）。

② 在 1931 年 5 月 23 日的年度会议上，对 1922 年 4 月 21 日会议通过的会员入会章程进行修正，取
消了会员仅为二十五人的条款。"现在大量的会员候选人将被允许加入学会。我们希望尽可能地
出版一份更好的刊物，或许将允许我们加快出版物的频率，目前计划是每两年出版一册，我们
希望不久的将来能每年出版一册。"参见 "Foreword"，*JWCBRS*，Vol.4,（1930−1931）；1931 年
以前章程规定会员为二十五人。还要求申请入会者必须有学习中文一年的经历，同时经两会员
推荐，在学会作一次学术报告方能加入。参见 "West China Border Research Society"，*WCMN*，
No.7,（1931）：43.

议上进行学会负责人的选举，负责人将主持办公室工作到选出他们的继任者为止。

6.会长统辖学会的所有会议和执行委员会，副会长承担会长缺席期间的职责；秘书对学会和执行委员会所有的会议作记录，管理所有的通信联系，安排各种讲座会议，将每一份报告的副本提交给学会存档；财务总管接受和支付所有的经费，按执行委员会的命令，造出年度预算，管理相应的账单，在年度会议上提交一份审计报告，还必须将属于学会的所有装备和设备记入账册。

7.除投票委员会之外，一般委员会可以在学会任何会议上被选举，特殊委员会既可由学会选举也可由临时会议决定或者执行委员会任命。

8.会员人数被限定在二十五①人，要求是住在成都的，不包括荣誉会员。

9.由十名会员组成一个法定人数团体，负责执行学会各项事务。

10.一年一次的会议（年会）将选举负责人和办理其他事务。处理事务的任何其他会议必须由五名会员书面请求后方能召开。在这些会议中，特殊会议的议程只能处理指定的事情。陈述报告和讨论问题的会议（学术演讲）一年至少举行三次。

11.章程只能在年会上修订。这个被提议的修订案须由四川会员在年会前的一个月以书面形式提交，在得到二分之一四川会员赞成票后宣布有效。②

细则：

1.会费

每位常住（因田野调查不在成都的除外）会员年度会费是5元（四川货币）。学会可能额外征收年度会费不超过5元。通信会员缴纳年度会费5元，不会额外征收。

2.会议

年会在10月的第二个星期六下午3点在成都召开。学术报告将定在12月、3月、5月的第二个星期六下午3点举行。

3.委员会

投票：由三名会员组成的投票委员会代表全体会员检查所有的申请，监督投

---

① 最初拟限定在十六人，后更改为二十五人。
② 四川大学博物馆档案编号：I—C—2—193，1、2。

票过程，并向学会执行委员会报告。

审计：由两名会员组成的审计委员会将检查会计每年度的账单，同时向学会执行委员会年度会议提交一份报告。

复审：由三名会员组成的检查委员会将检查所有与学会通讯的原始稿件，并决定如何处理。这个委员会将编辑和出版学会刊物。秘书将是这个委员会的成员。

4.修订案细则

在任何常规会议上都可以对细则进行修订。建议修订案，至少于一个月前就必须由四川会员以书面的形式提交给会议。随后会议举行时得到三分之二四川会员的赞成票表示通过。

图 3—1—1 华西边疆研究学会 1922 年章程及细则

（四川大学博物馆历史档案 I—C—2—393 号。）

二、章程及细则的修订

学会章程及细则制定以后，为适应学会发展，对它的修订一直都在进行中。根据学会档案所知，章程及细则在 1931 年和 1946 年有过两次大的修订。这两次修订，都是学会针对不同的情势作出的自我调整，而修订的结果也对学会的发展起到重大的影响。

对比 1931 年 5 月与 1922 年 4 月的章程，1931 年版章程的变化在于：

（1）取消了原章程第 8 款，该款规定"会员人数被限定在二十五人，要求是住在成都的，不包括荣誉会员"。取消"限定"会员人数的章程条款，使得学会更加开放，众多对华西研究感兴趣中外学者均踊跃入会，使学会在 30 年代得以迅速发展。据笔者的统计，1934 年，学会成员首次超过了一百五十人①。此后的几年，会员人数有所增加，1935 年为二百零三人，1936 年一百八十二人，1937 年二百一十六人，1938 年二百二十四人②。很显然，1931 年学会对章程的修订，为学会在 30 年代的快速发展奠定了坚实的基础。

（2）新章程中，具有选举权的普通会员的范围扩大了。原章程规定有选举权的普通会员仅限居于四川者，新章程中会员范围由四川扩大到了云南、贵州、西康、甘肃、新疆、青海、西藏等整个华西地区。华西地区普通会员拥有选举权的这一举措，不仅让这些学员在学会拥有更多的话语权，更激发了他们关注学会事务和参与科研活动的热情，也使学会比以往更具凝聚力。

（3）20 年代初拟订的章程中明确规定，"期望每个会员至少每三年去边疆地区旅行考察一次，在考察的基础上，向学会提交一份书面的研究结果报告，时限为旅行考察之后的六个月之内。每个会员可以提交支持学会目的又是自己感兴趣的任何主题报告"；30 年代修订后的章程则规定，"期望学会的每个会员持续从事有关华西及边疆生活各个时期的研究，即章程第 2 款（学会宗旨）所提及的研究。在任何一项研究完成之后，应将一份书面报告呈交给学会，如果审察委员会批准，就可以在学会杂志上发表"。后者取消了野外考察和研究报告提交的时间限制，同时鼓励会员进行"持续性"研究，研究范围从"边疆旅行调查"扩大到对"华西及边疆生活各个时期"。并承诺经审查委员会通过的研究报告或论文就能在会刊上发表。1931 年的章程反映了学会以实事求是的科学态度来进行学术研究，倡导可持续性的研究，更加注重成果的学术价值，而非重时限与数量的堆积。

（4）新章程细则中删除了旧细则中关于"会议"的条款。据学会原定章程的规定，年会定在每年 10 月举行，学术报告会定在 12 月、3 月和 5 月举办。新细则未曾涉及会议（年会与演讲）内容，但就历年学术演讲实际开展情况来看，不难发现学术报告会举办的场次较 20 年代有大量增加，报告的频率也更密集，并不局限在上述三个固定的月份。整个一年中，除大学放假和会员去边疆考察外，其余

---

① D.C.Graham, "Report of the Secretary: Proceedings of the West China Border Research Society", L. G.K., "Foreword", *JWCBRS*, Vol.6, (1933–1934): i.

② 笔者注：以上资料来源于《华西边疆研究学会杂志》第 1 卷至第 16 卷、《华西教会新闻》1924 年第 11 期－1937 年第 11 期。在统计会员人数时，其统计方法与当时有所不同，当时将夫妻二人是会员的，仅按一人来计算，笔者是以两人来统计的。另外，当时报告中提到的会员数字与杂志后面刊登的会员名单的数字也有出入。

时段都有讲座和报告会举行，这至少表明学会的活动更加常态化，学会的研究、服务能力都提升到了一个新的层次。

（5）新细则"委员会"款，增设"任命委员会"。这是学会新设置的一个委员会，其职责是向年会提交一份组成学会执行委员会的人员名单。任命委员会的成立显示出处于上升阶段的学会组织机构日益健全。

图 3-1-2　华西边疆研究学会 1931 年章程及细则
（现藏于四川大学博物馆。）

1931 年的章程在学会的发展历史上占有极重要的地位，它直接规划、指导着学会在 30 年代及抗战期间的研究工作，而这一时期正是学会走向高度发展、最为繁荣的阶段。1945 年抗战胜利后，国民政府进行的"战后教育复员"是战后的时代主题，随着大量研究机构从华西撤离，边疆研究受到的关注无疑大为下降。1946 年后，伴随实地研究人员的大量流失，华西边疆研究学会面临着组织、人事、研究的多方考验。鉴于时代与环境的变迁，学会于 1946 年再次对章程进行修订。对照以往的章程及细则，1946 年的章程及细则的不同之处体现如下：

（1）20 年代至 30 年代的章程条款是由西方会员拟订的，体现的是西方学者的意志，40 年代章程修订中越来越多体现出中国学者的意志。40 年代，中国学者在学会组织与科研中已逐渐占据主导地位，执行委员会中有不少中国会员，如中国学者李安宅、刘承钊先后任会长，会刊 A、B 编的主编有郑德坤、刘承钊，秘书是郑德坤，五位顾问中有四人是中国籍。新章程及细则（提案）由郑德坤起草并对外公布，这无疑使得新修订的章程及细则带有明显的中国化倾向。

（2）相较于原来的章程，新的章程对会员入会条件的要求放得更宽松，删除了原章程关于会员类型、会员义务等的描述，比如：对学会会员资格的要求，宽泛到"对该领域的科学研究感兴趣的任何人"。广泛地吸收所有对华西边疆研究有兴趣的研究者加入，这种"有容乃大"的精神既是学会发展过程中组织者对学会人员配置的深刻领悟，恐怕与抗战胜利后大批学者返回东南沿海，学会人员不增反减，学会组织者为保存学会实力、增进其活力有关。

（3）"所有成员拥有选举权和被选举权"是新章程的一个亮点，从学会早期成都会员才有的权利，发展到30年代华西会员的权利，至此所有会员都拥有了选举和被选举的权利，学会组织变得更为开放、更为民主。这也表明学会从长期由传教士领导的研究机构彻底转变为一个不论身份国籍、平等、开放的研究团队。

（4）新细则明确规定了学会相关负责人的具体职责。例如明确规定学会会长、副会长应出席学会执行委员会的所有会议；会长应作年会讲演；秘书应做好会议通知、文书记录以及记者招待。财务总管负责会费缴纳与学会支出管理。编辑负责杂志发行。图书室主任应负责杂志分发和交换事务。学会对管理者的明确分工、职责细化，反映出学会管理朝着精细化、有序化的方向发展。

（5）新细则创立"顾问制"。可能是考虑到抗战胜利后学会发展出现萎缩，一些有重要影响力的学者相继离开，为确保学会沿着正确的方向前进，学会于新的章程细则中添设了"顾问"。新细则指出："执委会还应该有五名顾问，帮助拟定计划，促进学会利益的最大化。"顾问的设立，的确为学会工作做出了很大贡献。只有那些学术地位高又有名望的成功人士，才会被学会聘为顾问。1946年，担任首届顾问的五名学者分别是林则、何文俊、方叔轩、罗忠恕、Cheng Leslist①。此五人在学术界内外都享有盛誉，利用他们的影响力，无疑能为学会带来更大的发展空间。譬如林则专门负责学会外事，他利用其大学副校务长和国际著名医学家的身份，数年如一日地为学会争取外援，林氏对学会的贡献无疑是值得肯定的。又如罗忠恕教授是华大文学院院长、东西文化学社社长，他积极推进中西方文化交流，在他的主持下曾邀请不少国内外著名学者来华西坝讲学，例如英国牛津大学李约瑟教授，印度加尔各答大学干戈理教授，现代作家林语堂，

---

① T.K.Cheng，"Proposed Constitution of The West China Border Research Society"，*J WCBRS*，Vol. 16.B，（1946）：222.

西南联大教务长、人类学家潘光旦，现代哲学家张东荪。学会荐举罗氏为顾问目的很明确，想必是借其"桥梁"作用来沟通东西学界。

上述三个章程及细则是学会在发展的不同阶段，组织者根据自我发展定位，应对时局的结果。作为学会组织和学术工作的指导思想，它们在不同的历史时期发挥过积极作用。1922 年的章程第一次确立学会名称、目标、活动方式、组织机构及人员结构，引导学会朝着既定方向迈进。1931 年，学会对章程的修订，是学会审时度势后的提案，是学会为适应当时日益高涨的民族主义意识的社会背景，突破原来的传教士小圈子所做出的应变策略。特别是章程取消了对会员人数的限制，允许中国学者加入，使得会员人数在随后几年大幅增长，中国籍会员得以一展所长，进而促使整个学会得到空前发展。1946 年修订的章程，在承上启下的基础上，确立了"顾问制"，并通过细则明确了学会各部门负责人的主要职责，是组织机构因新的形势发展需要，进一步健全和完善的体现。

表 3-1-1　1927 年—1935 年华西边疆研究学会新增会员数量比照表①

年份	1927	1928	1929	1930	1931	1932	1933	1934	1935
入会会员总数	2	5	3	22	22	29	22	55	37
中国会员总数				1	3	3	6	14	9

第二节　执行委员会

一、执行委员会的构成

华西边疆研究学会主要负责人由会长、副会长、秘书及财务总管构成，在他们的基础上组成学会执行委员会，执委会负责学会的一切事宜。执委会的构成及各部门负责人的职责均由章程约定，即如 1922 年 4 月 21 日的正式会议上，依据章程第五条之规定，选举莫尔思任会长、赫立德为副会长、冬雅德为书记、费尔朴为财务总管、胡思敦为会员主管、叶长青当选荣誉会员。参与学会组织筹备会的李哲士因临时被美国卫理公会主教派海外使团教会（Methodist Board of Foreign

---

① 资料源于附表：《华西边疆研究学会会员表（1922—1950）》。

Missions of the Methodist Episcopal Church）派遣到资中开展医务工作未能入选①。葛维汉、毕启等人因故缺席筹备会议，未能推荐为执行委员会成员，但于当年被推选为会员。执行委员会主要成员是由上届执委会推荐，再于年会上由全体会员以投票选举的方式产生。20 年代至 30 年代执行委员会的法定人数为十人，40 年代超出了这个人数，除会长、副会长、秘书、财务总管、编辑外，又新增两名编辑、一名图书室主任及两名干事。此外还添设顾问委员会，配合执委会的工作。根据章程规定，执委会成员都必须定居成都，他们将主持学会科研项目的进行和办

图 3—2—1　1934 年—1935 年度学会执行委员会成员合影

（从左到右，前排为执行委员李哲士［S.H.Liljestrand］、现任会长布礼士［A.J.Brace］、荣誉会长叶长青［J.H.Edgar］、前任会长莫尔思［W.R.Morse］、现任副会长杨少荃［S.C.Yang］。二排为现任秘书葛维汉［D.C.Graham］、会刊第 6 卷主编启真道［L.G.Kilborn］、前任会长戴谦和［D.S.Dye］、编辑委员费尔朴［D.L.Phelps］、会刊第 7 卷主编徐维理［W.G.Sewell］、财务总管曾思孔［W.B.Albertson］。华西边疆研究学会影像数据藏于四川大学博物馆。）

①　李哲士热心于学会事务并参加边疆探险活动，据《四川基督教》推测，未入选执行委员会原因是，1920 年以后，李哲士去资中，承担那里的教会医疗所工作。另在会员名单入会时间栏目中，记录他入会时间是 1922 年。这表明李哲士落选的原因是他当时不在成都。参见刘吉西：《四川基督教》，成都：巴蜀书社，1992 年版，第 417 页；附表：《华西边疆研究学会会员表（1922—1950）》。

公室事务，一直工作到选出他们的继任者为止。一般而言，执委会分工如下：会长统辖学会的所有会议和执委会，会长缺席期间，由副会长承担会长职责。秘书对学会和执委会所有的会议作记录，管理所有的通信联系，安排各种讲座会议，并将每份报告的副本提交学会存档，面对媒体，是学会新闻发言人。财务总管负责对学会经费进行管理，按执委会的命令，造出年度预算，管理相应的账单，在年度会议上提交审计报告，还必须将属于学会的所有设备登记入册。此外，执委会还会投票决定一些委员分管的具体事务。

为清楚了解执行委员会在学会中扮演的角度及承担的工作，兹引用该学会第一年年会会议记录，略作陈述。据华西边疆研究学会会刊1922年刊载的学会年会纪录，1922年底至1923年上半年，学会主要的活动如次：

1922年10月28日召开了会员大会，冬雅德宣读了论文《丹巴黑教喇嘛寺》（The Black Lamasery at Badi），彭普乐宣读了论文《黑俄番河谷行记》（A Journey into the Heofan Valley）。

1922年12月8日召开了执行委员会，由布礼士代替休假的冬雅德担任学会秘书。

1922年12月12日召开特别会议，欢迎来访的瑞典乌普萨拉大学（Upsala University，Sweden）植物标本学教授史密斯（Harold Smith），史密斯应邀发表题为《（华西）部落地区的植物》（Flora of the Tribes Country）的讲演。

1923年1月27日，学会在大学赫斐院召开公开会议，会长莫尔思发表了题为"研究"（Address on "Research"）的就职讲演，彭普乐被再次邀请讲演《黑俄番河谷行记》。

1923年3月3日，在学会的常会上，赫立德宣读了《海拔一万四千英尺高的四个山口》（Four Passes Over Fourteen Thousand Feet）的论文，李哲士宣读论文《康定到丹巴途中药用植物的特别观察》（Botanical Notes from Tatsienlu to Badi Bawang, with Special Reference to Medical Plants）。

1923年3月19日，召开了执行委员会，由毕启代替胡思敦主管会员事务，并负责第1卷杂志的编辑出版工作和学会对外宣传。

1923年4月7日，本届执委会举行的最后一次会议，慕如宣读了题为《雪山》（Snow Mountains）的文章，傅士德（C.L.Foster）讲演《四川的地质》（Notes on Szechuan Geology）。①

透过学会第一年年会纪录，不难看出，学会执委会负责的事务主要包括以下几项：

1.安排、组织学会的各种会议。主要包括组织各类学术讲座、主持召开学会年会及其它特别会议。

组织学术会议（学术讲座）。学术会议分为定期的和临时的（访问学者讲演）学术讲演会。在会上，先由主讲者讲演或宣读文章，再和与会者进行学术交流。学术讲演会大多是常会，在固定的时间举行。章程规定"学术报告将于每年 12 月、3 月和 5 月"召开，"一年至少举行三次"。实际上，减去会员假期外出考察的时间，几乎是每月召开一次，一年有七八次不等。通常来说，一场学术讲座少则一两位学者开讲，多则数位学者参讲，故讲演者数量一般大于会议次数。这类学术讲座，执委会秘书需提前拟定讲座日程表，就讲座时间、地点、内容、参讲者进行安排，与讲演者进行沟通，并报执委会讨论。只有执委会讨论通过，讲演者才获得在报告会上宣读的资格。同时为预防临时变故，讲演者不能到场的情况发生，秘书另造预案，备用一两个讲演主题以防万一。一旦讲座安排就绪，执委会秘书马上对外公布讲座信息，通常采取散发讲座单或在刊物上报道的方式通知会员或热心边疆研究的人们。

主持召开年会。20 年代学会年会是于当年 10 月召开，30 年代改为次年 5 月，有时也延至 6 月举行，这一时限一直保持到学会结束。每年的年会上，会长、财务总管、秘书都须向全体会员作年度工作总结报告，年会将选举下一年度学会负责人及新的执委会成员，邀请会员或访问学者作学术讲演。年会召开前，执委会一般会作出预案，安排会议具体时间、地点、人员和内容等相关事宜，并提前通知参会人员和准备开会时所需用品。与会者要求签到、聆听报告、参与投票和学术讨论。

以上提及的定期学术讲座和年会，是按章程每隔一定期限举行的会议，属常会、例会范畴。除此之外，执委会还要召开特别会议。这类会议议题单一，大多是临时的紧要议题。有时讨论办公室事务，有时处理诸如经费、设备、出版等特殊事项，有时解决突发事件。因此，这类会议的规模都比较小。如前文年会纪录提及的，布礼士代替休假的冬雅德担任学会秘书，接待来华西考察的瑞典乌普萨

---

① "Organization and First Year's Program", *JWCBRS*, Vol.1, (1922): 1.

拉大学植物标本学教授史密斯，选举毕启出任会员主管等皆属执委会召集特别会议商定。

2.鼓励和组织会员进行旅行考察，从事华西边疆研究活动。学会在成立当年，执委会即号召组织了一支科学考察队前往汉藏边地探险，进行民族学、考古学、体质人类学、医学、植物学等人文地理和自然地理方面的考察。从学会第一年年会会议记录看到，彭普乐、冬雅德、赫立德、李哲士、慕如、傅士德等会员发表了有关汉藏边地探险的讲演。

3.准备发行会刊。学会执委会选举毕启为学会会刊创刊号主编。而创刊号刊载的内容是彭普乐、冬雅德、赫立德、李哲士、慕如、傅士德等会员赴汉藏边地探险提交的报告和论文。鉴于会刊的重要性，随后学会执行委员会又选举产生一个出版委员会，由莫尔思负责，赫立德、毕启、布礼士任秘书，具体负责会刊出版发行。

4.负责学会的日常行政事务。从第一年年会会议记录看到，由执委会负责接待来访者史密斯教授并邀请史密斯讲学。学会执委会决定，"由布礼士代替休假的冬雅德担任学会秘书"，"毕启代替胡思敦主管会员事务"。执委会还负责的学会其它事务，譬如与学界及新闻媒体交流，发布学会新闻信息，收取会费，管理学会经费，主持执委会成员、会员的推荐和选举。

5.健全组织机构。学会执委会是学会常设执行机构，执委会因此还有责任就各具体事务成立专门委员会，以推动会务进行。先后成立的专门委员会包括出版委员会、投票委员会、审计委员会、复审委员会、任命委员会、会员委员会和顾问委员会等。这些委员会都须对执委会负责，接受执委会领导，在执委会的组织安排下推进具体的专项工作。

总的来说，学会执委会是华西边疆研究学会宗旨忠实的执行者与贯彻者，是整个机构运作的核心，也是学会学术研究活动和行政工作能够正常运作的保证。执委会具体组织、激励会员走出书斋到华西边疆去进行科学考察活动，并为他们的研究提供所需的设备和经费，支持会员开设学术讲座推动学术交流与发展，筹办会刊鼓励会员发表有较高学术价值的成果，为会员争取专项基金出版专著。同时，执委会以国际学术视野来定位学会科研，积极参与中外学术交流以提升学会的学术地位，通过与中外新闻媒体沟通来扩大自身的学术影响。执委会成员还以严谨、认真、朴素的工作作风来做好日常工作，为学会的科学研究提供后勤保障。

二、执行委员会的发展变化

从 1922 年至 1950 年的近三十年间，学会总共选举了二十六届执委会①。根据章程规定，执委会每个年度应该进行换届。但因 20 年代中期席卷全国的反基督教运动，以及华西发生的一系列反帝活动，迫使大多数传教士离开了华西，学会工作一度瘫痪，故而在大多数执委会成员缺席的情况下，执委会在 1926 年至 1929 年长达三年间都没有换届，一直由留在华西的莫尔思担任会长。20 年代的执委会一般由六人组成，即正副会长、秘书、财务总管各一名及执行委员两名。按常规，本届的副会长，将自然成为下一届执委会的正会长，卸任后的会长及执委会其他成员仍有再次连任的机会。而秘书、财务总管及会刊编辑等负责具体事务的委员，因工作的特殊性，可以连任数届。譬如负责学会经费管理的财务总管，因需受过专业培训、并有丰富实践经验者方能胜任，故而学会财务总管长期担任执委。

随着学会的发展，会员的增多，事务性的工作增多，需要更多的人力来分担。为适应这一变化，执委会人员急剧增多。1934 年执委会由十九名委员组成。其中包括：

> 正副会长：布礼士、杨少荃。
>
> 财务总管：曾思孔（W.B.Albertson）。
>
> 秘书：葛维汉。
>
> 主编：启真道、徐维理。
>
> 执行委员（Members at large）：李哲士。
>
> 审计委员：钟善学（G.S.Bell）、白思德（Beulah E.Bassett）。
>
> 编辑委员：启真道、李芝田、徐维理、费尔朴。
>
> 会员委员：杨少荃、葛维汉、司马烈（F.A.Smalley）。
>
> 任命委员：冷乐施（J.E.Lenox）、高文明（W.Crawford）、倪焕然（J.

Neave）。

较前届执委会，1934 年学会执委会新增有审计委员两名、编辑委员两名、会员委员三名、任命委员三名。如果对各委员会名单稍加留意，更可发现该届委员中有数人都是身兼两职，按实际人数计算本届执委会是由十五人组成的。

---

① 附表：《华西边疆研究学会执行委员会名单（1922—1950）》。

1939 年学会执行委员会由二十一名委员组成，包括正副会长各一名、财务总管一名、秘书一名、图书室主任一名、主编两名、执行委员一名、编辑委员四名、会员委员四名、审计委员两名、任命委员三名，因多名委员兼职所以实际人数是十六人。与 1934 年执委会相较，新增图书室主任和会员委员各一名，这是图书室及组织工作受重视的表现。继后至 1950 年，学会执行委员会一直都由十五名以上的委员组成。不同的是，执委会下设的各委员会据具体的情况时有调整。如 1943 年以后，执委会又撤销了上述各下设委员会，只保留了执委会，但将执行委员由一名增加到七名，如 1944 年会员侯宝璋、戴谦和、刘恩兰、胡秀英、李小缘、林耀华、张奎担任执行委员，行使原各下设委员会的职责。1946 章程修订后，添设由五人组成的顾问委员会，另将执行委员减至三名，分担其职责。

随着学会的发展壮大，执行委员会的工作内容也渐渐增多。学会后期，尤其是太平洋战争爆发后，经济困难，执委会的一项重要任务就是极力筹措资金，确保学会研究工作的开展和杂志顺利出版。例如 1942 年 1 月 16 日下午 7∶30，执委会就曾专门开会讨论经费的问题，此次会议记录如下：

> 7∶30 P.M.
>
> 召开执行委员会，（会长）启真道、（副会长）侯宝璋、（主编）葛维汉、（财务总管）陈普仪、（秘书）郑德坤出席了会议。
>
> 决议请葛维汉写信询问学会杂志出版价格。
>
> 决议请求学校（华大）中国文化研究所继续支持杂志出版。
>
> 决议请求教育部或其他与边疆研究有关的国民政府部门出资法币 5000 元，资助杂志出版。[①]

执行委员会最大的变化是人员结构的变化。20 年代，执委会的委员是清一色的西方人，大多是来自欧美国家的传教士。30 年代中期，随着学会的中国化，执委会的中国元素日益增多，到 40 年代中国会员支撑起执委会的半壁江山。按一个委员兼职和连任累计，二十六届执委会共计有二百六十二人担任，剔除"西化"的 20 年代六届执委会委员三十五人，后二十届（1930—1950）共有委员二百二十七人，中国籍委员有七十人，约占这二十届委员总数的 30%。其中不乏中国教育界知名学者，如杨少荃、张凌高、方叔轩、李珩、侯宝璋、罗忠恕、李安宅、刘承钊、郑德坤、刘恩兰、胡秀英、李小缘、林耀华、张奎、何文俊、蓝天鹤、陈

---

① 四川大学博物馆档案编号：Ⅰ—C—2—017。

宏、陈思义。40 年代中期，中国委员占到了执行委员会的多数；以 1943 年至
1944 年十四人组成的执委会为例，正副会长：查理森（H.L.Richardson）、李安宅，
财务总管：陈普仪，秘书：郑德坤，图书室主任：葛维汉夫人，主编：葛维汉、
刘承钊，执行委员：侯宝璋、戴谦和、刘恩兰、胡秀英、李小缘、林耀华、张奎。
在这由十四人组成的执委会中，有九位是中国人；学会二十六届执委会共产生五
十二位来自美国、英国、加拿大和中国的正副会长。如果剔除"西化"的 20 年
代，1930 年至 1950 年共产生四十名正副会长，其中，英国籍四名、加拿大籍八
名、美国籍十二名、中国籍十六名，中国人担任正副会长的人数与次数都居各国
之首。他们是方叔轩、杨少荃、侯宝璋、李安宅、刘承钊、蓝天鹤、陈思义，担
任几届的大有人在。另外，郑德坤担任秘书兼副主编长达十年，贡献卓著。这些
数据标志着中国学者已成为学会组织机构的核心力量。

三、执行委员会的核心成员

　　莫尔思（W.R.Morse，1874－1939），美国传
教士、医学家、体质人类学家。英国大不列颠解
剖学会（The British Anatomical Society of England）、
皇家亚洲文会北中国支会会员。毕业于加拿大麦
吉尔大学，获医学博士学位。1909 年加入美国浸
礼会海外使命团（American Baptist Foreign
Mission Society）来华传教。1909 年－1914 年，
在四川叙府行医，任叙府仁德医院院长。其间曾
在英国伦敦大学研究一年。1914 年被派往成都与
启尔德（O.L.Kilborn）、毕启等人创办华西协合
大学，是华西协合大学医科（医学院）创始人之

图 3－2－2　莫尔思博士
（华西协合大学医学院创办人、
华西边疆研究学会创始人。影
像数据藏于四川大学博物馆。）

一。1919 年任华西协合大学医科科长（即医学院
院长）。1929 年－1936 年出任华西协合大学医学
牙科学联合学院院长[①]。1937 年鉴于他对华西医
学的贡献，医学院设立"莫尔思荣誉奖"授予每

---

① 　四川大学史稿编审委员会：《四川大学史稿：华西协合大学（1910－1949）》第四卷，成都：四
　　川大学出版社，2006 年版，第 34－35 页；四川大学博物馆档案编号：未编号。

年毕业的优秀学生。1938 年退休回国。

莫尔思是华西边疆研究学会创始人之一，1922 年发起成立华西边疆研究学会，任该会首届会长。他是华西边疆研究运动的组织者和积极促进者，长期从事该领域的科学考察与研究。在学会举行的第一次公开讲座中，他以《研究》为题发表热情洋溢的讲演，号召学者去探索华西这个几乎无所知的疆界，特别是对汉藏边疆和川西南少数民族进行研究，鼓励学者为人类共有知识文库作贡献。1925 年、1932 年他再度担任会长，长期从事华西体质人类学领域的科学考察研究，在体质人类学研究上有很高的造诣。1916 年至 1936 年间，先后十次前往边疆地区收集少数民族体质人类学资料，研究成果大多发表于《华西边疆研究学会杂志》，例如《关于藏东部落成员人类学数据记录》《中医医学实践及原理》《四川古老的土著部落》《四川人的血型研究》。1937 年出版《华西四川地区十个少数民族体质人类学观测一览表》①，是他于 1919 年至 1926 年对四川十个民族中的三千零五十一名健康人的七十个人体专案的检测数据，这些数据"对人类学家有很大的帮助，材料上有助于对在华西地区不同民族体质上差异性问题的解决"②。1938 年《英国人类学杂志》刊发了莫氏这一成果，受到国际学界高度称赞③。他的有关宗教类的论文发表在《教务杂志》《华西教会新闻》上。其专著《紫霞中的三个十字架》④ 一书，记述了华西现代医学教育创办发轫的历史进程，以及那些为华西创建医科大学的西方先驱们的奋斗历程。《中国医学》⑤ 一书，向西方世界介绍了中国传统医学。葛维汉对莫尔思的评价是"华西边疆研究领域中的先驱，华西体质人类学、中医及医疗教育组织之研究的领军人"⑥。现代人类学家李绍明说"在

① W.R.Morse，"Schedule of Physical Anthropological Measurements and Observations on Ten Ethnic Groups of Szechwan Province，West China"，*JWCBRS*，Vol.8，(1937)：*Supplement*.

② D.C.Graham，"Foreword of Schedule of Physical Anthropological Measurements and Observations on Ten Ethnic Groups of Szechwan Province，West China，by W.R.Morse" *JWCBRS*，Vol.8，(1937)：*Supplement*.

③ 金开泰：《百年耀千秋：华西协合大学建校百年历史人物荟萃》，香港：中国文化出版社，2010 年版，第 17 页。

④ W.R.Morse，*The Three Crosses in the Purple Mists：An Adventure in Medical Education under the Eaves of the Roof of the World*，Mission Book Co.，1928.

⑤ W.R.Morse，*Chinese Anatomy*，P. B. Hoeber, inc.，1934.

⑥ D.C.Graham，"Foreword of Schedule of Physical Anthropological Measurements and Observations on Ten Ethnic Groups of Szechwan Province，West China，by W.R.Morse" *JWCBRS*，Vol.8，(1937)：*Supplement*.

20 世纪的华西体质人类学研究方面，莫尔思贡献较大"。1939 年莫尔思去世时，学者丹尼尔、启真道都曾在报刊上撰文追思他的丰功伟绩①。

杨少荃（1862－1943），又名杨开甲，湖北汉阳人，教育家。出生于基督徒家庭，是个虔诚的中国基督徒。1879 年就读于传教士创办的武昌文华学堂。1887 年由汉口圣公会推荐留学英国伯明翰大学，获教育学硕士学位。1901 年受北京总税务司指派赴成都开办邮政，是四川邮政的开拓者。1909 年与传教士陶维新（R.J. Davidson）等共同创办华西协合中学（又称华西高等预备学堂），该校是华西协合大学的前身，后任该校首任华人校长，办学倡导"民主、自由、勤奋、博爱"。1910 年与传教士霍德进（H.T.Hodgkin）、谢安道（R.R.Service）、陶维新等人创立成都中国基督教青年会，任董事会会长。杨少荃是同盟会会员，辛亥革命时参加成都保路运动。1911 年任大汉四川军政府负责外交事务的外务司司长，后任川边经略使外交专员，1913 年获北京政府颁发的嘉禾勋章。1914 年参与华西协合大学早年筹建工作。1919 年任四川公谊会年会主席。1928 年以后，历任华西大学理事会、董事会副主席及主席，是华西近代教育事业的代表人物之一。

1930 年，杨少荃加入华西边疆研究学会，是最早入会的中国人，亦是学会第一任中国人会长②。他在 1934 年至 1936 年担任学会副、正会长期间，大力提倡学会成员及学术本土化，希望吸纳国立四川大学的中国学者入会，寻求政府合作与支持，呼吁学者用中文演讲引发本土学者更多兴趣，期望将学会办成华西的学术中心③。主编徐维理在会刊第 7 卷《前言》中评价杨少荃说："这是学会第一次有中国会员成为会长，这充分显示了学会国际性的本质特征。如果我们想要学会与中国学术思想结合得更紧密，就应该多考虑会长杨先生发表的演讲。"④ 发表在《华西边疆研究学会杂志》上的《1911 年至 1912 年四川保路运动》一文，曾获1935 年国民政府教育部学术委员会的三级铜质勋章，是研究近代史的珍稀资料，被多种中外刊物和文献刊载。

---

① 李绍明：《略论中国人类学的华西学派》，《广西民族研究》，2007 年 3 期，第 47 页；D.S.Dye, L. G.Kilborn, "Dr.William Reginald Morse", *WCMN*, No.12, (1939)：471.
② 学会档案表明，方叔轩在杨少荃之前已任副会长，但会刊第 7 卷主编徐维理称杨少荃是首任中国人会长，据此推断，执委会实行正会长负责制，会长拥有话语权。其它成员向他负责。固有徐氏"首位会长"之说。
③ S.C.Yang, "Presidential Address", *JWCBRS*, Vol.8, (1936)：185－187.
④ W.G.Sewell, "Foreword", *JWCBRS*, Vol.8, (1936)：5－6.

葛维汉（D.C.Graham，1884－1962），美国传教
士、人类学家、考古学家。1911 年受美国基督教浸
礼会派遣到中国传教。1913 年至 1918 年在四川叙府
浸礼会工作。后多次回国深造，1920 年获美国芝加
哥大学宗教心理学硕士学位。1927 年获该大学文化
人类学博士学位，1931 年获美国惠特曼学院
（Whitman College）荣誉科学博士学位。1932 年再次
受美国基督教浸礼会派遣到成都华西协合大学执教，
任华西协合大学古物博物馆馆长（1932－1941），同
时兼任大学文化人类学和考古学课程。1944 年华大

图 3—2—3　1937 年葛维汉
在西康地区考察
（影像数据刊于《华西边疆
研究学会杂志》第 9 卷。）

博物馆、边疆研究所和学会成立以他名字命名的
"葛维汉科学图书室"，以表彰其在华西边疆研究上的
卓越贡献。他是英国皇家地理学会、皇家亚洲文会
北中国支会、美国文化人类学会（American Anthro-
pological Association）、美国民俗学会（American Folklore Society）、美国远东研究
所、美国纽约动物学会（New York Zoological Society）会员，学术造诣高，在学
会会刊、《教务杂志》、《中国边疆》、《华西教会新闻》、《皇家亚洲文会北中国支会
会报》、《人类学杂志》(Men)、《史密斯索尼学会会刊》上发表近一百篇学术论文
及多部专著。1948 年退休回国后，继续利用在华西收集到的人类学材料进行研
究，出版《川苗故事与歌谣》《羌族的习俗和宗教》等著作，先后获维京奖
（Viking fund）和古更赫姆奖（Guggenheim Fellowship）。中美学者对葛维汉的评价
是："早期华西人类学的领军人物"，"对自然科学和中国的贡献是众所周知的"，
"一位非凡的学者，对四川宗教文化研究有着重要贡献的美国人"[①]。

葛维汉 1922 年加入华西边疆研究学会，长期担任该会执委会成员，历任学
会秘书、正副会长、会刊主编。20 年代至 40 年代曾十余次赴川康藏少数民族地
区进行博物学收集与人类学实地研究，为美国史密斯索尼学会收集大量动植物标

---

① 李绍明：《略论中国人类学的华西学派》，《广西民族研究》，2007 第 3 期，第 50 页；苏珊·R.布
　　朗著、饶锦译：《在中国的文化人类学家——戴维·克罗克特·葛维汉》，载李绍明，周蜀蓉选
　　编：《葛维汉民族学考古学论著》，成都：巴蜀书社，2004 年版；王笛：《街头文化：成都公共空
　　间、下层民众与地方政治，1870－1930》，北京：中国人民大学出版社，2006 年版，中文版自序，
　　第 13－14 页。

本，为自己研究收集人类学资料，也为大学博物馆收集民族资料与文物。葛氏研究领域涉及华西社会学、宗教学、人类学、民族学、民俗学、考古学、博物馆学等方面。他是四川三星堆文化、古代僰人悬棺、川苗人类学研究的第一个外国人，先后发掘汉州太平场、邛崃邛窑、叙府汉墓、重庆曾家岩等遗址，开华西考古事业之先河。在学会举办过十多次与华西人类学有关的讲座，在学会的会刊上发表与西南民族、宗教、考古等相关的论文五十五篇，这些材料成为今日研究我国西南少数民族的珍稀基础资料。可以说，除学会荣誉会员叶长青外，葛维汉是考察四川汉藏地区次数最多、研究领域最广、发表著述最多、传播华西文化信息最多的会员，是学会早期从事华西人类学研究最杰出的代表。

1936 年葛维汉出任会长，特别强调学会的影响与地位。他说，学会最先存在的意义是为了研究西藏人和原住民，会员也只是面向那些能到西藏和中国边疆远征和考察的非中国公民。后来，学会的意义扩大到包括研究中国风俗、历史和文化。成员也扩大到面向所有对研究感兴趣、经学会批准的并愿意为学会做事情和分享其收获的人。值得关注的是，学会一些会员来自加拿大、美国和欧洲，其中不乏国际学界知名人士。葛维汉希望学会成为华西研究领域的领军人，他借用上海文会会长的讲演激励大家："我恳求此学会的所有成员在即将到来的一年里发展更多的成员，通过各种方式推进学会的影响，作为上海最古老的一个文化机构，理应成为这座城市知识领域的领军人。"葛氏除借用文会会长的话外，还直言发展会员对提升学会的重要性，他说：

> 我将同样的呼吁传递给各位。学会值得大家的支持。它所涉及的研究领域，是当今世界最受关注的领域之一，在世界普遍感兴趣的这一地区，有大量的东西等待着人们去发现。为了继续保持现有效率，并在将来达到更高的水平，学会的委员要尽力而为，每位成员都应帮助学会发展更多的会员，提供友善的批评与建议，并尽可能地去推进学会的影响。①

葛维汉对中国学者入会持肯定态度，"在华西的中国学者越来越多，学会欢迎更多的中国学者成为我们学会的会员，这将给学会带来新的活力，同时也帮助将学会发展成为一个规模更大的组织"。此外，葛氏也强调中西文化交流，他认为"将一些用中文发表的文章翻译成英文，并将最重要的、用英文发表的文章翻译

---

① D.C.Graham, "President's Address", *JWCBRS*, Vol.9, (1937): 225.

成中文，都是很有价值的"①。

刘承钊（1900—1976），山东泰安人，动物学家、教育家。1927年就读于燕京

图 3—2—4 刘承钊在考察途中采集动植物标本
（影像数据刊于《四川大学史稿》第四卷。）

大学生物学系，先后获学士学位、硕士学位。1934年获美国康奈尔大学哲学博士学位，被选为西格玛赛学会（The Society of the Sigma Xi）会员，荣获该学会科学和教育两项金钥匙奖。抗战时期随燕京大学来到成都华西坝，1939年任教于华西协合大学，历任华西协合大学生物系教授、自然历史博物馆馆长。他在1938年开始参加学会的学术活动，1940年

加入华西边疆研究学会，在学会举办五次题为《华西两栖动物》的讲座，1946年任学会会长，1943年至1950年担任会刊自然科学版主编。1950年出任解放后的华西大学校长，1953年出任由华西大学改名后的四川医学院院长。1955年选聘为中国科学院院士。50年代后，刘承钊长期从事教育行政管理工作，为我国医学教育的发展做出了重要贡献。

刘承钊是我国两栖爬行动物学的主要奠基人之一，1938年—1944年，曾十一次率领华西协合大学生物系师生赴川康及陕、甘、青部分地区考察，跋涉八千余公里，发现两栖动物二十九个新种，建立一个新属，对两栖动物许多种类做了详尽观察与研究，在学会会刊上以《华西两栖类的自然史研究》为题连续发表了十二篇有创见的论文，为中国两栖类生活史的研究积累了大量宝贵的第一手资料。1946年—1947年，以交换学者的身份去美国芝加哥自然历史博物馆研修，其间去康奈尔大学、芝加哥大学等高等学府讲演《中国两栖动物》，被美国鱼类两栖爬行动物学会（American Society of Ichthyologists and Herpetologists）授予国外名誉会员称号。随后在芝加哥自然历史博物馆完成专著《华西两栖类》的写作。1950年美国芝加哥自然历史博物馆出版其英文版《华西两栖类》，该书在国际两栖爬

---

① D.C.Graham，"President's Address"，*JWCBRS*，Vol.9，（1937）：226.

行学界引起极大反响，至今仍被视为研究中国两栖类动物的经典之作。1961 年与夫人胡淑琴出版《中国无尾两栖类》。该书发现角蟾亚科七个属四十个种，定名新种和新亚种六十余种，澄清了学界关于分类上的问题，提出横断山脉是我国角蟾亚科分化中心的见解，为研究角蟾动物起源与进化提供了科学依据，对查明我国两栖动物资源贡献很大，后获国家自然科学奖二等奖。

郑德坤（1907－2001），福建厦门人，考古学家。1931 年燕京大学获文学硕士学位。1934 年－1947 年先后任教于厦门大学及华西协合大学。1941 年获美国哈佛大学考古学及博物馆管理学博士学位。同年出任华西协合大学古物博物馆馆长，其突出贡献：一、以馆藏陈列作实物教学之提倡，"务达利用乡土教材，以促进吾国教育之本位化"。二、计划将博物馆"建设一近代化教育之圣

图 3—2—5　任教于华西协合大学的郑德坤
（影像数据现藏于四川大学博物馆。）

地，华西研究之中心，甚至务使其成一国际学术研究之大本营"[1]。1947 年应邀赴英国伦敦大学、牛津大学、剑桥大学等名校讲学。1948 年至 1950 年寓居香港。1951 年赴英国剑桥大学任研究教授。在剑桥大学任教的二十三年间，创建"木扉"图书馆。该图书馆收藏了大量中国历史学、考古学基础资料，是世界各地学者研究汉学之宝库。1959 年至 1963 年剑桥大学（The University of Cambridge，Cambridge：W.Heffer and Sons LTD）出版《中国考古学大系》中的前三卷：《史前中国》《商代中国》《周代中国》。1974 年至 1980 年，历任香港中文大学教授、文学院院长，港大副校长，港大考古艺术研究中心主任，为香港考古学的发展做出了贡献，是香港考古学的开拓者。

1937 年，郑德坤加入华西边疆研究学会，是学会执行委员会主要成员之一，长期担任秘书兼副主编，是执委会中最活跃的中国委员。在学会建树颇多，如拟定 1946 年的章程、多渠道地为会刊争取经费、积极发展中国人会员、报导学会学术动态等，成绩显著。特别是他担任华大博物馆长（1941－1947）期间，因袭戴谦和、葛维汉的思路与做派，将博物馆建设成学会的学术基地，既为会员研究提

供考古、民族、文化、艺术、民俗等方面的材料，又为学术讲座提供活动空间，还将学会办公地点和图书中心设在馆内，将学会科研、事务与博物馆的工作合并为一，推动华西研究和华西文博事业的共同发展。郑德坤担任馆长时间不长，但对学会和博物馆的贡献较大。

郑德坤是中国第一代考古学家，40 年代是其学术生涯的第一个黄金时代。他参与了华西一系列古代遗址发掘，如汉墓、唐墓、老孔庙。多次在学会举办与华西考古相关的学术讲座，是在学会发表学术讲演最多的中国学者之一。在学会会刊发表《四川史前石器文化》、《四川古代文化史》、《西南民族导言》（与梁剑韬合作）、《成都平原之大石文化遗迹》（与冯汉骥合作）等多篇论文，将《史记·西南夷列传》翻译成英文发表于会刊上，向国际汉学界介绍中国古代文献和西南多民族的人文地理。又将西方学术文献《史前史纲要》译成中文发表，向国内学者传播西学新信息。在学会十余年间，还撰有：《四川史前石器文化》、《理番岩葬》、《王建墓》、《中国之敦煌研究》、《古玉概说》、《蜀陶概说》、《四川考古学》、《中国青铜》、《中国雕塑》、《西藏文化导言》（与苏立文［Michael Sullivan］合作）、《四川钱币导言》、《西藏图画》、《僰人考》等论述。1941 年提交给哈佛大学的博士论文《四川史前考古》经其补充修订后，由剑桥大学出版。1946 年出版《四川古代文化史》，该书是巴蜀文化研究史上的第一部专著，书中第四章在对 30 年代汉州出土玉器深入研究中，首次提出"祭山埋玉"假说。1986 年四川三星堆祭祀坑遗址的发现，"祭山埋玉"之说得到初步证实。日本京都大学水野清一教授谓其为"四川考古学之父"①。

第三节　会员制度与会员

一、会员制度

任何一个社团都是由成员创办的，早期成员决议出相应的会员制度。会员是构成社团的基本要素，对社团发展和兴衰作用重大。华西边疆研究学会章程中的相关条款阐述了会员制度。1922 年章程②第 3 条、第 4 条、第 8 条规定：

---

① 邓聪：《悼念吾师郑德坤教授》，《中国文物报》，2001 年 5 月 30 日，第 5 版。
② 1922 年 4 月 21 日会议通过的章程，原件藏于四川大学博物馆（原华西协合大学古物博物馆），参见四川大学博物馆档案编号：I—C—2—2230。

第 3 条:学会由三个级别的会员组成,分别是荣誉会员、通信会员和普通会员。会员候选人首先必须由两名学会会员推荐,再提交执行委员会,最后通过由在四川的四分之三的会员组成的投票委员会投票表决赞同,并在交纳了年度会费后,将被宣布成为一名会员①。会员会费参见章程细则部分。

荣誉会员将推选那些有独创研究和其学问对国家和人民有贡献的人,并考察其研究和贡献是否得到了承认。选举荣誉会员,需要一名会员提名,另一名会员支持他的提案,并获得四川会员四分之三选票的支持。

不在成都定居但对该会的目的感兴趣者可以被推选为通信会员。通信会员将享有学会会员除选举之外的所有的权力。

第 4 条:期望每个会员至少每三年去边疆地区旅行考察一次,在考察的基础上,向学会提交一份书面的研究结果报告,时限为旅行考察之后的六个月之内。每个会员可以提交支持学会目的又是自己感兴趣的任何主题报告。

第 8 条:会员人数被限定在二十五人,要求是住在成都的,不包括荣誉会员。

章程上述条款,详细地阐述了如何申请成为会员、会员的级别、权利、责任和义务等内容。笔者发现,在章程十一条中,除学会"名称""目标"和"修订"这三条外,其他八条都与会员有关系,如"执行委员会""投票委员会"是由被选举出来的会员组成的,"年会"上会员参与议事和选举。可以说,章程的核心是学会目的和实现目的的方法,而完善的会员制度是实现这一目的的根本保证。在章程之外,学会还有些不成文的规定,如学会只允许定居在华西的外国人加入,据葛维汉回忆:"会员仅仅是向那些能到汉藏边疆探险和考察的非中国人开放。后来学会的目标扩大到包括研究中国的风俗、文化与历史。成员也扩大到对华西所有研究感兴趣的人。"② 葛氏所说会员"扩大"到所有人,是 30 年代章程修订后的情况,即 1931 年修订后的章程取消了 1922 年章程中对会员人数二十五人的限制。因仅向"非中国人开放",其实对要求入会的西方人也有一些要求。时任秘书的启真道说:"1931 年以前章程规定会员二十五人。还规定申请入会者必须有学习中文一年的经历,同时经两会员推荐,在学会作一次学术报告方能加入。"③

---

① 在 1931 年 5 月 23 日的年度会议上,对 1922 年 4 月 21 日会议通过的会员入会章程进行修正,取消了定居会员二十五人的条款。

② D.C.Graham,"President's Address",*JWCBRS*,Vol.9,(1937):225.

③ "West China Border Research Society",*WCMN*,No.7,(1931):43.

华西边疆研究学会 1922 年通过的学会章程表明，学会早期除因传教士"自我定位"对会员数量有着非常严格的控制外，也表明它对成员学术水平的要求甚高（提交探险报告或论文或发表学术演讲），对会员的态度是"宁缺勿滥"。布礼士说，"诚然我们一直刻意地控制会员的规模，对于出外旅行考察的学者，也要求他们尽可能地每年就其发现做出报告"①。亦如上文葛维汉言，会员仅仅是向那些能到汉藏边疆探险和考察的非中国人开放。这样看来，未定居成都的西人有申请通信会员的资格，只是不能成为普通会员而已，而中国人连这个资格都没有。华西边疆研究学会章程及其它的诸多限制使得该学会在 20 年代除荣誉会员之外，会员都是来自英、美、加等国并定居在成都的基督教学者。创建者自诩学会具有"国际性"，事实上它并非纯粹意义上的国际学术团体。学会会员人数有限，且这些会员的共同身份都是传教士，以传教、行医、教育、改良社会为己任，学术研究纯属业余兴趣，这势必会影响其研究的深度与广度，以及研究成果的质量，进而制约学会发展及影响力。

在华西边疆研究学会早期章程中并没明文规定中国会员不能入会的文字，但在实际操作中从未接纳过中国学者入会，原始数据显示，20 年代后期，有中国学者加入华西边疆研究学会的活动，但 20 年代的学会会员名单上没有任何中国会员的名字。仅以早期不成文的向"非中国人开放"的规定就限制中国学者入会，笔者推测与传教士领导者将其组织归于华西基督教运动有一定关系。下面就这一问题略加讨论。

表 3—3—1 　华西边疆研究学会早期会员名单 (1922—1923)

英文名	中文名	国籍	身份/职称	所在部门	主要工作
W.R.Morse	莫尔思	美国	传教士/教授	华西大学	教育
D.S.Dye	戴谦和	美国	传教士/教授	华西大学	教育
A.E.Johns	周芝德	加拿大	传教士/教授	华西大学	教育
C.W.Foster	福司德	英国	旅华洋商	洋行	
E.Dome	冬雅德	美国	传教士	基督教青年会	宗教
H.N.Steptoe	司特图	英国	外交官	英国驻华使馆	
A.J.Brace	布礼士	加拿大	传教士/教授	华西大学	教育

---

① 　A.J.Brace, "Presidential Address", *J WCBRS*, Vol.7, (1935): 138 - 141.

续表

英文名	中文名	国籍	身份/职称	所在部门	主要工作
J.R.Muir	慕如	英国	海关官员	中国海关	
G.B.Neumann	路门	美国	传教士/董事会主席	华西大学	教育
E.C.Wilford	胡祖遗	加拿大	传教士/教授	华西大学	医药/教育
S.H.Liljestrand	李哲士	美国	传教士/教授	华西大学	医药/教育
T.E.Plewman	彭普乐	加拿大	传教士/华英书局经理	加拿大联合会	宗教/文化
J.L.Stewart	杜焕然	加拿大	传教士/教师	华西大学	教育
D.C.Graham	葛维汉	美国	传教士/教授	华西大学	教育
J.Hutson	胡思敦	英国	牧师	内地会	宗教
J.Beech	毕启	美国	传教士/校长	华西大学	教育
C.L.Foster	傅士德	美国	传教士	浸礼会	宗教
J.H.Edgar	叶长青	英国	牧师	内地会	宗教
D.L.Phelps	费尔朴	美国	传教士/教授	华西大学	教育
G.G.Helde	赫立德	美国	传教士	基督教青年会	宗教

资料源:《华西边疆研究学会杂志》第 1 卷第 1 页《学会创建与第一年项目》。

比较学会与皇家亚洲文会北中国支会在此问题上的做法,就不难发现两者的差距。文会早在 1887 年就向各国学者开放了,中国人也不例外。只是对国人的标准更严格些,仅吸收有名望的中国绅士加入,以达到帮助文会在中国展开活动之目的①。虽然国人入会条件苛刻,但大门是向中国人敞开的。因此,到 20 世纪 20 年代,皇家亚洲文会北中国支会的中国会员更是日见增多。反观华西边疆研究学会,学会为什么未采纳文会之法发展国人入会呢?想必创始者是另有考虑的。上表华西边疆研究学会创办及早期参加者的信息表明,学会由外国人士,主要由美国、英国、加拿大三国传教士联合创办。清末民初,西方基督教入华传教士大致分为三种:宗教传教士、教育(文化)传教士、医药传教士,这三者构成了学会的主力。他们之所以愿意投身华西边疆的学术研究中,与 1910 年爱丁堡世界宣教会福音传向整个非基督教世界的目的及他们的传教士身份分不开。因其特殊身份所致,他们开展相关研究初衷是为基督教更好地传播服务的,是"曲折""隐性"

---

① "Proceedings", *JNCBRAS*,Vol.XXII,p.121.

的服务。又因学会以教育或医药传教士为多数，故有为华西教育、科学研究服务的因素。创始人莫尔思在 1923 年学会第一次公开会议演讲时说，"吸引我们的是我们有机会了解到一个民族和一片在不久的将来会遍布传教士的地区……我们传授知识，为中国服务，为将来传教士提出的问题提供答案"①。创办者及早期参加者的特殊身份，既可引证他们最初意愿是想把学会办成基督教旗帜下的学术团体，将其所取得的所有成果归功于华西基督教运动的结果，把其研究看成是华西基督教事业的一个组成部分，亦可说明为什么当时其他教会大学没有这样的学术团体。换言之，与华西基督教各差会的宣教要求及活动特点有关②。

不管出于什么动机，章程对会员人数、地域、国籍的严格限制，将中国学者以及那些不能参加华西边疆考察的西方学者排斥在外，学会与中国社会、中国学界脱节，既不利于学会的发展，也削弱了自身的在学界和社会影响力。然而事实上，在 20 世纪 20 年代，中国人对西南边疆的研究已经有了长足进步，国人以近代学术方法展开的西南边疆研究在这一时期正日益进展。早在 20 世纪初，就有国人对西南民族进行科学的研究。例如地质学家丁文江在 1911 年—1914 年间两次到云南和凉山作调查，后又将其调查笔记以《漫游散记》为题发表，他编辑出版的《爨文丛刻》，是研究彝族的珍贵历史资料③。华西边疆研究学会章程将中国人排除在会员之外，这无疑使华西边疆研究学会的学术研究无法及时、充分地与当地学者的研究交流碰撞、融合演进，从而也降低了学会在当地知识话语圈中的学术影响力。

自 1931 年华西边疆研究学会章程的会员细则修订后，学会完全开放了对会员人数、所在地区、会员国籍方面的严格限制，入会会员呈迅速增长的态势。会员人数的扩大带来的直接变化是学会开始迈出传教士的小圈子，进而真正向着"国际性"的学术研究组织迈进。直到 40 年代，学会成员人数总体仍呈上升态势，中国会员已成为其中的核心力量。30 年代是学会成员增长最快时期，1934 年学会秘书葛维汉报告，"本年度（截至 1934 年上半年）有二十三个新会员加入，学会成员首超一百五十人"。其后人数不断攀升，一度增加到二百二十四人（1938）。自从学会大门向国人开启后，杨少荃、方叔轩、冯大然等人先后入会。笔者统

---

① W.R.Morse, "President's Address", *JWCBRS*, Vol.1, (1922–1923): 6.

② L.G.Kilborn, "President's Address", *JWCBRS*, Vol.14.A, (1943): 106.

③ 王仰之：《丁文江年谱》，南京：江苏教育出版社，1989 年版，第 7、14、54、70 页；李绍明：《西南民族研究的回顾与前瞻》，《贵州民族研究》，2004 年第 3 期。

计，1930 年到 1934 年，有二十四名中国会员入会，占会员总数的 16％。方叔轩、杨少荃曾担任 1932 年—1936 年届的副会长、会长，他们既是最早入会者又是最早担任会长的国人①。

中国会员担任学会会长的意义如会刊第 8 卷主编徐维理（W.G.Sewell）所说："学会第一次有中国会员成为会长，这充分显示了学会国际性的本质特征。如果我们想要学会与中国学术思想结合得更紧密，就应该多考虑会长杨先生发表的演讲。"② 在会长杨少荃的演讲中，表现了中国会员对于学会不一样的定位与期待。杨氏希望扩大学会的规模，寻求与更多中国学者的合作，体现更多的中国性，同时建议在学会演讲和杂志上试着用更多的中国语言文字。而且，还希望能够通过为中央和地方政府提供有用的数据来解决经费问题③。徐维理认同杨少荃的讲话，代表着学会的主流思想。葛维汉提出："在华西的中国学者越来越多，学会欢迎更多的中国学者成为我们学会的会员，这将给学会带来新的活力，同时也帮助将学会发展成为一个规模更大的组织。"④ 刘延龄则说："对于中国成员的加入以及中国同事们表现出的研究热情，我深感喜悦。对于一个一开始由西方人组建的组织而言，学会正在变得越来越国际化，这也是学会自创始之初赖以不断成长的原因和动力。我们还将继续致力于与我们的中国同事一道开展更多的活动，发展更多的会员。"⑤ 在中西学者的共同努力下，学会中国化进程被推上正轨。

学会第一年会员有叶长青（名誉会员）、莫尔思、赫立德、冬雅德、戴谦和、费尔朴、福司德、司特图、布礼士、慕如、胡祖遗、彭普乐、毕启、杜焕然、葛维汉、路门⑥。这十六名成员是学会的创建人。截至 1929 年，学会会员人数增加至三十四人⑦。1935 年后，学会大量发展会员，会员数量快速增加，至 40 年代末，学会先后有据可查的入会人数（不重复）累计达到共五百四十三名⑧，会员来自美国、

① "List of members"，Proceedings of the West China Border Research Society，*JWCBRS*，Vol.6，(1933-1934)：15-18.
② W.G.Sewell，"Foreword"，*JWCBRS*，Vol.8，(1936)：5-6.
③ S.C.Yang，"President's Address"，*JWCBRS*，Vol.8，(1936)：186.
④ D.C.Graham，"President's Address"，*JWCBRS*，Vol.9，(1937)：225-226.
⑤ R.G.Agew，"President's Address"，*JWCBRS*，Vol.10，(1938)：241-245.
⑥ "Organization and First Year's Program"，*JWCBRS*，Vol.1，(1922-1923)：1.
⑦ "Society members 1929-1930"，*JWCBRS*，Vol.3，(1926-1929)：Proceedings of The West China Border Research Society.
⑧ 附表：《华西边疆研究学会会员表（1922—1950）》。

加拿大、英国、澳大利亚、法国、德国、苏联、荷兰、瑞典、中国等多个国家和地区。在华会员主要集中分布在华西的川、康、藏地区，云南、贵州、甘肃及华东地区亦有少数会员。居于华西的会员是学会在华西广泛开展实地研究的基础所在。

二、会员分类

学会会员分为普通会员、荣誉会员、通信会员、终生会员四类。普通会员占多数，是学会存在的基础。设立通信会员则旨在扩大学会影响，加强与其他对华西边疆有兴趣的学者进行横向交流，学会的通信会员以国内外学者居多。荣誉会员人数很少，但都是些有影响力的学者或有威望的政治家。终生会员是指那些对学会的创立或发展有卓越贡献者，其人数超过荣誉会员。

荣誉会员由一些有"独创研究"的著名汉学家和"对国家和人民有贡献"的政治家担任。叶长青是学会历史上第一位荣誉会员，后来又被推选为荣誉会长，也是学会历史上唯一的一位荣誉会长。随后当选为荣誉会员的有：以研究藏学著称的中国内地会传教士顾富华（R.Cunningham），瑞典乌普萨拉大学史密斯教授，英国英国皇家地理学会会员、汉学家陶然士。1935年，特邀国民政府主席蒋介石及夫人宋美龄入会，成为学会最有影响力的荣誉会员。除蒋介石夫妇外，其它的荣誉会员都是国际学界一流的汉学家和植物学家。这些学者都曾到过华西考察或长期定居在这片土地上，边工作边从事华西研究，归国后自然成为欧美各国汉学研究的一分子，为近代欧美各国汉学研究作出了突出贡献。

陶然士（T.Torrance，1871—1959）英国传教士，人文学者、汉学家。1896年从苏格兰来中国，随即入川在成都传教，是中国基督教内地会成员。20世纪10年代考察嘉定"蛮子洞"，并推断其为汉代墓葬，是最早进行中国崖墓研究的外国人。他曾执教于华西协合大学，后转入美国圣经会工作，出版有一册《成都早期历史：先秦—蜀汉》①。1918年进入岷江上游，在川康边地羌人地区进行宣教和人类学调查，同时为大英博物馆和华西协合大学古物博物馆收集了大量有价值的器物。华大古物博物馆馆长葛维汉高度评价他在博物馆早期创建中所发挥的巨大作用②。20年代他将《华阳国志》中有关古蜀的章节译成英文在《华西

---

① T.Torrance，*The Early History of Chengtu*，Canadian Mission Press，1916.

② D.C.Graham，"The West China Union University Museum "，*WCMN*，No.1（1933）：13.

教会新闻》① 上发表，是最早将华西历史介绍给西
方读者的学者。他是亚洲文会北中国支会、华西
边疆研究学会会员，在《教务杂志》《华西教会新
闻》《华西边疆研究学会杂志》等刊物上发表多篇
有关华西历史、羌族宗教、四川考古、中国古代
器物的学术论文，如《川西崖墓和古墓葬》《华西
土著记要》《羌人宗教的基本信念》。陶然士最重要
的学术贡献是对羌族的宗教信仰作了较为全面系
统的阐述，专著有《青衣羌——羌族的历史、习
俗和宗教》《中国的第一批传教士》等。因其在华
西考古学和文化人类学方面的建树，被视为中国
人类学华西学派的主要人物之一②。

图 3—3—1　汉学家陶然士
（影像数据藏于四川大学博物馆。）

　　通信会员入会相对简单，只要对华西边疆研
究学会有兴趣，并缴纳一定会费后即可入会。1931 年秘书报告："居住华西的任
何人，只要对这一区域人们的生活感兴趣就欢迎你加入到本学会来。即使不在华
西定居，只要对本会的目标感兴趣就可成为本会的通信会员。"③ 同年再次呼吁：
"任何对华西及边疆相关问题的探索感兴趣的本地人都欢迎加入这个学会。一
份刊物，要使这刊物办得更成功就需要发展大量的会员。目前，还没有不是华
西的居民被发展成为通信会员。会员申请应向位于成都的学会秘书处递交，由
启真道博士负责，每年会费为 5 美元。"④ 上述报道表明，直到 30 年代初，学会
才开始发展通信会员。最早成为通信会员的有英国伯明翰大学的毕林顿（Dr.J.G.
Billington）博士、哈佛大学哲学博士包戈登（Bowles Gordon）、美国自然历史博
物馆的卡特（Carter T.Donald）、《申报》特约记者庄学本等。庄学本是中国现代
影像人类学的杰出先行者，1934 年在华西民族地区考察，对当地风土人情感兴
趣，同年他成为学会通信会员。可以说，"任何对华西及边疆相关问题的探索感
兴趣"的非华西人都能入会，"感兴趣"是成为通信会员的基本标准。从通信会
员的经历看，他们或是访问、考察过华西，经会员推荐学会认可即加入，或是早

---

① 　T.Torrance，"The History of Shuh"，*WCMN*，No.8（1922）：26 - 28；No.3（1924）：23 - 37.

② 　李绍明：《略论中国人类学的华西学派》，《广西民族研究》，2007 年第 3 期，第 47 页。

③ 　"West China Border Research Society"，*WCMN*，No.7，（1931）：41 - 43.

④ 　"West China Border Research Society"，*WCMN*，No.11，（1931）：30 - 31.

图 3—3—2　陶然士摄 20 世纪 20 年代的羌族妇女

（影像数据刊于《华西边疆研究学会杂志》第 6 卷。）

前有对华西研究的经历被学会邀请入会的，或是通过报刊上刊载有学会消息与学会取得联系后成为通信会员的。如 1926 年在河南商丘教会工作的美籍传教士费什米尔（A.R.Fesmire）致信学会说，他通过《中国科学与艺术》杂志了解到学会的存在，他曾在甘肃洮州传教，对汉藏边疆的事物比较感兴趣，想了解会员的要求和入会条件以及如何能购买到学会杂志等[①]。

1934 年 5 月 31 日举行执行委员会议，讨论了有关终生会员的报告和涉及推荐终生会员的问题[②]。学会由此开始增设"终生会员"。但截至目前，笔者尚未发现有关终生会员的资格、条件等档案材料，故无从评述。学会的终生会员有：创始人莫尔思及夫人、布礼士、戴谦和、启真道、费尔朴、林则及夫人。另外，加拿大知名实业家约瑟夫（W.Flavelle Joseph）、哈佛燕京学社秘书博晨光（Lucius Porter）、美国自然博物馆馆长舍基（Dean Sage）、英国外交官台克满（Eric Teichman）等也是学会的终生会员。综上所述，终生会员是不限地区、不限国籍、不限职业的，只要是对学会的发展做出了卓越贡献的会员，或者是在国际汉学界有影响的人，或者是以机构或个人名义向学会捐助研究基金的均能成为学会的终生会员。

---

①　四川大学博物馆档案编号：I—C—3—0066。

②　D.C.Graham, "Report of the Executive Committee", *JWCBRS*, Vol.6,（1933 - 1934）: Proceedings of The West China Border Research Society.

三、会员概览

对华西边疆研究学会会员进行综合的分析，有助于深入认识学会及其会员在近代华西研究和中西文化交流中的作用。根据笔者统计，目前能够确定的会员有五百四十三位①。除极少数信息缺失外，大多数的会员的姓名、国籍、身份、职业基本可考。笔者综合学会会员信息统计制作《华西边疆研究学会会员综合信息表》，并希望本表能反映学会会员的一些基本情况。

表 3—3—2　华西边疆研究学会会员综合信息表

会员类别	人数	国籍	人数	身份 & 职称	人数	任职部门
荣誉会员	6	美国	154	教师（大学 268 人）	272＋	学校
终生会员	12	中国	118	大学校长级	13	教会
普通会员	293	加拿大	116	院士	8	医院
通信会员	232	英国	95	教授（研究员）	137＋	研究机构
		德国	7	博士	99＋	博物馆
		法国	7	医生	59＋	图书馆
		丹麦	3	博物 & 图书馆长 & 学者	29	新闻出版
		瑞典	1	出版经理 & 主编 & 记者	13	政府机关
		挪威	1	建筑师	3	领事馆
		韩国	1	传教士	110	海关
		奥地利	1	政府官员	30	盐务稽查
		国籍不明	39	驻华外交官	26	邮政
				军人（外籍）	6＋	军界
				银行家 & 银行职员	6	银行
				旅华洋商	6	公司洋行
合计	543	合计	543	身份不明	32＋	其它部门

资料来源：*Journal of the West China Border Research Society*（Vol.6、8、9、10、11、12A、14A List of Members）；四川大学博物馆藏华西边疆研究学会档案（档案编号：I—C—2—2038、I—C—2—2136、I—C—2—2137、I—C—3—2680、I—C—2—3001、I—C—2—3002、I—C—2—3003、I—C—2—3004、I—［1］—C—2—3001、I—［1］—C—2—3002）；

① 附表：《华西边疆研究学会会员表（1922—1950）》。

黄光域：《近代中国专名翻译词典》，成都：四川人民出版社，2001年版；四川大学史稿编审委员会：《四川大学史稿》第一卷、第四卷，成都：四川大学出版社，2006年版；金开泰：《百年耀千秋：华西协合大学建校百年历史人物荟萃》，香港：中国文化出版社，2010年版。

　　备注：1.本表会员数时限为1922年－1942年，其后至40年代末期会员原始名单未被发现。笔者推测实际会员数大于统计数；2.由于原始数据记录简略，仅少数年份会员表有身份职称记录，故本表反映的身份或许有些差错。3."身份"一栏，拥有博士学位、高级职称的会员存在两次归类的现象，故无合计数。例如董显光，《大陆报》总编、国民政府要员；张嘉璈，国民政府交通部部长、银行家、华西协合大学理事会主席；葛维汉，传教士、人类学教授、古物博物馆馆长。4."传教士"栏，非严格意义上划分，本表特指在教会或散在华西各地从事宗教活动的传教士，而被差会派来从事教育、医疗、慈善、出版等活动的传教士未计算在内。5.本表仅反映"博士"人数，但据学会章程可推测绝大多数会员具有大学及同等学历水平。6."身份不明"者中想必有各领域的佼佼者，故以"＋"表示实际人数大于统计人数。

　　该表显示以下几点：

　　学会是一个以美、中、加、英籍会员为主体的国际性学术团体。由十多个国家学者组成的学会是严肃的学术机构。它吸纳的会员来自各个领域和各个阶层，都是因对华西边疆研究感兴趣而汇聚到学会的。学会给中西学者搭建起学术交流和文化交流的平台，使该领域研究朝着组织化专业化学术化方向发展。学会初创时，章程制定的要求主要是针对普通会员的，即要求他们参与一定量的学术研究和考察活动。30年代会员增多后，学会对会员的要求发生变化，学会开始实行通信会员、终生会员等制度，以鼓励、吸引社会各界对学会的支持。如国民政府主席蒋介石被吸纳为荣誉会员，即向国内外学界传递着学会得到中国政府首肯和支持的信息，这对扩大学会的影响力无疑有重要的意义。加拿大多伦多企业家、银行家约瑟夫爵士，哈佛燕京学社秘书博晨光教授则因为他们在学会进行的考察活动和成果发表上给予学会巨大的经费支持，从而获得了终生会员资格。尤其是以博晨光为代表的哈佛燕京学社为会刊发行提供长期的经费援助，贡献卓越。到30年代以后，学会已经从一个传教士为主体的封闭研究小团队发展成为一个国际性的研究团体，学会的会员虽然还是以华西地区的研究者为主体，但其成员已遍及各国，一些会员如约瑟夫·洛克博士，乌普萨拉大学史密斯博士，柏林大学（University of Berlin）教授海尼士博士（Prof.Erich Haenisch），燕京大学教授博晨光博士，哈佛大学终身教授、著名历史学家、美国最负盛名的中国问题观察家、美国中国近现代史研究领域泰斗费正清博士，美国自然历史博物馆迪恩·舍基，英国领事官、汉学家台克满爵士，英国驻华外交官、藏学家柯姆伯（G. A. Combe），美国费城宾夕法尼亚大学博物馆东方研究部名誉研究员、汉学家甘曼

（S.V.R.Cammann，一译加曼），美国传教士、人类学者、藏学家邓肯（Marion H. Duncan，一译邓昆）等在全球学术界都享有盛誉①。

学会会员从事的领域涉及面较广，主要集中在大学、教会、医院、博物馆、新闻出版、政府机关、领事馆、图书馆、研究所等机构。这些领域基本上是一些人才集中、学历高、素质高、收入较丰、有威信的部门。学会是一个综合性的学术机构，从会员身份可以看出，学会会员尤以大学教师、传教士、医生（会员身份有时是多重的，如林则既是教授，又是传教士，也是医生）为主，大多在西方接受过高等教育，对近代科学研究的方法、路数颇为熟悉。纵观前述统计表可知，会员中大学教师几乎占到会员总数的二分之一，是学会的核心。这些大学教师尤其以华西协合大学的外籍教员为主，因此大抵也可以说学会是以华西协合大学为核心建立的一个学术机构。此外，传教士和医生也占据了相当大的比例，传教士创办了学会，同时也是其中最活跃和不可忽视的科研力量，传教士是华西地区的人类学、考古学、博物学研究的开创者之一，在他们中间诞生了不少杰出的汉学家、藏学家。至于会员中医生比例较高，主要是因为近代华西协合大学以医立校、以医闻名，学校的奠基者许多都是传教士医生，这些医生会员近半数拥有博士学位，其中多数不仅是医术高超、治病救人的医生，还是教书育人、从事科研的医学院教师，更是中国西部现代医学的开拓者。

学会虽然是严肃的学术机构，但因会员多以西人为主，学会发行英文会刊，举办英文学术讲座，并要求会员参加学术活动、发表研究成果，故而并非单纯的"对该会目的感兴趣者"就能入会。实际上，加入学会还应具备两个基本条件：一是拥有较高的文化素养，至少要熟练使用英文；二是有一定的经济实力，在缴纳会费之余，更要补贴自己的学术研究和科学考察。学会五分之四的会员都是外籍人士，讲演、报告、学术交流、会议都是以英文形式进行，发表的成果和出版的会刊亦是英文版。如果不具备较高的文化素养，就无法阅读学会的材料，更不可能开展日常的学术交流，无法真正融入学会。再者，学会的日常开支，除机构和个人赞助外，大部分都来自会员的会费，交纳每年的会费是会员义不容辞的责任。此外，在无机构、个人赞助的情况下，会员还需要自己独立承担外出考察或出版专著的费用。因此，虽然章程中规定只要"对该会目的感兴趣者"皆可入会，但事实上不具备较高的文化素养和相当的经济实力也不可能成为会员。

①　D.C.Graham，"President's Address"，*JWCBRS*，Vol.IX，（1937）：225 - 226.

　　以身份论，学会拥一批高素质的政府要员、外交官、大学校长、教授、传教士和一些著名学者。如人类学家洛克博士，体质人类学家莫尔思博士，语言学家李方桂博士，汉学家陶然士，藏学家李安宅，考古学家郑德坤博士，天文学家李珩，植物学家方文培博士，农业经济学家卜凯（J.L.Buck），金陵女子大学地理系主任刘恩兰博士，中国牙医学创始人林则博士，齐鲁大学医学院留美眼科学博士陈耀真教授，国立中央大学生理学教授蔡翘博士，美国纽约科学院院士、创办中国第一所生化所的蓝天鹤教授；还有各领域中的专业人士，如国民政府交通部部长、华西协合大学理事会主席张嘉璈，英国外交官台克满爵士，加拿大企业家、银行家约瑟夫爵士，美国基督教高等教育联合董事会秘书长芳威廉（W.P.Fenn），中国民主社会党主席、哲学家张嘉森，丹麦建筑师艾术华（J.Prip‑Moller），苏格兰艺术家安妮·玛丽（A.M.Hotchkis）；大学校长有金陵大学副校长贝德士（Dr.M.S.Bates）、华西协合大学首任校长毕启博士、华西协合大学首任国人校长张凌高博士、华西协合大学理事会主席宋诚之博士、金陵女子大学首任国人校长吴贻芳博士；博物馆、图书馆馆长有四川省博物馆馆长冯汉骥博士，华西协合大学古文博物部主任戴谦和博士、自然史博物馆馆长刘承钊博士，国立南京大学图书馆馆长李小缘，华西协合大学图书馆馆长解难夫人（Mrs.J.S.Kennard）；新闻出版方面有《华西教会新闻》主编罗四维（Archdeacon F.Boreham）、《大陆报》总经理兼总编辑董显光、《申报》特约记者庄学本、《时事新报》记者赵敏求。正是这些人的共同努力使得学会成为华西研究领域的重镇、国际汉学的一个研究中心，学会会刊亦成为国内外该领域最著名的刊物。

　　以学历言，学会会员大多受过高等教育，拥有博士学位的会员占会员总数的18%以上。一半以上的会员在大学、文化部门任职。这些人多数拥有大学文凭，少数未达到这个水平，但实际具备有同等水平的能力；而传教士会员多数是西方各国青年学子，即受19世纪至20世纪之交北美学生志愿海外传教运动（Student Volunteer Movement for Foreign Mission）激励、由西方国家高等教育机构组织来华西传播福音。这批大学生志愿者，不仅受过神学训练，更多的是受过高等教育和掌握专业技术，思维敏捷，与先期传教士相比更同情和尊重当地文化。他们不但推动华西传教运动的发展，更重要的是改变了传教士队伍的成分，促进华西研究由早期以传教士、外交官为主体转向以学者为主体，向着专业化、组织化、科学化方向发展。

四、中国会员与学会

在学会存在的近三十年间，共有五百多位中外人士加入学会。中国籍会员有一百多人，占其总数的五分之一强。由于 40 年代中后期会员名单散失，实际入会的中国学者，想必大于上表的统计数。1930 年，华西协合中学校长、早年参与华西协合大学筹建的中国基督徒杨少荃被吸纳入会，成为中国学者入会的第一人。1931 年后，张凌高、方叔轩、胡先生（Y.T.Hu）、刘之介、宋诚之、高毓灵、罗忠恕、张孝礼、林名钧、庄学本、邓光禄、冯大然、黄方刚、董显光、张嘉璈、何文俊、丁山、胡鉴民、傅葆琛、陈耀真、祁延霈、周晓和、郑德坤、闻宥、朱承管、郑集、蔡翘、侯宝璋、胡秀英、张嘉森、姜蕴刚、李安宅、于式玉、李小缘、李方桂、李先闻、刘承钊、管相桓、张奎、黄汲清、吴贻芳、喻宜萱、刘恩兰、林耀华、吴金鼎、徐益棠、张伯怀、蒋旨昂、蓝天鹤、方文培、陈义、陈思义、杨鸿祖等人相继入会。依据中国会员所服务的部门统计，他们集中分布在文教系统，即如大学及其附属医院、科研机构、博物馆、图书馆、新闻媒体等，学会中国籍会员水平之高，足以代表当时国内各学科最高研究水平。

中国籍会员近八成是大学教员，大多拥有硕士、博士学位，有着留学经历，属于中国社会的知识精英。其中，拥有博士学位的会员占中国籍会员总数的 40% 左右，不少人是境外获得"洋博士"学位后回国服务的。例如张凌高是美国德鲁大学研究院哲学博士，傅葆琛是美国康奈尔大学研究院乡村教育学博士，宋诚之是加拿大威里克佛大学神学博士，李先闻是美国康奈尔大学研究院遗传学博士，吴贻芳是美国密歇根大学生物学哲学博士，黄汲清是瑞士浓霞台大学理学博士，胡鉴民是法国里昂斯坦斯堡大学社会学博士，冯汉骥、林耀华都是美国哈佛大学人类学博士，吴金鼎是英国伦敦大学考古学博士，邹海帆是美国纽约州立大学牙医学博士，刘淦芝是美国哈佛大学昆虫学博士，李珩是法国里昂大学天文学博士，黄方刚是哈佛大学哲学博士，张孝礼是美国依利克斯大学理学博士，陈耀真是波士顿大学医学博士，郑集是美国俄亥俄州立大学生物化学博士，侯宝璋是香港大学荣誉科学博士，蔡翘是美国芝加哥大学文理学院哲学博士，李方桂是美国芝加哥大学语言学博士，喻宜萱是美国康奈尔大学文学院声乐博士，刘恩兰是英国牛津大学研究院自然地理学博士，刘承钊是美国康乃尔大学哲学博士，张奎是美国艾奥瓦州立大学研究院哲学博士，罗忠恕是美国韦里斯大学名誉博士，何文俊是美国艾奥瓦农工学院哲学博士，郑德坤是美国哈佛大学考古学及博物馆管理学博士，蓝天鹤是美国罗切斯特大学研究生院生物化学哲学博士，方文培是英国爱丁堡大学植物学博士，陈义是美国宾夕法尼亚大学哲学博士，陈思义是美国威斯康星大学药学博士，胡秀英是美国哈佛大学拉德克利夫学院植物学博士。

中国籍会员中，包括中央研究院 1948 年批准的首批院士黄汲清、蔡翘、李方桂、李先闻，1955 年中国科学院院士刘承钊，法国远东博古学院（École françaised'Extrême -Orient）通讯院士闻宥，美国纽约科学院院士蓝天鹤，香港中文大学荣誉院士胡秀英等院士级学者。另外有一些会员是民国时期各学校教育机关的领袖、学界精英。其中担任大学管理者的有华西协合大学理事会主席杨少荃，华西协合大学第一任中国人校长张凌高，继张凌高之后的校长方叔轩，新中国第一任华西协合大学校长刘承钊，金陵女子大学校长吴贻芳，华西协合大学教务长蒋旨昂，华西协合大学副教务长兼理学院院长李珩，1948 年任香港大学医学院代理院长兼政府医务部病理学顾问、60 年代任中国医科大学副校长兼病理室主任的侯宝璋。担任大学各学院院长及系主任的有东北大学文理学院院长黄方刚、齐鲁大学文学院院长张伯怀、齐鲁大学理学院院长张奎、华西协合大学理学院院长何文俊、华西协合大学文学院院长罗忠恕、华西协合大学医学院副院长冯大然、齐鲁大学医学院眼科学系主任陈耀真、金陵女子大学地理系主任刘恩兰；担任博物馆、图书馆馆长的有华西协合大学古物博物馆馆长郑德坤、继后的闻宥、华西协合大学自然博物馆馆长刘承钊、继后的方文培、华西协合大学图书馆馆长邓光禄、四川省博物馆馆长冯汉骥；担任各学科研究所（室）所长的有中国地质调查所技正黄汲清、四川农业改进食粮作物组主任及四川稻麦改良场场长李先闻、中国第一所生物化学研究所所长蓝天鹤、华西协合大学农业研究所所长何文俊、国立四川大学西南社会科学研究所主任胡鉴民、华西协合大学中国文化研究所所长闻宥、华西边疆研究所所长李安宅、东西文化学社社长罗忠恕、中国社会史研究室主任姜蕴刚、教育研究所所长傅葆琛。

值得注意的是，中国籍会员中还有部分为国民政府要员。不过这部分会员人数极少，有两人为荣誉会员，其它人是一般会员。荣誉会员分别是国民政府主席蒋介石及夫人宋美龄，两人在 1935 年被学会特聘为荣誉会员。一般会员则包括时任国民党中央宣传部负责国际宣传的副部长董显光，民国政府铁道部、交通部部长张嘉璈，国民政府外交部特派员、国际问题专家吴霭宸，国民政府湖北省邮政总负责许季珂，国民政府盐务总局局长缪秋杰，中国民主社会党主席、哲学家张嘉森等。这些人文化素养高，受过优良教育，擅长著书立说，且热衷于意识形态研究与文化教育事业。例如留学美国专攻新闻学的董显光，对中国近现代新闻报刊事业的发展贡献良多，著有《一个中国农夫的自述》《蒋介石传》《中国和世界报刊》。政治家张嘉森在日本早稻田大学、德国柏林大学留过学，历任北京大学、燕京大学教授，先后有《人生观》《民族复兴之学术基础》《中华民国民主宪法十讲》《社会主义思想运动概论》《中国专制君主制之评议》《立国之道》《明日之中国文化》《新儒家思想史》等论著发表和出版，被公认是现代新儒家的提倡者。留学日本学经济的张嘉璈，早年任《国民公报》《交通官报》总编辑，后任中国银行总经理及政府高官，是近代著名的银行家、金融界领袖及经济学者，出版有《中国铁路建设》《中共经济潜力之研究》《通货膨胀的曲线：1939－1950年中国的经济》等专著。留英博士吴霭宸早年出版《华北国际五大问题》《新疆纪游》，40年代任成都燕京大学教授，出版《中苏关系》《边城蒙难记》《苏联宪法研究》等书。许季珂撰有专著《邮政寿险》《台湾邮政改进实记》。缪秋杰是成都私立光华大学名誉校董，撰有《十年来之盐政》。除上面提到的中国会员外，还有一些中国学者虽然未成为正式会员，却也积极参加学会的各类学术活动。

从1927年11月李明良①讲"川西南的农业与地理"到1950年3月方文培讲"山茱萸和四照花属在中国西南各省的分布"，中国学者共举办有七十七场②学术讲座，从这些讲座发现，除中国会员发表学术讲演外，还有一些中国知名学者应邀参加学术讲演活动。曾经在华西边疆研究学会发表演讲的学者包括中国蚕豆病最早发现者、儿科学专家杜顺德，30年代发表《四川宁属农牧调查报告》的农学家李明良，中央研究院社会科学研究所民族学组编辑商承祖，中国历史地理学和民俗学的开创者、古史辨学派的创建人、燕京大学教授顾颉刚，以研究社会学、民族学著称的国立四川大学社会学教授罗荣宗，以及金陵大学程千帆教授、华大博物馆文史专家杨啸谷、教育学家蒋梦鸿等人。

①　李明良，1927年毕业于华西协合大学教育专业，留校执教于生物系，从事农业经济研究。
②　附表：《1922年－1950年华西边疆研究学会历次讲演目录》。

第四章　华西边疆研究学会的附属机构

第一节　葛维汉图书室

　　葛维汉图书室，全称"戴维·克罗克特·葛维汉图书室"（David Crockett Graham Library）。它最早为华西边疆研究学会的下属机构——华西边疆研究学会图书室。学会图书室 1924 年 2 月正式创办，1925 年设置于华西协合大学图书馆内。1944 年 3 月，为纪念葛维汉博士长期以来对学会的无私奉献，更名为"葛维汉图书室"①。该图书室与华西协合大学博物馆共同构成学会研究的基础设施②。葛维汉图书室藏书，以中文古籍为主，亦有英文、法文、德文、俄文、日文图书。刊物以英文为主，亦有他种文字刊物。外文书刊多数源于与学会建立有学术关系的欧美诸国及澳大利亚、日本等国文化机构交换与赠送。20 年代以来学会就坚持对外学术交流，本着"为其它学者的研究提供有用数据"的愿望，与国内外学者进行广泛的交流，以期获得学术研究的共同进步③。葛维汉图书室继承了这一传统。集华大古物博物馆、边疆研究所和学会三家科研机构的图书数据为一体的葛氏图书室，无疑更有利于华西人文自然科学研究的发展。"整合资源"与"共享资源"的做法体现了创建者的超前意识。它标志着一个专业图书室的正式组建，是三个研究机构合作、互动、共建学术资料文库的象征。与早期的学会图书室相比，葛氏图书室无论是规模、管理水平，还是外联活动均在前者之上，藏

---

　　①　T.K.Cheng, "Proceedings of the Society", *JWCBRS*，Vol.15.A,（1944）：95 - 96.

　　②　D.S.D., "Purpose and Program", *JWCBRS*，Vol.2,（1924 - 1925）：1.

　　③　A.M.Graham, "Librarian's Report", *JWCBRS*，Vol.13,（1941）：70.

书及收藏的数据更加丰富和完整，更有利于学者研究和学术繁荣，为学会创建一流国际汉学机构发挥了一定作用。20 世纪 50 年代学会结束，"葛维汉图书室"仍然存在着，归属华西协合大学古物博物馆。几经沧桑，又归属四川大学博物馆图书室。现在是"四川大学博物馆图书文献中心"，当年收藏的古籍线装书、中外文书刊及资料至今保存，为研究近代华西社会提供学术参考。

一、华西边疆研究学会图书室的发展历程 (1922—1942)

华西边疆研究学会从成立之日起就把建立图书馆确定为学会一个工作目标。学会图书室作为一个"以研究华西边疆为目的"的国际学术社团的附属机构存在了近三十年时间。学会建制仿西方学术机构，最初有按西方一流学术机构建制设置学会的博物馆及图书馆的意向。学者们认识到，博物馆和图书馆是学会实现其目标、进行科学研究、不断发展的基础①。1924 年初，学会执委会将学会博物馆和图书馆建设提上了议事日程。鉴于大学博物馆（1914）、图书馆（1919）已经存在，且这两个机构负责人又是学会的核心成员。本着节约经费、资源共享的原则，1924 年 2 月 19 日，学会执行委员会包冉（H.D.Brown）、葛维汉在时任华西协合大学校长兼学会副会长毕启的家里召开特别会议②，讨论学会与大学博物馆、图书馆合作事宜。与会者一致认为，大学已建有博物馆、图书馆，学会不必再建立博物馆，只需与前二者建立起密切联系即可。学会收集的标本和文物可以在博物馆为之提供的特别空间陈列展示③，学会书刊可陈放于大学图书馆书架上或馆

---

① D.S.D.，"Purpose and Program"，*JWCBRS*，Vol.2，（1924 – 1925）：1.

② A.J.Brace，"West China Border Research Society"，*WCMN*，No.7 – 8，（1924）：52. 所谓"特别会议"，参考 1922 年 4 月 21 日会议通过的学会章程第 10 条规定：一年一次的会议（年会）将选举负责人和办理其他事务。处理事务的任何其他会议必须由五名会员书面请求后方能召开。在这些会议中，特别会议的议程只能处理指定的事情。陈述报告和讨论问题的会议（学术演讲）一年至少举行三次。原件藏四川大学博物馆。

③ 四川大学博物馆档案编号：1455、1456；"不必再建立一个博物馆。学校已经有了一个博物馆，欢迎学会在收集标本和文物方面协助博物馆，博物馆收集范围正好是学会的兴趣所在。华西协合大学博物馆可以把收藏品分成不同的几个部分，标签上有捐赠者或借与者的名字以示该物品是学会赠与或是借给博物馆的。一些重要的发现或物品，很难作划分，这时可以新增一个特别的部分或空间来陈列学会的这些物品。该计划可以确保标本和文物得到照管，避免在管理和编目上的重复。目前，学会的副会长是华西协合大学的校长，对两个项目都很感兴趣，因此，每个项目都将顺利进行，真正的合作也成为可能。如经同意，边疆研究学会的一个代表将每年安排到华西协合大学图书馆委员会和博物馆委员会服务。总之，要确保两个有着共同兴趣的机构之间的紧密和亲切的关系。"

里划定的专门区域，以供学会及大学中有需要的研究者查阅。会上还提出，如蒙允许，学会当在大学图书馆中派驻代表，以利双方合作顺利进行①。这次会议标志着华西边疆研究学会图书室（the West China Border Research Society Library）正式成立。学会在当年 7 月刊发的《华西教会新闻》上报道此事说，学会执委会在葛维汉博士的协助下，成功同华西协合大学校董会就与大学博物馆和大学图书馆建立关系一事达成了共识②。

1925 年 4 月 8 日，学会秘书戴谦和致信大学图书馆，要求在馆中为学会图书室开辟专门书架，并于其上标明华西边疆研究学会名称以示区别③。从当年 9 月戴谦和再次致函大学图书馆看来，最迟在 1925 年 9 月，大学图书馆已为学会图书室设立了专门陈放书刊区域④。1926 年戴谦和在会刊上表示，学会已创办有一个图书室。学会图书室工作由华西协合大学图书馆负责。学会书刊借阅办法均遵守大学图书馆的相关规章制度⑤。1928 年位于学校怀德堂对面的懋德堂落成。这座

图 4—1—1　懋德堂（The Lamont Library and Harvard‐Yenching Museum）

（华西边疆研究学会图书室图书数据陈列在懋德堂一层图书馆。影像数据藏于四川大学博物馆。）

① 四川大学博物馆档案编号：I－C－2－274、I－C－2－2310；"1924 年 2 月 19 日学会执委会召开特别会议讨论与大学博物馆、图书馆合作事宜。"
② A.J.Brace，"West China Border Research Society"，WCMN，No.7‐8，（1924）：52.
③ 四川大学博物馆档案编号：I－C－2－350。
④ 四川大学博物馆档案编号：I－C－2－351；戴谦和 1925 年 9 月致大学图书馆的信件中已直接提及"给图书馆中学会专区送去四本书"。
⑤ D.S.D.，"Purpose and Program"，JWCBRS，Vol.2，（1924‐1925）：1.

专门为大学图书馆和博物馆修建的大楼，英文全称是"The Lamont Library and Harvard‑Yenching Museum"，即赖孟德图书馆和哈佛燕京博物馆。因美国人赖孟德、哈佛燕京学社为该建筑提供经费而命名之。学会图书室书刊随图书馆原址迁移到大楼一层，学会与博物馆由怀德堂迁移到大楼二层。此后二十多年学会会址一直在此。

学会图书室在30年代有很大发展。随着图书期刊增多，大学图书馆已无力提供更多的书架，1934年学会执委会决定购置一批专门陈放学会书刊的书柜①，以缓解藏书与缺乏书架之间的矛盾。学会书刊来源于购买、交换及捐赠三个方面。除收藏的中国古籍及中外图书是学会为研究购买的以外，大部分外文杂志是利用会刊与其它学术机构交换的，私人赠送也不少。至1934年，学会已与中国、美国、加拿大、澳大利亚、英国、苏联、阿根廷、乌拉圭、瑞典及西班牙诸国的相关学术组织建立了交换关系②。学会对外交换工作一直由会刊编辑委员会负责。1938年，在会刊编委会建议下，在学会执委会中增设学会图书室主任一职，以加强对学会图书室书刊的管理。本着"学会图书室工作由华西协合大学图书馆负责"③的原则，时任大学图书馆馆长的解难夫人兼任学会图书室的第一任主任。在1940年葛维汉夫人（Mrs.A.M.Graham）任学会图书室主任之后，图书室主任一职与会刊编委会分离，直接隶属学会执委会。1946年葛夫人离职，由时任大学图书馆馆长的林则夫人（Mrs.A.W.Lindsay）兼任葛维汉图书室主任，林夫人一直担任主任到1950年回国。

虽然学会一直在努力推进图书数据的建设，但图书数据仍相对匮乏，这无疑制约了研究工作的进一步开展。刘延龄会长④说，学会的许多研究都是在缺乏时间、人手、设备、资金和适当的图书数据条件下进行的，对学会大多数科研人员来说，图书数据匮乏几乎是不可逾越的障碍（a formidable of lack）。长期以来，如果要从事某一领域的研究，研究者必须充分了解该项目所有的文献数据，包括任何语言形式。现代思想认为，完全浸淫于文献资料不利于研究的创新探索。但研

① D.C.Graham, "Report of the Executive Committee", *JWCBRS*, Vol.6, (1933‑1934)：Proceedings of The West China Border Research Society.
② L.G.Kilborn, "Report of the Editor", *JWCBRS*, Vol.6, (1933‑1934)：Proceedings of The West China Border Research Society.
③ D.S.D., "Purpose and Program", *JWCBRS*, Vol.2, (1924‑1925)：1.
④ 刘氏于1938年任会长。

究者必须在研究之初熟悉自己领域的文献知识，同时在考察研究中保持自己领域的原创性和创新性，最终形成不受其它观点影响的研究路径与理论。自然的，毫无疑问，在出版自己成果之前，应当利用现有资源修正和调整自己的成果，最终形成完整的结论①。

图 4-1-2　华西协合大学图书馆陈放华西边疆研究学会图书室书刊一角

（学会会员林则［A.W.Lindsay］、戴谦和［D.S.Dye］等人在此阅览文献。影像数据藏于四川大学博物馆。）

1938 年，学会向大学图书馆提出申请，希望大学图书馆能为学会提供一间独立的房间用于陈列书刊。大学图书馆回复是，当大学图书馆一旦有可用的房间就会考虑学会的要求。但考虑到很多读者都对学会书架上的书刊感兴趣，因而大学图书馆更希望学会仍旧将书刊放置在便于公众阅览的地方，而非转移到其它更加"专门化"、但同时也更加不便公众阅览的场所。直到 1941 年，大学图书馆仍未替学会设立独立的阅览室②。不难发现，自 1922 年学会成立到 30 年代末，随学会发展，执委会意识到，仅依靠与大学图书馆合作，在馆内设立学会图书室书刊"专门区"，已无法满足学会研究的需要。学会图书室自立门户、自行管理的时机已经成熟。

---

① R.Gordon Agnew，"Presidents Address"，*JWCBRS*，Vol.10，(1938)：244.

② 葛维汉夫人在 1941 年的图书室主任年度报告提及学会的交换刊物仍放于大学图书馆的学会专架上。参见 A.M.Graham，"Librarian's Report"，*JWCBRS*，Vol.13.A&B，(1941)：70.

二、图书资料专门化：葛维汉图书室的命名与发展 (1943—1954)

1940 年学会发展进入鼎盛阶段，学会图书室工作亦大有起色。1943 年，学会执委会认为，大学图书馆在空间及人手上均显不足，已无法妥善地管理学会书刊，故决定将学会所藏中、外文书刊转移到由学会秘书郑德坤提供的博物馆办公室中。学会图书室成为博物馆一个新的部门，由学会委托博物馆派专人负责学会图书室相关事宜，至此结束与大学图书馆共建关系。郑德坤时任大学古物博物馆馆长，能确保将其办公室提供给学会来陈放这些数据。迁移到博物馆内的学会图书室，仍继续对外开放，只是开放时间调整为博物馆工作时间，允许读者查阅，且不允许任何人将书刊带走①。

1943 年至 1944 年间，葛维汉数次将其私人收藏的大量中英文书刊捐赠给学会图书室，极大地丰富了学会书刊收藏②。鉴于葛维汉对学会及图书室所做的巨大贡献，1943 年 11 月 5 日，身兼学会副会长及大学华西边疆研究所（The Frontier Research Institute）常务副所长的李安宅致信学会执委会，提议设立葛维汉图书室，大学博物馆馆长郑德坤亦向学会递交了相似的提议③。

1944 年 3 月 6 日，学会执委会在大学博物馆举行特别会议，通过了大学边研所及博物馆的提议，决定共建一个以葛维汉博士命名的图书室，以纪念葛维汉长期以来对学会的无私奉献。会议还指定葛维汉代表学会在图书室负责。葛维汉在会上提出，这个图书室同大学图书馆之间绝不应有任何的利益冲突④。该图书室旨在推动华西地区人文自然科学的研究。这次会议是葛维汉图书室正式命名的标志。葛维汉图书室附设在古物博物馆内。由于博物馆已无闲置房间，书刊仍暂时陈列在郑德坤馆长办公室。

葛维汉图书室以学会图书数据为基础，新增边研所和博物馆收集的文献。葛氏图书室成立时，大约收藏有一千五百册至两千册图书期刊及其它出版物。由于博物馆陈放书刊的空间有限，学会先前购买的四百一十八部一万两千两百九十四册线装书仍存放于大学图书馆，并由大学图书馆完成了编目分类。葛氏图书室期

---

① A.M.Graham, "Librarian's Report", *JWCBRS*, Vol.14.B, (1943)：iv.

② A.M.Graham, "Report of the Librarian", *JWCBRS*, Vol.15.A, (1944)：100.

③ T.K.Cheng, "Report of the Secretary", *JWCBRS*, Vol.15.A, (1944)：95–97；四川大学博物馆档案编号：I—C—2—2165，68。

④ T.K.Cheng, "Report of the Secretary", *JWCBRS*, Vol.15.A, (1944)：95–97.

间，恰值战时封锁，因此图书数量几乎没有什么增长。但此前几年澳大利亚的《大洋洲土著人研究杂志》(Oceania：A Journal Devoted to the Study of the Native Peoples of Australia)、北平中国地质学会的《中国地质学会志》(Bulletin of the Geological Society of China)、斯德哥尔摩的《远东古物杂志》(The Museum of Far Eastern Antiquities Stockholm)、上海文会的《皇家亚洲文会北中国支会会报》大多完整。学会期望战争结束后能筹集到足够的资金对葛维汉图书室的藏书进行编目，并能为研究者提供一间"不令其受干扰"的阅览室①。为丰富学会图书室藏书，葛维汉除将自己收藏的大量书籍捐赠给图书室外，还以书信和刊发呼吁的方式号召大家捐赠。1945 年 11 月 10 日他给英国驻华大使馆官员写信，恳求他们出资赞助学会工作。希望通过他们的努力将会刊输送到英国去，与欧洲学术杂志建立起交换关系。还希望他们支持图书室建设，协助收集海外学术书刊②。葛维汉对图书室工作的关注一直持续到 1948 年退休回国。

1945 年，葛维汉图书室取得了较大进展。学会加大了对葛维汉图书室的经费投入，其支出占学会 1944 年－1945 年度经费总支出的五分之一强③。1945 年 8 月，学会正式启动对葛维汉图书室藏书的编目工作④。截至 1947 年 4 月，已编目造册三百三十九部六百九十五册中外文图书，外加放在大学图书馆古籍线装书四百一十八部一万两千两百九十四册，图书室共有七百五十七部一万两千九百八十九册中外文文献。这仅仅反映的是造册数据，交换期刊尚未登记在册。想必在 40 年代后期，书刊收藏量有更大的增长。

---

① 葛惟汉夫人说，"我们图书馆收藏的图书期刊来自于三个组织、边疆研究所、大学博物馆和华西边疆研究学会。书刊目前存放在博物馆郑德坤馆长办公室里。坦率地说这与他的所有的研究有关。图书馆现在大约有一千五百册至两千册图书期刊及其它出版物。博物馆收到的流行杂志都归入了图书馆，学会收到的交换物也都归了进去。战争时期几乎没有增加多少是很自然的，但澳大利亚出版的《大洋洲土著人研究杂志》已寄到，经过 1943 年已经全部归档。《中国地质学会志》、斯德哥尔摩出版的《远东古物杂志》和《皇家亚洲文会北中国支会会报》几年前出版的都是完整的。去年（1943.5－1944.5）图书馆收到了一些赠送的中文和英文书籍和期刊，它们主要来自葛维汉。Sarkisian 已经借走了十一册法文杂志。所有老数据已经被大学图书馆编目分类。等到战争结束后，希望有更多的钱来编辑属于本馆的总目和支付属于图书馆的房子，换言之，能够为那些从事研究的学生提供一处不受干扰的空间"。参见 A.M.Graham, "Report of the Librarian", JWCBRS, Vol.15,A, (1944)：100.
② 四川大学博物馆档案编号：Ⅰ－C－3－2001。
③ T.K.Cheng, "Treasurer's Report", JWCBRS, Vol.16,A, (1945)：133－134.
④ 四川大学博物馆档案：《葛维汉图书室书籍登记簿》（未编号）。

　　葛维汉图书室在学会发挥着数据功能，不断为学会的学术研究与交流提供知识源泉，还为众多读者服务，管理工作日趋繁杂。有鉴于此，葛维汉夫人多次向学会呼吁，恳请安排一名受过专业训练的全职图书室主任来负责图书室工作①。1946 年 5 月 14 日，在学会年会上通过了新章程。其第 5 条规定，学会领导由会长、秘书、财务总管、编辑、图书室主任等人组成执委会。章程细则第 6 条规定，图书室主任应负责学会出版物发行与交流②。新章程表明学会对葛维汉图书室工作的重视。

　　1946 年，林则夫人任葛维汉图书室主任。其间图书室招聘了一位专职人员，据《华西协合大学博物馆 1947 年－1948 年工作计划书》记录，"研究助理宋蜀青负责葛维汉图书馆工作"③。1948 年宋蜀青离职去了北京，葛维汉馆长聘华大毕业的易遵谅负责该室书刊交换、信件来往等工作。易遵谅一直在此工作到 1955 年④。40 年代后期图书室书刊编目、对外交流、借阅工作都是由宋蜀青、易遵谅完成。两人是博物馆人员而非学会成员，这说明葛维汉图书室不仅是三个学术机构的图书室，还是大学古物博物馆的一个行政部门，人员聘任由博物馆馆长决定。

　　图书室收藏有大量来自英国、法国、西班牙、意大利、德国、苏联、加拿大、美国、墨西哥、澳大利亚、日本等国家和地区的多种文字的书刊及出版物，是学会长期坚持对外交流的结果。学术交流扩大了学会影响，它成为国际汉学界华西研究领域中最具权威性的研究机构之一。学会图书室主任葛维汉夫人 1941 年 5 月在年会报告：

　　　　大学图书馆放置学会的交换资料，显示出交换者对本会会刊的尊敬。《华西边疆研究学会杂志》使学会成为世界上研究华西这一领域之科学机构中的领军人。我们经常收到索要学会会刊的请求。我们知道，本刊其中的一卷被翻译成土耳其文和某一同盟国的文字……会刊的内容涉及：人类学、人

①　A.M.Graham，"Annual Report of the Librarian of the West China Border Research Society"，*WCBRS*，Vol.16.A，（1945）：137.

②　"Proposed Constitution of The West China Border Research Society"，*J WCBRS*，Vol.16.B，（1946）：220 - 221.

③　美国惠特曼学院（Whitman College）彭罗斯图书馆（Penrose Library）藏葛维汉资料第 16 箱《大学博物馆 1947－1948》（Box16，"Personnel and Work to the W. C. U. U. Museum1947 - 1948"）。

④　易遵谅：《忆华西协合大学博物馆》，载成恩元：《成恩元文集》（上下卷），成都：四川民族出版社，2013 年版，第 870－873 页。

文学、考古学、生物学、地质学、地理学、卫生学、国际关系、医学、手术学、东方研究、摄影学、旅行与探险。①

学会图书室为学术研究提供了重要的参考资料。同时本着数据共享的愿望，与国内外学者进行互动，以期获得学术研究的共同进步。

1950 年，学会退出国内外学界而最终成为历史，作为古物博物馆分支机构的葛维汉图书室却仍然存在着。50 年代初图书室迎来了一个意外机遇。由于学会中外成员大都要离开华西，不少人将不能带走的书刊都捐赠给了图书室，例如费尔朴、郑德坤、闻宥、吴金鼎、启真道等人，都将曾经的研究用书和撰写的著作捐赠出来。至今图书室中还藏有大量未加盖葛维汉图书室印章的中外文书刊。这些书刊或许就是当时捐赠的。1952 年下半年，全国高等学校进行了院系大调整，人民华西大学（原华西协合大学）由一所综合性大学改成一所多专业性的高等医药院校，更名为四川医学院。它的文、理学院及大学古物博物馆和自然博物馆被调整到四川大学。1954 年葛维汉图书室随古物博物馆迁到川大，更名为四川大学历史博物馆图书室。1985 年童恩正教授任馆长，又将图书室更名为四川大学博物馆研究室。90 年代，研究室更名为四川大学博物馆图书室。21 世纪更名为四川大学博物馆图书文献中心。从 20 世纪 20 年代的华西边疆研究学会图书室到今天的四川大学博物馆图书文献中心，早期珍藏的文献仍在教学与研究中发挥着不可或缺的作用。

三、馆藏情况

1.馆藏规模及书籍来源

前文已述，截至 1947 年 4 月，葛氏图书室登记在册的中外文书籍有七百五十七部一万两千九百八十九册。而 40 年代后期收藏的图书和数千册中外文期刊，以及那些战后返回原籍的中国学者、离开华西回国的外国学者捐赠的大量书刊尚未统计在内。四川大学博物馆图书室藏书显示，商务印书馆出版的《丛书集成》数千册，用于交换的数千册会刊，成套的《华西教会新闻》《教务杂志》《法国远东学院通报》《皇家亚洲文会北中国支会会报》《中国文化研究所集刊》《中国科学与美术杂志》《中国科学会杂志》《康藏月刊》《康藏导报》《边疆服务》等中外文期刊都未见编目。据此估计，藏书总数应是"登记在册"的一万两千九百八十九册

---

① A.M.Graham，"Librarian's Report"，*JWCBRS*，Vol.13，（1941）：70.

图书与"未注录"的上万册书刊之和，有两万多册书刊。书刊来源的三大途径：

购买

订购书刊是图书室获得图书资源的主管道。根据学会 1945 年财政报告，图书室经费占学会本年度总开支的五分之一，即葛维汉图书室支出 20 万元（法币）[①]，想必是学会划拨给图书室购书的专款。又据 1945 年 8 月开始编制的《图书室书籍登记簿》（至 1947 年 4 月）记录，造册的三百三十九册图书及古籍书中有一百多册是以购买方式入藏的。这一历史资料虽不能如实反映本年度购书情况，但表明购买是丰富馆藏的重要手段之一。

交换

与其它学术组织交换书刊，既能丰富馆藏又能获取最新的学术信息，还有利于学术繁荣。学会历来重视这项工作，1924 年发行会刊创刊号时，就与约五十个学术机构建立了联系。随着学会学术地位的不断提升，到 40 年代时已与一百二十多个学术机构有学术交流。这些学术机构分布状况是，中国三十九个、美国三十七个、英国十二个、加拿大六个、阿根廷四个、瑞典四个、德国三个、中国香港三个、苏联两个、比利时两个、法国一个、西班牙一个、捷克斯洛伐克一个、秘鲁一个、墨西哥一个、乌拉圭一个、印度一个、越南一个、缅甸一个、澳大利亚一个。葛维汉夫人说，馆藏有大量交换来的杂志，"这些杂志显示出交换者对学会会刊的尊敬"[②]。

捐赠

捐赠是图书室获得图书数据的重要来源。建立于经济窘迫、物资匮乏的战争年代的图书室，迫于经费压力削减购书计划的事时有发生，捐赠无疑是丰富藏书的重要管道。下面表一是当时捐赠人的源文件：

表 4—1—1　四年来捐赠葛维汉图书室图书名录（1944—1947）[③]

捐赠者（英/中文）		地址（英/中文）		卷/册
Dr.Charles H.Arnold	阿诺德	Nebraska	美国内布拉斯加	1
The British Council	英国文化委员会	London	伦敦	36

---

① T.K.Cheng, "Treasurer's Report", *JWCBRS*, Vol.16.A, (1945): 133 - 134.

② A.M.Graham, "Librarian's Report", *JWCBRS*, Vol.13.A&B, (1941): 70.

③ 华西协合大学博物馆编辑：《竹扉旧藏名纸目录》，1947 年版，第 14 页。

续表

捐赠者（英/中文）		地址（英/中文）		卷/册
Judge Edgar Bromberger	布罗姆伯杰	New York	纽约	2
Mrs A.M.Graham	葛维汉夫人	Chengtu	成都	1
Dr.D.C.Graham	葛维汉	Chengtu	成都	127
Dr.L.G. Kilbron	启真道	Chengtu	成都	2
Dr.J.E.Lenox	冷乐施	Chengtu	成都	1
Dr.F.D.Lessing	利辛	Berkeley	美国伯克利	1
Dr.Robert Redfield	雷德菲尔德	Chicago	美国芝加哥	6
Mr.H.E.Richardson	黎吉生	India	印度	3
Toledo Museum of Art	托莱多艺术博物馆	Toledo	美国托莱多	3
	黄尔瞻先生		中国	13

除上表捐赠者外，《葛维汉图书室书籍登记簿》亦有部分捐赠者的名单及书名，如吴金鼎捐赠《云南苍洱境考古报告》，卫聚贤捐赠《山西票号史》，庄学本捐赠《西竺剪影》，冯汉骥捐赠《王建墓的发现和发掘》，徐益棠捐赠《雷波小凉山之倮民》，罗荣宗捐赠《苗族文化》，林耀华捐赠《凉山夷家》，J.E.Bromberger捐赠《就职演讲》。吴金鼎等人捐的是其专著。美国托莱多艺术博物馆、中美科学合作馆、华西边疆研究所、黄尔瞻、郑德坤、启真道、黎吉生等团体或个人捐赠的是其私人或团体藏书。如美国托莱多艺术博物馆捐赠《西班牙美术》《欧洲美术目录》《印度东部的雕塑》《中国古代墓碑》《中国古代青铜器》，华西边疆研究所捐赠《印藏佛教史》《续藏史鉴》《印藏佛教史》等，中美科学合作馆捐赠东西方绘画艺术类外文书籍三十五册。葛维汉是捐赠者中的代表，共捐赠人类学、考古学、中国历史类书刊一百二十七卷三百多册。上述资料表明，中外学者和文化团体是捐赠的主体，处于战争年代资源匮乏的中国学者更多的是将自己的最新研究成果捐赠给图书室。

2.馆藏概况

如前文所述，馆藏书刊有两万多册。文献资料占总数的65%以上，刊物仅占总数的35%。在一万两千九百八十九册文献中，线装书占多数，除线装书以外的中西文图书仅有六百多册。刊物中多数是西文刊物，如越南河内出版的《法国远东学院通报》、英国伦敦皇家地理学会出版的《地理学杂志》（*The Geographical*

Journal）、瑞典斯德哥尔摩远东古物博物馆出版的《远东古物杂志》、美国纽约出版的《亚洲月刊》（*Asia Published Monthly*）及《美国东方学会杂志》（*Journal of the American Oriental Society*）。国内发行物也以英文居多，如《华西教会新闻》《皇家亚洲文会北中国支会会报》《中国科学与美术杂志》。中文刊物多与华西社会、政治、经济、宗教及人类学等内容有关，如《边政公论》《康藏月刊》《康导月刊》《康藏前锋》《蒙藏月刊》《西南边疆》。藏有部分大学学报，如燕京大学《华裔学志》（*Monument Serica*）、香港岭南大学《岭南科学杂志》（*Lingnan Science Journal*）、美国《伊利诺伊大学杂志》（*University of Illinois Bulletin*）、英国《伦敦帝国学院学报》（*Bulletin of the Imperial Institute*）。

馆藏文献主要涉及人文社会科学范畴①，内容多与华西人文历史相关：

史地文献丰富。藏有方志、绘画、金石、印谱、墨迹方面的线装书，如《华阳国志》《四川通志》《全蜀艺文志》《蜀中名胜记》《峨眉山志》《宁远县志》《武安县志》《安康县志》《汉中府志》《宁羌州志》《西藏通览》《韵府群玉》。西式图书有《中国秘密社会史》《中国近三百年学术史》《中国上古史》《中国地史》《原始文化》《康藏史地》。

考古学文献藏有发掘报告、文物汇编、图录及图考等。如《中国古代墓碑》《南阳汉画像汇存》《楚器图释》《中国四川古代岩墓》《甘肃考古记》《云南苍洱境考古报告》《史语所发掘安阳殷墟》《中国考古小史》《王建墓的发现和发掘》《中亚考古记》。

人类学文献藏有西方人类学专著、原始部落考察记、人类学调查报告、中国边疆纪行、华西边疆纪略等。如《自然人类学概论》《人类学通论》《文化论》《人类科学论集》《文化人类学》《人种地理学》《人文类型》《南洋猎头民族考察记》《缅甸克伦人》《危地马拉的原住民》《一个墨西哥人村庄》《法裔加拿大人的小区》《台湾番族之原始文化》《俄国旅行家在蒙古和中国》《甘肃与西藏边疆的文化联系》《康辅纪行》《雷马屏峨纪略》《三省边防备览》《八省旅行考察录》《川西边事辑览》。

民族学、民俗学及语言学文献藏有专门史、文集、报告、纪行、歌谣集、风物志、词汇表。如《中国民族史》《中国民族志》《中国新年风俗志》《中国的边

---

① 据四川大学博物馆未编号的档案《葛维汉图书室书籍登记簿》（1945－1947）和《葛维汉图书室借书登记簿》（1945－1949）进行论述。

疆》《新疆志略》《青海志略》《藏边采风记》《云南边民录》《羌戎考察记》《岭表纪蛮》《倮情述论》《在蒙古人中》《徭山散记》《傣族瑶族粤族考》《西南边疆问题研究报告》《云南古代民族之史的分析》《民族学论文集》《藏文词汇集》《广西特种部族歌谣集》。

宗教学文献藏有研究佛教、道教、伊斯兰教、基督教专著，如《印藏佛教史》《西藏宗教源流考》《伊斯兰教志略》《回教真相》。还收藏有大量传教士在华发行的刊物，如《教务杂志》《华西教会新闻》。

艺术文献藏有中西艺术史论及中西各式画册。如《中国美术》《中国美术史》《中国古代青铜器》《西藏唐卡艺术》《印度与东方建筑史》《东洋美术史》《意大利绘画史》《意大利文艺复兴时期的美术》《西方美术东渐史》《意大利罗马风格之前的雕刻》《西班牙文艺复兴时期的雕刻》。还藏有少量博物馆学图书，如《博物馆》《未来博物馆》《平津馆丛书》《中国博物馆一览》《上海市博物馆章则汇编》。上述馆藏为人文社会科学研究提供了基础资料。

四、日常运作

书刊管理与维护。1938 年学会对图书室工作人员的要求是，除管理、维护学会收集的书刊及数据外，还承担外联工作，即与会刊交换、赠阅、订购清单上的所有组织或个人联系[1]。解难夫人任主任时，由于资金不足，常有大量杂志无法按时装订。这种状况一直持续到 40 年代葛维汉夫人任主任时，迫于经费匮乏的现状，她一度打算暂时使用自制封皮进行装订[2]。1945 年葛夫人呼吁，希望能为图书室设立基金，以稳定的资金来支撑该室的日常运作[3]。1946 年林则夫人规定，书刊编目上架流程是：

书籍类：（一）新书以卡片登记，以收到之前后为序，编为收目（赠书应写谢信）。（二）编号以大学图书馆编号法为准。（三）做卡片。每书编制四份卡片（书目、著者、分类、收目）。（四）上架。先上新书架，两月后归入总架。

杂志类：（一）按期填入杂志卡片内（赠或交换刊应写谢信）；（二）分送各部标出应另编号论文。（三）论文索引卡片之编制，每文三份（题目、著者、分

---

① T.K.Cheng, L.G.Kilborn, "Report of the Editors", *JWCBRS*，Vol.10，(1938)：250 - 251.

② A.M.Graham, "Librarian's Report", *JWCBRS*，Vol.14.A，(1942)：113.

③ A.M.Graham, "Annual Report of the Librarian of the West China Border Research Society", *JWCBRS* Vol.16.A，(1945)：137.

类）。（四）新刊架一月。（五）归入总架。（六）定期装订有价值刊物①。

外联工作流程是，编辑将印好的会刊交给图书室主任，再由主任依会员名单、订购名单、交换名单、赠阅名单分发。反之，收到书刊后按书刊分类编目上架流程工作。

截至1941年5月，学会已同皇家亚洲文会北中国支会、岭南大学、美国自然历史博物馆（American Museum of Natural History）、哈佛大学皮博迪博物馆（Peabody Museum of Archeology and Ethnology）、英国伦敦古物学会（Society of Antiquaries of London）、苏联科学院（Academy of Sciences of the USSR）等四十一所学术机构建立了交换关系，同时还定期向国立北平图书馆等二十所国内外大学或研究机构图书馆，以及数家报社赠送会刊②（详见表二）。即便是第二次世界大战规模一再扩大的情况下，学会同国内外机构的学术联系始终没有中断③。

表4-1-2　1941年《华西边疆研究学会杂志》寄赠机构一览表

序号	机构		所在地
1	National Library of Peiping	国立北平图书馆	中国（北平）
2	College of Chinese Studies，Cooperating California College in China	北平中美协合对外汉语研究学院	中国（北平）
3	National Szechwan University	国立四川大学	中国（四川）
4	West China Union University Library	华西协合大学图书馆	中国（四川）
5	Central China University Library	华中大学图书馆	中国（武汉）
6	Hongkong University Library	香港大学图书馆	中国（香港）
7	Nanking University Library	南京中央大学图书馆	中国（四川）④
8	Yenching University Library	燕京大学图书馆	中国（北平）
9	Shangtung Christian University Library	山东基督教大学图书馆	中国（山东）
10	University of Shanghai Library	上海大学图书馆	中国（上海）

---

① 据四川大学博物馆档案：《葛维汉图书室书籍登记簿》（未编号）中"书籍之编号""杂志之编号"材料；T.K.Cheng, L.G.Kilborn, "Report of the editors", *JWCBRS*, Vol.10, (1938)：250 - 251.

② 据四川大学博物馆档案编号：I-C-2-2038统计。

③ A.M.Graham, "Librarian's Report", *JWCBRS*, Vol.14.A, (1942)：113.

④ 抗战时期南京中央大学迁到四川。

续表

序号	机构		所在地
11	Low Library of St.Johns University	圣约翰大学图书馆	中国（上海）
12	Oxford University Library	牛津大学图书馆	英国
13	British Museum General Library	大英博物馆图书馆	英国
14	University of Toronto Library	多伦多大学图书馆	加拿大
15	Canadian School of Missions	加拿大传教士儿童学校	中国（四川）
16	McGill University Library	麦吉尔大学图书馆	加拿大
17	Missionary Research Library	传教士研究图书馆	美国
18	Library of Congress	国会图书馆	美国
19	Harvard - Yenching Institute Library	哈佛燕京学社图书馆	美国
20	Field Museum	芝加哥考古博物馆	美国
21	University of Chicago Library	芝加哥大学图书馆	美国
22	*The China Press*	《大陆报》	中国（上海）
23	*North China Herald*	《北华捷报》	中国（上海）
24	*Chinese Recorder*	《教务杂志》	中国（上海）
25	*China Journal*	《中国杂志》	中国（上海）
26	*Peiping and Tientsin Times*	《京津泰晤士报》	中国（天津）
27	*Isis*	《科学史杂志》	美国

五、利用及评价

1944 年 3 月，正式命名后的葛维汉图书室由大学图书馆搬迁到古物博物馆内对外开放，现存文献档案表明，最迟 1945 年读者可以将书刊借走。目前尚未发现书刊陈放在大学图书馆被读者利用的原始记录材料，以下仅以在四川大学博物馆历史档案《葛维汉图书室借书登记簿》[①] 基础上编制的葛维汉图书室借者综合信息一览表为依据进行论述。在 1945 年至 1949 年期间，有不少在成都的中外学者利用了该室文献资源。前往阅览者不计其数，借者多达一百余人次[②]，其中不乏

---

① 四川大学博物馆档案：《葛维汉图书室借书登记簿》（未编号）。

② 根据《葛维汉图书室借书登记簿》记录，按借者每借一种书记录一次计算。

长期利用该室文献的研究者。表三将有助于进一步了解藏书的利用情况。

表 4—1—3　葛维汉图书室借阅者综合信息表（1945—1949）

借者	身份 & 职称	单位	研究领域
冯汉骥	馆长兼教授	四川博物馆、国立四川大学	考古/民族学
参考室	华大		
陈舜裔①	主任	华西协合大学博物馆	人类学
柯象峰	教授兼主任	成都金陵大学	社会学
D.M.Sullivan	英文翻译	华西协合大学博物馆	中国艺术
蒋大沂	研究员	华西协合大学	文物考古
任乃强	研究员	华西协合大学边疆研究所	藏学、史地
李铸晋	教师	成都金陵大学	中国艺术史
容媛	研究员	燕京大学哈佛燕京学社	金石目录学
C.S.Ho	访问学者	重庆西部科学院	华西地质
谢国安	研究员	华西协合大学边疆研究所	藏学
黄谦	学生	华西协合大学社会学系	社会学
窦学谦	教师	燕京大学社会学系	社会学
章国秀	学生	华西协合大学文学院	中国历史
宋蜀华	学生	燕京大学社会学系	人类学
葛维汉	馆长兼教授	华西协合大学博物馆	考古学、人类学
李质明	学生	华西协合大学社会学系	社会学
W.Franke	访问学者	待考	汉学
戴谦和	教授兼院长	华西协合大学理学院	物理学、人文学
钟道生	学者	待考	历史学
刘笃光		待考	
林则夫人	馆长	华西协合大学图书馆	艺术

---

①　陈舜裔，四川崇庆县（今崇州市）人，人文学者。1945 年至 1947 年任华西协合大学博物馆文史资料研究室主任。1947 年初离职去香港。1949 年以后从事新闻工作。自 1948 年起，先后发表《有关上海儿童福利的社会调查》《儿童轻罪的家庭救治》《一篇好的综合报导》《从清凉山到北京（介绍新华社成立二十周年展览会）》等文章。

续表

借者	身份 & 职称	单位	研究领域
范午	研究员	华西协合大学图书馆	古汉语、历史
字迹模糊			
李安宅	所长兼教授	华西协合大学边疆研究所	藏学
朱治中	学生	华西协合大学文学院	人类学
刘世灿	研究生	华西协合大学文学院	民族学
曾祥竑	学生	华西协合大学社会学系	社会学
陈耀真	教授兼主任	成都齐鲁大学医学院	眼科学
F.D.Lessing①	教授/访问学者	美国加利福尼亚大学	藏传佛教
方信瑜	学生	华西协合大学文学院	中国历史
徐树埔	学生	华西协合大学社会学系	社会学
颜滨	学生	华西协合大学文学院	
杨有润	馆长助理	四川省博物馆	考古学
Buewell	访问学者	待考	汉学
图书馆		待考	
胡淑琴	教师	华西协合大学生物系	生物学
朱承管	助理研究员	华西协合大学自然博物馆	生物学
待考		待考	
方叔轩	教授兼校长	华西协合大学	
字迹模糊	人文学者	待考	历史

借者综合信息表显示，借书者分为四种：一、人数最多的是成都多所大学的科研教学人员，他们占借书者的 50%。其中具有高级职称的学者占这类人的四分之三，如国立四川大学教授及四川博物馆馆长冯汉骥，成都金陵大学社会学系教授柯象峰，成都齐鲁大学医学院教授陈耀真，燕京大学从事金石目录学研究专家

---

① 莱辛（F.D.Lessing），美国汉学家，加利福尼亚大学教授，主要研究藏传佛教，1947 年以访问学者的身份来华西考察，曾在华西协合大学博物馆和华西边疆研究学会发表有关藏传佛教的讲演。在北平雍和宫参观时，曾将数幅西藏医学挂图"曼唐"带回美国，现收藏于加利福尼亚大学伯克利分校图书馆。后出版有画册《雍和宫》，在《中研院史语所集刊》（第二十八本下册）发表《"Wu-liang-shou"（无量寿）比较研究西藏和中国长寿仪式》。

容媛，华西协合大学校长方叔轩，考古学教授葛维汉，理学院院长戴谦和，图书馆馆长林则夫人，边疆研究所副所长李安宅及研究员任乃强、谢国安等。青年学者有金陵大学教师李铸晋、燕京大学社会学系教师窦学谦、华西协合大学古物博物馆文史资料研究室主任陈舜裔和自然历史博物馆助理研究员朱承管等。二、成都部分高校的文科学生。学生占借书者的 25％，如华西协合大学历史学系方信瑜、章国秀，社会学系黄谦、李质明、曾祥竑、徐树墉，燕京大学社会学系宋蜀华。图书室文献数据开阔了在校大学生的视野，为其今后的学术生涯奠定了基础。三、访问学者。中外访问学者占借书者的 10％以上。如兼任古物博物馆英文翻译的汉学家苏立文，专程来川西研究瓦屋山和峨眉山地质构造的重庆西部研究院的 C.S.Ho，以考察华西藏传佛教为目的的美国加利福尼亚大学莱辛（F.D. Lessing）教授等。四、其它机构及借者信息不详者，占借书者的 15％。如四川省博物馆的馆长助理杨有润，编撰《玉函通秘》的钟道生等。

从借书者研究领域及借阅文献内容来看，从事人文社科研究者几乎达到借书者的 90％。如葛维汉借《羌戎考察记》《人类社会学》《西班牙的人类化石》《史前史》；冯汉骥借《历史博物馆指南》《中国营造学社刊》《边政公论》《中央研究院史语所集刊》；方叔轩借《中国艺术史》；藏学家莱辛借《西藏亡灵》《西藏佛教密宗教义》；柯象峰借《中国社会习俗》《中国社会秘密史》；蒋大沂借《南阳汉画像汇存》《楚器图释》《南阳草店汉墓画像集》；李安宅借《雍和宫》；任乃强借《两大著名喇嘛寺院》《云南苍洱境考古报告》；谢国安借《喇嘛教》《西藏过去与现在》；宋蜀华借《喇嘛教》《人类社会学》；章国秀借《四川郡县志》《唐代政治史述论稿》；范午借《云南备征志》《续藏经》；刘世灿借《雷波小凉山之倮民》《苗族文化》《雷马屏峨纪略》《西康问题》《康导月刊》《边疆服务》；曾祥竑借《小凉山之彝民》《雷波小凉山之倮民》；陈舜裔借《文化论》《云南古代民族史》《撣族》《人类学》《蒙藏新志》《人类社会学史》；布韦尔（Buewell）借《华裔学志》《亚洲艺术》。可以说，借者借阅的书刊内容涉及民族学、人类学、考古学、社会学、史学及博物馆学等。

从事自然科学研究的借书者少，约占借者总数的 10％。这与馆藏以社科文献为主有关。但为数不多的自然科学类文献仍为知识匮乏年代的学者提供了稀缺的研究材料。如研究生物习性的胡淑琴、朱承管多次来借香港出版的《岭南科学杂志》。研究眼科学的陈耀真借《责善半月刊》。

综上所述，葛维汉图书室本着为学术研究服务的宗旨，为学者提供相关学科的基础性材料，以期学术研究的深入与繁荣。同时以书刊为媒介，激发青年学子的研究兴趣与探索精神。据表三借阅者名单统计，到 20 世纪中后期，他们中的不少人已在学界享有盛名。如四川省博物馆馆长冯汉骥是民族学、考古学、历史学家，柯象峰是从事社会、经济、人口研究的社会学家，李安宅是著名人类学家、社会学家、藏学家，容媛是著名金石目录学家，蒋大沂是擅长青铜器和古文字研究的专家，谢国安是以研究藏族史诗《格萨尔王传》著称的藏学家，任乃强是著名民族史学家，苏立文是影响 20 世纪西方认知中国艺术的汉学家，陈耀真成为中国现代眼科学奠基人之一，胡淑琴是两栖爬行动物学家，朱承管是我国研究扬子鳄先行者，李质明成为研究西方哲学的史学家，宋蜀华是民族学、人类学、社会学家，李铸晋成为国际著名中国艺术史家。可见，葛维汉图书室在为学术研究提供文献资料服务中所发挥的积极作用是无庸置疑的。

第二节　博物馆

　　由美国人戴谦和 1914 年在成都创办的华西协合大学博物馆，是中国近代最

图 4—2—1　华西协合大学怀德堂（Whiting Memorial，又名事务所）

（落成于 1919 年，大学博物馆位于怀德堂东南角，博物馆的首次展览［1919］和华西边疆研究学会的"汉藏边疆民族标本图片展"［1924］在此举办。影像数据刊于《华西边疆研究学会杂志》第 6 卷。）

早创办的博物馆之一，是华西地区历史上的第一座现代博物馆，也是中国近代最早建立的大学博物馆之一，在中国近代博物馆史上占有重要地位。

一、华西大学博物馆的设立与发展变迁

20 世纪初，西方传教士在成都创办起华西协合大学，这是华西地区第一所"规模宏大、科学完备"的西式大学，亦是一所以医学和口腔学为主，文理并重的综合性大学。华西协合大学办学旨在以高等教育为手段，促进天国的事业。学校推崇西方博雅教育理念，实施的教育以西学、神学为重，重视教学又倡导人文科学研究。华西协合大学建校后不久即进行了人类学与社会学的教学研究。

图 4—2—2　华西协合大学
博物馆创始人戴谦和
（影像数据藏于四川大学博物馆。）

1914 年，华西大学理事会决议筹建一座大学博物馆，并同意由理学院教授戴谦和"收集有科学价值的物品"。华西协合大学博物馆①建立的初衷以大学的教学和科研为重。它的收藏历史始于当时的一件校钟（1914），标本文物多为戴谦和、陶然士和叶长青等人所采集与收购，或为热心人士捐赠。藏品分别储藏陈列于华西协合大学怀德堂、赫斐院（The Hart College）等处②。

---

① 华西协合大学博物馆创办时称博物部，1920 年戴谦和在《华西教会新闻》上发表《华西协合大学博物馆》（The West China Union University Museum）一文，正式对外称博物部为华西协合大学博物馆。1935 年葛维汉在《华西边疆研究学会杂志》上发表《华西协合大学博物馆》（The West China Union University Museums）一文，称华西协合大学博物馆由自然历史博物馆、医学和口腔学博物馆及古物博物馆（The West China Union University Museum of Archaeology, Art and Ethnology）三部分组成。一般说来，自然历史博物馆与医学和口腔学博物馆都用其馆名的全称，而华西协合大学博物馆专指华西协合大学古物博物馆。华西协合大学博物馆（古物博物馆），30 年代以降，一度称为哈佛燕京博物馆（Harvard-Yenching Museum）、华西协合大学考古博物馆（The West China Union University Museum of Archaeology），简称为华西大学博物馆、华大博物馆、大学博物馆、考古博物馆（The Museum of Archaeology）、博物馆考古学分馆（Museum, Division of Archaeology）。

② 郑德坤在《五年来之华西大学博物馆》中回忆博物馆藏品"悉在本校赫斐院储藏陈列"。根据戴谦和 1920 年发表于《华西教会新闻》第 6 期《华西协合大学博物馆》"博物馆地址在事务所"补充之。

　　戴谦和（D.S.Dye，1884—1977），先后毕业于美国康奈尔大学和丹尼森大学，获理学硕士、博士学位，是一位物理学者、人文学者、英国皇家地理学会会员。1908 年受美国浸礼会派遣来华，参与了华西协合大学早期建设，在华大讲授物理学，历任数理系教授、主任及理学院院长、大学规划委员会主席。戴氏从 1914 年创办华西协合大学博物部开始，担任馆长至 1932 年。这座集文物考古、收藏陈列及研究于一体的综合性博物馆，开了华西博物馆事业先河。他怀着将华大博物馆建成一个伟大博物馆的梦想不辞辛劳的努力。在任期间，戴谦和承担了博物馆全部工作，集收藏、陈列、研究、教育等工作于一身，还组建博物馆委员会（The Museum Committee），对外开放博物馆，进行边疆考察与实地采集，开馆藏石器研究之风。1922 年，戴谦和在给一位中国学者的信中说："如果我们大家能够合作为博物馆获得具有真正兴趣和价值的物品，我们将有一个伟大的博物馆。"①

　　戴氏的基本理念是"博物馆将通过与传教士、教师、学生和（中国社会）上层人士合作的方式，使之成功地成为大学课堂之外的教学机构。博物馆委员会请求建议，以贷款和贡献（捐赠或出资）方式促进博物馆的成功"②。戴谦和把近代西方博物馆理论与模式介绍给华西学术界，是华大博物馆的奠基人和主要倡导者，多少年来，他的爱好和想象力、他的热情和精力维持着博物馆的生命，亦是华西博物馆事业的开拓者③。

　　尽管戴谦和投入了大量精力来经营博物馆，但戴氏出任馆长期间，整个博物馆因多种原因发展较为迟缓。博物馆发展迟滞，其原因主要是经费的缺乏。尽管华西协合大学校方极为重视博物馆的建设，给予了很大支持，但总体来说，博物馆能够使用的经费仍然不足。据黄思礼回忆，"20 年代以前，学校每年批准给博物馆的资金预算为 200 美圆"。比拨给大学图书馆的经费（1909 年 50 美圆，1918 年 75 美圆，1919 年 100 美圆）高出许多④。但显然，博物馆若只指望一年 200 美圆的拨款，根本没有办法达到预设的理想。

　　除经费的原因外，社会局势与华西边疆学术研究的状况等因素也是影响博物

———————

① 1922 年 12 月 21 日，戴谦和给 Dr.Liu 的信中说到了自己对博物馆的期望："如果我们大家能够合作为博物馆获得具有真正兴趣和价值的物品，我们将有一个伟大的博物馆"，参见四川大学博物馆档案编号：273。
② "The West China Union University Museum"，*WCMN*，No.6，（1920）：18。
③ 黄思礼著、秦和平译：《华西协合大学》，珠海：珠海出版社，1999 年版，第 133—134 页。
④ 黄思礼著、秦和平译：《华西协合大学》，珠海：珠海出版社，1999 年版，第 136 页。

馆发展的重要原因。民国初年的军阀混战、北伐战争、反帝爱国运动、非基督教运动等事态，造成了民族意识增长，当时的华西社会乃至整个中国都处于动荡不安与混乱之中，正如戴谦和所言："华西边疆地区既无序又无法律保护，边疆地区越来越严重的蛮荒和无序状态已使得到这些部落地区旅游（考察、收集）益发困难危险。"① 变幻莫测的时局，迫使传教士逃离华西，博物馆工作一度陷入瘫痪。再者，博物馆的发展与华西边疆学术研究是互为促进的，只有大规模的学术考察、不间断的科学探险才能给博物馆带来源源不断的藏品，而博物馆藏品的丰富又为进一步的研究创造了条件。而在 30 年代之前，华西边疆研究显然还停留在起步的阶段，这体现在从事华西边疆研究的学者数量较少，研究水平与层次还相对较低，这些都不足以支撑博物馆的快速发展。当然，专业人才的缺乏也制约着博物馆的发展，戴谦和是以一个业余爱好者的身份来开拓博物馆事业的，他是理学院院长兼教授，承担着该院大量行政及教学任务，难免有点顾此失彼。

　　华西大学博物馆的迅速发展很大程度上要归功于哈佛燕京学社的大力资助。1928 年 1 月，建立在美国霍尔（Charles M. Hall，1863—1914）遗产基金基础之上的哈佛燕京学社（Harvard-Yenching Institute）成立。哈佛燕京学社的宗旨是基于共同的需要，协商开展中美大学合作，共同培养精通中国传统文化的人才，互派学者教学或攻读高学位，资助出版研究中国传统文化的学术著作等，追求学术性与公益性。同年，美国哈佛与中国燕京、岭南、金陵、华西协合、山东齐鲁、福建协和六所教会大学得到了不同配额的霍尔遗产资助。此后，学界将设立在霍尔遗产上的哈佛燕京学社以及它提供给上述大学从事中国传统文化研究的资助称为哈佛燕京学社基金。哈佛燕京学社规定，哈佛燕京学社基金仅限于大学著名教授薪金，图书、古物收购，出版费用和奖学金等项目，以促使中国文化研究取得辉煌成果。华大成立了专门的哈佛燕京学社委员会来管理这笔基金。基金主要用于华大中文系研究、边疆研究、图书馆购书、博物馆采购文物标本等专案。1937 年华大哈佛燕京学社委员会成员包括张凌高、方叔轩、司马烈、刘之介、贾溥萌（B. B. Chapman）、郑德坤、葛维汉。

---

① D.S.Dye，"Foreword"，*JWCBRS*，Vol.3，（1926 – 1929）.

表 4-2-1　1933 年—1940 年哈佛燕京学社对华大博物馆的预算统计表①

年度预算	1933—34	1934—35	1936—37	1937—38	1938—39	1939—40
美圆	6820	6050	6050	6060	9910	8354

1932 年，华西协合大学鉴于博物馆之重要，决定动用霍尔基金聘任葛维汉博士为大学博物馆馆长，同时教授人类学、考古学课程。另据四川大学博物馆历史档案戴谦和葛维汉来往书信记载，葛维汉之所以被聘任大学博物馆馆长，是戴谦和热切地邀请并积极向校方举荐的结果②，而葛维汉早在 20 年代就在为美国国家博物馆收集华西的自然史标本，为华大博物馆收集文物，1924 年又在《华西教会新闻》发表《华西协合大学博物馆》一文呼吁人们为博物馆建设作贡献，表明他有从事博物馆工作与研究的意愿③。这与郑德坤言"美国哈佛燕京学社鉴于博物馆之重要"，派葛氏"来成都接任馆长"稍有差别。此时的博物馆位于懋德堂二楼④。

葛维汉，1911 年受美国浸礼会派遣到中国传教，1913 年入川，在叙府浸礼会工作到 1918 年。后多次回国深造，1920 年获芝加哥大学宗教心理学硕士学位，1927 年获该大学文化人类学博士学位。为褒扬他在自然史方面的收藏和人类学方面的研究，1931 年惠特曼学院授予他荣誉科学博士学位。他先后师从科尔（Fay - Cooper Cole）学习考古学，从阿尔弗雷德·托泽（A.Tozzer）、胡顿（E.A.Hooton）学习文化人类学理论，从狄克松（Roland B.Dixon）学习语言学。葛维汉曾十四次赴华西边地采集标本、收集文物资料，为日后的研究提供了许多基础资料。1931 年受聘于成都的美国浸礼会差会。1932 年受聘于华大董事会，担任古物博物馆馆长，同时教授文化人类学和考古学。葛维汉深厚的学术底蕴和丰富的边疆考察经

①　四川大学博物馆档案编号：977、953、956、958、959。本表转引自邓林：《葛维汉与华西协合大学博物馆》，2013 年硕士学位论文，四川大学。

②　四川大学博物馆档案编号：1020、1032-1、1032-2、1032-3。1930 年 9 月 1 日，戴谦和写信给葛维汉，表示自己"可以通过学校董事会为葛维汉在华西协合大学谋得一个职位"。1930 年 9 月 12 日，葛维汉回信说，"我认为正确的做法是大学首先同意你提出的计划，然后毕启博士和我会采取措施看能否得到史密斯索尼学院或美国国家地理学会的帮助。当然整个计划必须得到（大学）董事会的同意和保证"。

③　周蜀蓉著：《传教士与华西协合大学博物馆的创建》，《宗教学研究》，2014 年第 4 期，第 200—208 页。

④　四川大学史稿编审委员会：《四川大学史稿：华西协合大学（1910—1949）》第四卷，成都：四川大学出版社，2006 年版，第 49、70 页。

历为科学地管理博物馆打下了坚实的基础。加拿大籍艺术家黄思礼认为，他是一位涵养很好的学者和博览群书的收藏家①，葛维汉对华大博物馆的期望是：

> 博物馆的目的是提供华西地区汉族和非汉族的物品或材料，借此物品或材料说明华西地区汉族和非汉族的文化发展，并以此做更有效的教育项目。它应该是一个实施广泛教育项目的中心，以增强大学学生素养。它也应该成为一个重要的研究中心。用毕启博士的话说，华西协合大学博物馆应该成为研究华西地区汉族和非汉族的世界上最好的博物馆。②

葛氏将研究与收藏相结合，开启了华西大学博物馆新的篇章。对于葛维汉对华西大学博物馆的贡献，他的继任者考古学家郑德坤有过中肯的评价，郑氏说：

> 葛氏才学兼长，搜罗宏广，研究精审。在葛氏主持之下，使博物馆之发展，有一日千里之势。其发掘工作使标本有正确之记录，华西考古学为放异彩。其采集旅行，深入边区，使本馆民族学标本，成为有系统之数据。对于西藏文物，亦极注意，所得资料，多为研究西藏文化所必备。十年来，葛氏发表论文数十篇，刊载于华西边疆研究学会杂志及其它国内重要刊物。其汉州遗址、汉墓及唐宋窑址之发掘报告，是为四川考古学开一新纪元。其对于西南区边疆部落之研究成绩，对近代人类学颇多贡献，华大博物馆之有此规模，实葛氏之力也。③

1941年，郑德坤继葛维汉之后出任博物馆馆长。郑氏是美国哈佛大学专攻考古学及博物馆管理学的博士，华大博物馆第一任中国籍馆长。郑德坤明确提出将博物馆建成集"研究""教育""收藏"为一体的"中国标准化的博物馆"。他秉持葛维汉博物馆理念，"一直以收集西南资料为职志，凡是关于考古学、人类学上的有关资料，无不尽量搜罗"④。他对博物馆事业极为看重，对华大博物馆的发展颇多建树。在其任职期间，聘任多位国内著名文博专家共商馆务⑤，以期推动华西文博事业本土化的发展。组织馆内同人参加汉唐墓葬的发掘，为华西考古研究提供基础资料。以科学管理模式完成馆藏目录编制，馆藏边民文物丰富，包括苗、羌、彝、纳西、傣、克钦等民族文物。西藏标本尤为丰富，外国报刊誉为

---

① 黄思礼著、秦和平译：《华西协合大学》，珠海：珠海出版社，1999年版，第136页。
② 四川大学博物馆档案编号：716-1、755。
③ 郑德坤：《五年来之华西大学博物馆》，华西大学博物馆铅印单行本，1947年版，第1页。
④ 郑德坤：《五年来之华西大学博物馆》，华西大学博物馆铅印单行本，1947年版，第1页。
⑤ 四川大学博物馆档案编号：375，1941年11月18日华西协合大学博物馆委员会会议记录。

"世界各博物馆之冠"。举办十余次特别展览，用图片的形式进行展览，介绍华西社会的多元文化，吸引社会各界人士前来参观，成为抗战时期大后方的一道独特风景，使华大博物馆名声大盛，被誉为成都当时"重要名胜地之一"①。

郑德坤之后，因战事重起、局势突变，博物馆受其影响，处于混乱之中。葛维汉、戴谦和、黄思礼、白天宝诸先生相继代理馆长。人员的频繁更换②，使博物馆工作几乎陷入瘫痪。1950年成都解放，从秋季起馆务由闻宥主持。闻宥馆长是国际汉学界公认的研究东方语言学的权威，是开创彝语、字喃、羌语及铜鼓研究的第一位国人。在他和同仁杨啸谷、宋蜀华、周乐钦、成恩元、易遵谅、沈仲常、胡伯祥、冯国定等人③的积极努力下，博物馆重新步入发展的轨道。1952年，中国高等教育体系发生改变，华西大学博物馆被调整到四川大学，更名为"四川大学历史博物馆"，开始了它的另一段历程。

图 4-2-3　黄思礼馆长
（影像数据现藏于四川大学博物馆。）

根据目前掌握的资料，华西大学古物博物馆近四十年发展历史上，有六位中西学者担任了馆长，他们是戴谦和、葛维汉、郑德坤、黄思礼、白天宝、闻宥。诸位馆长在博物馆创立与发展中发挥过中流砥柱的作用。

表 4-2-2　历任馆长综合信息表（1914—1952）

任职时间	英文名	中文名	国籍	职称	学历
1914—1931	D.S.Dye	戴谦和	美国	教授	博士
1932—1940	D.C.Graham	葛维汉	美国	教授	博士
1941—1946	T.K.Cheng	郑德坤	中国	教授	博士
1947—1948	D.C.Graham	葛维汉	美国	教授	博士

① 张丽萍：《中国西部第一个博物馆》，《光明日报》，2006 年 6 月 11 日，第 3 版。

② "本馆自 1947 年以来，馆长一职，屡经变更，三年之中，计凡六易。"编者：《馆务·闻宥先生继任馆长》，《华西文物》，创刊号（1951），第 31 页。

③ 易遵谅：《忆华西协合大学博物馆》，载成恩元：《成恩元文集》（上下卷），成都：四川民族出版社，2013 年版，第 870—873 页。

任职时间	英文名	中文名	国籍	职称	学历
1948	L.C.Walmsley	黄思礼	加拿大	副教授	学士
1948—1949	D.S.Dye	戴谦和	美国	教授	博士
1949—1950	C.Bright	白天宝	美国	纺织专家	待查
1950—1952	T.Y.Wen	闻宥	中国	教授	同等学历

二、华西博物馆的藏品与陈列

1914 年 6 月，学校出资为博物馆购入一口校钟，这也开启了博物馆的收藏历史。藏品来源分为采集、收购、捐赠和展览借用，收购是其主要来源。经费来源于学校划拨，20 年代以前，学校划拨给博物馆的预算经费是 200 美圆。除戴谦和自己收购外，还通过长期在边疆地区进行传教活动的叶长青、陶然士两牧师代为收购。葛维汉曾多次在文章中提到，叶长青和陶然士对博物馆贡献很大①，很多藏品皆由两人代为收集，此两人为博物馆的重要合作者。藏品的种类繁杂，有地质标本（生物化石、人类学化石）、动植物标本，也有中国历史文物、民俗用品、民族文物、外国文物，还有中外近现代纪念品、历史文献、碑帖拓片及照片等。

1919 年博物馆已收集了相当数量的藏品，于当年 12 月在怀德堂东南角的博物馆（The Museum is located in the south-east corner of the Administration Building.）举行首次公众展览②，展出的收藏品包括两个罕见的中国碗，史前石器，峨眉山珊瑚化石，法国一战的弹片遗物，美国印第安人赎罪圣物，汉、唐、宋陶器和钱币，北京和广州纪念品、景教碑拓片、汉碑照片等展品③。这些藏品一部分是博物馆的收藏，一部分是从其它藏家处借来展览的。早期博物馆收藏的藏品不但数量不甚丰富，而且收藏也没有特别的门类，尚没有形成自己的特色。戴谦和对这

---

① D.C.Graham, "The West China Union University Museum", *WCMN*, No.1, (1933): 13 - 14; D.C. Graham, "The West China Union University Museum", *WCMN*, No.5, (1934): 9; D.C.Graham, "The West China Union University Museum", *J WCBRS*, Vol.6, (1933 - 1934): 134.

② 戴谦和报道："博物馆已于五个月之前开始展出。博物馆坐落在怀德堂东南角，建议那些没有参观的人前去参观。" D.S.Dye, "The West China Union University Museum", *WCMN*, No.6, (1920): 18. 更多内容参见周蜀蓉：《传教士与华西协合大学博物馆的创建》，《宗教学研究》，2014 年第 4 期，第 200—207 页。

③ D.S.Dye, "The West China Union University Museum", *WCMN*, No.6, (1920): 18.

次博物馆首展非常重视，在 1919 年初，戴氏分别给叶长青、陶然士、傅文博、夏时雨（Openshaw）、布礼士、博士德、汉普森、哈特森（Hutson）、嘉德（Yard）①等先生和女士写信，希望他们将收藏的标本或文物借给博物馆展览。在戴谦和及传教士学者的共同努力下，华西大学博物馆的第一次展览正式对外开展。这次展览引发公众的极大兴趣，尤其是"当地和中国的东西最受欢迎"。这也给戴氏带来不少启发，其一，博物馆应多收藏"有四川各地的特色的物品及四川周边地区的物品"，形成了博物馆今后以收藏华西古物及边疆各民族器物为主的收藏理念。其二，博物馆应与传教士、大学教师、学生和（中国社会）上层人士合作，使之发挥大学第二课堂的教育功能。其三，就博物馆建设而言，准备以"贷款和贡献"的方式促进其发展②。

1924 年以后，博物馆藏品的数量大增。引起这一变化的一个主要因素是，1922 年华西边疆研究学会成立，并派出科考队到汉藏边地去考察，采集到大量的博物标本和民族物件。学会与博物馆合作共建，学会在边地考察时为博物馆收集"有价值"的标本材料，博物馆为学会提供研究材料和空间③。在此之后，学会收集到的边地民族生活器物、宗教法器、服饰、照片及动植物标本都送博物馆保存与研究，这极大地丰富了大学博物馆藏品，而学会会员对馆藏文物的研究也取得了开创性的成果。两个学术机构都得到了发展。到 1932 年秋季，博物馆藏品已达六千件，戴谦和开创性的贡献是有目共睹的。但此一时期，博物馆建设上还存在诸多问题，如藏品的分类、编目不够科学与规范。这可能跟戴氏非专业出身有一定关系。

在戴谦和主持博物馆事务期间，博物馆曾多次搬迁。1919 年前，博物馆藏品存放的具体位置不详。1919 年学校怀德堂（The Administration Building）落成，校方将怀德堂东南部分给博物馆陈列展览用，当年博物馆就搬迁到了新址④。藏品分别收藏于怀德堂及 1920 年竣工的赫斐院（The Hart College）。1928 年懋德堂（The Lamont Library and Harvard - Yenching Museum）落成，博物馆搬迁到懋德堂

①　四川大学博物馆档案编号：314、315。
②　D.S.Dye，"The West China Union University Museum"，*WCMN*，No.6，（1920）：18.
③　D.S.Dye，"Purpose and Program"，*JWCBRS*，Vol.2，（1924 - 1925）：1.
④　D.S.Dye，"The West China Union University Museum"，*WCMN*，No.6，（1920）：18.

二楼，与一楼的图书馆为邻①。

1932 年秋，葛维汉正式担任古物博物馆馆长。在治理博物馆方面，身为文化人类学家的葛维汉倡导科学管理。上任不久，他便对博物馆工作进行全面调研，他发现：

> 从某些方面可以说，这个世界上最好的博物馆之一的博物馆，却处于一个从未有过的混乱状态。由于上任馆长有很繁重的项目，因此没有时间来对藏品进行合理的分类、编目。他们在收藏方面的成绩相当出色。我认为，我们有最好的汉墓随葬品。我们也收藏有现存最好的中国古币。此外，还有稀有的铜器、大量的精美的刺绣品等等。我们有一些石器、早期的铁器、铜器和玉器。但我们的藏品在（中国）宗教文物、藏族文物和原住民文物方面还很薄弱。②

华大博物馆在藏品的分类、编目方面存在不足是客观事实。而在宗教文物、原住民文物收藏方面的"薄弱"，是前任以理学见长的戴谦和与学人类学的葛氏在认识上的差异。因此，葛氏担任馆长之初，最重要的工作就是对藏品进行分类、编目，同时加强对宗教文物、华西边疆非汉族文物的收藏工作。

为了编制一套完整的馆藏目录，葛维汉首先对散放在赫斐院、怀德堂等处的馆藏统统集中到懋德堂二楼博物馆里进行全面的清点。在全面清点的基础上，对藏品进行了科学分类。他们给每件藏品制作卷标和卡片。从藏品卡片的各项记录栏目来看，葛氏受美国史密斯索尼博物馆（Smithsonian Institute）、国家自然历史博物馆的影响，参照其编排模式来进行分类制卡片，不同的是华大藏品卡是中英文对照的。藏品目录由三张卡片组成，即藏品登记卡、登录卡和说明卡，三者缺一不可。为每件藏品建立起一套完整的文本文件，更方便教学和科研。此外，博物馆还对重要藏品进行拍照留档，将照片作为识别藏品的标签，便于将来研究出版③。大多数目录簿的编制工作由葛维汉夫人完成，而葛维汉和林名均④两人共

---

① 四川大学史稿编审委员会：《四川大学史稿：华西协合大学（1910—1949）》第四卷，成都：四川大学出版社，2006 年版，第 49、70 页。

② 四川大学博物馆档案编号：243。

③ 四川大学博物馆档案编号：704、716。

④ 林名均（1909—1969），笔名比木，又名林则原，四川资中人，考古学家、图书馆学家。1933 年毕业于华西协合大学文学院中国文学系，同年以馆长中文助理的身份来馆，其职责是辅助馆长工作。

同完成了中英文卡片的制作。他们还完成了大多数陶器、铜器和皮革质文物的修复工作。华西协合大学训导长唐波澄对林名均的回忆：

> 林名均将每一件古物所研究出来的历史、名称、年代、出地、用处或捐赠人的姓名等，作一小签，陈放古物之旁，以便参观者一目了然，又登记于总簿。若有学术团体或各友校，或各界人士前来参观，他就负引导、解释之责。①

葛维汉根据自己所掌握的学科知识，结合馆藏实际特点，将博物馆划分为考古（Archaeology）、艺术（Art）和民族学（Ethnology）三大部。制定出立足于华西的收藏目标，广泛收集华西边疆民族学、考古学、人类学等各类文物。1934 年葛维汉对外公布：

> 博物馆的藏品已超过一万一千件，大约五千件是自 1932 年 10 月以来首次添加的。其中许多藏品都具有科学价值，它们将被世界上任何最伟大的博物馆珍视和鉴赏……博物馆可以利用它来为华西地区乃至华西协合大学提供更大、更有用的服务。②

在葛维汉主持博物馆工作期间，华西协合大学博物馆将收藏与研究密切结合，葛氏带领同仁积极从事华西边疆地区的人类学、考古学研究，这极大地推动了博物馆的发展。葛维汉、林名均通过考古发掘、实地考察为博物馆收集了大量石器、陶器和珍贵文物。即如 1934 年两人在汉州遗址发掘，丰富馆藏六百多件玉石器。1934 年至 1935 年，葛氏在川南珙县考察僰人悬棺，收集到僰人器物及《平蛮碑》摹钞相片。1936 年 9 月，葛维汉考察邛崃十方堂遗址，收集一批邛窑陶器。1938 年葛维汉在理番收集到少许陶片。而林名均 1941 年在威州收集陶片二百多块③。到 1936 年，馆藏文物已达一万五千八百八十五件，主要包括民族文物、川康出土新旧石器、清代服装及刺绣、鼻烟壶、瓷器、铜器、玉器、古币、汉俑、汉州古物。哈佛燕京学社经费的支持，加之葛维汉及同人的持续努力，使得博物馆成为中国西南最好的博物机构。博物馆收藏之富，使社会为之侧目，当时舆论盛赞

---

① 《林名均档案》，四川大学档案馆藏：四川大学干部档案袋编号：121·附卷（3）。

② D.C.Graham, "Notes About The West China Union University Museum", *WCMN*, No.5, (1934): 9–12.

③ 周蜀蓉：《中西学术互动之典范——以华西协合大学博物馆葛维汉与林名均为例》，《博物馆学刊》，2013 年第 3 辑，第 210—219 页。

"收藏珍贵之历史遗物甚多，永为西南最完善之博物馆"①。截至 1939 年 1 月，博物馆已有藏品两万零八百六十五件，其中汉族藏品一万三千六百零五件、藏族两千七百二十二件、苗族五百七十四件、羌彝等族五百零六件、其它三千四百五十八件②。

华西协合大学博物馆极其强调对正在消逝的历史物品的收集、保存和展示。博物馆的创建者们都意识到不同文化、不同族群的文化多样性问题，他们试图通过"博物馆"为解读过往与他者提供一种可能。华西协合大学的创立者毕启博士就曾感叹华西独特的人文地理，认为这将给学校提供独一无二的机遇。毕启说：

> 华西也许是这个世界上对于各种生命——植物和动物——以及未被发现的文化人类学的财富……的最显著的地方。冰川在它通过美洲大陆和欧洲的运动之中几乎灭绝了各种各样的植物和动物，我们仅仅通过化石的发现才知道这些。在华西却已经有完全不同的历史……其结果是每一种类型的动植物都在这里找到了它们合适的栖息地，并且已经得到了保存……于是，在经过种类内部争斗和外部为生存的竞争，我们不能从种类学上区分孤立和独特的许多生物类型已经成功地在不同的山区和峡谷中存活下来。③

胸襟开阔、眼光远大的校长毕启，他的思想无疑与博物馆的理念高度的一致。对有眼光的学者来说，华西边疆并非令人生畏的"偏远贫瘠"之地，反而意味着是"未被发现文化人类学的财富"。作为华西协合大学的校长，毕启的这番话无疑具有重要的指导意义。此后，戴谦和、葛维汉、黄思礼等博物馆的负责人都曾在不同的场合反复引述这段讲话。

华西协合大学博物馆的第二任馆长葛维汉在华西协合大学博物馆馆史上占据着重要的地位。在葛氏的领导下，博物馆达到了一个前所未有的高度。葛维汉的办馆思想对博物馆的发展起着决定性的作用。与毕启的理念相比，两人的想法都高瞻远瞩，目标宏大，有着内在的一致性，但葛氏的想法更为具体，富有操作

---

① 《国民日报》记者：《参观华大博物馆》，《国民日报》，1933 年 12 月 23 日第 6 版。

② 四川大学档案馆档案编号：临 28，目录号 254，卷号 84。《高等教育概况表》（民国二十八年调查），其中汉族藏品一万三千六百零五件、藏族两千七百二十二件、苗族五百七十四件、羌彝等五百零六件、其它三千四百五十八件，共计两万零八百六十五件，同卷《私立华西协合大学要览》亦说："博物馆现有古物分类则为国外、国内、藏族、苗族、羌彝等共计二万零八百六十五件。"转引自邓林：《葛维汉与华西协合大学博物馆》，2013 年硕士学位论文，四川大学，第 24 页。

③ 黄思礼著、秦和平译：《华西协合大学》，珠海：珠海出版社，1999 年版，第 133—134 页。

性。葛维汉认为：

> 在每个地方，国家博物馆完全被作为研究机构而建立，在里面有受过训练的工作人员和较完备的编目设备，它们的价值是毋庸置疑的。它们的收藏已经很多了，但还是要继续增加以跟上那些新发现的步伐……博物馆作为公众教育的手段和有教养的娱乐方式，它们的功效越来越被重视……但无疑的，在博物馆某些方面的进一步发展是可能的，也是需要的。[1]

> 华大博物馆不是寻求物件来做有趣展览的古玩店。它的目的是去收集和保存能够诠释华西地区的以前的历史和不同种族和文化群体的文化。它是一个主要致力于让大量的科学研究成为可能的研究机构。[2]

至于具体到博物馆的陈列展示问题，葛维汉深受哈佛大学皮博迪博物馆和芝加哥菲尔德自然历史博物馆（Field Museum of Natural History）的影响。这两个博物馆都是按地区、按单位搜集并根据其文化来展示藏品，其目的是完整展现每一个社会。葛维汉在华西协合大学博物馆展示藏族的神龛、清朝的刺绣和其它中国的工艺品的方法中就可以明显看到这种影响[3]。另外，葛氏人类学思想明显包含了博厄斯学派人类学"历史特殊论"成分[4]。该学派"呼唤一种文化相对论的立场，即在试图对一种文化进行归纳之前，我们有必要根据他们自身的术语并将其放置于自身的历史语境下来理解它们"[5]。基于上述诸理念，葛维汉陈列风格是按照欧美通行的学科分类体系来布馆，与考古学、艺术学和人类学博物馆的名称相对应，藏品主要按民族学、民俗学和考古学陈列，如对石器、汉州遗址出土文物的陈列。

懋德堂是一座东西向的二层大楼，博物馆位于二层楼上。葛维汉将二楼全部用来布展，一分为三，北室为中国古物美术品厅，南室为西藏物品陈列厅，连接

---

① D.C.Graham，"The West China Union University Museum"，*WCMN*，No.1，(1933)：13 - 14.

② 四川大学博物馆档案编号：755。

③ 苏珊·R.布朗著、饶锦译：《在中国的文化人类学家——戴维·克罗克特·葛维汉》，载李绍明、周蜀蓉选编：《葛维汉民族学考古学论著》，成都：巴蜀书社，2004 年版，第 254—255 页。

④ 已有不少学者注意到葛维汉在华西的研究很大程度上受其时主流的美国文化人类学之父博厄斯（Franz Boas）的影响。李绍明、王铭铭等人较多都持有此种观点，美国部分学者也作此观。参见苏珊·R.布朗著、饶锦译：《在中国的文化人类学家——戴维·克罗克特·葛维汉》，以及李绍明：《中国人类学的华西学派》，《中国人类学评论》（第 4 辑），北京：世界图书出版公司，2007 年版。

⑤ 巴特等著、高丙中等译：《人类学的四大传统》，北京：商务印书馆，2008 年版，第 313 页。

南北两厅的回廊里，各列小间陈列羌、苗、倮等族物品及杂物。西藏物品陈列厅，陈列有西藏黄教及黑教的宗教器物，有铜质佛像、藏画（唐卡）、法器，甚至刻有藏文咒语的卵石。最西一大橱展示如佛堂式（神龛），有灯塔等物。南有一西藏独木梯、服饰等生活用品。上述文字是40年代来馆参观的古物收藏家卫聚贤所言，这些展品给他留下了深刻印象①。葛维汉也非常认可藏族厅的陈列，他撰文说，其中有三大玻璃柜均满贮西藏黄教之珍贵神像及物品，曾由西藏喇嘛亲至馆中按照教中之仪式布置成一经堂方式。物品中之最重要者，有各种藏画、镀金花瓶、镀金大弥勒佛及千手观音、糌粑及铜质佛像、刻花之茶壶、法铃、法杵、号筒、海螺及衣服、佛珠、面具等②。葛氏非常赞同"佛堂式"的展示方式，他以自己开创复原佛堂陈列圣物的方式自夸③。

博物馆除对文物的展示外，葛维汉也极为重视一些特殊展览，他认为博物馆的教育功能很大程度是通过展览实现的。1938年，博物馆举办了两次私人收藏特展。一次展出的是金陵大学程千帆教授收藏的中国绘画以及曾在中国和欧洲学习过的当代艺术家许士骐先生的画作；另一次是6月11日到14日，展出南京大学商承祚教授在长沙发掘出土的绘画及相关著作和文章④。由于博物馆展厅面积有限，这类展览大多借用大学其它场所举办。如1933年9月博物馆与华西边疆研究学会联合主办的"中国艺术展"，是在大学小礼堂及相邻两室展示的。

为配合博物馆的展览，葛维汉率先在博物馆举办学术讲座活动，使展览与学术讲座相互呼应，有利于博物展览与学术研究相互促进，尽量发挥其教育功能。如1938年5月葛维汉在《华西教会新闻》上发布馆内举行学术讲座的消息：郑德坤讲"中国文化的起源与发展"；葛维汉讲"中国陶瓷史"，程千帆讲"中国绘画史"，许士骐讲"中国现代绘画"⑤。这四次讲座中，郑德坤的讲题偏向考古，与

---

① 卫聚贤：《华西大学博物馆参观记》，《说文月刊》，1940年第二卷第8期，第4页。

② 葛维汉：《华西协合大学古物博物馆概况》，《中国博物馆协会会报》，1936年第一卷第3期，第13页。

③ 四川大学博物馆档案编号：970。

④ D.C.Graham, "Annual Report of the Museum, Division of Archaeology, Art and Ethnology, W.C.U. U.1937-1938，四川大学博物馆档案编号：714号。笔者注，商承祚的《长沙古物闻见记》《长沙出土楚漆图录》是开楚文化研究之先河，被称为湖南楚文化考古之传布和研究的开山鼻祖。

⑤ D.C.Graham, "The West China Union University Museum of archaeology, art and ethnology", WC-MN, No.5, (1938)：189.

博物馆的研究密切相关。葛维汉的讲题也直接来源于他的研究，其中大量运用了华西博物馆的馆藏，可谓是将收藏与研究相结合的典范。后两人的讲座，则都与前述博物馆举办的私人收藏展览同步。这种将展览、研究、演讲相结合的方式，不仅形式新颖，而且内容丰富，因此深受欢迎。更重要的是，它显示了博物馆并非一个单纯的收藏展示的机构，更是一个研究与交流的学术重镇。

表 4-2-3　1939 **年华大博物馆系列讲座安排表**①

演讲题目	演讲人	所属单位
中国古代钱币	林名均先生	华大博物馆
在嘉定及夹江的考古调查	李小缘教授	南京大学
介绍记录民族的摄影	葛维汉教授	华大博物馆
题目待定	戴谦和教授	华大理学院

华西协合大学彷行"牛津剑桥式"的办学模式②，将博物馆视为大学教育系统的一个重要组成部分。在葛维汉的带领之下，博物馆成为中国高校中首屈一指的大学博物馆。葛维汉在《1935 年度华西协合大学博物馆工作报告》中报告：

> 观众登记本显示超过四千人在本年参观了博物馆。其中包括蒋介石委员长和夫人宋美龄、张学良将军、顾祝同将军、编辑俞颂华先生、书法家谢无量、（南开大学）校长张伯苓、中国基金会的格林（Roger S.Greene）、国际联盟健康专家斯坦普博士（Dr.Stamper）、上海美国领事馆领事安立德（Julean Arnold）、费城自然科学学院多兰（Brrok Dolan）、柏林大学 E.海尼士博士和卡尔·舒斯特博士（Dr.Carl Schuster）。③

1936 年 10 月 13 日，有数百人参观华大博物馆，而一位纽约旅客还专程从北平到成都来参观展览④。葛维汉的管理模式无疑为 20 世纪中国现代博物馆的发展树立了典范。

1941 年郑德坤博士继任为馆长，郑氏基本上沿袭了葛维汉形成的体系，"因

---

① 四川大学博物馆档案编号：949。

② 四川大学史稿编审委员会：《四川大学史稿：华西协合大学（1910—1949）》第四卷，成都：四川大学出版社，2006 年版，第 9 页。

③ 四川大学博物馆档案编号：2010—702。

④ D.C.Graham，"Gifts to the West China Union University Museum of archaeology between April first and October first，1936"，*WCMN*，No.5，（1936）：23.

为他（葛维汉）的体系是科学的"①。"他的目的是使博物馆成为一个教育的中心和收藏有兴趣有价值物品的地方。他开始对博物馆所有的数据进行科学的分类，安排用图片的形式介绍四川丰富多彩文化的展览。"② 郑德坤自述：

> 本馆素以收集西南资料为职志，凡关于考古学人类学上有关资料，无不尽量搜罗。陈列方式，不能不以考古学及人类学为准绳，务使金石古物成为文化系统之证据，使民族标本宣示边区生活之状态。陈列工作乃与研究计划同时进行，而以考古数据之联系为最重要。③

这是他在第一个五年计划中提及的博物馆科学发展的总体精神，最终经过他和馆内同人的努力，该项计划得以顺利完成。

1941 年至 1946 年的五年间，博物馆先后参加了包括汉墓、唐墓、王建永陵及文庙旧址等四次考古发掘和若干次实地调查活动，收集了大量文物标本，如1946 年收集藏品五百多件，包括历代名纸两百九十多件（杨啸谷先生捐赠及他物两百件），其中不乏珍品者，如希成博物馆原藏古物五十多件，均系珍贵标本④。还有峨眉山伏虎寺宗教画也很罕见⑤。郑德坤认为峨眉山伏虎寺这批画，"其最早年代为康熙三十二年（1693），其作风与西藏佛画完全不同，而与敦煌壁画即较接近"⑥。到 1943 年，博物馆有藏品两万六千余件，至 1947 年，馆藏文物标本约三万件，其中包括"一万五千五百五十九件汉族物品，三千四百八十二件藏族物品，一千五百八十八件华西少数民族物品，一些外国物品，大量旧石器时代的石制工具收藏品"⑦。郑氏在葛维汉分类的基础上，推陈出新，按中国石器与雕刻、中国金属器、四川陶瓷器、华东和华北陶瓷器、西藏文物、西南民族用具和其它艺术品七个部分陈列。与此同时，郑氏还在主持完善了博物馆馆藏目录工作。此

① 李绍明口述、伍婷婷整理：《变革社会中的人生与学术》，北京：世界图书出版公司北京公司，2009 年版，第 53—59 页。直到现在，四川大学博物馆的藏品陈列仍基本延续了这一体系。
② 黄思礼著、秦和平译：《华西协合大学》，珠海：珠海出版社，1999 年版，第 133—134 页。
③ 郑德坤：《五年来之华西大学博物馆》，华西大学博物馆铅印单行本，1947 年版，第 2 页。
④ 佚名：《博物馆消息》，《华西协合大学校刊》，募集基金运动专号，1947 年 8 月 31 日，第 22 页。《华西大学古物博物馆概况》一文称历代名纸共二百九十六张。
⑤ 《郑德坤、冯汉骥致方叔轩函》（1947 年 3 月 26 日）说："峨眉山伏虎寺古画流入蓉市，识者一时惊为瑰宝，以为不亚于敦煌石室。该批古画四川博物馆多方收得二十七巨幅，华西大学博物馆也收得十巨幅。"载党跃武编：《川大记忆：校史文献选辑》（第一辑），成都：四川大学出版社，2010 年版，第 356 页。
⑥ 郑德坤：《五年来之华西大学博物馆》，华西大学博物馆铅印单行本，1947 年版，第 5 页。
⑦ 黄思礼著、秦和平译：《华西协合大学》，珠海：珠海出版社，1999 年版，第 133—134 页。

时馆内人才济济，有林名均、宋蜀青、宋蜀华、苏立文、梁钊韬等学者，还聘有华大中国文化研究所所长闻宥教授，国立四川大学教授兼四川省博物馆馆长冯汉骥博士，著名摄影记者、康藏问题研究专家庄学本先生，学者曾昭明兼作顾问，共商馆务。

郑德坤非常重视博物馆教育功能，将其提升到博物馆建设之首要位置。他认为，"博物馆之宗旨，在引起学生或参观者之兴趣，负有教育之任务。如不能达到此种目的，则无存在之价值"[①]。郑德坤开放博物馆，"为大学课程和公众科学提供一个实验室"[②]。1942 年，郑德坤在馆内为五大（华大、齐鲁、金陵、中央、燕京）学生和同人教授博物馆学课程，还为五分之三的学生提供进入博物馆实习一年的机会，为激发学生学习热情，每个学生每月能得到一定的生活补助[③]。博物馆成为专业学生进行相关领域及华西边疆多元文化研究的实验室。这既提高了学生们的博物馆学知识又提高了馆内同人的专业素质，有利于工作的推进。

郑德坤尤擅长利用特别展览来发挥博物馆教育职能。早在戴谦和、葛维汉时期，华大博物馆就已开始举办特别展，但这类展出仍属凤毛麟角。郑德坤在 1941 年至 1947 年间，不断推出各种主题的特别展来教育受众，先后举办有"馆藏灯影展"（演出影戏）、"羌族文物与图片展"（葛维汉演讲）、"古玉展"、"藏画展"、"佛教雕刻展"、"陶瓷展"、"古代名纸展"（杨啸谷捐赠）以及"华西丰富多元文化图片展"，推广艺术兴趣的"图画展"，促进文化交流的"英国刻画展"和"美国建筑展"等十余次特别展览。诸展览吸引社会各界人士前来参观，成为抗战时期大后方的一道独特的风景线，被誉为成都当时"重要名胜地之一"。正如郑德坤所言，"当地教授、学生及对文物有兴趣之人士，常有目的地来参观"，而"来自外省及国外之人士、达官要员、国际名士、友邦空军，来此一游者颇多"[④]。可以看出，华大博物馆在当时社会上影响甚巨。

郑德坤之后，因局势的变化，博物馆也动荡不安，几年内几易馆长，直到1951 年秋闻宥馆长到任后，工作才转入正轨。闻氏开展了大量工作，如清点凌乱的标本，收购珍贵文物，出版《华西文物》及博物馆馆刊，鼓励同人从事研

---

① 郑德坤：《五年来之华西大学博物馆》，华西大学博物馆铅印单行本，1947 年版，第 2 页。
② 四川大学博物馆档案编号：389、390。
③ 四川大学博物馆档案编号：378，《华西协合大学博物馆委员会会议记录（1942 年 3 月 9 日）》。
④ 郑德坤：《五年来之华西大学博物馆》，华西大学博物馆铅印单行本，1947 年版，第 1 页。

究。其中最有成绩的工作是收购了大批珍贵文物。解放以后，因形势关系，"民间大批珍贵古物出现市面，（馆内）乃把握时机，购入珍贵文物甚多，尤以书画艺术品方面为甚"，共计入藏一千零七十七件。同时配合政府工作，将馆藏红军长征文物运送北京展览，将馆藏部分"从猿到人"资料参加成都物产展览会。同时计划来年举办一次较大规模展览，内容或为书画或为"从猿到人"①。1952年"社会发展史"展览对外展出，陈列有北京人头骨模型、石器时代的标本、各朝代的生活生产器具等。展览受到社会的关注，该校师生及外校师生、机关干部、各界人士，络绎不绝来馆参观②。闻宥任馆长时间不长，但他善于把握时机极大地丰富了馆藏，将华大博物馆工作迅速融入新的时代中，推动了博物馆事业的发展。

三、华西协合大学博物馆藏研究

自博物馆创建以来，博物馆的学者即意识到博物馆不仅是单纯的收藏、展览机构，而且更是一个学术研究机构。换言之，正是为满足华西协合大学传教士学者们学术研究的需要，方才有设立博物馆的需求。故此，博物馆乃是满足学术研究之需要，促进学术研究之开展而设立的。纵观民国时期博物馆的发展历程，学术研究自始至终都是博物馆最基本、最重要的功能之一。也正因为博物馆长期重视学术研究，在华西边疆研究中引领着时代潮流，并成为西南边疆研究的重镇，这反过来又强化了博物馆的学术地位与社会影响力。博物馆第三任馆长郑德坤在其讲演中提到，华大博物馆的传统做派是"参加考古发掘……（使）若干待决问题，均迎刃而解。他如旅行调查（实地考察），采集新标本甚多，补遗补缺，经数年之研究，全部资料，乃成为西南文化发展史之基础"③。

自博物馆的首任馆长、创始人戴谦和开始，博物馆就非常看重对藏品的研究，力求使个人对华西边疆的研究与博物馆的馆藏相互结合、相互促进。戴氏身为英国皇家地质学会会员，他深知研究的重要性，戴氏先后在《华西边疆研究杂志》等英文刊物上发表《华西发现的石器》《陶片图案的象征意义》《四川农业水资源的利用》《中国西部博物馆：中国西部的人和他的文明》《成都地下水研究》

① 编者：《馆务》，《华西文物》创刊号（1951），第31—36页。
② 易遵谅：《忆华西协合大学博物馆》，载成恩元：《成恩元文集》（上下卷），成都：四川民族出版社，2013年版，第870—873页。
③ 郑德坤：《五年来之华西大学博物馆》，华西大学博物馆铅印单行本，1947年版，第2页。

《成都平原太阳辐射之研究》等文章，内容涉及华西的文博、考古、美术、地质、气象等方面。戴氏对中国艺术品也有浓厚兴趣，他收藏的中国历代窗格图案达六千多种。1937 年出版专著《中国窗花图案》（牛津大学版），是书于 1943 年由哈佛燕京学社再版，该书应用西方先进的科学方法来研究中国传统建筑艺术，使之成为国际汉学界研究中国窗花图案的权威著作。

叶长青与陶然士对博物馆的卓越贡献，不仅贡献藏品还研究藏品，为华西研究提供了不少基础性资料。两人的身份相近，都是传教士、汉学家、英国皇家地理学会成员、亚洲文会北中国支会会员，都在华西有多项考古发现。1913 年，叶长青在岷江上游的川西高原一带采集到一些古人类使用过的石器，是最早发现川西高原旧石器材料者①。此后，他又长期在康巴藏地区活动，收集到不少人类学资料。他将发现的石器和收集到的资料存放在博物馆，并对其进行研究，成果大多刊载于《教务杂志》《华西教会新闻》《华西边疆研究学会杂志》上。在会刊发表有《白石考》《嘉定洞穴与岩佛——岩石崇拜起源概述》《西藏地理环境对人的影响》《中国石器时代》《藏东神碑和相关特征》《西藏的尼姑庵和尼姑》《喇嘛教的玛尼等级制度》《金川日月崇拜》② 等。

陶然士是最早考察乐山崖墓并提出崖墓是东汉时期遗迹的外国人，是发现和考证被称为四川"蛮子"遗址的第一个西方人③，也是最早发现华西石棺葬陶器遗物的学者。20 世纪 10 年代，陶氏在川西北岷江上游两岸羌族村寨中收集到数十件双耳罐等古代陶器④，其中收集的部分器物藏于华大博物馆内。陶然士在《教务杂志》《华西教会新闻》《皇家亚洲文会北中国支会会报》《华西边疆研究学会杂志》上发表论著，其中不少论著是以博物馆藏品为研究对象，例如在会刊发表的《川西汉墓考》《华西土著记要》《羌人宗教的基本理念》《理番石碑释译》

---

① 石硕：《从旧石期晚期遗存看黄河流域人群向川西高原的迁徙》，《西藏研究》，2004 年第 2 期。

② J.H.Edgar，"The White Stone"，"Notes on the Kiating Caves and Buddha，with Suggestions on the Origin of Litholatry"，"Geographic Control and Human Reactions in Tibet"，"The Stone Age in China"，"Sacred Stones and Associated Traits in Eastern Tibet and Contiguous Regions"，"Convents and Nuns in Tibet"，"A Suspected Manicheistic Stratum in Lamaism"，"Sun and Moon Worship in the Chin Ch'wan"，*JWCBRS*，Vol.1，（1922 – 1923）：57. Vol.1，（1922 – 1923）：59. Vol.2，（1924 – 1925）：2. Vol.3，（1926 – 1929）：107. Vol.4，（1930 – 1931）：51. Vol.5，（1932）：62. Vol.6，（1933 – 1934）：252. Vol.7，（1935）：82.

③ 李绍明、周蜀蓉选编：《葛维汉民族学考古学论著》，成都：巴蜀书社，2004 年版，第 115 页。

④ 郑德坤：《四川古代文化史》，华西大学博物馆专刊之一，1946 年版，第 53 页。

《原始崇拜中石头的作用》①。陶氏的《四川丧葬习俗》采用田野考察的方法对华西部分地区的丧葬习俗进行了深入论述，主要描述近代四川葬礼的习俗和方式、墓葬构成、不同阶层的坟墓建筑、殉葬品，及明代以前的墓穴。还探究了汉魏两晋以来的丧葬习俗，又以中国人重孝道的视角论证了中国人的丧葬文化②。

葛维汉与林名均在馆藏研究方面成绩斐然，郭沫若称他们是"华西科学考古工作的开拓者"③。1934 年 3 月，由葛、林组成的华大博物馆科考队对汉州三星堆遗址进行了首次考古发掘。其后，他们分别发表《汉州发掘的初步报告》《广汉古代遗物之发现及其发掘》④，揭开了四川"三星堆文化"考古与研究的新纪元。

葛氏还主持叙府、重庆等地汉墓，唐宋邛窑，成都琉璃厂窑考古活动，考古报告多发表在《华西边疆研究学会杂志》上，如《叙府汉墓发掘报告》《重庆汉墓发掘报告》《成都琉璃厂窑址》⑤，详细记录出土文物，为四川地区的考古研究打开新局面。葛氏还在 20 年代至 30 年代的《华西教会新闻》、《华西边疆研究学会杂志》、《中国博物馆协会会报》⑥、《教务杂志》、《史密斯索尼学会会刊》（*Smithsonian Institution*）、《皇家亚洲文会北中国支会会报》等中英文刊物上发表三十多篇有关大学博物馆及藏品研究的文章，如《西藏神灵节面面观》《四川古代僰人墓穴》《华西协合大学古物博物馆收藏的一卷永乐大典》《华西协合大学博物馆》《华西协合大学古物博物馆所藏史前人石器》《兴文县僰人被征服碑译文》《川苗习俗》《评述华西协合大学博物馆收藏的汉代墓葬文物》《华西大学古物博

① T.Torrance, "Notes on the Cave Tombs and Ancient Burial Mounds of Western Szechwan", "Notes on the West China Aboriginal Tribes ", "Free Translation of a Stone Tablet at Lifan", "The Basic Spiritual Conceptions of the Religion of the Ch'iang", "The Use of Stones in Primitive worship", *JWCBRS*, Vol.4, (1930 - 1931)：88. Vol.5, (1932)：10. Vol.6, (1933 - 1934)：31. Vol.6, (1933 - 1934)：22. Vol.8, (1936)：62.

② T.Torrance, "Burial Customs in Sz-chuan", *JNCBRAS*.Vol.12, pp.57 - 75.

③ D.C.Graham, "A Preliminary Report of the Hanchow Excavation", *JWCBRS*.Vol.6, (1933 - 1934)：129.

④ 林名均：《广汉古代遗物之发现及其发掘》,《说文月刊》（巴蜀文化专号），1942 年第三卷第 7 期，第 93 页。

⑤ D.C.Graham, "An Excavation at Suifu", "Excavation of a Han Dynasty Tomb at Chungking", "The Liu Li Ch'ang Kilnsite", *JWCBRS*.Vol.8, (1936)：88. Vol.10, (1938)：185. Vol.11, (1939)：36.

⑥ 参见 *WCMN*, No.4, (1924), No.1, 2, 11, (1933), No.5, 12, (1934), No.11, (1935), No.7 - 8, 11, (1936), No.5, 11, (1937), No.5, (1938), No.1, (1939)；*JWCBRS*, Vol.5, 6, 7, (1932 - 1935)；《中国博物馆协会会报》第一卷第 3 期，1936 年第 14 页。

图 4—2—4　汉州遗址发掘现场

(1934 年 3 月葛维汉〔D.C.Graham，前排左一〕和林名均〔前排右一〕在发掘现场。影像数据刊于《华西边疆研究学会杂志》第 6 卷。)

物馆收藏的两盏小铜灯》《川西出土的汉砖》《邛崃陶器》[①] 等，这些研究成果以西方的学术方法，运用考古学、人类学、博物学等学科知识对华西边疆进行综合研究，不少成果在学术界广泛影响，同时迅速地提升了博物馆在国内外学术界的地位和知名度。

　　林名均在葛维汉带动下，学术研究水平不断提升，1933 年至 1936 年多次随

---

①　D.C.Graham, "Notes on the Tibetan Festival of Gods", "Ancient White Men's Graves in Szechwan", "A Volume From the Hanlin Library in West China Union University Museum", " The West China Union University Museums", "Implements of Prehistoric Man in the West China Union University Museum of Archaeology", "A Translation of the Inscription on the Stone Tablet at Hsing Wen Hsien Commemorating the Subjugation of the P'o Jen", "The Customs of the Ch'uan Miao", "Notes on the Han Dynasty Grave Collections in the West China Union University Museum of Archaeology ", "Notes on Two Small Bronze Lamps in the West China Union University Museum of Archaeology", " Ornamented Bricks and Tiles from Western Szechwan", "The Pottery of Ch'iun Lai", *J WCBRS*, Vol.5, (1932): 43. Vol.5, (1932): 75. Vol.5, (1932): 153. Vol.6, (1933 - 1934): 132. Vol.7, (1935): 47. Vol.8, (1936): 82. Vol.9, (1937): 13. Vol.9, (1937): 213. Vol.9, (1937): 218. Vol. 10, (1938): 191. Vol.11, (1939): 46.

葛维汉前往琉璃厂遗址考察与收购陶瓷器。1940 年 1 月前往新津考察古迹。1941 年随闻宥赴川西理番地区考察。1942 年至 1943 年，代表博物馆参加冯汉骥、吴金鼎主持的王建墓一期和二期的发掘。从 30 年代开始，林氏在《论语》《新亚细亚月刊》《华西边疆研究学会杂志》《边疆研究通讯》《说文月刊》《文史教学》等杂志上发表涉及华西历史、民族、考古、文学等方面论文十多篇①，如《中国传说和信仰中的杜鹃》《川南僰人考》《川苗概况》②。

郑德坤任职期间，馆内学者对馆藏研究更加深入，且积极配合特展进行拓展性研究。如 1944 年举办古玉展，郑德坤著《古玉概说》。1945 年佛教雕刻展、西藏唐卡展，郑德坤著《西藏图画》，与苏立文合著《西藏文化导言》，是研究藏画的早期作品。1946 年举办陶瓷展览会，郑德坤著《蜀陶概说》。1947 年展出收藏家杨啸谷先生捐赠给博物馆的两百多张古纸，郑德坤编《中国名纸目录》。推出华西丰富多元文化图片展，郑德坤著《理番岩葬》，与梁剑韬合著《西南民族导言》。郑德坤是馆藏研究的主力，先后以馆藏器物为基础数据，撰有《四川史前石器文化》《四川古代小史》《王建墓》《四川考古学》《四川钱币导言》《四川古代文化史》等。这一时期博物馆出版书刊达二十四册③，新闻媒体评价"成都为中国西部文化中心，边疆研究工作机关之成立不下十数，而尤以华西大学博物馆成绩最为突出"④。郑德坤在华大博物馆的研究生涯，为其日后的学术发展打下了坚实基础。1947 年郑德坤赴英伦牛津、伦敦、剑桥等大学讲学，后在剑桥大学执教二十三年，是一位闻名国内外的考古学家。

50 年代，华大博物馆的研究以闻宥对铜鼓的研究为代表。这一时段，闻宥陆续出版《四川汉代画像选集》《古铜鼓图录》《四川大学历史博物馆所藏古铜鼓考》《四川大学历史博物馆所藏铜鼓续考》⑤ 等成果。闻宥是国内铜鼓研究第一人，开

① 周蜀蓉：《中西学术互动之典范——以华西协合大学博物馆葛维汉与林名均为例》，《博物馆学刊》，2013 年第 3 辑，第 210—219 页。
② M.C.Lin, "Hawk-Cuckoo（hierococcyx sparveroides）in Chinese Tradition and Belief", *JWCBRS*, Vol.8,（1936）：145；《川南僰人考》，《文史教学》，1941 年创刊号；《川苗概况》，《新亚细亚月刊》，1936 年第十二卷第 4 期。
③ 《华西大学古物博物馆出版书目》：手册丛刊十种，抽印丛刊十种，译丛两种，专刊两种，载《华西文物》（创刊号），1951 年 9 月封底。
④ 古董：《介绍华西大学博物馆》，《党军日报》，1942 年 6 月 19 日，第 6 版。
⑤ 闻宥：《四川大学历史博物馆所藏古铜鼓考》，成都：四川大学历史博物馆，1953 年版；《四川大学历史博物馆所藏铜鼓续考》，成都：四川大学历史博物馆，1953 年版；《古铜鼓图录》，上海：上海图书出版公司，1954 年版；《四川汉代画像选集》，上海：上海图书发行公司，1955 年版。

华西少数民族的古铜鼓研究之先河。他对馆藏铜鼓的研究在国内掀起一股铜鼓研究热潮，推动学界对古代铜鼓的研究，在国外也得到民主德国民族学博物馆及美国芝加哥考古博物馆等的高度重视。此外，博物馆同仁也积极利用馆藏藏品，从事研究工作。这一时期，博物馆出版的研究成果还包括佚名《华西大学古物博物馆概况》，闻宥《贵州雷山新出苗文残石初考》，杨啸谷《四川陶器概论》，成恩元《邛崃大佛院为唐代龙兴寺考》，宋蜀华《评〈西南民族文化论丛〉》，成恩元《川陕省苏维埃时期的银币》，沈仲常、冯国定、周乐钦《四川汉代陶俑》，冯国定、周乐钦、胡伯祥《四川邛崃唐代龙兴寺石刻》[①]等，大多是馆藏研究论著。

　　总的来看，华西协合大学博物馆研究的主要特点是：一，将考古发掘、学术研究、博物收藏、陈列展示相结合，构筑现代性的博物研究机构。二，从研究领域上看，博物馆充分利用地处华西的特点，集中开展华西边疆文化、历史、考古、人类学研究。特别是对华西史前石器、汉州遗址发掘、三星堆文化研究、邛窑陶瓷、僰人悬棺、西藏绘画、古代铜鼓、邛崃唐代龙兴寺等问题进行了开拓性的研究，在国际学术界享有盛誉。三，就研究方法而言，学者们将馆藏文物与既有文献相结合，将宏大理论与局部考证相结合，形成了自己的研究风格。四，博物馆的研究充分反映了中国西部地区的文化独特性、文化多样性。这些研究不仅开启了现代意义上的华西边疆的民族学、人类学、考古学研究，也为了解华西边疆、认识华西边疆、开发华西边疆奠定了重要的学理基础。

四、博物馆与华西边疆研究学会的合作

　　博物馆和华西边疆研究学会在博物馆建设与边疆研究方面的合作历史始于20世纪20年代。戴谦和不仅是博物馆的创始人，也是华西边疆研究学会的创始人之一。1924年2月，在华西协合大学校长毕启的家中，华西边疆研究学会执委会的包冉、葛维汉与毕启举行了一次非正式的会议，就学会与大学博物馆及图书馆合

---

① 佚名：《华西大学古物博物馆概况》，《文物参考数据》（西南专号），1951年第二卷第11期，第61—68页；闻宥：《贵州雷山新出苗文残石初考》，杨啸谷：《四川陶器概论》，成恩元：《邛崃大佛院为唐代龙兴寺考》，宋蜀华：《评〈西南民族文化论丛〉》，《华西文物》（创刊号），1951年9月，第3—24页；成恩元：《川陕省苏维埃时期的银币》，成都：四川大学历史博物馆，1953年版；沈仲常、冯国定、周乐钦：《四川汉代陶俑》，北京：朝花美术出版社，1963年版；冯国定、周乐钦、胡伯祥：《四川邛崃唐代龙兴寺石刻》，北京：中国古典艺术出版社，1958年版。

作一事达成了共识，这次会议有记录如下：

> （学会）不必再建立一个博物馆。学校已经有了一个博物馆，欢迎学会在收集标本和文物方面协助博物馆，博物馆收集范围正好是学会的兴趣所在。华西协合大学博物馆可以把收藏品分成不同的几个部分，标签上有捐赠者或借与者的名字以示该物品是学会赠与或是借给博物馆的。一些重要的发现或物品，很难作划分，这时可以新增一个特别的部分或空间来陈列学会的这些物品。该计划可以确保标本和文物得到照管，避免在管理和编目上的重复。目前，学会的副会长（毕启）是华西协合大学的校长，对两个项目都很感兴趣，因此，每个项目都将顺利进行，真正的合作也成为可能。如经同意，边疆研究学会的一个代表将每年安排到华西协合大学图书馆委员会和博物馆委员会服务。总之，要确保两个有着共同兴趣的机构之间的紧密和亲切的关系。①

记录表明，学会会员去边地考察同时为博物馆收集文物资料，博物馆为学会提供用于研究的藏品与陈列空间。双方对这一合作持欢迎态度，学会秘书通过新闻媒介对外发布这一消息②。这次会议达成的协议由此翻开了大学内这两个人类学研究机构的合作共建历史。这一年，博物馆还与华西边疆研究学会联合举办了"汉藏边疆民族标本图片展"。戴谦和对此次展示表示满意，他说："学会的展览陈列在华西协合大学博物馆的一个部门。这个展览是一个有价值的开端，展品是来自汉藏边疆的器皿、工具、服饰、经书等。学会展览馆的馆长由大学博物馆负责展览的馆长兼任。"③

很显然，华西协合大学博物馆与华西边疆研究学会有广泛而密切的业务交叉，华西协合大学从学校的高度出发，为避免人力、物力、经费的浪费，要求这两个机构进行紧密的合作。而事实上也确是如此，不但两家机构的人员高度重合，而且在研究方向、日常业务上也合作紧密。1933 年 6 月，华西边疆研究学会的年会上，会长莫尔思演讲说：

---

① 四川大学博物馆档案编号：1455、1456；《华西教会新闻》报道：2 月份，执行主管包冉在葛维汉博士的帮助下与一个特别的委员会进行了会谈，成功同协合大学就与博物馆和图书馆建立联系达成了共识。A. J. Brace. "West China Border Research Society", *WCMN*, No. 7 - 8, (1924): 50 - 52.

② A. J. Brace, "West China Border Research Society", *WCMN*, No. 7 - 8, (1924): 50 - 52.

③ D. S. Dye, "Purpose and Program", *JWCBRS*, Vol. 2, (1924 - 1925): 1.

> 学会应积极参与葛维汉博士的博物馆活动。葛维汉博士是真正的收藏家，在他的领域中是一位权威。理解他工作的极高价值的人不多。许多机构都公认他是杰出的科学家。他非常低调，但谦逊中他的声望仍绽放出光芒。他能加入我们的行列，我自然是万分高兴。我们可以在物质方面协助他建成一座名声在外的博物馆，这也是他的明确目标。我们还应帮助他搜集一批华西文化的样本，这将是世界其它地方所不能超越的。①

另外，"华西博物馆与人类学研究机构（学会）对康区的兴趣越来越大"。"康区"是他们共同"感兴趣"的研究对象。1934 年 6 月，李哲士发表题为《华西边疆研究及研究者概况》的讲演，将博物馆纳入华西边疆研究领域之中，他说：

> 协合大学接收了来自个人与探险队的许多收集品，博物馆在葛维汉的管理下，成为吸引中外访客的所在。葛维汉因个人诸多收藏与在史密斯索尼学院及其它机构发表的诸多论文，为博物馆赢得了许多交换藏品……他（陶然士）对大学博物馆的古代陶器与钱币收藏做出了突出的贡献。②

李哲士的演讲在肯定博物馆对华西边疆研究事业的特殊贡献的同时，也提到学会"个人与探险队"在为博物馆收集器物标本方面的突出贡献。而博物馆馆长及同人的研究成果不少刊载在学会会刊上，无形中扩大了博物馆的影响，成为"吸引中外访客的所在"。

与此同时，博物馆与学会在学术研究中的合作也在同步进行。如汉州三星堆文化，博物馆与学会在汉州遗址发现、发掘与早期研究中曾发挥过重要作用③。布礼士在学会 1935 年年会上总结此次学术活动时说，秘书葛维汉博士与董笃宜（V.H.Donnithorne，一译董宜笃）牧师的汉州科学考古远征很有价值，"其遗址遗物把华西历史往前推了一千年，乃至公元前 1000 年"。同时高度赞扬董笃宜"向我们很好的示范了怎样与中国官员建立友谊并获得支持，乃至同中国官员合作挖

---

① W.R.Morse, "President's Address," *JWCBRS*, Vol.6,（1933–1934）：Ⅵ.

② S.H.Liljestrand, "A Resume of Border Research and Researches, Presidential Address", *JWCBRS*, Vol.6,（1933–1934）：ⅩⅢ.

③ 详细内容参见周蜀蓉：《华西边疆研究学会与三星堆文化的早期研究》，《四川文物》，2012 年第 5 期，第 62–64 页。

掘遗址的经历"①。又如 1936 年学会与博物馆对邛崃十方堂遗址的考察与研究，葛维汉、贝德福（O.H.Bedford）、郑德坤、高毓灵、戴谦和、黄思礼、秦约翰夫人（Mrs.J.Kitchen）、林名均等都参与了工作。他们的研究成果是邛窑陶器早期研究中最具学术性的文章。

学会会员费尔朴曾到佛教圣地峨眉山旅行考察，峨眉山独特的人文自然景观令他震撼，随之萌发浓厚的探索与研究欲望。葛维汉得知后给予极大的鼓励，并建议费氏查阅《嘉定志》《眉州志》《峨眉山志》之类的历史文献，"对此山之历史作一研究"。费尔朴采纳了葛氏意见，大量地研读了有关峨眉山的历史文献，又在中国学者刘豫波、黄方刚、谢静山及高僧虚云法师等人帮助指导下完成了对清代学者黄绥芙、谭钟岳《峨山图志》的翻译。1936 年哈佛燕京学社发行《峨山图志》（中英文对照）。学者赵循伯在该书序中称："这是用外国文字介绍峨眉山的第一本书。"其后二十载，费尔朴研究峨眉山的志趣不减，回到美国后又出版专著《峨山香客杂咏》（英文版），该书是他潜心研究中国古今山水诗的又一力作。

华西边疆研究学会很少举办公开展览，但为数不多的几次展览都是在博物馆支持与帮助进行的。例如学会首次举办的"汉藏边疆民族标本图片展"于 1924 年在古物博物馆举办。30 年代，葛维汉又在这次展示藏品的基础之上专门开辟了西藏物品展示厅。此后，学会用于研究的专题展示，大多是陈列在博物馆内。而开放性教育公众的大型展览，因受限于博物馆"拥挤"的空间迁移到大学的其它地方举行。例如 1933 年 9 月，学会的"中国艺术品展"在大学小礼堂举行②。1943 年学会通过决议，与博物馆、中华基督教会边疆服务部举办"羌族文物与图片展"，派葛维汉代表学会参加这次羌文化展。1943 年 5 月 15 日，"羌族文化展览会"在大学化学楼举行，展览分羌区风光、羌地古物、羌族宗教、羌人生活四个

① A.J.Brace，"Presidential Address"，*JWCBRS*，Vol.7，（1935）：141. "V.H. Donnithorne has shown us the way to win the friendship and support of Chinese officials who co‐operated in his archaeological work which resulted in the unearthing of cultural remains that have pushed time back a thousand years in West China：back to at least 1000 B.C. The best of these of cultural remains now rest in the Union University Museum。Our Secretary，Dr. D.C. Graham rendered valuable assistance in this scientific archaeological expedition at Hanchow."

② D.C.Graham，"Report of the Secretary of the West China Border Research Society.1934"，*JWCBRS*，Vol.6，（1933‐1934）：j.四川大学博物馆档案编号：Ⅰ—C—2—2288.

部分，展品包括器物、照片及绘画作品数十幅，展品来源于私人、学会、博物馆和边疆服务部，并由博物馆馆长葛维汉讲演"羌民的习俗"①。

1934 年 1 月 22 日，杂谷脑喇嘛寺的僧侣一行人来成都访问，应华西边疆研究学会邀请到华西坝交流，学会在赫斐院召开欢迎会，会后由葛维汉引导参观了大学博物馆，博物馆给他们留下了非常好的印象。喇嘛们还在大学校园里演奏了使人感兴趣的宗教音乐②。

图 4—2—5　1934 年 1 月杂谷脑黄教喇嘛一行访问华西协合大学及博物馆
（在校园举办演奏会后合影于理学院门前。影像数据藏于四川大学博物馆。）

1938 年 6 月博物馆邀请南京大学商承祚教授来馆办特别展，次年学会邀请他讲"中国卜骨研究"。1947 年，博物馆、学会、边研所三个学术机构共同邀请美国加州大学教授莱辛博士来华大做访问学者。莱辛是藏学专家，4 月 14 日在学会举办讲座，主讲藏传佛教诸问题。又会同边研所谢国安等学者交流喇嘛教，举凡西藏宗教、文化之图画、佛像等，在博物馆中罗列讨论研究，有如身临喇嘛寺③。另外，学会通信会员造访成都时，大多要参观博物馆或利用馆藏进行研究。如

---

①　四川大学博物馆档案编号：I—C—3—2289；T.K.Cheng，"Proceedings of the Society：West China Border Research Society Secretary's Report 1942 - 1943"，*JWCBRS*，Vol.14.B，（1943）：i-iii；《边疆服务》编辑：《本部与二团体联合举办羌民文化展览》，《边疆服务》，1943 年第 2 期，第 22 页。

②　D.C.Graham，"Report of the Secretary"，*JWCBRS*，Vol.6，（1933 - 1934）：i.

③　《博物馆消息》，《华西协合大学校刊》（募集基金运动专号），1947 年 8 月 31 日出版，第 22 页。

1935 年哈佛大学的卡尔·舒斯特博士（Dr.Carl Schuster）来访，在学会讲"四川民间蓝线针黹之手艺"，在博物馆研究青铜器和刺绣。柏林大学海尼士博士来馆研究藏族和其它少数民族。庄学本不仅利用馆藏研究，还被郑德坤聘为博物馆名誉顾问①。博物馆的名誉顾问闻宥、冯汉骥、庄学本都是学会会员。博物馆访问学者桂玉芳和加拿大籍学者苏立文同样参加学会学术活动，桂玉芳在学会办系列讲座，讲"贵州海葩苗"和"川苗刺绣的常见图案"，苏立文讲"战争时期的中国绘画发展"。

　　30 年代以后，华西边疆研究学会会址就与华大博物馆同在华大懋德堂二楼上。学会事务性工作大多由时任学会秘书的郑德坤及博物馆同人完成。现存档案显示，1946 年博物馆设有考古与艺术、西藏文化、民族学、葛维汉图书室、华西边疆研究学会、信息和考勤六个部门。各部门负责人是：

图 4－2－6　40 年代后期，参加华西边疆研究学会活动的中外学者

（从左至右：成恩元、桂玉芳［M.P.Mickey］、周乐钦、宋蜀华，摄于华西坝万德门［The Vandeman Memorial］。影视资料由成恩元家人提供。）

---

　　①　四川大学博物馆档案编号：2010－702；华西协合大学博物馆委员会会议记录（1941 年 11 月 18日），四川大学博物馆档案编号：375。

宋蜀青，助理和葛维汉图书室管理员。

刘盛奥，历史和考古部助理。

周乐钦，西藏文化部助理。

宋蜀华，民族学部助理。

常小升，办事和保洁人员。

成恩元，技术助理。①

他如在大学博物馆 1947 年－1948 年工作计划书上，列有博物馆人员承担学会的工作计划，研究助理宋蜀青负责葛维汉图书馆及该学会的会计工作。研究助理周乐钦承担博物馆和学会书刊印刷出版及日常事务②。学会的学术讲座及年会有时在博物馆楼下临时陈列室举行。另外，博物馆的馆长及人员都与学会有联系。历任馆长都是学会的中坚力量，戴谦和、葛维汉担任过会长，戴谦和、葛维汉、郑德坤、黄思礼都是学会执委会成员，戴谦和、葛维汉、郑德坤是会刊主编。馆内工作人员林名均、宋蜀华、成恩元是学会会员，宋蜀青、周乐钦、杨啸谷等人参加学会的学术活动和承担学会事务③。可以说，40 年代末博物馆与学会这两个机构的事务性工作，几乎都是由博物馆的人员承担，这体现了博物馆与华西边疆研究学会间的合作进一步强化。

---

① 四川大学博物馆档案编号：1262。

② 美国惠特曼学院（Whitman College）彭罗斯图书馆（Penrose Library）藏葛维汉资料第 16 箱《大学博物馆 1947－1948》（Box16，"Personnel and Work to the W. C. U. U. Museum 1947－1948"）。

③ 四川大学博物馆档案：《1950 年华西边疆研究学会年会通知》（未编号）。

第五章　华西边疆研究学会的学术活动

第一节　面向西南边疆的学术考察

学术考察是学术研究的重要途径。较之中国传统学术求问于"故纸堆"，西学极为强调对社会、自然的实地考察，将文本与田野相结合以求真求实。华西边疆研究学会从其目的上看，就带有典型的人类学特色，深受伴随殖民帝国兴起的人类学、地理学及其它社会科学学科的影响。换言之，华西边疆研究学会的研究大抵是，至少从初衷上看，是以西方中心主义的视角对未开化之地的"他者"的观察。如是，对边疆未知之地的考察、探险与研究自然构成学会研究的重点。

20 年代学会会员多次前往康藏和川西高原地区进行夏季旅行考察①。1920年，在叶长青的协助下，莫尔思、赫立德、路门和冬雅德对上述边地（Five Colonies Territory）进行了第一次有组织的探险。他们从灌县（Kuan Hsien，今都江堰市）出发，沿岷江而上来到威州（Wei Kiu），向西来到杂谷脑。从那里他们跨越令人目眩的红桥（Hung Ch'iao Pass）——海拔一万六千英尺的隘口，向下进入抚边河谷（Fupien Valley）来到猛固（Mowkong），自此向东越过巴郎山（Balang Shan）的许多宏伟隘口，及较低但雄伟的牛头隘口（Ox Head Pass）并再回到灌县。这是一次试验之旅，引发了 1922 年的另一次旅行。这次旅行报告点燃

---

① W.R.Morse, "President's Address", "Foreword", L.G.Kilborn, "President's Address", *JWCBRS*, Vol.1,（1922 – 1923）：2.Vol.3,（1926 – 1929）：v.Vol.14,A,（1942）：101. A.J.Brace, "West China Border Research Society", *WCMN*, No.7 – 8,（1924）：50 – 52. 学会文献记录三次，但根据笔者现掌握的当年会员拍摄的影像数据看，实际考察活动多于三次。

了他人的想象，并于 1922 年，本次队伍的成员和其它一些人聚在一起组建了学会①。

在学会成立的当年夏季，由学会六名成员组织的科考队就深入到康藏边疆少数民族部落地区展开为期八周的探险与调查，这是学会有史以来组织的首次科考活动。参加者有莫尔思、叶长青、赫立德、李哲士、冬雅德和费尔朴。其中，莫尔思是体质人类学者，他携带有人类学器材，赫立德是地理学者，冬雅德是考古学者，李哲士和费尔朴的是植物学者，由一名华西协合大学医学系的中国学生（Samuel T.Lu，庐宅仁）协助工作②。科考队员李哲士回忆，这次为期八周的考察从成都出发，经雅州（Yachow）越过大渡河（the Tong River）河谷来到瓦斯沟（Wasikeo），又从那里向西进入打箭炉（Tatsienlu），再向北翻越雅拉雪山那令人惊心动魄的大炮（Tapao）隘口，那里是覆盖着冰雪的群山。他们一行人朝着大渡河上游的丹巴县（Romi Chrango，now named Tanpan Hisen.）进发。自那里再沿大渡河而上，来到崇化（Tsonghwa，今金川县），向西来到工古（Kongkeo Er Pass，疑似）隘口的乐土，向西是海拔一万六千英尺的地方，他们看到了无与伦比的群山蜿蜒着朝向西藏。不知疲倦激励人心的向导叶长青，运用他那娴熟的当地方言，打开了通向心存疑虑的当地人的道路。他们一行人又从懋功（Mongkong，今小金县）开始向东越过巴郎山来到灌县，由此地向东返回成都③。考察队员们研究成果大多发表在学会杂志的创刊号上（1922年度研究文献），如莫尔思《关于藏东部落成员人类学数据记录》，赫立德《海拔一万四千英尺高的四个山口》《雪山定位》《四川西部民族区域图》，李哲士《川藏边界药用植物学观察》，叶长青《贡嘎山附图说明》《瞻对（新龙）的传说》等。

---

① S.H.Liljestrand，"A Resume of Border Research and Researches，Presidential Address"，*JWCBRS*，Vol.6，（1933－1934）：XV.

② W.R.Morse，"President's Address"，*JWCBRS*，Vol.1，（1922－1923）：2.此次考察有位华西协合大学医学系的中国学生（Samuel T.Lu）参加，他是李哲士进行药用植物研究的助手。因为不是学会会员，不算正式团员。六位团员在考察途中一张合影就是出自于他的摄影。李哲士在 1934 年6月9日举行的华西边疆研究学会年会上的讲演《华西边疆研究及研究者概况》中有所提及，参见 S. H. Liljestrand， "A Resume of Border Research and Researches，Presidential Address"，*JWCBRS*，Vol.6，（1933－1934）：XX.

③ S.H.Liljestrand，"A Resume of Border Research and Researches，Presidential Address"，*JWCBRS*，Vol.6，（1933－1934）：XX.

图5-1-1 1922年夏，华西边疆研究学会科考队在康藏地区考察

（从左到右：叶长青［J.H.Edgar］、赫立德［G.G.Helde］、费尔朴［D.L.Phelps］、冬雅德［E.Dome］、莫尔思［W.R.Morse］、李哲士［S.H.Liljestrand］，庐宅仁［Samuel T. Lu］摄于1922年夏学会科考队在康藏地区考察途中。华西边疆研究学会考察活动影像数据藏于四川大学博物馆。）

1924年，很多成员开始重新规划他们的夏季行程。叙府的葛维汉博士在7月份就开始计划他的松潘之行，在那里，他将为史密斯索尼博物馆收集动植物标本。在陶然士打算前往威州以及更远地方去的时候，罗思（North）、富瑞门

（照片正面）　　　　　　　　　　　　　　（照片背面）

图5-1-2 20世纪20年代的藏族活佛照片

（葛维汉［D.C.Graham］1925年拍摄于康藏考察途中，华西边疆研究学会考察活动影像数据藏于四川大学博物馆。）

（Freeman）和苏德儒（Starrett）也正在计划前往杂谷脑旅行。傅文博将在灌县附近收集动植物标本。启真道、包冉和傅士德则计划从瓦屋山到峨眉山的考察。这意味着学会在次年将会有大量有价值的研究广泛传播开来①。1926年－1929年夏季之前因局势动荡，对边疆土著民族的考察一度停止，1929年夏季以后，部分会员又恢复了对边疆土著民族的考察，并向学会提供相关的调查报告②。

30年代，学会会员数次前往康藏地区及川西北岷江流域进行夏季旅行考察。1934暑期学会组织四支科考队，分别由莫尔思、葛维汉、罗成锦、李芝田带队进行云贵川三省交界部分地区的旅行考察。罗成锦、陶然士前往松潘地震地带考察，莫尔思、启真道率领中国学生远征到贵州北部与云南交界之处进行体质人类学研究，葛维汉独自远征川滇边界作川苗人类学调查，李芝田、刘延龄、布礼士等五人前往川西高原打箭炉和康藏边界旅行考察③。

图5－1－3　1934年华西边疆研究学会四支科考队考察归来合影

（二排现任会长布礼士［A.J.Brace，右一］、副会长杨少荃［右二］、前任会长莫尔思［W.R.Morse，右四］，后排会刊主编徐维理［W.G.Sewell，左一］、秘书葛维汉［D.C.Graham，左二］、编辑委员费尔朴［D.L.Phelps，左三］、财务总管曾思孔［W.B.Albertson，右一］。华西边疆研究学会考察活动影像数据藏于四川大学博物馆。）

长期从事华西体质人类学科学考察研究的莫尔思，1916年至1936年间，

①　A.J.Brace, "West China Border Research Society", WCMN, No.7 - 8, (1924)：50.

②　D.S.D., "Foreword", JWCBRS, Vol.3, (1926 - 1929)：7 - 8.

③　D.C.Graham, "Minutes of the Meeting of the West China Border Research Society" (September 29, 1934.) 四川大学博物馆档案编号：Ⅰ－C－2－293.

十多次前往边疆地区收集不同民族的体质人类学资料，仅在 1935 年至 1936 年就三次带领华大医学院学生进行体质人类学实地考察，收集了汉族、苗族、藏族和羌族的血型资料，撰成《四川人的血型研究》论文。1938 年《英国人类学杂志》发表其论文，赢得国际学界高度称赞。1937 年以会刊第 8 卷增刊的形式出版《华西四川地区十个少数民族体质人类学观测一览表》①，表中记录了他于 1919 年至 1926 年在四川收集到的十个民族三千零五十一名健康人七十个人体专案的检测资料。

葛维汉是从事夏季旅行考察最多的会员，1930 年对打箭炉和康藏地区进行考察，1933 年对川南嘉定峨眉山进行考察，1934 年对四川云南交界的川苗地区进行考察，1937 年随四川地质考古调查团到康藏边疆探险，深入考察西康地区。在此期间，他一边为史密斯索尼学院收集动植物标本，一边为博物馆收集民族文化器物，也为自己的人类学研究收集资料。此后，葛维汉

图 5—1—4　30 年代中期莫尔思（测量者）率领华大医学院学生在贵州石门坎花苗地区收集体质人类学数据

（照片刊于《华西边疆研究学会杂志》第 11 卷。）

陆续在《教务杂志》《中国边疆》《华西教会新闻》及会刊上发表多篇与考察相关的文章②。不过到 30 年代后期，由于受到战争及地方社会局势的影响，学会到边疆地区去进行田野调查受到阻碍。会刊第 7 卷主编徐维理说，因为局势动荡，从打箭炉延伸到更远处的松潘，包括雅州，交通要道被切断，有很多危险，生命和财产可能受到损失，原生态遭到破坏。有的喇嘛寺被烧或仅留下地基。它的有价值的藏品裸露在外，不少的部落开始转移到成都③。

---

① W.R.Morse，"Schedule of Physical Anthropological Measurements and Observations on Ten Ethnic Groups of Szechwan Province，West China"，*JWCBRS*，Vol.8，（1937）：*Supplement*.

② 李绍明、周蜀蓉选编：《葛维汉民族学考古学论著》，成都：巴蜀书社，2004 年版，第 212—264 页。

③ W.G.Sewell，"Foreword"，*JWCBRS*，Vol.8，（1937）：5 - 6.

抗日战争给学会带来前所未有的发展。在政府及学界普遍关注边疆问题的特殊环境下，在国人边疆研究"空前绝后"之时，"西南边疆获千载一时之幸"①。学会得到更多的机遇与发展。就边疆科研考察活动而言，学会虽未专门组织前往，但成员自发参与社会团体或华大研究机构的田野调查，积极参与政府或学界社团组成的边疆考察团，进行边疆人文与科学的实地考察。

自然科学研究方面，1938 年至 1944 年，刘承钊十多次带领华大生物系部分师生进行野外调查，主要到川康一带，兼及陕、甘、青的部分地区，跋涉八千余公里，其间，他共发现两栖动物二十九个新种，并建立了一个新属，对许多种类的生活史做了详尽的观察与研究，并以《华西两栖类的自然史研究》为题在 1940 年至 1946 年的学会会刊上连续发表十二篇有创见的论文，为中国两栖类生活史的研究积累了大量宝贵的第一手资料。1950 年《华西两栖类》（英文版）在美国撰成由芝加哥自然历史博物馆出版，在国际两栖爬行学界引起极大反响，至今仍被视为研究中国两栖动物的经典著作。1961 年，刘承钊与夫人胡淑琴在早期研究的基础上撰成的《中国无尾两栖类》由科学出版社出版，荣获中国国家自然科学奖二等奖。此外，1943 年夏季，刘恩兰率成都金陵女子文理学院地质地理学系部分学生溯岷江而上，途经人烟稀少之地，到川西北的松潘、理县、大小金川一带进行地形考察，论文及照片发表在美国权威性刊物《地理杂志》上。1943 年在学会杂志发表《理番地理》。1943 年侯宝璋应中华基督教会边疆服务部的邀请，到理番去考察当地流行的儿童"恶浊病"。通过对患儿的病理检测，他们发现了中国黑热病的病原体寄生虫——中华白蛉，这说明理番一带流行着医学上的黑热病。从而证实此前仅限于北方发病的中国黑热病也存在于川西地区②。

除自然科学的研究外，华西边疆研究学会会员在这一时期开展了民族学、人类学、考古学、语言学等学科的科学考察。这类考察数量甚多，发表作品也极其丰富，此处仅以数人的研究为例略作介绍：

（1）徐益棠。1938 年夏，燕京大学教授徐益棠参加西康科学调查团入康区考察，因"行色过促，无甚创获"。1939 年，徐氏又参加中国自然科学社之西康文物考察团，主持民族组，因病未成行。1940 年，四川省政府组织雷马屏峨边施教

① 马长寿：《十年来边疆研究的回顾与展望》，蒙藏委员会《边疆通讯》，1947 年第四卷第 4 期，第 1 页。

② 侯宝璋：《汶川理番一带最常见的几种病症》，《边疆服务》，1944 年 12 月版，第 7 期第 4 页。

团，由柯象峰和徐益棠担任正副团长，对边区的民族进行广泛调查，事后发表《雷波小凉山之倮民》《雷马屏峨纪略》，前者刊载于 1944 年金陵大学《中国文化研究所丛刊》乙种，后者由四川省教育厅于 1941 年 7 月出版。

（2）李安宅。1938 年教育部组织拉卜楞藏族巡回施教团。李安宅及夫人于式玉到甘南藏区拉卜楞寺从事社会人类学实地调查，后用英文撰成《拉卜楞寺调查报告》（又名《藏族宗教史之实地研究》）一书。他们的调查长达三年之久，创下中国人类学田野调查的时间之最。40 年代初，李安宅受聘中华基督教边疆服务部，担任顾问，曾率领边疆服务部同人深入川西及西康边地进行科学及人文考察，有很多重要发现。1944 年，李安宅率领华大边疆研究所同人对川康藏区进行调查，事后在学会 1946 年出版的会刊上发表《萨迦派喇嘛教》。

图 5-1-5　李安宅与于式玉在拉卜楞寺
（影像数据由孟运女士提供。）

（3）林耀华。1943 年 7 月—9 月，林耀华教授参加燕京大学考察团前往四川大小凉山彝族聚居区考察，收集人类学研究数据。1944 年在学会会刊上发表《燕京大学考察团"倮倮"地区考察简报》和《云南及周边土著人的社会生活》。实地考察报告《凉山夷家》，1947 年由商务印书馆出版。1944 年夏林耀华赴西康北部考察，次年夏又带领其研究生陈永龄对川康北部地区的嘉绒藏族进行调查，写出《川康北界的嘉绒土司》和《四土嘉绒》等文章。

（4）冯汉骥。冯汉骥从 1938 年以来多次赴四川西部理番、汶川、松潘、茂县等地，对该地区的藏、羌、彝民族社会进行田野调查，1938 年以降，发表《"倮倮"之历史起源》《川康明清土司官印考》《松理茂汶羌族考察杂记》。主持发掘包括前蜀永陵在内的多处遗址，事后在 1946 年学会会刊上发表《成都平原之大石文化遗迹》①。

（5）吴金鼎。考古学家吴金鼎 1939 年带领中央博物院之大理考古团对云南大理及洱海一带进行考古调查，发现遗址三十多处，主持挖掘数处，1942 年国立中央博物院出版《云南苍洱境考古报告》，奠定了西南地区史前考古学的基础。1941 年，国立中央研究院历史语言研究所、中央博物馆、营造学社组织川康古迹考察团，吴金鼎任团长，从事川康境内考古工作。考察归来在学会发表"新石器时代的黑陶"演讲。至 1943 年，吴金鼎还带领考古工作团，对四川彭山汉代崖墓和成都前蜀王建墓进行了清理发掘，同年在学会举办"王建墓的发掘"专题讲演，对于汉代和五代十国时期的艺术研究做出了卓越的贡献。

（6）郑德坤。郑德坤博士从 1936 年来到华西后，先后参与邛窑遗址、汉墓、唐墓、前蜀永陵、成都文庙旧址和理番墓葬等处考古遗址发掘，1942 年至 1946 年在学会会刊发表《四川史前考古》《四川古代文化史》，同期撰写的十多篇人类学论文，内容涉及中国史前史、川西北石棺葬、古代陶器、藏族文化、西藏绘画等。

（7）葛维汉。葛维汉曾于 1937 年参加四川省政府组织的西康地质考古测绘团对西康地区进行调查。1941 年夏天，葛氏又随中国教育部和中华基督教会边疆服务部派出的学生服务团前往川西岷江地区考察。后来被边疆服务部聘为研究员，专事羌民礼俗宗教之研究。1942 年夏，葛维汉又前往更遥远的羌族地区搜罗材料。直至 1948 年夏天，葛氏还对羌区作了短期旅行调查。葛维汉通过深入羌族社会展开调查认识到羌人的信仰状况，1958 年由美国史密斯索尼学院出版《羌族的习俗和宗教》（*The Customs and Religion of Chiang*）。该书对羌族历史语言文化、经济生活、民间文学、社会习俗、宗教都做了全面的描述。

（8）庄学本。南京中央日报著名记者，他是加入华西边疆研究学会最早的中国籍通信会员。1934 年他从南京经西安赴兰州、西宁、青海果洛草原、玉树等地考察，以后的几年里他又多次来到上述地区。1937 年上海良友图书公司出版《羌

---

① 更多内容参见冯汉骥《冯汉骥考古学论文集》，北京：文物出版社，1985 年版；《冯汉骥教授百年诞辰纪念文集》，成都：四川大学出版社，2001 年版。

图 5—1—6　西康地质考古测绘团

（1937 年 6 月—7 月，测绘团行进在道孚前往打箭炉的途中。照片刊于《华西边疆研究学会杂志》第 9 卷。）

戎考察记》。1938 年任职西康省政府顾问，赴大凉山、昭觉城、木里、永宁、泸沽湖、巴塘等羌、戎、藏、彝、纳西族地区考察。1941 年由西康省政府出版其《西康彝族调查报告》。在南京举办"边疆个人摄影展"，在重庆、成都、雅安举办"西康影展"①。

（9）李方桂。语言学家李方桂 1945 年随华大社会学系暑期考察团前往川康藏区考察，次年在学会讲演"嘉绒的语言"②。

（10）蒋旨昂。社会学家蒋旨昂 1943 年与女藏学家于式玉赴西康黑水地区考察，1944 年在学会会刊上发表《黑水河流域社群的政治》。1943 年蒋旨昂还对重庆近郊的两个乡进行调查，1944 年由商务印书馆出版专著《战时的乡村小区政治》，该书获得国民政府教育部学术三等奖。

———————————

① 参见李媚主编：《庄学本全集》，北京：中华书局，2009 年版，第 759 页。

② 四川大学博物馆档案编号：Ⅰ—C—3—2287。

表 5-1-1　华西边疆研究学会主要成员考察活动一览表①

时间	人物	考察范围 & 内容	成果（演讲 & 文章 & 专著）
1908—1935	陶然士	赴长江上游、沱江流域、岷江流域。到叙府、内江、资州、嘉定、彭山、新津、威州、理番、杂谷脑、打箭炉、成都等地。在上述地区传教和人类学调查，项目包括社会、宗教、历史、文化、考古（崖墓）、民族（羌人及其它土著）。	《四川丧葬习俗》《羌人的宗教信仰》《川西汉墓考》《华西土著记要》《理番石碑释译》《羌人宗教的基本理念》《原始崇拜中石头的作用》《蜀地的历史》《成都先秦至蜀汉史》《中国的第一批传教士》《青衣羌——羌族的历史、习俗和宗教》等。
1903—1936	叶长青	20 世纪初到 30 年代中期，长期在康藏地区传教与人类学考察。考察涉及人文、自然、地理、考古、民族、宗教、交通、经济等内容，1922 年后定居打箭炉。	在学会和皇家亚洲文会北中国支会学术演讲十数次，在《华西边疆研究学会杂志》《华西教会新闻》《教务杂志》《皇家亚洲文会北中国支会会报》等刊物上发表近一百篇有关华西边疆人文地理的论文。
1920	叶长青、莫尔思、赫立德、冬雅德、路门	从灌县沿岷江而上抵威州、杂谷脑、抚边河谷、澜沧江、巴郎山、牛头隘口等地。进行康藏边地人文地理探索。	
1920	布礼士、叶长青	1920 年以后，定期到川西北杂谷脑、威州地区传教与人类学考察。	《白石考》《威州评述》。
1922	莫尔思、叶长青、赫立德、冬雅德、费尔朴、李哲士及一名华大学生	赴邛州、雅州、瓦斯沟、打箭炉、雅拉雪山、威州、理番、懋功、丹巴、瞻化（Tsonghwa）、贡嘎雪山、灌县等地。进行人文地理、体质人类学、植物药学考察。	《丹巴黑教喇嘛寺》《关于藏东部落成员人类学数据记录》《瞻对的传说》《海拔一万四千英尺高的四个山口》《四川西部民族区域图》《川藏边界药用植物学观察》。
1922—1934	瑞典乌普萨拉大学史密斯一行人	两次赴川西北部落、西康地区研究博物学，采集植物标本。	《部落地区的植物》《西康植物性药材的种类》。

---

① 资料主要来源《华西边疆研究学会杂志》（第 1 卷至第 16 卷），四川大学博物馆馆藏档案，这些成员考察活动结束后发表的演讲与论著，现代学者对他们学术思想及活动的研究文章。

续表

时间	人物	考察范围 & 内容	成果（演讲 & 文章 & 专著）
1922 — 1942	顾富华	20 世纪初至 40 年代定居打箭炉，长期在康藏地区传教、采集植物标本和研究藏学。	在《华西边疆研究学会杂志》《华西教会新闻》《教务杂志》《皇家亚洲文会北中国支会会报》发表大量藏学文章，有《生命之轮》《喇嘛宇宙论》《藏传佛教"六字真言"》《六板桥》《喇嘛教和喇嘛寺的起源》《西藏活佛转世》《论喇嘛教》《格桑传奇》。
1922 — 1948	葛维汉	在华西三十多年间，十余次赴叙府以南川滇边地"川苗"地区、川西宁远府、川西北理番羌人地区、川康松潘、打箭炉以西地区等进行人类学考察和动植物标本采集，为美国史密斯索尼学院收集标本、为华大博物馆收民族器物，又研究人类学。在汉州太平场、叙府、重庆曾家岩等地进行考古发掘。	在学会和亚洲文会北中国支会演讲华西民族考古宗教十余次，发表《川南苗族》《打箭炉行记》《松潘采集行记》《四川"猓猓"》《川苗习俗》《川苗礼仪》《叙府汉墓发掘报告》《重庆汉墓发掘报告》《川苗故事与歌谣》《羌族的习俗和宗教》。
1922 — 1949	约瑟夫·洛克	首次经曼谷到丽江，深入四川西南角木里纳西、彝、藏地区考察和收集标本。后五次到滇、川、康、西藏东部及青海民族地区活动。长期住在云南丽江研究纳西族文化。	《在云南贵州考察与收集》《摩梭民间文学中有关洪水的传说》《摩梭人的占卜文献》《纳西男巫诅死咒语》《中国西南古纳西王国》《被遗忘的王国》。
1918 — 1929	彭普乐、布礼士、毛树森、彭启麟	多次经灌县到理番、杂谷脑的羌人地区、黑俄番、黑水流域（四土、马塘、松茂、戎冈、丹巴）的藏区宣教和人类学考察。	《考察的所见所闻》《黑俄番河谷行记》《在黑水的盗匪中》《边疆部族骚乱》《中国家庭传教士协会在理番地区的"复活"》。
1922 — 1930	戴谦和	多次在成都周边、灌县、泸定、打箭炉等川康地区和长江流域进行人类学考察。	《华西发现的石器》《图案的象征意义》《四川农业水资源的利用》《中国建筑学略评：四川建筑特征》《中国窗格研究》《中国西部边疆略图》。
1924	罗思、富瑞门、苏德儒	赴川西北理番、杂谷脑等地旅行探险。	
1924	傅文博	多次到灌县、峨眉山等地收集蝴蝶标本。	《四川蝴蝶汇集》。

续表

时间	人物	考察范围 & 内容	成果（演讲 & 文章 & 专著）
1924	启真道、包冉、傅士德一行人	从瓦屋山到峨眉山进行社会学、医学、地质学调查。	《在峨眉山调查二十五户农家》《峨眉山地理》《四川地质评述》。
1924?	毕德生（R. A. Peterson）一行人	到川藏边地考察人文地理及医学。	《西藏及其自然环境》《饮食对结膜炎的影响》《四川人五官疾病每日食物量营养缺乏症之要素》《四川疾病的地理变迁》《明雅贡嘎》。
1925	兰德尔（Randle）、葛维汉等人	赴嘉定、瓦屋山、峨眉山动植物采集标本。	《瓦屋山、峨眉山采集行记》。
1926	孔昭潜（A.P.Quentin）	数次在嘉定、峨眉山等地及长江流域收集鸟类标本。	华大博物馆收藏有不少其采集的鸟类标本、《华西和长江下游的某些鸟类》。
1926	叶长青、史蒂文斯（H.Stevens）	赴打箭炉、穆坪及周围地区进行博物学研究，采集动植物标本。	《大熊猫栖息地》。
1926?	包冉、李明良	赴川南及成都平原考察农业经济。	《川南的农业与地理》《成都五十个平原农庄的研究》。
1928?	方文培带中国科学社生物研究所考察队	多次在华西各地进行植物资源考察。	《山茱萸和四照花属在中国西南各省的分布》《峨眉山杜鹃之分布》《峨眉植物图志》《四川植物志》《中国植物志》《西藏植物》。
1929	刘延龄一行人	数次在川西北及康藏民族地区进行病理学、人类学调查。	《四川人的口腔病》《一个病理学家在部落区域的观察》。
1930	吉士道（H.J.Mullett）、叶长青一行人	从成都出发，经峨眉山、嘉定、雅州，抵达打箭炉、营官寨、贡嘎山及康藏边地研究人类学。	《贡嘎山示意图》《西藏东部贡嘎山》。
1930?	邓肯等人	在巴塘传教十三年，长期在川滇康藏研究藏学，专注藏族语言文化、宗教信仰、习俗及生态环境的综合研究。	《藏族的新年舞蹈》《西藏秃鹫》《西藏东部的天气》。
1931. 6	戴谦和、董笃宜、摄影师晋先生、陶宗伯旅长及士兵数人组成考察队	赴汉州太平场遗址考古调查。	《四川古代的一些遗迹和文物》《四川汉州黄金时代与黑暗时代之一：房公与黄金时代》《四川汉州黄金时代与黑暗时代之二：张献忠与黑暗时代》。

时间	人物	考察范围 & 内容	成果（演讲 & 文章 & 专著）
1932	莫尔思、丁克生、韩培林、启真道、吉士道等组成考察队	赴川西南宁远府（今四川凉山）彝区科学考察。	《到彝族诺苏地区旅游》《关于诺苏信息的报导》《原始种族的血压》《对诺苏人眼睛的若干观察》。
1932—1933	何文俊、彭荣华、彭达诗等人组成考察队	多次赴成都、灌县、青城山、古寺、汶川、穆坪、茂州、松潘、打箭炉、金川、大渡河、雅州、彭山、彭县、瓦屋山、峨眉山、嘉定、马边、叙府、资州、自流井、重庆等地考察和收集标本。	《四川西南部蜥蜴的初步调查》《四川金花虫科甲虫分类分布及经济上之重要》《中国金花虫科名录》《四川蝶类名录》《四川的自然历史》。
1932?	费尔朴一行人	数次考察峨眉山、嘉定等地。	《峨眉山寺庙珍品》《关于峨眉山的宋代文献》《峨眉山行记》《新版峨眉山图志》。
1932	叶长青、李哲士一行人	赴川西高原康藏交界的大渡河上游金河河谷流域及金川、丹巴等地进行地方流行病调查。	《汉藏交界金河流域地方性甲状腺肿调查》。
1933	莫尔思、陶然士、葛维汉、刘延龄率华大医学院学生	从成都经灌县，赴汶川、威州、理番、杂谷脑等川康藏边地进行医学考察。	《藏族人的食物与口腔疾病》《汉藏雪域风情幻灯片》。
1933	周晓和率国立四川大学地质考察团	赴川西北考察叠溪大地震遗址。	保留有珍贵的地质图片数据。
1934.3	葛维汉、林名均组成华大古物博物馆发掘队	赴汉州考古发掘太平场遗址。	《汉州发掘的初步报告》《广汉古代遗物之发现及其发掘》。
1934	李芝田、刘延龄、布礼士等五人	赴宁远府彝区、川西高原的打箭炉、巴安藏区考察人文、宗教、地理、医学。	《川苗饮食与牙齿的健康》《华西的土地和人》《汉藏边界的崇山峻岭》《从高原到喇嘛领地》。
1934	罗成锦、陶然士一行人	考察松、理、茂、懋、汶地震地带。	《羌族人》。
1934	莫尔思、启真道率华大医学院学生	远征到黔北及川滇黔交界处进行体质人类学调查。	《摩梭人和苗人的箭毒》《四川古老的土著部落》《华西四川地区十个少数民族体质人类学观测一览表》。

续表

时间	人物	考察范围 & 内容	成果（演讲 & 文章 & 专著）
1934 — 1942	庄学本	30 年代从南京经西安，赴兰州、西宁、果洛草原、玉树等地考察四次。40 年代赴大凉山、昭觉城、木里、永宁、泸沽湖、巴塘等羌戎藏彝纳西族区考察。	考察拍摄的照片和旅行记在《中央日报》《申报》《良友》《中华》上发表。出版《羌戎考察记》《新西康专辑》《西康彝族调查报告》。举办"边疆个人摄影展""西康影展"。
1936	葛维汉、郑德坤、贝德福	赴邛崃调查邛窑遗址。	《邛崃陶器》《四川邛州古代窑址》《蜀陶概说》《邛崃、琉璃厂窑遗址》。
1937	胡鉴民一行人	多次赴川西北松、理、茂、懋、汶一带考察羌人小区。	《羌族之信仰与习为》《羌民的经济活动形式》。
1937. 6	祁延霈、葛维汉、安特生（J. G. Andersson）、周晓和等人组成的川康考察团	赴邛州、雅州、玉龙宫、中古、海子山、营官寨、道孚、泸定桥、打箭炉等川康地区。	《汉藏边地的考察队》。
1938 — 1941	李安宅、于式玉	历时三年，在甘肃安多藏区拉卜楞寺进行藏族社会文化宗教调查。	《拉卜楞寺调查报告》《拉卜楞办学介绍》《介绍藏民妇女》《拉娃——西藏人的巫师》《西藏大德玛尔巴传中的"借尸还阳"故事》。
1938?	吴金鼎率中央博物院一行人	赴云南大理、苍洱等地考古发掘。	《云南苍洱境考古报告》。
1938	冯汉骥一行人	赴岷江上游，松、理、茂、懋、汶一带考察羌族社会。	获大量民族学资料、在汶川县雁门乡清理一座石棺葬，《岷江上游的石棺葬文化》。
1938 — 1944	刘承钊率华大生物系部分学生	十多次赴川康一带，兼及陕、甘、青部分地区，行程八千余公里，调查采集动植物标本和资料。	《华西蝌蚪》《西康昭觉县两种新蛙种》《华西两栖纲的自然史研究》等十多篇论文，专著《华西两栖类》。
1938 — 1944	胡秀英率华大生物系部分学生	多次在川西高原雪山峡谷、重庆九峰山采集植物标本。	《关于理番地区的植物》《成都中药店药材之调查》《冬青科植物之一新种》《成都生草药用植物之研究》。

续表

时间	人物	考察范围 & 内容	成果（演讲 & 文章 & 专著）
1938?	李先闻	赴川东合川、川北绵阳等地考察农业栽培技术，进行水稻优良品种试验。	《粟类之演化》《小麦矮生性之遗传》《小麦属"合成二元体"染色体逾规之研究》。
1939	冯汉骥参加教育部组织的川康科学考察团	在川康藏区进行民族调查和分类。	积累大量资料，《西康之古代民族》。
1939	黎富思率金陵文理学院一行人	赴川南地区进行科学调查。	《四川水生动物》。
1940	徐益棠一行人	进入小凉山彝族聚居的雷波、马边、屏山、峨边地区考察。	《雷马屏峨纪略》《雷波小凉山之保民》。
1940	张伯怀	40年代多次去川康地区服务和考察。	《西康源盐河西镇纪行》。
1940	张奎	在成都周边及四川各地调查寄生虫流行病。	《四川地区钩虫病》《成都家蝇是肠道寄生虫的载体》《华西四川省钩虫病研究》《疟原虫镜检》。
1941?	管相桓	普查、搜集、研究全川水稻品种，在各地推广优良稻种。	《稻属细胞遗传学之研究及其应用》《四川省水稻地方品种检定汇编》。
1941?	杨鸿祖	普查、搜集、研究全川甘薯品种，在各地推广优良甘薯。	《促进甘薯开花结实之初步报告》《甘薯良种南瑞苔》《甘薯贮藏》。
1941	吴金鼎率领川康古迹考察团	在川康调查古迹、在成都主持王建墓发掘。	《新石器时代的黑陶》《王建墓的发掘》。
1941	闻宥、林名均等组成的华大中国文化研究所考察团	赴川西北汶川、威州、理番、杂谷脑一带考察。	《川西羌语之初步分析》《理番语言》《四川威州彩陶发现记》。
1941	李哲士一行人	赴岷江上游、大渡河的小金河流域进行地理环境及人类学调查。	《小金谷之谜和神秘的诺苏》《小金河流域和人迹罕至的诺苏调查》《岷江上游黄土之堆积》。
1941	冯汉骥	赴汶川、理番羌人地区。	发掘理番小岩子版岩汉墓。
1941夏	葛维汉参加王文萱率领的教育部暑假学生边疆服务团	赴理番地区进行民族学、考古学调查。	理番佳山寨一带发现古墓群。

时间	人物	考察范围 & 内容	成果（演讲 & 文章 & 专著）
1941. 7	刘恩兰率成都金陵女子文理学院地理系部分学生	赴川西北汶川、威州、理番、杂谷脑考察当地的地质地貌。	《理番地理》《理番的地理概况》。
1941 夏	戴谦和率华大学生暑期边疆服务团	川康地区服务与考察。	《汉藏交界地区的背带类型及其关系和含义》。
1941 夏	陈耀真率学生暑期边疆服务团	赴川西汶川、威州、理番、杂谷脑等民族地区巡回医疗与考察。	《川西北眼疾调查报告》。
1942 — 1943	冯汉骥率林名均、苏立文组成四川博物馆和华大博物馆发掘队	主持王建墓一期发掘。	《王建墓的发现与发掘》《相如琴台与王建永陵》《架头考》《前蜀王建墓内石刻伎乐考》。
1943 夏	侯宝璋率学生暑期边疆服务团	两次前往川西北少数民族地区进行流行病学调研。	发现了黑热病的病原体寄生虫——中华白蛉，从而证实分布于中国北方的黑热病，亦在汶川一带流行。《汶川理番一带最常见的几种病症》。
1943. 6	刘恩兰率金陵女子文理学院地理系学生	赴川西北汶川、威州、理县、茂县、松潘及大小金川流域进行地质人类学考察。	《四川西北理番民族概况》《地理环境对部族社习俗之影响》《松理茂汶的介绍》。
1943	林耀华率燕大学生胡良珍	经嘉定、宜宾、金沙江、屏山等地，进入大小凉山的雷波、马边、峨边一带调查彝族社会。	《凉山夷家》。
1943	李安宅率中国基督教边疆服务部同人	赴川西及西康边地服务。	《边疆社会工作》。
1943. 2	蒋旨昂、于式玉一行人	赴四川阿坝黑水藏区进行社会学、人类学调查。	《黑水河流域社群的政治》《论黑水旅行》《黑水民风》《麻窝衙门》。
1944、1945 夏	林耀华率研究生陈永龄等人	多次赴川康北界考察嘉绒藏族社会。	《川康北界的嘉绒土司》《四川嘉绒》《理县嘉绒土司制度下的社会》。
1944	李安宅率张逢吉、任乃强等华大边疆研究所学者	赴西康北路藏区考察藏族社会和喇嘛的四大教派。	《萨迦派喇嘛教》《西康德格之历史与人口》。

续表

时间	人物	考察范围 & 内容	成果（演讲 & 文章 & 专著）
1945 夏	李方桂随华大社会学系暑期考察团	赴川康藏区考察嘉绒语言。	《嘉绒人语言》。
1945.8	陈义、陈邦杰、邓宗觉、张孝威等学者	赴川南嘉定、峨眉山、峨边等地采集植物标本和学科调查。	《四川陆地寡毛类三志》《中国雉尾藓属之报告》。
1947.12	成恩元一行人	赴邛崃唐代龙兴寺考察。	《邛崃唐龙兴寺石刻发掘初步报告》《邛崃唐龙兴寺遗物的发现和研究》《邛崃大佛院为唐代龙兴寺考》。
1949.3	费尔朴、戴谦和、成恩元、白天宝	在华大校园内发掘汉井。	《华西坝汉井发掘记》《华西大学博物馆汉井发掘记》。

第二节　以学问服务社会：学术演讲

学术考察显然在学术研究中占据了重要的位置，长期不断地对西部边疆进行自然、人文、科学的考察，无疑可以增进人们对西部边疆的认识与理解，激发会员们的研究兴趣与热情。如果科学考察是学术研究的起点的话，那么学术演讲则是会员们通过科学考察，再经过对比、分析、判断等研究阶段后，向社会大众介绍、普及、宣传研究成果，谋求广泛的社会影响，服务于社会的过程。

学会较为看重学术演讲的重要性，认为学术演讲不仅是学术研究中发表成果的一个重要环节，也是学会面向公众、扩大影响、服务社会的一个机会。同样，学会也认为学者通过演讲以及与其它学者的交流，不失为进一步提升研究空间的重要途径。从学会的活动上看，学术讲座（演讲）基本上是学会的常规活动之一，它一直都得到执委会的高度重视。

学会最初的章程（1922）就将演讲确定为学会研究工作（实地考察、举行讲座、发表成果）的一个目标。学会规定，下年度讲座由本年度执委会拟订。具体步骤是，上年度就对下年度讲座的时间、地点、主题乃至讲演者进行了安排，并借助报刊如《华西教会新闻》或宣传单的方式将讲座的信息通知每一位感兴趣者。还规定，如遇突发事件，可对讲座的主题、时间及讲演者作临时性调整。由学者本人举办讲座，也可以宣读自己的论文，如果有会员提出要求，同一主题的可以再次演讲。一般由本人演讲或宣读自己的论文，如果演讲者不在成都，会议主席将任命他人代为宣讲①。演讲结束后要进行学术讨论，所有出席会议的人都可以向演讲者提问或提出自己的见解，讲座者要针对他人的问题进行答辩。讲座结束后，演讲稿将提交给执委会审阅，演讲稿经审查合格者将在会刊上发表。

截止到 1950 年 6 月，学会共举办二百七十七场演讲②。演讲主题涉及历史、博物、考古、医学、音乐、地质、动植物、语言、宗教、民族、农业、艺术、人类学、政治、文化、教育、生物、化学等二十多个学科门类，人文社会科学类演讲多于自然科学类演讲（见下表：《会员讲演综合信息表》）。人文学科中分别排列前四位的是，文化人类学（五十九）、宗教（二十六）、艺术（绘画 & 雕刻 & 工艺，二十）和考古（十五），这四类演讲分别占讲座总数比例的 21.3%、9.3%、7.2%、5.4%，历史（十一）、语言（八）、音乐（七）、教育（四）、博物馆学（二），这五类演讲占总数比例的 4%—0.7%不等；自然科学类讲座主要集中于医学（三十四）、生物（动物 & 植物，二十）、地理（地质 & 气象 & 水利，十九）、农业经济（八），这四类演讲分别占讲座总数比例的 12.3%、7.2%、6.9%、2.8%。体质人类学（五）、农学（四）、化学（四）、物理（一）、生化（一），这五类演讲占讲座总数比例的 1.8%—0.36%不等；

在学会举办的讲座中。有二十六场是由学会会长在每年的年会上发表的讲演，它们大约占讲座总数比例的 9.4%。会长讲演内容丰富，有激励会员研究兴趣的，有总结与展望学会工作的，有介绍边疆探险经历的，有回顾边疆研究史的，有与会员分享自己研究成果的，例如莫尔思讲科学研究的意义，赫立德讲关于旅行与装备，戴谦和讲学会的工作，李哲士讲华西边疆研究及研究者概况，布礼士讲学会的研究成果，葛维汉讲学会历史与华西边疆研究的紧迫性，刘延龄讲学会国际化趋势，彭普乐讲边疆探险的挑战，黎富思讲对华西自然资源的保护，启真道讲华西传教士在研究领域中取得的成就。中国籍会长更多演讲与学术相关的主题，如杨少荃讲开拓华西邮政的经历与学会本土化的必要性，方叔轩讲对《华阳国志》的研究，李安宅讲深入探讨藏文化，再度出任会长的李安宅讲本教

---

① 四川大学博物馆档案编号：I—C—2—247 记录：1939 年 5 月 29 日会长讲演：The Challenge to Adventure，由 J.H.Mullet 代为宣读的。（会长彭普乐在加拿大未出席。）

② 附表：《1922 年—1950 年华西边疆研究学会历次讲演目录》。

（Bonism）研究。

表 5-2-1　华西边疆研究学会会员讲演综合信息表

类别 ＼ 国籍	美国	中国	加拿大	英国	法国	瑞典	丹麦	挪威	新西兰	不详	小计
宗教学	7	6	8	2	2			1			26
教育学	2	1	1								4
语言学	4	3		1							8
艺术	12	4	1	2		1					20
音乐	3	1	1	2							7
历史学	1	6	2	2							11
文化人类学	19	13	16	9	1				1		59
考古学	1	11			1	2					15
博物馆学	1	1									2
物理学	1										1
化学		1	1	2							4
地理学	7	2	3	7							19
生物学	9	8	1			2					20
生物化学		1									1
医学	13	8	12	1							34
体质人类学	3		2								5
农学	1	2	1								4
农业经济学	2	1	4	1							8
会长讲演	13	7	4	2							26
其它	1	1								1	3
合计	100	76	58	31	4	4	1	1	1	1	277

　　除了在常会和年会举行固定演讲外，还举办临时性和特邀性的演讲，如学会特别邀请一些访问华西或者是因抗战迁徙到华西的重要学者演讲。1922年瑞典乌普萨拉大学史密斯教授来华西采集植物标本，学会邀请他演讲"部落地区的植物"。1923年美国纽约大学哲学博士埃默里（H.C.Emery）来访，应邀于10月19

日演讲"从北京到成都——蒙藏边疆研究之旅"。1924 年 5 月 10 日，英国领事馆执行领事鄂克登（A.G.N.Ogden）博士在学会宣读了富有启发意义的报告《西藏"鬼舞"》，并用他个人在前一年夏天拍摄的影像数据进行说明①。英国外交官柯姆伯，1924 年夏在川康藏地区考察，1924 年 12 月 1 日在学会举办演讲"打箭炉'鬼舞'"，其讲演稿发表于学会会刊上。1932 年 10 月 15 日，挪威传教士艾香德（Karl Ludvig Reichelt）、丹麦建筑师艾术华为修建香港道风山基督教丛林前来华西考察，分别被邀请讲"佛教的神秘"和"中国寺庙的建筑风格"。1937 年，瑞典考古学家、地质学家、古生物学家安特生应四川省政府邀请来到成都，参加西康地质考古测绘团对西康地区的调查活动。6 月 6 日—7 日在学会演讲"古代匈奴的青铜器"和"北京人"。

图 5—2—1　1937 年夏考古学家安特生（J.G.Andersson）在西康地区考察

（照片刊于《华西边疆研究学会杂志》第 9 卷。）

　　1938 年 3 月 12 日，邀请途经成都回国的法国藏学家戴维尼夫人演讲"佛教和喇嘛教的起源"，邀请金陵大学文史学家程千帆教授讲"中国古典画派的形成与评价"。1942 年 3 月 21 日，邀请成都齐鲁大学任教的著名史学家顾颉刚演讲"四川的早期历史"。1944 年 11 月 13 日，学会再次邀请准备返回法国的戴维尼夫人演讲"藏族人宗教信仰的范围"。以上学者的演讲，撰成文字多是该领域的创

---

　　①　A.J.Brace. "West China Border Research Society", WCMN, No.7 - 8,（1924）：50 - 52.

新之作，虽大多未在学会会刊上刊发，但都以不同的文字在不同的国度发表，学术影响很大。例如柯姆伯 1926 年在伦敦出版专著《藏人论藏》①，引起了国际汉学界极大反响，藏学家李宅安称，《藏人论藏》是西方藏学专著中"研究文化接触的绝好材料"②。顾颉刚的演讲后以《秦汉时代的四川》为题发表在《学思》③上，引发国内学界对巴蜀历史的重新思考，开启巴蜀史研究的新篇章。这表明，学会学术活动受到了国内外学者的关注，欧美及国内学者只要途经成都，多半会参加学会的演讲活动，而他们演讲的大多是当时该领域的前沿课题，不仅具有开创性且给学会带来新鲜的学术气息。

演讲者并非仅限于学会会员，如前所述，来访问的西方学者或国内学者，只要执委会认可就会被邀请来学会开讲座的。据笔者统计，在学会举办的二百七十七场演讲中，有二十多场讲座是非学会人士举办的，例如 1925 年 5 月 29 日英国学者宏福礼（J.C.Humphreys）讲"'倮倮'部落与领地"，1936 年 11 月 28 日英国学者谢福芸（Lady Hosie）讲"伦敦的中国艺术展览"，美国学者斯托克韦尔（E.B.Stockwell）讲"四川音乐发展史"，1941 年 11 月 5 日美国学者狄万（John Tee Van）讲"海洋生物"，1947 年 4 月 14 日美国学者莱辛讲"藏传佛教问题"，1950 年 5 月 6 日美国学者鲁道夫（Roger C.Rudolph）讲"祁公墓的发掘"。1937 年至 20 世纪 40 年代，学会讲座中国化气氛益浓，不少中国著名学者受邀参与学术演讲。除前文提及的顾颉刚、程千帆等人外，还有华大儿科学专家杜顺德教授讲"四川传染给人体的寄生虫"，古文字学家、金石篆刻家商承祚受邀讲"中国卜骨研究"，中央研究院院士、历史学家陈寅恪讲"中国西北通道"，社会学家罗荣宗教授讲"贵州苗民"，文博专家杨啸谷讲"四川的制陶业"。这些讲座或是实地考察报告，或是学者研究领域的论文，学术性强，内容涉及文化人类学、宗教、艺术、历史考古、音乐、自然地理、医学、生物等领域。

学会早期的演讲群体以传教士、西方外交官和大学外籍教授为主体，举办的讲座大多是西人对华西社会的初步知识，演讲内容欠深入，但其演讲大大帮助了在华西的西人对中国社会的认识，也刺激了西方学者和本土学者对华西社会研究的兴趣。到了 30 年代至 40 年代，演讲者的国籍扩大到中国本土学者，演讲者的

---

①　G.A.Combe, *A Tibetan on Tibet*, T.F.Unwin, Limited, 1926.

②　李安宅摘译：《藏人论藏》，《边政公论》，1942 年第一卷第 7—8 期（合刊），第 95 页。

③　顾颉刚：《秦汉时代的四川》，《学思》，1942 年第一卷第 8 期，第 1—7 页。

身份以专业学者、大学教授和传教士人类学者为主体，讲座的内容学术性较强，其中不乏对华西人文自然科学领域的开拓性研究，比如"巴底的黑教喇嘛寺""从北京到成都——蒙藏边疆研究之旅""西藏藏戏""西藏地理环境对人的影响""喇嘛教创始人——宗喀巴""'猓猡'部落与领地""羌族人的风俗习惯""纳西族的象形文字""佛教的神秘""中国寺庙的建筑风格""中国宗教传统的概况""中国音乐研究""中国艺术""诗人杜甫与草堂祠""四川民间蓝线针黹之手艺""四川陶器年表""邛崃龙兴寺佛教石刻发掘报告""华西两栖动物""华西疟疾研究""华西的土地和人口分布"等。这些中外学者的演讲内容大都是建立在对有关问题深入分析的基础之上，多为创新之作。

尤其值得注意的是，学会不断邀请中国学者参加学会学术活动，目前能够确认中国学者举办有七十六次讲座。1927年11月，李明良应邀演讲"川西南的地势与农业"，是本土学者举办讲座第一人。30年代以后，中国学者成为学会讲座之主流。除上文提到举办讲座的非会员中国学者外，学会会员胡某（Y.D.Hu）讲"华西协合大学学生体检报告"，刘黎仙讲"四川的基督教教派"，何文俊讲"四川的自然历史"，黄方刚讲"四川道教"，杨少荃讲"四川1911年12月的革命"，方叔轩讲"华阳国志""中国人的玄想与中国人的艺术"，刘恩兰讲"理番地区人类学调查""气候和地理环境对部族社会风俗的影响"，胡秀英讲"嘉绒人生活与自然环境之关系""理番的植物"，闻宥讲"纳西族的象形文字""理番地区的语言调查"，李方桂讲"贵州Li Ngan的歌谣""嘉绒人的语言"，李安宅讲"萨迦派喇嘛教""喇嘛寺"，郑德坤讲"华西一座唐墓发掘""四川史前考古""四川陶器年表"，冯汉骥讲"成都平原之大石文化遗迹""神秘的永陵王建墓"，吴金鼎讲"王建墓的发掘"，林耀华讲"'猓猡'的血族体系"，于式玉讲"有关西藏妇女现状"，徐益棠讲"战争时期的中国边疆研究"，陈耀真讲"中国眼科史"，侯宝璋讲"中国历史上尸体防腐办法的研究"，刘承钊讲"华西蝌蚪适应性变化""华西两栖动物"，方文培讲"山茱萸和四照花属在华西的分布"等。举办讲座的中国会员还有庄学本、高毓灵、张伯怀、杜奉符、李先闻、陈义、蓝天鹤、蒋旨昂、陈宗祥、成恩元等。多次演讲者中，刘承钊、郑德坤演讲五次、李安宅演讲四次，闻宥、侯宝璋、刘恩兰、胡秀英演讲三次，李明良、李方桂、冯汉骥、陈耀真、吴金鼎、方文培、徐益棠、林耀华演讲两次。可以说，本土学者已成长为华西研究领域的主力军。

学会演讲不仅带动了更多的欧美人加入到研究华西的队伍中，而且也使得学会保持较高的学术含量，并在世界汉学领域和中国学界拥有一席之地。演讲活动对成都乃至华西的欧美及本土学者之华西研究产生了很大影响，演讲、讨论活动无疑加速了他们对于华西的认识和研究，学术传播的效用是无庸置疑的，一大批国内外的知名学者在学会获得培养。

第三节　会刊及其他出版物的出版、发行

一、会刊的创刊、发展与停刊

1922 年，华西边疆研究学会成立后不久，学会即考虑创办一个学会的刊物。1923 年 3 月 19 日，学会执行委员会决议组建一个出版委员会，负责编辑出版学会会员的科研成果及科研成果对外学术交流等事宜。第一届出版委员会有莫尔思、赫立德、布礼士、毕启。莫尔思任主任，其余三人是秘书，毕启被指定为编辑与出版第一期会刊的具体负责人[1]。1932 年出版委员会改组为"编辑委员会"，新的编辑委员会由三人组成，李芝田[2]负责出版发行工作；费尔朴是负责经费的会计，主要负责会刊经费收支和资金捐赠及其征订等事宜；启真道主要负责组稿与文字编辑及各项学术交流活动。此后，除人员多寡调整外，出版发行工作一直由编辑委员会负责至停刊[3]。

1924 年《华西边疆研究学会杂志》创刊号在成都发行。该杂志是英文版的大型综合性学术年刊，内容都是会员去华西边疆进行实地考察后所提交的调查报告和研究成果。本打算每年出版一卷，但未能如愿，20 年代仅发行三卷。会刊出版延迟，主要是受 20 世纪 20 年代日益高涨的民族主义冲击。随着 20 年代非基督教运动、收回教育权、五卅惨案等具有"民族""国家"性质事件发生，华西基督教被越来越多地卷入"冲击"漩涡。1926 年 9 月 5 日发生了震惊全国的万县惨案，成都爆发声势浩大反帝运动，矛头直指外国人的爱国活动此起彼伏。随着民族运动不断深入，华西的外国人纷纷撤离，或回国或前往东部沿海城市躲避。到 1927 年绝大多数传教士已离开华西，华西基督教遭遇了庚子事变之后的又一次"危

---

① "Organization and First Year's Program"，*JWCBRS*，Vol.1，（1922 - 1923）：1.
② 又名李德良，加拿大人，神学博士，华英书局负责人之一，基督教协进会文字布道委员会主任。
③ 附表：《华西边疆研究学会执行委员会名单（1922—1950）》。

机"。这就是华西传教士文档中屡屡提及的 1927 年"大撤离"。戴谦和主编在 1930 发行的第 3 卷（1926－1930）"前言"中提到，"杂志发行大大延迟于预期之后，主要因为 1927 年大革命导致大多数成员离开华西，使得第 3 卷杂志出版延误至 1929 年底，准备出版的论文仍搁置在编辑手上。随着局势的稳定，出版编辑委员会准备出版定期杂志，学会大多数成员又回到这个研究领域"①。

图 5－3－1 《华西边疆研究学会杂志》封面

（杂志原件现藏于四川大学博物馆。）

30 年代学会杂志共刊发八卷，与初创时两年一卷或多年一卷相比，"篇幅益见增多，内容亦见精彩，国际间亦渐有其相当的地位矣"②，会刊正朝着一年一卷发展。1935 年发行的第 6 卷，新辟"书评"，并将"学会活动记录"附录于卷末。学会希望通过评论与华西历史相关的古籍和新书，为研究者提供更多的华西信息。而刊载学会信息的目的在于供关注学会的人士参考③。这显示无论在内容、篇幅、材料以及采编水平上均超过以往。葛维汉（D.C.Graham）会长报告"去年（1936）在很多重要的中文科技期刊上都对我们的刊物给予评论，所有中国学者给予的评价都很高"④。

苏柯任（Arthur de C.Sowerby）主编的《中国杂志》（*China Journal*，1937，

① D.S.D.，"Foreword"，*JWCBRS*，Vol.3，（1926－1929）：7－8；四川大学博物馆档案编号：I－C－2－2375。
② 徐益棠：《十年来中国边疆民族研究之回顾与前瞻》，《边政公论》，1942 年第一卷第 5－6 期合刊，第 54 页。
③ A.J.Brace，"President's Address"，L.G.K.，"Foreword"，*JWCBRS*，Vol.7，（1935）：138－141，Vol.6，（1833－1934）.
④ D.C.Graham，"President's Address"，*JWCBRS*，Vol.9，（1937）：225－226.

No.8.p.15.）评价：

　　　我们相当满意地注意到，刊载 1936 年研究成果的第 8 卷有很大的进步，发行超过以往的总数。这毫无疑问与该刊在上海印刷有关。杂志里插图很清晰。非常高兴地看到华西边疆研究学会不断进步，他们已有能力编印出高质量的刊物。现在这一刊物内容非常丰富和有趣，有关的主题范围广阔，涵盖华西的民族、风土人情、宗教信仰、考古、人文历史及自然历史等。其中一些文章来自学者翔实的实地调查和研究，他们向读者提供了汉藏边疆最有价值的信息资源。杂志末尾刊载有关学会会议记录，显示这个机构正处于十分健康的状况……许多捐助者对杂志内容表现出极大的兴趣。①

　　20 世纪 30 年代，为应对金融风暴带来的经费紧张及维持会刊正常发行。学会在戴谦和带领下扩大了会员规模。这也是执委会为避免在竞争中被重组的厄运，用以吸纳更多华西学者入会的策略②。这一举措既解决了学会经济的匮乏，也推动了中外学者学术的互动，为学会注入了新的活力，为其发展为华西边疆领域研究中心奠定了坚实基础。第 4 卷主编启真道在"前言"中对这一改革措施抱欢迎态度：允许会员加入的资格更加宽泛，这使得出版高质量杂志成为可能，增加了发行频率，缩短了出版周期，现在每两年出版一册，希望不久将来能一年出版一册③。

　　40 年代会刊共刊发五卷九编。1940 年，会刊每卷又分 A、B 编出版。早在 30 年代后期，编委会就有将会刊每卷扩展为 A、B 编的意图。主编徐维理在 1937 年出版的第 8 卷封底"广告"中提到，如果学会经费足够的话，打算出版两个系列。A 编是人文科学版，B 编是自然科学版④。在 1940 年发行第 12 卷实现了这一愿望。会刊卷下分 A、B 编的发行方式一直持续到停刊之时，即出版了刊载 1946 年研究成果的第 16 卷 B 编⑤之后。

　　1947 年会刊停刊，对学会当事人而言最初的停刊是暂时的。四川大学博物馆新近发现的历史档案证实停刊的暂时性。其一，第 16 卷 A、B 编刊载的是 1946

① "West China Border Research Society"，*WCMN*，No.11，（1937）：32.

② A.J.Brace，"Presidential Address"，*JWCBRS*，Vol.7，（1935）：138 – 141.

③ L.G.K.，"Foreword"，*JWCBRS*，Vol.4（1930 – 1931）.

④ "Magazine ads to order"，*JWCBRS*，Vol.8，（1936）：Magazine's cover.

⑤ A、B 编合刊的第 13 卷除外。因在上海印刷的第 13 卷遇太平洋战争爆发未能如期发行，主编另行组稿在成都补出第 13 卷 A、B 编合刊。

年研究成果，这是目前学者所见到的最后卷编。这期上没有刊载任何有关停刊的信息，说明应是突然停刊的。其二，当年主编启真道给学会顾问林则的信中提到，由于哈佛燕京学社未继续提供经费导致会刊停刊，现急需经费完成两件事：1.出版杂志第13卷。原稿于1942年12月9日交付上海印刷，但由于太平洋战争爆发未完成印刷，原稿已被退回，希望筹到经费出版。2.尽量筹集经费，希望1947年再出版一卷杂志①。其三，1947年－1950年执委会郑德坤、葛维汉、启真道、林则等人，都在给海外文化机关去函请求援助，想必是希望申请经费到位后就复刊。其四，为会刊继续出版，顾问林则向执委会提议与大学杂志合并为《华西研究杂志》②，但方案讨论未见实质性结果。其五，1949年－1950年度执委会名单列有编辑委员会人员：主任启真道、A编主编云从龙、B编主编刘承钊③。由此可见，会刊暂时停刊是休刊而非终刊，经费匮乏是造成停刊的直接原因。

当学会执委会成员都在为复刊四处奔波寻求援助之时，又是什么原因造成会刊瞬间从休刊到永久性停刊的呢？负责学会对外事务的顾问林则申请外援的经历或许能给出一个答案。林则时任华大副校务长，又是享有国际声誉的学者。1949年4月至1950年8月，他曾频繁地写信给英国文化委员会驻南京办事处，请求经费援助。但等到中国时局发生根本性变化的1950年8月时，对方答复"伦敦方面拒绝了学会的申请"。这一申请经费过程说明，永久性停刊与当时政局变化不无关系，这是不以个人的意志为转移的。

二、会刊的管理机构、出版发行及经济状况

从1922年到1950年学会共选举产生二十六届执行委员会。每届学会执委会再任命本届编辑委员会。编辑委员会代表执委会全权负责所有与会刊相关的事宜。莫尔思、陶然士、李芝田、李芝田夫人、方叔轩、彭普乐、解难夫人、理查森夫人（K.J.Richardson）、郑德坤、葛维汉等人都曾担任过编委会负责人。

第一任负责人莫尔思，是华大的创始人和华西地区现代医学先驱之一。传教士陶然士，是著名的汉学家、考古学家和人类学家。方叔轩是中国近现代优秀教育家和著名学者，华大40年代后期的校长。1904年被加拿大英美会派遣到四川

---

① 四川大学博物馆档案编号：I－C－2－2006。
② 四川大学博物馆档案编号：I－C－2－2007。
③ 四川大学博物馆档案编号：I－C－2－2004。

传教的李芝田，曾担任基督教华英书局和华西基督教文字布道事务的负责人①。彭普乐牧师是华西边疆研究先驱、学会倡导者、1939 年年度会长、华英书局早期负责人。解难夫人是华大图书馆馆长，为学会乃至华西图书馆事业都有所贡献，负责会刊早期交流。她为学会在大学图书馆设书刊专柜，扩大了学会影响。南京大学理查森夫人是抗战西迁到华西坝的，先后担任过编委会主任、秘书等职。被誉为"四川考古学之父"的郑德坤，开华西田野考古发掘之先声的葛维汉，都多次担任过会刊主任、主编和秘书。

图 5-3-2　毕启博士
（华西协合大学创始人，华西边疆研究学会杂志创刊号主编。影像数据藏于四川大学博物馆。）

另外，成都中华基督教青年会总干事、美国传教士赫立德，华西研究先行者、成都中华基督教青年会体育干事、将大量西方体育运动项目引进四川的先驱之一②布礼士教授，华英书局经理秦约翰（John Kitchen）③ 都任过秘书。学会从 1932 年起先后吸纳来自华英书局的李芝田、秦约翰、彭普乐参加编委会工作，因为这些长期从事基督教文字工作、负责书局事务的人能在会刊的经营管理、出版发行中发挥作用。学会希望通过他们确保会刊正常发行。李、秦、彭等人确实为会刊做出了不少贡献。

从 1922 年到 1950 年，学会共任命十三人担任会刊主编或副主编。20 世纪 20 年代至 30 年代中期，编委会及主编都是由英、美、加等国的基督徒学者负责。1936 年国人方叔轩任编委会主任，他是第一位进入编委会的中国学者。1937 年郑德坤任会刊主编，这是中国人第一次任主编。从此至 1950 年，郑德坤、刘涤芝、刘承钊、李安宅分别多次担任人文、自然科学版主编。刘承钊是担任主编时间最长的国人，郑

①　刘吉西：《四川基督教》，成都：巴蜀书社，1992 年版，第 602－603 页；R.O.Jolliffe，"West China - The Land &·The People"，*WCMN*，No.1－2，（1941）：4－12。

②　L.G.Kilborn，"President's Address"，*JWCBRS*，Vol.14.A，（1942）：101；《四川大学史稿》编委会：《四川大学史稿：华西协合大学（1910－1949）》第四卷，成都：四川大学出版社，2006 年版，第 52 页。

③　秦约翰，加拿大传教士，1920 年来华，隶属加拿大英美会及加拿大联合会，1931 年入会，担任编委会秘书，1920 年－1950 年任成都加拿大华英书局经理。

德坤是委员会中担任职务最多的国人，到 40 年代后期时，国人在编委会中发挥着重要作用。这表明中国学者已逐渐成长为学会组织机构的核心力量。

会刊主编或副主编由学识渊博的中外学者承担，他们大多是华西近代文化史上有影响的人物。如第一卷主编毕启，既是华大的创始人之一和首任校长，又是华西人文科学研究①的积极提倡者，由于他为华西医疗教育事业发展做出了卓越贡献，1946 年被中国政府授予"外籍特殊勋绩人士"荣誉奖。戴谦和主编既是华西近代博物馆事业的先行者，又是华西协合大学古物博物馆的奠基人，他创建的华大古物博物馆是中国西部地区第一座现代博物馆。生理学、教育学、民族学家启真道，是编辑委员会中资格最老的主编，编辑过九卷会刊，曾历任华西大学医学院院长、香港医学院院长等职，为华西和香港医学教育卫生事业贡献出毕生精力。第 14 卷人文版主编葛维汉任华大博物馆馆长时，于 1934 年率领大学博物馆科学考古队对汉州古蜀文化遗址进行了首次考古发掘，次年又在会刊上发表《汉州发掘的初步报告》，由此揭开三星堆考古序幕。第 7 卷、第 8 卷主编徐维理教授，是为我国抗战艰难时期的四川印染、制革工业做出过贡献的教育工作者，他热爱华西，把中国当成第二故乡，40 年代末因支持进步学生运动，被国民党当局视为"华西坝上外国共产党分子"②。

第 9 卷、第 15 卷人文版主编郑德坤是中国第一代考古学家、1941 年－1946 年任华大古物博物馆第一任国人馆长，他计划将博物馆建成华西的一个教育、研究与收藏中心，在其就任的五年里，颇多建树，使之成为抗战大后方享有盛名的博物馆。长期任自然科学版主编的刘承钊是世界著名的两栖动物学家，中国两栖爬行动物学的主要奠基人。第 16 卷人文版主编李安宅是著名社会学、人类学、民族学家，一生专治民族学、宗教学、社会学、藏学的研究，学术成绩斐然。另外，开创华西妇产科医疗事业的李哲士、抗战来到华西的南京大学副教授费希尔（K.J.Fisher）③，以及被华西坝上进步学生敬重的国际友人云从龙教授，都曾担任过会刊主编。

---

① 四川大学史稿编审委员会：《四川大学史稿：华西协合大学（1910－1949）》第四卷，成都：四川大学出版社，2006 年版，第 180 页。

② 金开泰：《百年耀千秋：华西协合大学建校百年历史人物荟萃》，香港：中国文化出版社，2010 年版，第 42 页。

③ 费希尔（K.J.Fisher），即理查森夫人（K.J.Richardson），南京大学生物系昆虫学副教授，抗战时期随所在大学迁徙到华西坝，1938 年加入学会。

表5－3－1　《华西边疆研究学会杂志》主编及编辑/出版委员会成员名单表

卷数	研究时间	出版时间	出版地点	主编姓名	主编国籍	其它成员姓名
I	1922—1923	1924	成都	毕启	美国	莫尔思、赫立德、布礼士
II	1924—1925	1926	成都	戴谦和	美国	
III	1926—1929	1930	成都	戴谦和	美国	
IV	1930—1931	1932	成都	启真道	加拿大	陶然士
V	1932	1934	成都	启真道	加拿大	李芝田、费尔朴
VI	1933—1934	1935	成都	启真道	加拿大	李芝田、费尔朴
VII	1935	1936	成都	徐维理 李哲士	英国 美国	李芝田夫人、葛维汉、秦约翰
VIII	1936	1937	上海	徐维理	英国	方叔轩、葛维汉、彭普乐
IX	1937	1938	上海	启真道 郑德坤	加拿大 中国	彭普乐
X	1938	1939	上海	启真道 刘淦芝	加拿大 中国	解难夫人
XI	1939	1940	上海	启真道	加拿大	
XII	1940	1942	上海 成都	A编：启真道	加拿大	解难夫人
XII	1940	1941	上海	B编：理查森夫人	加拿大	
XIII	1941	1943	成都	A编：启真道 B编：理查森夫人	加拿大 加拿大	
XIV	1942	1943	成都	A编：葛维汉	美国	郑德坤
XIV	1943		成都	B编：理查森夫人	加拿大	
XV	1944		成都	A编：郑德坤	中国	葛维汉
XV	1945		成都	B编：刘承钊	中国	葛维汉
XVI	1945		成都	A编：李安宅	中国	葛维汉
XVI	1946		成都	B编：刘承钊	中国	葛维汉

续表

卷数	研究时间	出版时间	出版地点	主编姓名	主编国籍	其它成员姓名
	1947			A编：启真道①	加拿大	
	1947			B编：刘承钊	中国	
	1948—1949			A编：启真道	加拿大	
	1948—1949			B编：刘承钊	中国	
	1949—1950			A编：启真道 云从龙	加拿大 加拿大	
	1949—1950			B编：刘承钊	中国	

资料来源：*Journal of the West China Border Research Society*（1922—1946），四川大学博物馆历史档案中有关华西边疆研究学会的档案。

会刊从创刊号到第 7 卷都由成都华英书局（The Canadian Mission Press）承印。由加拿大传教士创办于 20 世纪初的华英书局与学会有天然联系，该书局早期负责人彭普乐、秦约翰、李芝田都是学会成员，他们不仅对华西边疆研究抱极大兴趣，且利用从事文字工作的丰富经验来支持会刊工作。另外，华英书局是当时华西地区拥有最完备现代印刷设备和技术的出版机构，会刊交由华英书局出版合情合理。

从第 8 卷起，会刊转由上海文瑞印书馆（Printed by Thomas Chu&Sons Shanghai，China）承印。上海是中国最早对外开放的城市，是资本主义发展最早、程度最高的城市。到 20 世纪 30 年代，上海已是远东最大的国际大都会以及远东的商业和金融中心，同时是中国大陆的经济、金融、贸易、航运和文化出版中心。据《上海地区出版史》统计，1930 年，上海图书杂志出版机构一百四十五家、印刷机构两百多家。1937 年以前，上海出版刊行的图书、期刊分别占全国 70％和 80％以上②。学会早就考虑将会刊送往上海印刷出版，因交通不便导致这一计划未能实施。直到 1937 年，成都与沿海地区之间常规性航空服务开启，使得在上海印刷成为可能。1937 年上海沦陷后，大部分出版社迁内地。至 1941 年，剩余的出版印刷机构多集中在租界。在此种情况

---

① 本年度 A、B 编的主编名单缺失，笔者根据"主编启真道给学会顾问林则的信件"推测，见四川大学博物馆档案编号：Ⅰ—C—2—2006。

② 《上海地区出版史》，www.douban.com/group/topic/18454302。

下，仍决定送会刊到上海出版的原因是，学会认为"那里的纸张便宜，设施完善"①。第 8 卷主编徐维理将会刊送到上海印刷看成是当时学会杂志的"一个新的起点"②。

上海文瑞印书馆共发行五卷会刊。在 1941 年第 12 卷 B 编出版不久，1941 年 12 月 17 日，日本偷袭珍珠港美国太平洋舰队，次日，以美国为首的同盟国向日本宣战，太平洋战争爆发。这一战事波及那些集中在租界的出版印刷机构，文瑞印书馆受其影响，开机印刷的第 12 卷 A 编不得不半途终止，剩余部分则交成都华英书局印刷完成。故该卷版权页上标示的出版机构是：上海文瑞印书馆与成都华英书局联合承印。同时被送到上海的第 13 卷稿子因战争受阻，滞留于沪迟迟未退回。时不我待，为了保证学会杂志发行的连续性，编委会匆忙重组稿件，以 A、B 合编形式在成都印刷，以弥补上海停印造成的损失。尽管编委会一再努力，仍然有六篇稿子未能刊载其中③。1943 年出版的第 13 卷是由成都华西坝蓉新印刷工业合作社（Printed by Yung Hsing Cooperative Press Hua His Pa，Chengtu，China）代印的，这种状况一直持续到 1947 年停刊。

会刊创刊号于 1924 年出版，出版委员会秘书布礼士在《教务杂志》（1924.No.10）、《华西教会新闻》（1924.No.7-8）上发布题为《华西边疆研究学会》《华西边疆研究学会杂志》的新闻稿。前者报道创刊号内容，涉及调查华西地形、地质、人类学、原住民宗教、社会风俗、地图，"从这些文章能获得大量非常有价值的信息"。后者根据学会出版委员会报告，创刊号发行五百册。这些会刊将在中国各个大学和学会会员中分发，其中五十册还被分送往欧洲及美洲的相关学会④。可以说，学会历来重视与国内外学界的学术交流。

学会执委会通过"赠阅"方式来进行国内外学术团体的沟通，希望以出版物为媒介，建立交流信息、切磋学问之关系，达到共同推进学术繁荣的目的。"交换出版物"这一举措被后继者发扬光大。40 年代学会能被公认是世界上相关领域

① T.K.Cheng，David C.Graham，"Foreword"，*JWCBRS*，Vol.14.A，（1942）.
② W.G.Sewell，"Foreword"，*JWCBRS*，Vol.8，（1936）：5-6.
③ A.M.Graham，Librarian's Report，*JWCBRS*，Vol.13，（1941）：70.
④ A.J.Brace，"Journal of the West China Border Research Society"，*The China Recorder*，No.10，（1924）：679. A.J.Brace，"West China Border Research Society"，*WCMN*，No.7-8，（1924）：50-52.

中最权威的研究机构之一，与会刊在海内外传播有密切关系①。早期会员都能收到免费赠送的两本杂志，这是学会早期会员人数少时执行的决议，到30年代中期会员人数急剧扩大时，学会1935年通过决议，改为赠给每人一册，或A编或B编，这一举措一直持续到会刊停刊。

编辑部自办发行，一开始就将发行对象定位在海内外学术团体和个人。在20年代凡要求交流的机构、个人及订户均与"中国四川成都华西协合大学华西边疆研究学会秘书"联系②。这种情况一直持续到30年代前期，在会刊1932年出版的第4卷封底广告中，只是将地址修改为"中国四川成都华西协合大学华西边疆研究学会"③。在1935年出版的第6卷封底刊载有上海、北京、伦敦代理商地址，即上海南京路22号凯利和沃尔什（Kelly and Walsh, 22 Nanking Road, Shanghai.），北京大饭店法国书店（The French Bookstore, Grand Hotel de Pekin, Peking.），英国伦敦拉瑟尔大街41号阿瑟·普罗赛因（Arthur Probsthain, 41 Great Russell Street, London, W.C.I.）。次年，新增成都华英书局（The Canadian Mission Press）为代理商。1943年，新增成都华大出版社（The Hua Ta Press, Chengtu.）为代理商。

会刊第1卷至六6卷版权页上，是按"四川货币"定价发行的。第6卷广告改为中国货币（法币）、英镑、美圆定价发行。此后，一直以这三种货币为发行定价。此广告后，因经济变化引发调价成为常态。以第1卷定价为例，1922年—1933年，四川货币1圆；1934年，法币4.00圆、英镑7/6、美圆2.00；1935年，法币与前相同、英镑8/6、美圆2.25；1938年，法币5.00圆，英镑、美圆与前相同；1939年，法币4.00圆，英镑、美圆与前相同；1940年，法币5.00圆，英镑、美圆与前相同；1942年，法币25.00圆、美圆2.5，取消英镑定价。可见，杂志主要受国内通货膨胀影响，故而以法币为单位的国内定价波动较大，以英镑、美圆付费的海外定价则长期稳定，变化不大。40年代受国内通货膨胀影响，定价更是不断攀升，1944年会员购买第14卷都要支付法币100圆④。

① A.M.Graham, "Report of the Librarian", *JWCBRS*, Vol.13, (1941): 70.
② "West China Border Research Society", *JWCBRS*, Vol.4, (1930–1931): Magazine's back cover.
③ 1934年11月24日学会会议记录，W.C.I同意担任杂志在欧洲的发行代理。四川大学博物馆档案编号：Ⅰ—C—2—2330。
④ "Poster", *JWCBRS*, Vol.14.A, (1942): Magazine's cover.

从 40 年代学会财务报告表所列定价看：1940 年是 1052.92 圆，1941 年是 534.63 圆，1942 年是 2142.70 圆，1943 年是 4279.00 圆，1944 年是 10671.00 圆，1945 年是 44791.00 圆，1946 年是 221600.00 圆和 93755.00（再版）圆。剔除通货膨胀造成的定价涨价因素，40 年代会刊发行量呈增长态势。保守推测，1941 年第 12 卷 A、B 编发行量应在一千册以上。

学会创办之初缺乏雄厚资金支持。其资金来源主要依靠以下两项：一是华大各基督教差会组成的校理事会提供的补助。启真道说："华西协合大学作为一个基督教机构为学会提供许多经济及其他方面的援助。因为我们学会是华西一个重要的科研中心。"① 一是会员交纳的会费。如前文所论，早期规定二十五人的限制，致使收取的会费完全不够学会开支。经费拮据制约着出版和调查研究活动进行。会刊创刊后，同样面临经费短缺问题。发行收入极少，与其支付的出版印刷费用相去甚远，外加学会当时在国内外学界影响较小，捐助者寥寥无几，以致 20 年代至 30 年代早期，会刊出版是不定期的，或两年或三年刊，经费入不敷出时有发生。

30 年代中期经费仍困扰着会刊出版。1935 年，为了维持会刊持续发行，学会执行委员会不得不作出压缩版面的决定②。在 1934 年 6 月年会上，主编启真道提案再版会刊第 2 卷，与会者一致表决通过。但再版前提是，必须等到有足够钱（捐款）来支付出版费用③。这些都表明，时至 1934 年经费仍然紧张，要想出版增刊，学会都无力支付，只有通过外援来解决问题。1937 年，学会经济状况出现转机④。30 年代是学会有史以来成员最多的时期，会费增多加强了学会经济实力。随会刊发行在海外影响的日益扩大，1932 年以降，会刊获得哈佛燕京学社基金会（the Harvard‑Yenching Institute Research Funds）、出版物基金会（Grant to Pub'n Journal）、华大研究基金会（W.C.U.U. Research Funds）基金，学会的出版发行工作暂时摆脱了经费拮据的束缚。

① L.G.K., "Foreword", *JWCBRS*, Vol.6,（1933–1934）.

② A.J.Brace, "Presidential Address", *JWCBRS*, Vol 7,（1935）：138–141.

③ D.C.Graham, "Minutes of the Annual Business Meeting of of the West China Border Research Society", *JWCBRS*, Vol 6,（1933–1934）：V.

④ D.C.Graham, "President's Address", *JWCBRS*, Vol.9,（1937）：225–226.

表 5—3—2　华西边疆研究学会 1933 年—1946 年会刊财务抽样报告表

报告时段	印刷费	订费	会费	学会总收入	捐赠款	捐赠机构及个人
1933.6—34.6	615.00	空缺	434.00	457.50	数目不详	私人借贷、哈佛燕京基金会
1934.6—35.6	2373.26	559.94	512.00	2618.45	875.00	出版物基金会、哈佛燕京基金会
1935.6—36.5	674.00	527.20	569.04	1881.12	300.00	哈佛燕京基金会
1936.6—37.5	35.60	420.79	574.20	1862.05	300.00	哈佛燕京基金会
1937.5—38.5	1089.80	629.36	553.24	3046.92	451.95	哈佛燕京基金会
1938.5—39.5	538.72	82.72	725.61	2351.39	300.00	哈佛燕京基金会
1939.5—40.5	1788.65	1052.92	844.61	3903.43	300.00	华西协合大学研究基金会
1940.5—41.5	2918.84	534.63	333.90	4125.91	500.00	华西协合大学研究基金会
1941.5—42.5	3315.23	2142.70	1936.08	12564.89	500.00	华西协合大学中国文化研究会
1942.5—43.5	11788.10	4279.00	2960.00	17323.06	1000.00	华西协合大学中国文化研究会
1943.5—44.5	43168.00	10671.00	7027.63	70123.17	41062.70	中美文化协会、中英庚子赔款基金、华西协合大学中国文化研究会、英国皇家人类学会、皇家地理学会、英国文化委员会、个人捐赠
1944.5—45.5	707942.00	44791.00	17950.00	118007.15	132160.00	个人捐赠、中英文化协会、英国文化委员会、中美文化关系协会
1945.5—46.5	1050030.00	315355.00	202200	5526015.14	4618000.00	个人捐赠、英国文化委员会、美国国务院

备注：1.资料来源于《华西边疆研究学会杂志》第1卷至第16卷《学会年会财务报表》。2.原始报表仅记录收支数据及捐赠单位而无货币单位。据会刊记录1940年前以美圆计量，1940年后多数以中国货币（法币）计量，少数用美圆计量，例如大学执委会成员和五所大学董事长捐赠2000美圆。3.印刷费包括邮费、运费、印刷费及购买纸张产生的费用，其中邮费、运费是指将文稿送往上海印刷和杂志运回华西产生的费用。4.学会总收入包括会费、订费、捐款和上届执委会结余。

进入抗战以后，中国经济迅速恶化，通货膨胀日益严重，据当时新闻报道，1941年3月24日到3月26日三天之内，成都生活费用平均指数就从法币1012圆增至 1449 圆①。1941 年 12 月，太平洋战争爆发。由于运输困难，纸价暴涨，印刷费昂贵和人工费用日益攀高，造成大批报刊停刊和众多的出版机构倒闭。基督教在上海的《教务杂志》（1867－1941）、在成都的《华西教会新闻》（1898－1943）被迫停刊。这两份刊物是整个在华基督教期刊出版史上历史最长、影响最大的刊物，自学会创办以来，一直与之交往甚密，它们定期向海内外发布会刊文摘信息，停刊无疑给学会造成不可弥补的损失。会刊出版费用逐年攀升，1940 年 200美圆，1941 年 500 美圆，1942 年 1000 美圆，1947 年暴涨到法币 12001300 圆②。为节约经费，编辑不得不删除所有图片以及删减冗长文章③。

由于国内政治局势变化，到 1947 年，会刊再未收到过来自海内外的捐助。经费问题成为学会 40 年代末期挥之不去的阴影。1946 年秘书报告说，"近几年由于法币贬值，学会执委会决议增加会费和杂志定价"④。面对经济恶化造成金融危机和通货膨胀，以及日益攀升的印刷费用，这样的改革无疑是杯水车薪。尽管学会执委会与编辑委员会一再坚持，但最终将会员 1946 年的研究成果即第 16 卷出版后，不得不决定休刊。

三、学会的其他出版物

华西边疆研究学会除出版发行学会会刊外，还出版发行会刊增刊、抽印本和单张地图。出版的增刊有叶长青《英语－嘉绒词汇表》（第 5 卷）、莫尔思《华西四川的古老民族》（第 8 卷）。前者由华大哈佛燕京学社基金会赞助，后者则是华大研究基金提供出版经费；抽印本有陶然士《川西汉墓考》、葛维汉《川苗词汇表》、刘延龄《川苗音乐考》、董笃宜《四川汉州黄金时代与黑暗时代》、郑德坤《四川古代文化史》、刘恩兰《理番民族概况》、高尚荫《嘉定新发现淡水水母》等。出版的地图则至少包括赫立德《川西区域图》、叶长青《丹巴至瞻对线路图》、佩雷拉（Brigadier General Geo.E.Pereira）《西藏东部略图》。

学会成员除在会刊和其它中外学术刊物发表研究成果外，还在国内外出版

---

① "Cost of Living in Chengtu", *WCMN*, No.5－6, (1941)：196.

② T.K.Cheng, "Foreword", *JWCBRS*, Vol.14.A, (1942). 四川大学博物馆档案编号：I－C－3－2673。

③ L.G.Kilborn, D.C.Graham, T.K.Cheng, "Foreword", *JWCBRS*, Vol.12.A, (1940).13.A&B, (1941).14.A, (1942).

④ "Report of the Secretary", *JWCBRS*, Vol.16.B, (1946)：220.

有不少中英文专著。这些专著有少部分出版在后华西边疆研究学会时代，但大都是学者们在会期间研究成果的积累与深化。如 1942 年至 1943 年冯汉骥主持了前蜀王建墓的发掘，1946 年 3 月在学会举办"永陵王建墓"专题演讲，1961 年专著《前蜀王建墓发掘报告》由文物出版社出版。葛维汉从 1927 年开始在珙县洛表镇王武寨等地调查苗族文化。葛氏先后五次深入苗寨实地调查，详细记录了川南苗族的历史、艺术、习俗及宗教信仰等情况。先后在会刊发表了《川南苗族》《川苗续评》《川苗习俗》《川苗仪式》《川苗传说》《川苗词汇表》《川苗宗教》等有关川南苗族研究的系列学术论文，1954 年葛氏在先期研究基础上撰成《川苗故事与歌谣》一书，由史密斯索尼学院出版。徐维理收藏有大量 20 年代成都人风俗画，1986 年在他逝世后，才以《龙骨》为名在英国出版。陶然士《青衣羌——羌族的历史、习俗和宗教》、莫尔思《中国医学》、刘承钊《华西两栖类》和《中国无尾两栖类》、侯宝璋《胆汁性肝硬变》、李安宅《拉卜楞寺调查报告》、方文培《四川植物志》无不如是。详细情况参见以下列表：

表 5—3—3　华西边疆研究学会主要成员部分中英文出版物列表

著者	著作名称	出版机构	出版地	时间
叶长青	《蛮子边地》	Morgan& Scott，Ltd.	伦敦	1908
陶然士	《成都先秦至蜀汉史》	华英书局	成都	1917
陶然士	《青衣羌——羌族的历史、习俗和宗教》	美国圣经会	成都	1920
莫尔思	《紫霞中的三个十字架》	Mission Book Co.		1928
孔昭潜	《一个道家皈依者：佩儿的故事》	麦克米伦出版公司	多伦多	1928
邓肯	《西藏的雪山》	Powell & Whille Co.		1929
吴霭宸	《华北国际五大问题》	商务印书馆	上海	1929
莫尔思	《解剖学》	华西协合大学出版社	成都	1920s
叶长青	《神秘的西藏》	中国内地会出版公司	墨尔本	1930
莫尔思	《中国医学》	Clio series of medical historical monographs	纽约	1932
侯宝璋	《实用病理组织学》	中华医学会编译部	南京	1932

续表

著者	著作名称	出版机构	出版地	时间
莫尔思 丁克生 韩培林 启真道 吉士道	《华西的诺苏部族》	中国医学杂志社	上海	1933
彭普乐	《威州理番杂谷脑旅行报告》	华英书局	成都	1934
叶长青	《英语－嘉绒词汇表》	华英书局	成都	1934
布礼士	《杜甫与草堂祠》	The Rih Hsin Press	成都	1934
吴霭宸	《边城蒙难记》	商务印书馆	上海	1935
费尔朴	《峨山图志》	哈佛燕京学社	成都	1936
周忠信	《华西协合大学简史》	华英书局	成都	1936
宋诚之	《做基督徒的意义是什么》	华英书局	成都	1936
陶然士	《中国的第一批传教士》	Thynne & Co.	伦敦	1937
莫尔思	《华西四川地区十个少数民族体质人类学观测一览表》	华英书局	成都	1937
戴谦和	《中国窗花图案》	牛津大学出版社	伦敦	1937
庄学本	《羌戎考察记》	良友图书印刷公司	上海	1937
王树德（W.H.Hudspeth）	《石门坎与花苗》	哈佛燕京学社		1937
冯大然	《应用药化学》	华西协合大学出版社	成都	1937
李安宅	《社会学论集》	燕京大学出版部	北平	1938
布礼士	《中华英雄：Munn的传奇和历史》	华英书局	成都	1930s
布礼士	《中国哲学家》	华英书局	成都	1930s
布礼士	《中国谚语》	华英书局	成都	1930s
徐维理	《染色学实验》	华西协合大学出版社	成都	1930s
李哲士	《生物化学》	华西协合大学出版社	成都	1930s
李方桂	《龙州土语》	夏威夷大学出版社	夏威夷	1940
庄学本	《新西康专辑》	良友出版社	上海	1940
庄学本	《西康彝族调查报告》	西康省政府	康定	1941
徐益棠	《雷马屏峨纪略》	四川省教育厅	成都	1941

续表

著者	著作名称	出版机构	出版地	时间
冯大然	《实验药理学》	华西协合大学出版社	成都	1941
方文培	《峨眉植物图志》	国立四川大学	成都	1942
吴金鼎	《云南苍洱境考古报告》	国立中央博物院	李庄	1942
李方桂	《莫话记略》	中央研究院历史语言研究所		1943
李先闻	《粟类之演化》	四川省农业改进所	成都	1943
蓝天鹤	《有机化合物命名法》	罗彻斯特大学出版社	罗彻斯特	1943
蓝天鹤	《毒气检验法》	罗彻斯特大学出版社	罗彻斯特	1943
李安宅	《边疆社会工作》	中华书局	重庆	1944
林耀华	《云南边民之社会生活》	华西协合大学博物馆	成都	1944
刘恩兰	《理番民族概说》	华西协合大学博物馆	成都	1944
徐益棠	《雷波小凉山之倮民》	金陵大学中国文化研究所	成都	1944
蒋旨昂	《战时的乡村小区政治》	商务印书馆	上海	1944
郑德坤	《四川古代文化史》	华西协合大学博物馆	成都	1945
刘延龄	《第二次世界大战后中国的医学教育》			1945
陈义	《动物学》	商务印书馆	上海	1945
陈义	《普通生物学》	商务印书馆	上海	1946
蒋旨昂	《社会工作导论》	商务印书馆	上海	1946
若克	《中国西南古纳西王国》	哈佛燕京学社		1947
林耀华	《凉山夷家》	商务印书馆	上海	1947
林耀华	《金翼——中国家族制度的社会学研究》	Routledge, Kegan Paul	伦敦	1947
桂玉芳	《贵州海葩苗》	哈佛大学出版社	剑桥	1947
于式玉	《西藏学目录索引》	哈佛大学出版社	剑桥	1948
于式玉 玉文华	《西北民歌》	华西大学华西边疆研究所	成都	1949
启真道	《实验生理学》	华西协合大学出版社	成都	1940s

续表

著者	著作名称	出版机构	出版地	时间
启真道	《哈氏生理学》	中华医学会编译部	上海	1940s
管相桓	《四川省水稻地方品种检定汇编》	四川省农业改进所	成都	1940s
理查森	《对十七省一百七十一实验点进行肥料田间试验报告》	中央农业实验所	南京	1940s
何文俊	《植物病理学实验教程》	华西协合大学出版社	成都	1940s
甘曼	《云南生活中的佛教》			1940s
刘承钊	《华西两栖类》	芝加哥自然历史博物馆	芝加哥	1950
陈耀真	《梅氏眼科学》	人民卫生出版社	北京	1950
邓肯	《长江与牦牛道》	Self-Published	美国	1952
甘曼	《中国龙袍》	Ronald Press Co.	美国	1952
陈义	《无脊椎动物学》	商务印书馆	上海	1954
葛维汉	《川苗故事与歌谣》	史密斯索尼学院	华盛顿	1954
闻宥	《古铜鼓图录》	上海出版公司	上海	1954
闻宥	《四川汉代画像选集》	群众出版社	北京	1955
邓肯	《西藏丰收节舞蹈》	Orient Pub.		1955
胡秀英	《中华食用植物》		美国	1957
葛维汉	《羌族的习俗和宗教》	史密斯索尼学院	华盛顿	1958
杨鸿祖	《中国主要马铃薯性状描述》	农业出版社	北京	1958
郑德坤	《史前中国》	剑桥大学出版社	英国	1959
郑德坤	《中国考古学大系·史前中国》	剑桥大学出版社	英国	1959
郑德坤	《中国考古学大系·商代中国》	剑桥大学出版社	英国	1950s
费尔朴	《峨山香客杂咏》		美国	1950s
宋诚之	《基督教入川史》		成都	1950s
刘承钊	《中国无尾两栖类》	科学出版社	北京	1961
邓肯	《西藏情歌与箴言》	The Mitre Press	伦敦	1961
侯宝璋	《胆汁性肝硬变》		伦敦	1961
郑德坤	《中国考古字大系·周代中国》	剑桥大学出版社	英国	1963

续表

著者	著作名称	出版机构	出版地	时间
何文俊	《植物病理学基础》	四川人民出版社	成都	1963
邓肯	《藏人的习俗与迷信》	The Mitre Press	伦敦	1964
冯汉骥	《前蜀王建墓发掘报告》	文物出版社	北京	1964
邓肯	《轮回》	The Mitre Press	伦敦	1966
黄思礼	《华西协合大学》	亚洲基督教高等教育联合会	纽约	1974
方文培	《四川植物志》	四川人民出版社	成都	1981
李安宅	《拉卜楞寺调查报告》	东京大学东洋文化研究所	东京	1982
徐维理	《龙骨——20年代成都人风俗画》		英国	1986

备注：本表根据《华西边疆研究学会会员名单》《1922年－1950年华西边疆研究学会历次讲演目录》，以及在文献、报刊、互联网上收集到的会员学术信息汇总构成。这些研究成果大都是会员在学会期间进行研究的成果，部分因某些原因出版年代较晚。例如李安宅40年代完成的《拉卜楞寺调查报告》，直到80年代才出版。又如徐维理在20年代收藏大量本地画家俞子丹所画的成都人风俗画，他去世后，家人于1986年为其出版画册。

1932年夏季，莫尔思会长率领丁克生（F.Dickinson）、韩培林、启真道、吉士道、玛克斯韦尔（W.R.Maxwell）组成的学会科学考察队前往川西南"几乎不为人知"（very little is known of this tribe）的宁远府（今四川凉山）进行彝族地区的疾病调查。学会科学考察队的考察结果被1933年的上海《中国医学杂志》以《华西的诺苏部族》为题发行一册增刊。这一增刊刊载了莫尔思《关于诺苏信息的报导》、丁克生《到彝族诺苏地区旅游》、韩培林《对诺苏人眼睛的若干观察》、启真道《诺苏原始种族的血压》、玛克斯韦尔《诺苏地区一般疾病的初步调查》、吉士道《诺苏人牙齿观察结果》，是学会会员研究成果的专集，显示出国内学界对学会华西研究的重视。学会会刊在第6卷"书评"栏对《中国医学杂志》这一增刊内容加以评论，并引用玛克斯韦尔在《中国医学杂志》增刊《华西的诺苏部族》前言中所述，"这份报告是探险的结果，是由一群医学专家到几乎不为人知的诺苏部落考察所得到的数据，令人产生极大兴趣"[1]。

华大古物博物馆在40年代出版有十余种出版物，包括抽印丛刊十种、译丛

---

[1] E.R.Cunningham, "The Nosu Tribes of West Szechwan", *JWCBRS*, Vol.6, (1933－1934)：270－272.

两种。而这些出版物中，有六种丛刊和一种译丛是抽印会刊的论文或学会会员的研究成果，例如郑德坤《四川史前石器文化》、葛维汉《羌民的习俗》、林耀华《云南及周边土著人的社会生活》、李安宅《喇嘛寺概说》、刘恩兰《四川西北理番民族概况》、郑德坤译《西南夷列传》等。据笔者不完全统计，会刊第 1 卷在 1937 年，第 2 卷在 1935 年，第 14 卷 B 编在 1945 年，第 16 卷 A 编在 1946 年再版。其中一卷还被译成土耳其语或某种文字出版①。会刊发行增刊、再版，乃至被其它学术机构出版专辑或抽印或翻译再版，很大程度上说明该出版物本身的价值及在学界的影响，从中透露出学会在华西边疆研究领域中的重要地位。

第四节　跨出封闭的地域：面向全球的学术交流

　　学会地处西蜀，为确保学术研究水平，学会与外界的学术交流必不可少。学会的成立，本来就属于西方学术扩张链条中的一个环节，而且学会会员大多数也是来自欧美的传教士，因此学会更多是以"西方学术团体"的身份自居（至少早期是如此），这也使得学会与差传母会及欧美学术界始终保持着密切的联系。

　　20 年代，尽管华西边疆研究学会刚刚起步，但学会仍努力开展学术交流。20 年代，海外来访者包括瑞典乌普萨拉大学史密斯教授、美国纽约大学哲学博士埃默里等人。1923 年 10 月 19 日，学会在赫斐院召开年会，特邀埃默里发表《从北京到成都——蒙藏边境研究之旅》的演讲，引起与会者极大兴趣②。

　　下图展示的这份档案是学会秘书布礼士在 1924 年 7 月 2 日制订的一份面向国内外学界分发会刊创刊号的名册。这份名册表明学会创办者在初创之时就确定了对外学术交流的方针，以期通过学术信息的沟通来促进学会的学术研究和提升自身在中西学界的影响力。

　　《1924 年学会〈华西边疆研究学会杂志〉寄赠机构一览表》是对该名册翻译、扩展而形成的表格。布礼士 1924 年在《华西教会新闻》上发布的有关学会活动的新闻报道时提到，"还有五十册将被送给欧洲及美洲的兄弟学会"③，

---

① A.M.Graham，"Report of the Librarian"，*JWCBRS*，Vol.13，（1941）：70.

② "Organization and First Year's Program"，*JWCBRS*，Vol.1，（1922 - 1923）：1. A. J. Brace，"West China Border Research Society"，*WCMN*，No.7 - 8，（1924）：50 - 52.

③ A.J.Brace，"West China Border Research Society"，*WCMN*，No.7 - 8，（1924）：51.

图 5—4—1 1924 年学会寄赠《华西边疆研究学会杂志》的机构名单
（原件现藏于四川大学博物馆。）

笔者据此为这份原始名册填上所缺的份数，同时增补了学术机构所在地。从这份完善后的表格透露出的信息是，创建者从一开始就将学会置身于国际学界之林。

表 5—4—1 1924 年《华西边疆研究学会杂志》寄赠机构一览表

序号	机构（邮寄对象）		份数	所在地
1	China Universities- Nanking St.Johns Baptist College Hong Kong Shantung Christian College Boone University	中国大学： 南京大学 圣约翰大学 浸会大学 香港大学 山东基督教学院 文华大学	各 1	中国南京 中国上海 不详 中国香港 中国济南 中国武汉
2	The Geographic Society，London	伦敦地理学会	1	英国伦敦
3	American Geographic Society，Washington	地理学会	1	美国华盛顿
4	Congressional Library	国会图书馆	1	美国华盛顿
5	French Geographical Society	法国地理学会	1	法国巴黎
6	Columbia University-Chinese Dept.	哥伦比亚大学中文系	1	美国纽约
7	Un.California Library	加州大学图书馆	1	美国奥克兰

续表

序号	机构（邮寄对象）		份数	所在地
8	Field Museum，Chicago	芝加哥考古博物馆	1	美国芝加哥
9	Wister Institute，Philadelphia，Care Geo Vaux，Byrn Mawr	费城威斯特研究所	1	美国费城
10	Public Library，Newark，N.J.Care J.Ackerman Coles，Scotch Plains	纽瓦克市公共图书馆	1	美国纽瓦克
11	Pennsylvania University Museum	宾夕法尼亚大学博物馆	1	美国费城
12	Am.Museum Natural History，N.Y.，Library	美国自然历史博物馆图书馆	1	美国华盛顿
13	International Missy.Library，N.Y.	纽约国际传教协会图书馆	1	美国纽约
14	Prof.Hubbard，Oberlin	美国欧柏林大学哈勃教授	1	美国克里夫兰附近
15	Roy Chapman Andrews，Peking	博物学家安德鲁斯	1	中国北京
16	L.Newton Hayes，Shanghai	牛顿·海耶斯	1	中国上海
17	British Minister Peking	北京英国公使	1	中国北京
18	U.S.Minister Peking	北京美国公使	1	中国北京
19	*Asia Magazine N.Y.*	《亚洲杂志》	1	美国纽约
20	*The Chinese Recorder*	《教务杂志》	2	中国上海
21	*Science and Arts*	《科学与艺术》	2	中国上海
22	N.C.Branch Asiatic Society	皇家亚洲文会北中国支会	2	中国上海
23	*N.C.Daily News*	《字林西报》	2	中国上海
24	*China Press*	《大陆报》	2	中国上海
25	Chengtu U.U.Library	成都华大图书馆	2	中国成都
26	Dr.Emery，Peking	埃默里博士	1	中国北京
27	Harvard University Library	哈佛大学图书馆	1	美国剑桥
28	Yale Divinity School Library	耶鲁神学院图书馆	1	美国纽黑文
29	Northwestern University Library	美国西北大学图书馆	1	美国艾文斯顿
30	Boston University Library	波士顿大学图书馆	1	美国波士顿
31	Am.Consul Chungking	美国驻重庆领事馆	1	中国重庆
32	Chicago University Library	芝加哥大学图书馆	1	美国芝加哥
33	Smithsonian Institution	史密斯索尼国家博物馆群	1	美国华盛顿

续表

序号	机构（邮寄对象）		份数	所在地
34	Toronto University Library	多伦多大学图书馆	1	加拿大多伦多
35	McGill University，Montreal	麦吉尔大学	1	加拿大蒙特利尔
36	Queens University，Kingston，Can.	加拿大金斯顿女王大学	1	加拿大金斯顿
37	London University Library	伦敦大学图书馆	1	英国伦敦
38	Oxford University Library	牛津大学图书馆	1	英国牛津
39	Cambridge University Library	剑桥大学图书馆	1	英国剑桥
40	Berkeley，Cal.，U.of Cal.，U.Library	加州大学伯克利分校图书馆	1	美国伯克利
41	Am.Geographical Society，Broadway at 156th St.	美国地理学会	1	美国华盛顿
42	*Editor News*	《编辑新闻》	1	
43	Prof.L.C.Porter，Peking	波特教授	1	中国北京

30 年代以后，学会与国内外大学、学术机构、学者及边疆少数民族宗教人士的交流更为广泛，影响也日益扩大。例如史密斯索尼学院对学会的发展和研究表示赞赏，并提出愿意与学会考古研究者就陶器出土地点问题进行讨论①。1934 年瑞典乌普萨拉大学教授史密斯再次率皇家植物学院植物标本学远征队来华西采集植物标本，学会于 12 月 15 日特邀他讲演《西康植物性药材的种类》。同年 12 月 18 日，学会接待来访的美国自然历史博物馆华西远征队，特邀远征队成员舍基、卡特、谢尔顿（W.G.Sheldon）三人作专题讲演，同时参观了远征队员在华西采集到的动植物标本②。1935 年 3 月 16 日学会执委会召开了专门会议，就通信会员庄学本来信一事进行讨论。庄氏建议与南京中国边疆研究学会建立更密切的联系，经投票决定，学会与南京中国边疆研究学会建立交换出版物的联系，同时在中国边疆研究学会成员访问成都时，学会会议应以访问学者的待遇来欢迎③。截至

---

① 四川大学博物馆档案编号：I－C－3－2310。

② 四川大学博物馆档案编号：I－C－1－2220，I－C－2－2193，2278；D.C.Graham，"Report of the Secretary of the West China Border Research Society"，*J WCBRS*，Vol.6，（1933－1934）：i.

③ D.C.Graham，"Report of the Executive Committee of the West China Border Research Society"，*J WCBRS*，Vol.7，（1935）：145. 四川大学博物馆档案编号：I－C－2－2360。

1937 年，学会与来自中国、加拿大、美国、英国、瑞士、德国、苏联、印度、比利时、中国香港地区、澳大利亚和几个南美国家的学术机构建立起了期刊交流关系①。

值得特别关注的是，学会还积极与当地的文化、宗教团体合作，开展交流，以增进理解，扩大学会的学术影响。其中最典型的是 1934 年 1 月学会接待了杂谷脑的喇嘛们。由于 1933 年 8 月的地震摧毁了杂谷脑喇嘛寺的宝塔，三十二位喇嘛和众信徒从边疆来到成都作巡回表演，筹钱拯救喇嘛寺的宗教文献。喇嘛一行还包括两个住持和两个助理住持。学会在大学赫斐院体育馆举行宴会招待喇嘛一行，共有六十五位来宾出席了这一欢迎宴会。宴会过后，喇嘛们还被邀请参观了古物博物馆，博物馆给他们留下了非常好的印象。在大学校园里喇嘛们还演奏了宗教音乐。

另外，学会的中外成员亦主动加入西方人在华组织的汉学团体，或欧美地区

图 5—4—2　杂谷脑黄教喇嘛一行与华西边疆
研究学会部分成员在大学理学院门前合影

（1934 年 1 月 22 日杂谷脑黄教喇嘛一行人应学会邀请来华西协合大学演出和参观博物馆。影像数据藏于四川大学博物馆。）

---

① D.C.Graham，"President's Address"，*JWCBRS*，Vol.9，（1937）：225 - 226.

的汉学机构团体，或参加国际性的学术活动，与国际汉学界保持密切联系。如莫尔思、叶长青、陶然士、冬雅德、赫立德、布礼士、李哲士、葛维汉、约瑟夫·洛克、毕德生等人都是皇家亚洲文社北中国支会成员。截至40年代，叶长青在文会讲演"被浸蚀的土地"（1913）、"华西满族及其风俗"（1917）、"查塔姆群岛"（1919）、"藏民及其生存环境"（1926）、"西藏游记摘要"（1928），陶然士讲演"四川丧葬习俗"（1908—1909）、"羌人的宗教信仰"（1923）、"川西羌族"（1934），葛维汉讲演"川苗习俗、宗教及艺术"（1936）、"华西考古"（1940）、"'倮倮'的宗教"（1948）。叶长青是在文会讲演场次最多的学会会员。

此外，葛维汉是英国皇家地理学会、美国文化人类学会、美国民俗学会、远东研究所成员，美国纽约动物学会终生会员。莫尔思是英国大不列颠解剖学会（the British Anatomical Society of England）会员。叶长青英国皇家人类学会成员，与陶然士同为英国皇家地理学会成员。洛克是美国国家地理协会会员。刘延龄是国际牙医师学院院士，美国牙周病研究学会、哈米勒顿牙医学会会员，曾任国际牙医学会副主席。徐维理是英国化学学会会员。闻宥是中国民族学会、中国边疆研究学会、德国东方文学会、土耳其国际东方研究会会员，法国远东博古学院通讯院士。林名均是中国民族学会、中国边疆研究学会会员。李方桂是国际汉学会议主席和美国语言学会成员。侯宝璋为英国皇家学会病理学终生会员，美国病理学会会员，伦敦国际肿瘤会议第七届执行委员，东京第二届国际防癌会议主席团委员。刘承钊系美国鱼类两栖爬行动物学会名誉会员、中国科学院动物标本整理委员会副主任委员。方文培为英国皇家园林学会、荷兰皇家园林学会会员。蓝天鹤是美国化学学会、生物化学学会、实验生物学会、肿瘤研究学会、美国科学家学会、美国科学促进协会会员及该会一百周年荣誉会员，还是国际癌瘤基金会研究员，美国肿瘤科学院院士。刘恩兰是美国地理学会、中国科学会会员，她还与气象学家、地理学家竺可桢创办中国地理学会、中国气象学会，并担任中国地理学会、中国气象学会理事。

学会亦与西人在华创办的《教务杂志》、《中国科学美术杂志》（The China Journal of Science and Art）、《皇家亚洲文会北中国支会会报》、《北华捷报》、《京津泰晤士报》、《中国杂志》、《大陆报》等汉学报刊长期保持联系，定期寄送新刊供其评论员评述①。《中国杂志》评论曾称，学会会刊（第8卷）内容涵盖华西民

---

① 据四川大学博物馆档案编号：I—C—2—2038、I—C—3—2680统计。

族、风土人情、宗教信仰、考古、人文历史及自然历史，源于翔实的田野调查研究，为读者提供了汉藏边地最有价值的信息资源①。燕京大学 1936 年的《史学消息·西洋汉学论文提要》将学会杂志纳入欧美负有盛名的二十种汉学杂志中，并摘要杨少荃、叶长青、葛维汉等人的七篇文章②。会长葛维汉 1937 年证实，"去年在很多重要的中文科技期刊上都对我们的刊物给予评论，所有中国学者给予的评价都很高"。到 40 年代中期，学会收到更多会刊交换单和订单。这时，学会已与海内外四十九家学术机构建立交流关系③。

学会对到访华西的国内外学者持开放态度。除召开座谈会以示欢迎外，还为其考察提供诸多帮助，如叶长青、顾富华长期定居在打箭炉，通常无私帮助中外科考学者和探险家，为其安排住宿，充当考察活动向导或提供咨询，有时协助修订考察计划或探险方案。学会通常会邀请来访者举行学术讲座，通过这种学术交流达到了解国内外汉学动态、传播研究者最新成果、提升学会整体研究水平的目的。如前所述，1924 年 5 月，英国领事代理鄂克登博士访问华西，被邀请在学会发表"西藏'鬼舞'"演讲。1932 年 10 月，挪威传教士艾香德与丹麦建筑师、汉学家艾术华为修建香港道风山基督教丛林来华西考察，受学会之邀在学会举办讲座。艾香德精通中国文化，在佛教研究方面颇有造诣，举办"佛教的神秘"讲座，艾术华对中国寺庙建筑有浓厚的兴趣，讲演"中国寺庙的建筑风格"。而华西坝上中西合璧的大学建筑群给了两人不少灵感，其后创建的道风山基督教丛林与华西坝建筑群相似，都融合了中西文化的诸多元素，亦是基督教"本色化"的有益尝试。汉学家艾香德是 1903 年受挪威外邦传教会的派遣来华传教的，是一个执意要向中国出家人传播基督教的传教士，由此成为不同宗教和平对话的先驱。他那"无意间"在宗教交流与对话方面的贡献，得到不少现代学者的认可。1937年 4 月哈佛燕京学社首任社长叶理绥（Serge Elisseeff）到华西视察④，在学会举

① 更多内容参考 *China Journal*，No.8，（1937）：15.
② 更多内容参考《史学消息·西洋汉学论文提要·国外汉学论文提要索引分类目录》，1936 年－1937 年第一卷第 3 期，第 13－16 页；第一卷第 8 期，第 53－54 页。
③ 四川大学博物馆档案编号：I－C－3－2681。
④ 叶理绥（Serge Elisseeff，1889－1975），法国籍俄国人，汉学家，美国哈佛燕京学社首任社长。1889 年生于俄国圣彼得堡的一个贵族世家，早年在德国柏林洪堡大学学习日语和汉语，1908 年－1914 年日俄战争时期前往日本，在东京帝国大学从芳贺矢一、藤村作等研究日本文学。俄国十月革命后，他定居法国巴黎，成为法国巴黎学派汉学家伯希和（Paul Pelliot）的得意门生，精通日、法、英、德、俄语，并可阅读汉语古籍。1934 年经伯希和推荐，赴美（转下页注）

办"中国古代的青铜器"演讲。美国专业艺术史学家卡尔·舒斯特，主要研究传统艺术的象征意义。1935 年至 1938 年在华西考察与研究民间刺绣工艺，作为访问学者，他曾两次在学会举办与四川民间刺绣相关的讲座，即讲演"蓝线针黹手艺"和"十字针法刺绣"。1935 年他以"四川民间蓝线针黹之手艺"讲演为蓝本，在英国《刺绣杂志》上发表《华西农民刺绣》①。

抗战爆发后，文化重心的内迁使得学会能够邀请更多学者举办讲座。30 年代末商承祚两次举办讲演，1938 年 12 月的讲演是介绍南京国立中央大学中国文化研究所，1939 年 3 月讲"中国卜骨研究"。1938 年 1 月至 1941 年 10 月，国立四川大学教授闻宥三次演讲，内容涉及华西少数民族语言及中国书法②。1942 年 4 月至 1944 年 5 月，成都金陵大学农学院农业经济学教授卜凯两次发表关于四川农业经济问题的讲座，即讲演"四川的农业"和"抗战时期的四川农业"。美籍农业经济学家卜凯，是国内外学界公认的关于中国农业经济最权威的学者。1943 年 2 月，四川农业改进研究所农学部副农学家和高级农艺师李先闻讲"四川农作物介绍与更新"。1943 年 3 月英国古生物学家惠廷顿（H.B.Whittington）来华西访问，讲"理番地区地质学探索"。1943 年 11 月，兼成都燕京大学政治学系教授的国民政府外交部吴蔼宸特派员讲"中国讲突厥语的十四个民族"。1944 年 5 月新西兰籍路易艾黎（Rewi Alley）先生讲"如何与中国人合作"，艾黎曾在中国劳工部服

（接上页注）国出任哈佛燕京学社首任社长。他在哈佛大学推行法国式的汉学教育，倡议建立了哈佛大学东亚语言系并任系主任，还与费正清合作，建立了历史系与东亚语言系联合设立博士学位的制度。1956 年由社长退休为教授，是哈佛燕京学社至今任期最长的社长，1957 年返回法国，1975 年逝世。

① 卡尔·舒斯特（Dr.Carl Schuster，1904—1969），1930 年毕业于哈佛大学，对艺术和东方学感兴趣，1930 年来华，在北京大学进修，同时到各地考察与收集手工纺织品，拍摄石刻，参观博物馆或私人收藏品，与那些他认为可能掌握有自己一直在寻找的信息的传教士、学者乃至其它任何人交流。1934 年获维也纳大学艺术史博士学位，曾任费城艺术博物馆负责中国美术的助理馆长，1935 年来华西考察与研究民间刺绣工艺。发表的论著有：《中国现代民间艺术》（"A Prehistoric Symbol in Modern Chinese Folk Art" *Man*，vol.XXXVI，270 - 292，Dec.1936，pp.201 - 203.)、《华西民间刺绣》（"A Comparative Study of Motives in Western Chinese Folk Embroideries" *Monumenta Serica*，vol.2，fasc.1，1936，Peking)、《中国的农民刺绣》（"Peasant Embroideries of China" *Asia* Jan.1937，pp.26 - 31.)、《鸟与中国西南地区的 S 曲线》（"The Bird with S-Curves in Southwestern China," *Artibus Asiae*，vol.IX，no.4，1946，pp.321 - 322.）等。

② 四川大学博物馆档案编号：I—C—1—2202、I—C—2—2394；1937 年 10 月 26 日葛维汉写信给学会执委会，提议安排国立四川大学教授闻宥演讲"Aborigine Scripts of West China"，随后闻先生讲演"the pictorial scripts of the Nashi aborigines"。

务多年，拥有与国人合作的丰富经验。1945 年任成都金陵大学艺术史教师、兼任华大博物馆馆长英文助理的加拿大籍学者苏立文演讲"战争时期的中国绘画发展"，就此开启他毕生对中国美术和美术史的研究。1946 年 10 月，国立四川大学从事教育学研究的蒋梦鸿讲"边疆教育"。1949 年英国学者韩诗梅（Bertha Hensman）举行的讲座是"内蒙古自治政府的兴起"。40 年代美国人类学学者桂玉芳曾多次来访华西苗人小区，研究苗族社会，1942 年受邀在学会演讲"贵州海菵苗"，1950 年 5 月讲"川苗刺绣的常见图案"。在"中华民族到了最危险的时候"的抗日阶段，对外的学术交往更因战争几乎陷入停顿，而地处华西的学会因其国际性成为中外学术交流的一个窗口，在中外学者汉学交流与研究中发挥的作用是有目共睹的。

与此同时，学会也越来越多地获得国内外一些基金机构的捐助与认可。抗战时期是中国边疆研究发展史上的第一个"黄金时期"。华西地处抗战大后方，其边疆调查研究盛极一时。华西边疆研究学会致力华西边疆研究久负盛名，是华西边疆研究领域中的权威性机构，因此也得到国内外官方及学术机构的大力赞助。曾经资助过华西边疆研究学会的机构包括：华大研究基金会（W.C.U.U.Research Funds）、华大奖助金（W.C.U.U.Grant）、华大中国文化研究之研究基金（W.C.U.U.Chinese Cultural Studies Research）、中美文化关系组织（China-American Institute of Cultural Relations）、英国皇家地理学会（the Royal Geographical Society of England）、英国皇家人类学会（the Royal Anthropological Society of England）、中英庚子赔款基金（the Board of Trustees Sino-British Cultural Indemnity Fund）、中英文化协会（Sino-British Cultural Assn）、英国文化委员会科技司（the Science Department of the British Council）。私人捐款时有发生，1943 年 11 月学会收到华西大学执委会和五大学校长（The Executive Committee and the Presidents of Five Universities）捐赠的 2000 美圆资金。"五大学"指抗战内迁华西坝与华大联合办学的金陵大学、金陵女子文理学院、齐鲁大学、燕京大学。这些捐赠体现着这些机构对华西边疆研究学会抗战时期工作的高度认可，客观上讲，这些经济的资助对于饱受通货膨胀压力的学会来讲，既是极大帮助也是极大鼓舞[1]。30 年代至 40 年代曾经捐助学会资金的国内外机构如下表所示：

---

[1]　T.K.Cheng，"Proceedings of the Society"，*J WCBRS*，Vol.15.A，（1944）：95.

表 5—4—3　国内外捐赠华西边疆研究学会基金机构一览表

编号	机构名称	中文译名	时间	金额单位：美圆 & 法币
1	The Harvard-Yenching Committee of the West China Union University. & The Harvard-Yenching (Institute) Research Fund	哈佛燕京学社	1932—39	1926.95
2	Grant to Pub'n Journal	出版物基金会	1935	300
3	W.C.U.U. Research Funds	华西协合大学研究基金会	1939—40	300
4	W.C.U.U. Grant	华西协合大学奖助金	1940—41	500
5	W.C.U.U. Chinese Cultural Studies Research	华西协合大学中国文化研究之研究基金	1941—43	1500
6	Sino-American Cultural Institute	中美文化关系协会	1943—44	25000
7	Dept.of Chinese Studies，W.C.U.U.	华西协合大学中国文化研究所	1943—44	2000
8	the Royal Anthropological Institute of England	英国皇家人类学会	1943—44	3562.80
9	the Royal Geographical Society of England	英国皇家地理学会	1943—44	
10	the Board of Trustees Sino-British Cultural Indemnity Fund	中英庚子赔款基金	1943—44	2494
11	The Executive Committee and the Presidents of Five Universities	大学执委会和五大学校长	1943—44	2000
12	Sino-British Cultural Assn	中英文化协会	1944—45	2493
13	The British Council (the Science Department of the British Council)	英国文化委员会科技司	1943—46	131625
14	Chinese-American Institute of Cultural Relations	中美文化关系组织	1944—45	1000000
15	U.S.State Department	美国国务院	1945—46	4488500
16	Donations，Individuals	其它或个人捐款	1944—46	6512

资料主要来源：《华西边疆研究学会杂志》的第6卷至第11卷、第12卷A编、第13卷、第14

卷 B 编、第 15 卷 A 编、第 16 卷 A 编、第 16 卷 B 编《会议记录·财务报表》。四川大学博物馆历史档案编号：I—C—3—2673。

　　备注：上表"金额"栏，据会刊记录 1940 年前以美圆计量，1940 年后多数以法币计量，少数用美圆计量，例如大学执委会和五大学校长捐赠 2000 美圆。

第六章　华西边疆研究学会的边疆研究

第一节　学会的人类学（民族志）、考古学研究

一、人类学的"华西学派"

中国人类学界自民国时期起一直有所谓南派、北派之称。北派意指以吴文藻为首的运用英国功能学派理论的燕京大学人类学，南派多是指以杨成志为中心的以美国历史学派为基本研究方法的中山大学文科研究所人类学部。1972 年，台湾人类学者李亦园也明确提出南北派人类学之说，不过李氏所说的南北派对南派的论述略有差异：

> 在 1930 年前后，我国人类学可分成两个派别：一个是以北方的燕京大学社会学系为代表，一个是以南方的中央研究院为代表。这两个派别有一个基本上的很大差别，就是燕京大学的人类学，是比较偏向于一般社会科学这一面，而中央研究院的人类学是比较偏向于人文学的，这是一个历史的传统。[①]

可以看到，李氏的看法与传统的认识虽然在南北派叙述上保持一致，但对南方人类学的代表人物及团体的看法略有差异。这种差异反映出民国人类学发展可能存在着更为复杂的面相，民国人类学的学派特征尚有进一步认识的必要。

的确如此，民国人类学的学派并非南、北两派，早期中国人类学史"学派问

---

① 李亦园：《人类学与现代社会》，台北：水牛图书出版事业有限公司，1985 年版，第 298 页。

题"的争论较为复杂。1983 年，江应梁回顾中国人类学发展历程时提出，20 世纪 30 年代至 40 年代的中国人类学研究中心和代表人物至少有四派：

（1）北方以中央研究院、燕京大学、清华大学、南开大学、辅仁大学为中心，研究人员有蔡元培、凌纯声、林惠祥、芮逸夫、刘咸、李济、商承祖、颜复礼、董作宾、李方桂、吴文藻、闻宥、费孝通、吴泽霖、林耀华、李安宅、李有义、杨堃、陶云逵、田汝康等。

（2）东南以中央大学、金陵大学、厦门大学、复旦大学为中心，研究人员有孙本文、吴定良、卫惠林、马长寿、丁骕、陈国钧等。

（3）南方以中山大学、岭南大学为中心，研究人员有杨成志、黄文山、陈序经、伍锐麟、罗香林、江应梁、岑家梧、王兴瑞、罗致平、梁钊韬等。

（4）西南以四川大学、华西大学、云南大学为中心，研究人员有徐益棠、李安全①、方壮猷、胡鉴民、蒋旨昂、杨汉先、胡庆钧等。②

从上可见，中国人类学派的发展至少存在多个中心，而非南、北两派可以囊括。更需指出的是，在中国人类学形成所谓学派之前，中国人类学的起源与发端更多是由外国学者开创的。郝瑞毫无隐讳地提出，尽管中国有较为悠久的民族志传统，但在 20 世纪 30 年代以前，人类学这门学科在中国仍然是空白③。李绍明后来对郝氏的说法提出异议，认为郝氏的说法虽有合理之处，但却忽视了外籍学者在华的人类学贡献。李氏提出，虽然"那时中国的学人还不占主导地位，但毕竟有许多外籍学者在推动这一事业，且这一事业也有一些中国人参与并受到锻炼，这不能不把它看成中国人类学发展的一个部分或一个阶段"④。事实上，郝氏所言，其意当是指中国学者开创的中国人类学。因此，李绍明所言与郝瑞所论并无根本性的不同，两者的言外之意都指明在中国籍学者为主体的中国人类学建立之前，外籍学者在其中起着非常重要的作用。

近年来，学术界已逐渐注意到在南、北派之外，民国人类学尚有独特的华西

---

① 李安宅是 40 年代华西协合大学教授、华西边疆研究所副所长，还兼成都燕京大学社会学系主任，从事人类社会学教研。江应梁原文是李安全，但笔者考证是李安宅。

② 江应梁：《江应梁民族研究文集》，北京：民族出版社，1992 年版，第 478 页。

③ Stevan Harrell, "The Anthropology of Reform and the Reform of Anthropology: Anthropological Narratives of Recovery and Progress in China", *Annual Review of Anthropology*, Vol.30, (2001): 140. 郝瑞：《中国人类学叙事的复苏与进步》，范可译、郝瑞校，载《广西民族学院学报》（哲学社会科学版），2002 年第 7 期，第 75 页。

④ 李绍明：《略论中国人类学的华西学派》，《广西民族研究》，2007 年第 3 期，第 47 页。

人类学派。华西人类学派是指以华西协合大学为中心的、葛维汉等人开创的综合人类学、博物学、社会学、考古学的人类学研究学派。从学术渊源上看，人类学的华西学派与华西边疆研究学会有密切的联系。2007 年，国内学者李绍明提出了中国人类学华西学派的新命题。其文《略论中国人类学的华西学派》解释"华西学派"时说：

> 此处所谓"华西"并非指中国西部（West China），而是指 1910 年在成都建立的华西协合大学（简称华西大学，该处又称华西坝，或称坝上，今为四川大学华西校区），在建校不久即进行了人类学与社会学的教学研究并建立了以人类学为主要内容的博物部（馆），1922 年又在该校成立以人类学为重点的华西边疆研究学会，并出版发行《华西边疆研究学会杂志》（自 1922 年创刊，1946 年停刊，共出刊十六卷二十册），迄至 1942 年该校又建立了华西边疆研究所这一专设的人类学研究机构。同时该校社会学系及博物馆又培养出一批人类学人才。加之抗日战争期间，东北、华北与沿海相继沦陷，一批高校内迁，其中有燕京、齐鲁、金陵等六所大专院校集中迁到成都华西坝上，与华西大学共同协作办学。此中有不少著名的人类学家加入了华西的行列，华西人类学之势大增。正由于此，当时即有一些学人以"华西"之名来称呼那一阶段在成都华西坝上这一人类学者的群体，约定俗成，所以今天我们仍沿用此称。当然，我们现在所说的华西学派理应包括当时在成都的四川大学等校的人类学与社会学学者，因为他们的学术活动与华西是密不可分的。①

李氏对华西学派的分析大体勾勒出了 20 世纪初期西南人类学研究的基本脉络。特别是在抗战前西南人类学的早期研究中，华西边疆研究学会发挥了绝对的主导作用。围绕华西边疆研究学会，大量的传教士学者开始了早期的西南人类学研究。其中，尤其以莫尔思的体质人类学研究、叶长青针对西南边疆的博物学考察，以及葛维汉综合运用人类学、博物学、考古学、社会学的方法进行的考古人类学研究最为突出。

---

① 李绍明：《中国人类学的华西学派》，《中国人类学评论》第 4 辑，北京：世界图书出版公司北京公司，2007 年版，第 46 页。

（照片正面）　　　　　　　　　　　　　（照片背面）

图 6—1—1　1925 年华西边疆研究学会康藏地区考察团在考察途中

（葛维汉拍摄。华西边疆研究学会影像数据藏于四川大学博物馆。）

图 6—1—2　20 世纪 20 年代学会陶然士、葛维汉在羌族彝族地区拍摄的民族资料

（华西边疆研究学会影像数据藏于四川大学博物馆。）

　　华西学派研究风格的形成在葛维汉身上表现最为明显，葛氏在华西边疆研究学会占有举足轻重的地位。在葛维汉之前，华西边疆研究学会的人类学研究主要以莫尔思的体质人类学研究为主，不过莫尔思并非专门的人类学家，而是以医生的身份兼顾少数民族的体质研究。另外，这一时期还有不少的博物学研究，但这些研究都不系统，从事研究的人员也多是业余、兴趣性的兼顾。1933 年，葛维汉出任华西协合大学博物馆馆长，这是一个极具标志性的事件。葛维汉在研究观念、方法上都为华西边疆研究学会的人类学研究打上了深刻的烙印，也一举奠定了华西边疆研究学会在中国人类学科史上的地位。

葛维汉上任后，随即发表了一篇极具指导意义的演讲，明确陈述了他准备采用的研究方法，展示了他的学术抱负。葛维汉在演说中重申华西边疆研究学会的整体研究观念，认为其时学会的研究成果已经达到了比较高的水平，但要成功地做好包括体质人类学、博物学、哲学、植物学、古生物学、地理学、化学与考古学的研究，则需要掌握八种具体的方法。这些方法包括调查法、个案研究法、心理分析法、历史性方法、问卷法、访谈法、统计法与实验法[1]。葛维汉认为华西人类学的研究，需要系统地运用上述方法，推进整体研究。葛氏以宗教人类学为例，具体谈到进行宗教人类学研究时，主要应采用以下七种方法：

　　（1）客位研究法；（2）在开始研究之前，要阅读与所研究主题有关的重要文献；（3）最明智的做法是对所掌握的信息最为灵通的知识分支展开研究；（4）对研究主题进行长期的调查与思考；（5）及时做好笔记与备份；（6）拍尽可能多的照片，并且制作图片和绘制地图；（7）对所调查的对象保持友善、同情与尊敬显得十分重要。[2]

葛维汉所提倡的这些方法，代表了美国主流人类学研究的基本思路。在他的提倡与践行之下，华西边疆研究学会的人类学研究，逐步形成了较为稳定、系统的研究方法，形成了自己独特的研究风格，并为中国学者的后继研究奠定了良好的基础。在葛维汉之后，华西人类学派的另一位领军人物当推李安宅。

李安宅（1900—1985）是1940年加入华西边疆研究学会的，1941年出任华西协合大学社会学系教授兼主任，一度兼任燕京大学社会学系主任，从事人类学与社会学的教学与研究。李安宅的学术思想博大精深、兼收并蓄。当代学者认为，李安宅的人类学受功能学派的影响，但并非纯粹的功能学派。它与英国和中国的功能主义人类学、美国博厄斯历史学派人类学、意义学和文化的比较研究等有着密切的关系，可以理解为带有结构诉求的象征主义的人类学，带着

---

[1]　David C.Graham，"Methods and Equipment for Research on the China Tibetan Border"，*JWCBRS*，Vol.6，（1933 - 1934）：Ⅶ-ⅩⅣ.

[2]　David C.Graham，"Methods and Equipment for Research on the China Tibetan Border"，*JWCBRS*，Vol.6，（1933 - 1934）：Ⅹ.

图 6—1—3　人类学家李安宅
(影像资料刊于《百年耀千秋》第 115 页。)

历史的色彩①。李安宅提倡实地研究，主张"学问之道，在有直接经验，而因袭的学风，既然病在不切实际，所以我们非提倡实地研究不可"②。早在1938 年暑期，李安宅偕妻深入甘南藏区，对藏传佛教格鲁派（黄教）六大寺院之一的拉卜楞寺，作了长达三年的实地考察。20 世纪 40 年代李氏又数次前往康藏地区进行藏、羌民族的实地考察。其后在学会发表"喇嘛寺""萨迦派喇嘛教""深入探讨藏族文化现象""本教""喇嘛教的创始人宗喀巴"诸讲演，发表《西康德格之历史与人口》《喇嘛教萨迦派》《本教——说藏语人民的魔力般的宗教信仰》等论文数十篇，撰著《藏族宗教史之实地研究》《边疆社会工作》等书，是填补当时人类学实地研究空白之作。李氏是最早运用现代科学的知识和方法实地考察和研究藏区的学者之一，在藏学人类学领域卓有贡献。李氏在研究方法上，史志结合。在其学术背景中，不仅有欧美的人类学训练，还有深厚的中国传统学术底蕴。因此，李氏同时具备了西方人类学素质和中国民族历史的素质。这种情况在其人类学研究方法中有所反映，是将二者有机地结合起来。李绍明分析其人类学代表作《藏族宗教史之实地研究》时说：

> 不仅是以拉卜楞寺为代表的藏传佛教的田野调查，而且还是一种藏族文化的历时研究。它首先阐述了藏族的文化背景与历史概况，然后说明藏传佛教以前的信仰与早期佛教以及整个格鲁派佛教的状况，最终才针对拉卜楞寺进行了深入的个案研究。③

40 年代李安宅注重康藏地区的实地考察，重点研究藏族宗教。因为他将藏族宗教尤其是藏传佛教视为藏文化的灵魂，是"将宗教作为一种社会现象，置于一定历史条件下进行研究"④。他说：

> 事情很明显，如果没有涉及藏族宗教的框架，有关藏族文化阶段的任何

---

① 李绍明：《略论中国人类学的华西学派》，《广西民族研究》，2007 年 3 期，第 50 页；陈波：《李安宅与华西学派人类学》，成都：巴蜀书社，2010 年版，第 353 页。

② 李安宅：《实地研究与边疆》，蒙藏委员会《边疆通讯》，1942 年第一卷第 1 期，第 1—3 页。

③ 李绍明：《略论中国人类学的华西学派》，《广西民族研究》，2007 年 3 期，第 50—51 页。

④ 李绍明：《评李安宅遗著〈藏族宗教史之实地研究〉》，《中国藏学》，1990 年 1 期，第 84 页。

研究都不能契合藏人生活的实际内容，这就使得我在收集其它方面的材料时，决心把藏族宗教作为主要的研究对象。①

　　除喇嘛之外，藏人生活的每一个阶段都深深地浸淫着宗教情感……作为一种体制，藏传佛教是通过喇嘛寺院来体现的，喇嘛庙有许多功能，宗教的、教育的、政治的、社会的和经济的功能，而最独特的乃是宗教、教育和政治功能。政治功能有着贵族政治和民主政治，或者稳定和创新的优点。②

李安宅是 40 年代华西坝上从事华西人类学研究的核心人物和灵魂，1942 年创办华西边疆研究所并主持工作。这是一个以华西边疆民族，尤其是康藏地区为研究对象的人类学组织。边疆研究所聘任当时有名的康藏研究专家任乃强、蒋旨昂、郑象铣、于式玉等为研究人员，还有计划地派所内研究人员到边疆进行实地调查，收集民族材料、边地器物，多次举办边疆器物展，又与其它边疆机构或个人合作研究，并写成调查报告或论文、专著发表。例如李安宅著《边疆社会工作》一书，收入社会部"社会行政丛书"之中。研究员郑象铣曾赴西北实地考察，写成多篇报告《丹巴杂谷间之地理景色》《湟水流域甘肃中部及陕南之自然环境与土地利用》等。研究员任乃强因早年在西康从事行政与研究工作，来所任职后，发表《边疆垦殖论》《德格土司世谱》《喇嘛教与西康政治》。于式玉研究员、蒋旨昂教授曾赴四川黑水考察，二人发表《麻窝衙门》《黑水民风》《黑水河流域社群的政治》。1944 年，该所组织西康考察团赴康藏地区进行实地调查，并收集了大批西藏经典史籍，又聘精通藏文及西藏历史的谢国安、刘立千两人来所工作。两位藏学家合作，或编写或编译或校译或翻译了大量西藏文史及佛教经典，如《印度佛教史》《续藏史鉴》《西藏政教史鉴》《米拉日巴传》《格萨尔王传》。1943 年李氏被推选为华西边疆研究学会会长，主持学术工作。在他的组织与推动下，坝上的人类学研究蔚然成风，除边研所的藏学家外，学会的葛维汉、戴谦和、冯汉骥、罗荣宗、郑德坤、刘恩兰、林名均，以及"五大学"的徐益棠、柯象峰、马长寿、林耀华、李有义、陈永龄等人，都参与实地研究，收获了丰硕成果，为此一阶段华西人类学研究的发展做出了重要贡献。

---

① 李安宅语，收入 1948 年耶鲁大学出版社未刊稿《藏族宗教史之实地研究》，转引自陈波：《李安宅与华西学派人类学》，成都：巴蜀书社，2010 年版，第 176 页。

② A.C.Li, "The Spirit of Tibetan Culture" *in Eastern World*, April, 1949, London, Vol.3, No. 4, pp.5-6. 转引自陈波：《李安宅与华西学派人类学》，成都：巴蜀书社，2010 年版，第 178-179 页。

总体来说，如果人类学的"华西学派"成立的话，那么华西边疆研究学会无疑是"华西学派"的中坚力量。从 1922 年学会成立到 50 年代初学会解散，华西边疆研究学会的人类学研究与中国人类学"华西学派"的成长、发展可谓同呼吸共命运。透过华西边疆研究学会中莫尔思、葛维汉、李安宅三位会员在人类学领域的研究，也不难看到中国人类学研究中华西学派的成长历程。

二、考古：以汉州三星堆遗址考古为例

华西边疆研究学会以博物馆为依托，开展了大量的考古发掘及考古研究工作，在学术界产生重大影响的如汉州三星堆遗址考古发掘、邛窑考古研究、王建墓考古等。下文以三星堆考古发掘为例，略作介绍。

在华西边疆研究学会开展的早期民族学、考古学研究中，有很多研究都极具功力，代表了当时国内最高研究水平，在学术界中产生了深远影响。其中尤以参与汉州三星堆遗址的考古最为典型。

1929 年春，汉州太平场的农民燕道成在农田挖车水坑时发现了四百多件玉石器。1931 年春，在汉州传教的英国圣公会传教士董笃宜牧师，获悉太平场发现古代玉石器的消息。董氏是华西边疆研究学会会员，对汉州历史颇有研究，意识到这批古物的历史价值，认为应该及时保护，不可任其散失。董氏一边通过当地驻军陶宗伯旅长前去收集和保护发掘出的玉石器，一边函邀时任华西边疆研究学会会长、华西协合大学古物博物馆的戴谦和博士同往考察。随后，陶旅长将收集到的五件玉石器暂交董氏保存。次日，董氏乘车返省城将其交给戴谦和保管与研究。同年夏天，董氏又与陶旅长、戴谦和、摄影师晋先生等人组成首支科学考察队对太平场遗址进行了实地考察、测量、摄影及研究。事后不久，陶旅长、石器发现者燕氏，将其中部分石器赠给华大博物馆保存与研究。

1931 年年底，戴谦和撰写《四川古代石器》一文，在华西边疆研究学会主办的《华西边疆研究学会杂志》第 4 卷上发表。戴文除对月亮湾出土的石璧、石凿或石锛、石矛、石斧、石珠等玉石器进行了描述外，并仔细讨论了这些玉石器物的用途及其制造年代。他指出：

> 这些罕见玉石器很难判断其年代，根据石刀上刻制的精美艺术、石凿、锛以及石斧等的工艺水平，一般可断定为公元前 1000±300 年的石器。石器工具已达到鼎盛时期，而且金属器物也在该时期开始使用了。周代青铜器上呈现的艺术技巧，远远还没有达到这种艺术水平，因此上述文化，可能属于

秦人来到成都平原之前的蜀国，这些石器多数为礼器，当时，或许是重要的特殊人物的随葬品。石璧可能与宗教和祭天有联系，它们远远超过最近在华西发现的石器。[①]

1933年秋，时任华西边疆研究学会秘书长、华大博物馆馆长的葛维汉，"以广汉遗物之富于考古价值"函询董笃宜发现之详细情况[②]，并萌生对此遗址进行考古发掘的念头。在董氏的斡旋下，同年冬，葛氏获广汉县政府批准以及四川省政府和四川教育厅的发掘护照。1934年3月，葛氏接受了广汉县长罗雨苍的邀请，前去主持汉州遗址首次科学考古发掘。据学会国人学者林名均说，"以西人主持其事，在蜀中尚属创举，恐引来误会与纠纷"[③]。他与葛氏组成的华大博物馆科学考古队只负责发掘工作，其它的事务统由罗县长出面主办。葛氏自诩"我们只是他的科学指导者"[④]。葛维汉与林名均的具体分工是，葛氏负责指导发掘方法，林氏协助负责发掘工作的部分任务，修复陶器和草拟发掘简报。

图6—1—4　华西边疆研究学会和华西协合大学博物馆主持的汉州考古发掘
（左一为林名均，右一为葛维汉，中间四人为协助发掘的汉州当地士绅，影像数据刊于《华西边疆研究学会杂志》第6卷。）

---

① D.S.Dye，"Some Ancient Circles，Squares，Angles and Curves in Earth and in Stone in Szechwan，China"，*JWCBRS*，Vol.4，（1930－1931）：104.

② 林名均：《广汉古代遗物之发现及其发掘》，《说文月刊》（巴蜀文化专号），1942年第三卷第7期，第94页。

③ 同上。

④ D.C.Graham，"A Preliminary Report of the Hanchow Excavation"，*JWCBRS*，Vol.6，（1933－1934）：118.

1934 年 3 月 16 日科学考古队对汉州燕家住宅旁发现玉器的小溪与田坝进行了考古发掘。由于当时社会治安不好，"时邻境匪风甚炽，恐因此发生不测"，发掘十日便告结束。出土的玉、石、陶器，共有六百余件。其类型主要有石璧、玉圭、石珠、石斧、石锥、石刀、石杵、玉琮、玉璧、玉管穿、小玉块等。罗县长认为这些文物很有科学价值，就代表县政府捐赠给了华大博物馆收藏和研究。这次考古是对汉州遗址的首次科学考古发掘，由此拉开了"三星堆文化"的考古序幕。

1935 年①葛维汉根据考古发现，在《华西边疆研究学会杂志》第 6 卷上发表《汉州发掘的初步报告》。葛文除对月亮湾考古发掘过程进行了详细介绍外，还对出土的石斧、小玉珠、方玉、玉璧、石璧、小杵槌、石剑、石凿等玉石器进行了描述。葛氏说：

> 这次发现的器物，至少对研究古代东方文化和历史学者们提供了三种情况：一是，随葬品可以帮助我们了解古代的葬俗、社会和宗教习俗。二是，玉石器以及器物上的纹饰，颇能引起考古学家的兴趣。三是，出土的大量陶片，为研究四川古代陶器提供了重要资料……那个令人瞩目的发现是在一个挖掘 7 英尺长、3 英尺深的墓坑内出土的，而且几乎所有的墓葬大小大致如此。玉刀、玉凿、玉剑、方玉以及玉璧等礼器，周代时均系死者的随葬品，玉珠也为死者的随葬物。如果我们假设它是古墓这个结论正确的话，我们认为在四川古墓中发现的器物，大约为公元前 1000 年的时期。②

葛维汉《汉州发掘的初步报告》是三星堆文化早期研究的代表作，亦是早期研究汉州遗址遗物的集大成者。葛文记录了董笃宜发现汉州遗物经过的记录，戴谦和对汉州出土玉石器的研究，华西协合大学化学家科利尔（H.B.Collier）博士对汉州出土陶片进行的化学分析，成都加拿大学校校长兼美术家黄思礼运用《勃雷德莱标准色素图》（*Bradley's Standard Color Chart*）对汉州出土玉、石、陶器色彩进行鉴定，以及郭沫若 1934 年 7 月给林名均的信。《汉州发掘的初步报告》是葛维汉、戴谦和、科利尔、黄思礼、林名均等运用具有现代意义的理论和方法，从历史、考古、化学、美术诸多领域对汉州遗物进行开拓性研究，是集体智

---

① 长期以来学界一直将葛维汉发表《汉州发掘的初步报告》的时间说成是 1936 年，笔者根据会刊第 6 卷 "前言" 修订之，参见 L.G.K., "Foreword", *JWCBRS*, Vol.6, (1933 - 1934).

② D.C.Graham, "A Preliminary Report of the Hanchow Excavation", *JWCBRS*, Vol.6, (1933 - 1934): 118 - 119.

慧的结晶。上述诸学者大多是华西边疆研究学会成员，而葛维汉、戴谦和、林名均还是博物馆成员。可以认为，学会与博物馆在汉州遗址器物的发现、发掘及早期研究活动中都有所建树。郭沫若对葛、林、戴氏的研究给予很高评价，认为将各种陶器"判断为周代早期的文物，也许是可靠的"，称他们是"华西科学考古工作的开拓者"①。他们开启了三星堆文化研究历史，对后来学者启迪很大。

在汉州遗址的发现与三星堆文化的构建过程中，中国学者、政府、军队以及百姓官绅，都发挥过积极作用，为发扬光大中国文化做出了贡献。如最早的发现遗址，将部分玉石器捐赠博物馆的当地农民燕道成；尽力收集文物交与华西大学博物馆研究，参加戴谦和 1931 年夏季科学考察的陶旅长；为发掘提供帮助与保护的各级政府与当地驻军；1934 年遗址首次科学考古发掘的领导者、将发掘器物全部赠予华西大学博物馆永久保存与科研的罗县长；参与遗址首次考古发掘并"负责修复陶器和草拟发掘简报"② 的学者林名均；以"广汉文化"（后来发展为"三星堆文化"）为遗址定名、提出"祭山埋玉之说"的考古学家郑德坤。

国人中最早发表文章考证汉州玉石器的是成都金石名家龚熙台。1935 年他撰写的《古玉考》一文，在成都东方美术专科学校校刊《太阳在东方》创刊号上发表。龚文述 1932 年秋他从燕家购得玉器四件，经其考证这些玉器是古蜀时期的器物，推测燕宅旁发现的玉器坑为蜀"望帝"葬所。1942 年林名均在《说文月刊》上发表《广汉古代遗物之发现及其发掘》，林氏认为该遗址"或为古代重要人物之坟墓，诸物乃殉葬所用者也，又或为古代祭祀天地山川之所，亦有可能"。对于出土器物时代，其推测有二：一是溪岸发掘之物属新石器时代之末期；一是溪底发现之玉器是周代之物③。林氏《广汉古代遗物之发现及其发掘》"序言"：

> 1936 年在《华西边疆研究学会杂志》上发表的葛文虽颇有可商榷之处，然大体尚称完备，惜该志流传不广，仍未引起海内学者之充分留意也。兹因《说文月刊》编者卫聚贤先生，拟在渝出版"巴蜀文化专号"，征稿于余，乃根据当时参加发掘经验，及个人研究所得，并参考葛氏报告，草成此篇，以

---

① D.C.Graham，"A Preliminary Report of the Hanchow Excavation"，*JWCBRS*，Vol.6，（1933 - 1934）：129 - 130.

② D.C.Graham，"A Preliminary Report of the Hanchow Excavation"，*JWCBRS*，Vol.6，（1933 - 1934）：130.

③ 林名均：《广汉古代遗物之发现及其发掘》，《说文月刊》（巴蜀文化专号），1942 年第三卷第 7 期，第 93-101 页。

就正于国人。①

林名均是国内最早参加汉州遗址发掘的学者，他的发掘实践及研究成果，对于推进国内学界三星堆文化研究有所促进。

1946 年，时任华西大学博物馆第一任国人馆长的郑德坤教授撰著《四川古代文化史》以"华西大学博物馆专刊"的形式出版。该书第四章"广汉文化"，是他对汉州出土的玉石器深入研究的创新之作，汉州遗址的考古发现被他正式定名为"广汉文化"。郑文从"广汉文化调查经过""土坑出土的玉石器""发掘遗址的文化层出土文物""购买所得文物""广汉文化时代之推测"五个方面进行分析论述。他对葛、林、龚三氏墓葬之说提出质疑：

> 广汉文化之关键在于土坑中之遗物。葛林龚三氏并以为系古代墓葬，然上古墓葬之发现记载，未闻有以石壁列为棺椁之墙壁者。假定实有此制，石壁左右及上三方陈列，是该墓前未经发掘甚明，然则何以燕氏发掘之时，未闻有人骨之发现；古代墓葬必有明器，而此土坑所藏仅石器玉器之属。假使林氏据晋君所闻，称石壁迭置如笋，横卧泥中之说可靠，则广汉土坑为墓葬之说，可不攻自破矣。窃疑广汉土坑应为晚周祭山埋玉遗址。广汉土坑文化之年代，或可定为东周，约为公元前 700 年—前 500 年。广汉文化层为四川史前文化新石器时代末期遗址，其年代约在公元前 1200 年—前 700 年。②

1957 年英国剑桥大学出版了郑氏《四川考古论文集》，1982 年香港中文大学出版他的《中国考古学研究集》，两集皆设专题（章）论述"广汉文化"，文中附汉州玉石器图版多幅。1986 年轰动世界的四川三星堆祭祀坑遗址发现，郑氏有关祭山埋玉的假设得到初步证实③。

现代学者陈显丹将 20 世纪 30 年代初三星堆月亮湾发现第一坑玉石器和第一次发掘后所进行的研究视为三星堆玉石器研究工作上的第一阶段。他指出"这一阶段主要研究讨论的是有关玉石器的年代和玉石器坑的属性问题。这种研究主要体现在人们对三星堆玉石器的初步认识及发现它的重要性"④。以华西边疆研究学会与华西大学博物馆葛维汉、戴谦和、林名均、郑德坤为代表的中外学者是这一

---

① 林名均：《广汉古代遗物之发现及其发掘》，《说文月刊》（巴蜀文化专号），1942 年第三卷第 7 期，第 93 页。

② 郑德坤：《四川古代文化史》，成都：巴蜀书社，2004 年版，第 58 页，第 61—62 页。

③ 邓聪：《悼念吾师郑德坤教授》，《中国文物报》，2001 年 5 月 30 日，第 5 版。

④ 陈显丹：《三星堆出土玉石器研究综述》，《四川文物》，2007 年第 2 期，第 59—63 页。

时期的研究主力。他们无疑是三星堆玉石器研究的先驱，开启了四川"广汉文化"研究的新纪元，从此在国内外学界形成了一股探讨研究三星堆古蜀遗址之风。

三、考古：以邛窑遗址考古为例

"邛窑"是我国古代的一座历史悠久的陶窑。它是目前已知的四川古陶瓷窑址中，烧造时间最长、器物最丰富、造型纹饰多样、以制造"省油灯"著称的古窑，在我国陶瓷史上占有重要地位。邛窑遗址位于四川省邛崃市临邛镇南河西南方的十方堂村。隋唐窑址分布于今邛崃市固驿镇瓦窑山、西河乡尖山子、白鹤乡大渔村和南河乡十方堂村等处。其中以十方堂（又名什方堂）遗址最大，出土有不少陶瓷精品。

20世纪30年代以前，邛窑少为人知。魏尧西说："邛窑过去极少出土，偶尔于冷摊上或古董商店中见之，皆系普通陶器，俗呼曰蛮碗，既无彩色，又不精致，素不被人重视。"经过1935年、1936年当地军民不讲科学的大规模疯狂挖掘大量器物之后，邛窑之名"风传海内"。这一历史事件在魏尧西、罗希成、杨枝高、贝德福、葛维汉等人的文章都有所记述：

> 民国二十四年（1935）有军人陈某于十方堂发现此残碎瓷片，乃大事发掘，有出土者，皆归陈手。二十五年（1936），唐式遵驻防邛崃，更作大规模之发掘，军民齐集三四百人，争先恐后，日夜挖掘，收获甚多，且运到上海市博物馆公开展览，并设专肆售卖，至残碎瓷片有购归嵌饰庐宇，每斤售洋三角；有彩色及图案者，倍其值。省垣古董商人，竟图渔利，往来不绝，亦有好古人士，专车赴邛崃参观，旧归荒烟蔓草之废墟，竟繁华若市矣。《美术生活》杂志将最珍美之邛窑，摄成影片，专刊介绍，邛窑之名，由是风传海内焉。①

> 不意去岁（1935）邛崃县掘出唐代废窑数处，获品近万件，而完整者，仅百分之一而已，其中形色颇多且间有字文，其釉色有如均窑者，有如汝窑者，有如龙泉大观绿等者，亦有三彩者，色白固无论矣，由此观

① 魏尧西：《邛窑》，《风土什志》，1948年第二卷第2期，第64—68页。事实上，最早发表文的是杨枝高，再是罗希成，但魏尧西是邛崃本地人，记录了最早的挖掘事件，这是笔者将其文置前的原因。

之，亦可谓宋代之均、汝诸窑之釉色，均胎袭邛窑而来，此种发现，不独于蜀文献上有极大之价值，而于吾国瓷学之沿革上，亦有其重要意义也。①

本年（1936）夏季，天稍旱，军民等约三四百，争先恐后，昼夜挖掘，冀得珍奇，省中古董商，往来不绝于道，所售出之银，约计万余元。②

经考察证实，窑址上有一座由古窑所遗弃的陶瓷碎片堆积而成的小山丘。现在当地人正在从四面八方疯狂地挖掘着这座小山丘。他们希望能发现一些破损不太严重的陶器，好给他们带来几元或几千小钱的收入。这样坚持不断地挖掘的结果，使得一座修建在陶器碎片小山丘上的庙宇摇摇欲坠。在近处，其它的人，有的站着，有的蹲着，在深坑中用最原始的方式挖掘，而高过他们头顶的地层则随时有吞没他们的危险。③

邛崃古陶窑遗址位于中国四川省邛崃（邛州）西门④外大南河对岸，占地约一千英尺长，四百五十英尺宽。这里有很多由破碎陶片以及其它废弃物组成的瓦砾堆，有的高达四五十英尺。这个陶窑的出土器物，至少在最近几十年来就不断出现于成都市场，并被一些对古陶感兴趣的人们收购和珍藏。1936 年的夏季，一些穷人和士兵，为了获得能卖钱的陶片，几乎把整个窑址地表疯狂地翻掘了十英尺到十五英尺深，即使是最珍贵的陶器，也被他们收集来放在篮子里称斤论两地出售。据可靠记载，在近两三个月中，从这个窑址挖出并出售的陶器，大约价值三万美金。⑤

就在"旧归荒烟蔓草之废墟繁华若市"的高潮中，以葛维汉、贝德福、郑德坤三人组成的华西边疆研究学会考察队于 1936 年 9 月 10 日前往邛崃十方堂遗址考察。他们的出行自然也引起省城新闻媒体的关注，如《华西日报》报道："华西大学教授郑德坤、葛维汉及英国老专家贝德福等以邛崃境内掘出古代磁窑，为考古研究绝好资料，特拟驰往参观研讨，冀于学术上有所贡献。昨特呈请省府，

---

① 罗希成：《唐邛窑奇品》，《美术生活》，上海：1936 年第 33 期—第 35 期。

② 杨枝高：《邛崃十方堂古窑记》，《华西学报之四·考证部》，1936 年第 4 期，第 19—25 页。

③ O.H.Bedford, "An Ancient Kiln Site at Chiung-Chou, Szechwan", *The China Journal*, Vol.26, No. 1, (1937)：14.

④ 成恩元考证不是西门是南门，参见成恩元：《邛窑遗址五十年》，《成恩元文集》（上下卷），成都：四川民族出版社，2013 年版，第 187 页。

⑤ D.C.Graham, "The Pottery of Ch'iun Lai", *JWCBRS*, Vol.11, (1939)：46.

请予填给护照，以利行程。省府据呈，已批准照发矣。"① 考察途中的见闻，让葛维汉意识到有必要对遗址进行抢救性的考古发掘。此后不久，他便以华西大学古物博物馆馆长的身份给中央研究院写了一封要求正式发掘的信，但没有获得批准。眼见正式的发掘不可能，而破坏遗址的挖掘活动继续猖獗，很可能不久的将来遗址就会遭到完全毁灭，于是，华大古物博物馆"抢救性"地收集了一批邛窑陶器，以此作为将来研究的必备材料②。

　　实地考察与抢救性收集活动结束后，葛维汉、贝德福、郑德坤等，都依托博物馆收藏的邛窑陶器开展了严肃的学术研究，并陆续发表了论文。学会的高毓灵、戴谦和、黄思礼、秦约翰夫人、林名均等也配合葛维汉他们进行了工作。以下按学会成员发表文章的先后论述。1937 年贝德福在《中国杂志》发表《四川邛州古代窑址》。贝文是用实地考察时收集的邛窑遗址材料写的。文章首先对十方堂遗址及周围环境的地形地貌、当地人疯狂的挖掘作了详细描述。随后对出土的陶瓷器物及古窑年代略加分析，指出被掘出的大多数是有釉的陶器，也有的无釉。器物有碗、碟、瓶、油灯盏、陶俑头、兽头、陶球、陶铃等品种，釉陶碎片种类很多。最常见的是深青绿色，而白色及浅黄色则比较罕见。那些在淡黄底色上点洒成黄、绿斑点图形的碎片，则使人联系到唐代陶器。尽管如此，总的说来，窑址遗物中绝大部分都具有宋代风格。"以出土有唐代乾符年间（874－879）的器物推断，古窑年代大约在公元 9 世纪后半期至 12 世纪末。无论如何，要想得到更确切的年代，还有待于科学的调查。"③ 最后，贝氏分析了古窑遭废弃的原因是原料消耗殆尽。文章附有贝氏绘制的古窑示意图及拍摄的十二幅插图，其中"遗址地景""遗址上的庙宇""遗址上乱挖乱掘的人们"等照片，有很高的历史价值。贝文是学会最早发表的考察成果，文中的原始数据与图像被学会研究者及现代研究者所运用，有一定学术影响。

　　1939 年葛维汉在学会会刊发表《邛崃陶器》。与罗希成《唐邛窑奇品》、杨枝高《邛崃十方堂古窑记》、贝德福《四川邛州古代窑址》等先期发表的文章相较，

① 《华西日报》记者：《华大教授赴邛研讨古代磁窑，省府准予发给护照以利行程》，《华西日报》，1936 年 9 月 3 日第 7 版。

② D.C.Graham, "The Pottery of Ch'iun Lai", *JWCBRS*, Vol.11, (1939): 46.

③ O.H.Bedford, "An Ancient Kiln Site at Chiung-Chou, Szechwan", *The China Journal*, Vol.26, No. 1, (1937): 14－15. 参考成恩元译贝德福：《四川邛州古代窑址》，《四川古陶瓷研究》（一），成都：四川省社会科学院出版社，1984 年版，第 92－95 页。

葛文是最具考古学研究性的论文。葛氏从陶器的釉色、硬度、釉上彩与釉下彩、制作工艺（白陶衣）、各种工具（模型、图案）、与均窑汝窑对比等方面进行分析，推断邛窑的年代在晚唐至宋代早期之间。他言：

> 一方面，邛窑陶器有很多与唐代陶器相类似的地方，似乎有必要把这种陶器的起始年代鉴定在晚唐，有些瓷器似乎是宋代早期的单色釉陶。而另一方面宋代陶器最具特色的圈足小碗似乎在邛窑遗址中很少见。因此，比较谨慎的说法是邛窑的生产在宋代早期就停止了。[①]

葛文严谨的科学态度表现在，其一运用图版四十八幅（含三百六十三件器物）和插图四十九幅（含九十件器物）进行研究。其二运用《勃雷德莱标准色素图》和梅尔茨（Maerz）、保罗（Paul）的《色彩辞典》（*Dictionary of Color*），对邛窑器物釉色进行标准化定名。其三以科学手段检测陶器硬度。这些都是前文所缺乏的手段，可视为葛文的创新和贡献。为研究邛崃陶器，葛氏还专程访问欧美地区的一些博物馆。在伦敦大英博物馆和多伦多皇家安大略博物馆中，参观了馆藏的出土中国陶器，发现他们收藏的公元 800 年至 900 年的瓷片与邛窑器物极为相似。在收藏家孟塞斯（A.Menzies）的藏品中，发现与杜甫诗句"白碗胜霜雪"的大邑瓷碗相似的唐代白瓷碗[②]。

另外，葛维汉对邛崃陶器研究也引起学会不少会员的兴趣，他们与葛氏组成研究小组协同工作。戴谦和教授承担了葛维汉课题中对邛窑陶器进行硬度测验的任务。为了让测试结果准确详细，戴氏运用了对比研究的方法，将一块从四川汉墓出土的唐三彩釉陶片和唐代釉男俑纳入测试中，让汉墓唐三彩釉陶片、陶男俑与邛窑陶器相互比较，其测试结果由葛文公布。秦约翰夫人和成都加拿大学校校长黄思礼积极配合葛维汉研究，发挥其绘画特长，绘制出八幅陶器彩色插图，这八幅彩绘陶器是早期研究文献中最早的邛器彩绘图。古物博物馆副主任林名均主动承担起收集中文史料的任务。葛文中引用杜甫诗——《又于韦处乞大邑瓷碗》，以及参考嘉庆《邛州志》、民国《邛崃县志》、同治《大邑县志》、民国《大邑县志》等历史文献都是由林氏查阅提供给葛氏的。林氏还协助葛氏将文中引用的杜甫诗翻译成英文。葛文对戴谦和、秦约翰夫人、黄思礼、林名均等人参与研究表达了最真诚的感谢。

---

① D.C.Graham, "The Pottery of Ch'iun Lai", *JWCBRS*, Vol.11, (1939): 51.

② D.C.Graham, "The Pottery of Ch'iun Lai", *JWCBRS*, Vol.11, (1939): 52 - 53.

葛维汉在研究邛窑遗址时，一直被不少问题所迷惑。这些问题在葛文中有所论述，"遗址不仅大而且很重要，但在四川历史文献和历史地名大辞典中却没有记载"。葛文的结束语中也提到"我们的研究还存在一些疑问和无法解决的问题：邛窑遗址是否就是杜甫诗词提到的'大邑瓷'的产地，如果不是，那大邑窑址何在……我们希望，在将来进一步解决这些问题时，首先要进行一次科学的化学分析。其次进行科学考古发掘，得到更多的清楚材料，诸如在遗址发现具有年代的陶器等，从而把邛窑遗址年代修订得更准确些"①。

葛维汉认为对邛崃陶器研究的另一件重要测验工作是对陶釉的化学分析。化学分析的重要性在于汉、唐、元、明几代的釉药中含有铅，但宋代的釉药中却没有，而宋釉中含有磷酸盐，在唐代和明代的陶器中，除明代的磁州窑和定窑瓷器外，都缺乏磷酸矿物质。如果化学试验结果显示出在较软的芥黄釉和深绿软釉中含有铅而无磷酸盐，那就意味着这两种釉药与唐釉的关系远胜于与宋釉的关系。另一方面，如果硬釉不含铅而只有磷酸盐，则可以说明它们与宋瓷有关。"这一化学实验工作目前正由华西协合大学高毓灵教授进行中。"②

实际上，高毓灵用化学方法分析邛崃陶器是与葛维汉研究同步的，也是同时完成的。1939 年 5 月，高氏在学会举办的学术会议上发表题为"化学分析鉴定四川陶器之釉"的讲演，同年在学会会刊发表了这一创新成果（与葛文同期号刊出）。高氏《用化学方法鉴定四川陶瓷》，对邛窑和成都琉璃厂窑的陶瓷进行了化学分析，重点放在邛窑陶器上，旨在讨论由化学分析方法证明四川瓷器的同一性。高氏以八件邛窑陶瓷器和七件琉璃厂窑陶瓷器为标本，化验、分析了它们的成分，得出的结论是，邛窑陶瓷器釉中有的含铅，有的不含铅。琉璃厂陶瓷器釉中不含铅。唐代陶器含铅宋代陶器不含铅，这一分析显示邛窑陶瓷器有的是唐代制作的，有的是宋代制作的。高氏又推测，宋人停止用铅的原因，大概是为了避免铅毒而用磷酸钙来代替。高氏还说他的这个分析与赫瑟林顿（A.L. Hetherington）《中国早期的陶瓷器》（*Early Ceramic Wares in China*，1922）书中的分析一致③。

1945 年郑德坤发表《蜀陶概说》（*An Introduction to Szechwan Pottery*）一册，

①　D.C.Graham，"The Pottery of Ch'iun Lai"，*JWCBRS*，Vol.11，（1939）：46、51.

②　Y.L.Kao，"Identification of Szechwan Porcelains by Chemical Analysis"，*JWCBRS*，Vol.11，（1939）：51.

③　D.C.Graham，"The Pottery of Ch'iun Lai"，*JWCBRS*，Vol.11，（1939）：54 - 65.

同年 11 月在学会就"四川陶器分期问题"举办讲座。郑氏讲座现无存稿，但他《五年来之华西大学博物馆》一文中谈及这个问题，不妨用来参见。郑文将四川陶器发展分为八期：蜀陶一期（公元前 2000—1200 年）以新石器时代发现器物为代表，二期（公元前 1200—700 年）以汉州遗址陶器为代表，三期（公元前 500—公元 1 年）以理番版岩墓陶器为代表，四期（公元 1—500 年）以汉晋坟墓陶器为代表，五期（公元 501—900 年）以邛窑遗址陶器为代表，六期（公元 900—1200 年）以成都琉璃厂陶瓷器为代表，七期（公元 1300—1600 年）以明墓出土两种陶器为代表，八期（张献忠屠蜀之后）以烧酒坊为代表①。郑氏研究四川陶器分期问题的目的，是以此结论来指导博物馆的陈列工作。40 年代古物博物馆陶瓷陈列室的布展就体现了这一思路。如他所言，"陶瓷陈列室，专为布置四川陶瓷之用，以发展先后为序而排列。此室材料极有价值，材料既多，且均有考古学上之佐证，实为研究四川文化不可多得之材料"②。据当事人回忆，在该馆陶瓷室中有好几个专柜系统地陈列邛窑陶器③。

在郑德坤《蜀陶概说》（1945 年版）正文前面有一行英文提示语：Pottery Hall Introduction，译成中文即"陶瓷陈列室简介"。阅读文章内容，完全与博物馆陶瓷陈列室陈列的器物有关，由此判断铅印单行本《蜀陶概说》是古物博物馆陶瓷陈列室的简介。郑文首先概论中国陶瓷的发展，接着讨论蜀陶发展分期问题，这部分与上文《五年来之华西大学博物馆》相关内容相似，此处不赘。郑文用力最多的是"邛窑陶器部分"，几乎自成章节。论述涉及邛窑遗址的地理位置、博物馆收藏、陶器碎片年款、邛窑陶器风格、釉的颜色、制作工具、烧制过程、器物分类诸内容。郑文认为邛窑陶器具有明显的唐代风格：

> 总的说来，邛窑陶器是单色陶衣的或上釉的器物，唐墓陶器中最有名的白色陶衣，在邛窑陶器中最明显。很多的器物都上了白色、浅灰色、浅黄色陶衣而不上釉。这似乎说明工匠们是有意制作这种陶衣器物的。其中有些器物表面绘有黄、灰、绿、褐色的花卉图案。当然，这些材料多数出土于废弃堆，其中很多没上釉的器物，或许是因为它们本身就有瑕疵或是不值得上釉的器物……上述数据似乎表明，邛窑陶器与唐代陶器有关系，大多数陶器都

---

① 郑德坤：《五年来之华西大学博物馆》，华西大学博物馆铅印单行本，1947 年版，第 3—4 页。
② 同上，第 7 页。
③ 华西大学博物馆到 1942 年时，已在该馆陶瓷室中有系统地展出数个专柜。参见成恩元：《邛窑遗址五十年》，《成恩元文集》（上下卷），成都：四川民族出版社，2013 年版，第 194 页。

具有唐窑制品的突出特性。然而，邛窑遗址仍然存在一些令人困惑的问题，这只能通过未来考古发掘来解决。①

成恩元《邛窑遗址五十年》对学会成员成果的评价是，贝德福《四川邛州古代窑址》是最早关于邛窑遗址的外文报道，它保存了一些有关邛窑遗址最早、最珍贵的照片。但他误认十方堂为道观，还把遗址方位弄反了，以致后来的转引者也都沿袭了这一错误。葛维汉《邛崃陶器》是最早的邛窑遗址研究性文章，文中插图丰富，最早利用《勃雷德莱色素图》和《色彩辞典》为邛陶釉色定名，最早提出邛陶与"天目"瓷之间的关系，认为"天目"可能始于唐代邛陶。高毓灵《用化学方法鉴定四川陶瓷》是最早对邛窑陶器进行化学分析的文章，是新中国成立前对邛窑陶器进行化学分析的唯一文章。直到现在，还没有人，特别是在数量上和专文性质上，打破这一纪录。郑德坤《蜀陶概说》是中国人用英文写的研究邛陶最早的文章，它对邛陶在国际上的宣传和影响起了一定的作用。而郑氏由《蜀陶概说》写成的《四川考古论文集》第七章《邛窑、琉璃厂窑遗址》，是最早在考古书籍中对邛窑遗址、遗物进行全面系统研究的专章②。贝德福、葛维汉、高毓灵、郑德坤等无疑是邛窑遗址发现后最早进行研究的学者，他们用英文撰写的文章，大多刊载于面向世界发行的《中国杂志》《华西边疆研究学会杂志》这类汉学刊物上，这有助于四川邛州古代窑址信息的国际化。这些论著与杨枝高、罗希成、魏尧西等发表于中文刊物的文章共同构成了进一步探讨邛窑遗址的基础材料。

第二节　学会针对华西边疆的自然博物学研究

博物学也称博物志、自然志、自然史，是以叙述自然即动物、植物和矿物的种类、分布、性质和生态为基本内容的古老学科。19 世纪下半叶，伴随西方列强的军事征服，西方人的田野博物学研究也伸展到中国内陆。无论从人员参与、活动层面，还是科学界的重视程度等方面而言，博物学都是那个时期欧洲人在华最广泛的科学活动。其理由一方面是因为博物学在当时欧洲社会里蓬勃发展，蔚为

---

① T.K.Cheng, *An Introduction to Szechwan Pottery*, Chengtu: University Museum press, (1945): 12 - 14.

② 成恩元：《邛窑遗址五十年》,《成恩元文集》（上下卷），成都：四川民族出版社，2013 年版，第 185—200 页。

风气；另一方面是因为博物学与欧洲海洋贸易、帝国主义扩张之间具有多角互动关系①。这股学术热潮影响深远，无论从哪个方面来看，1922 年在中国内陆的四川，成立的华西边疆研究学会都是这场博物学热潮的结果之一。

博物学在某种程度上仍是探寻"未知"的有效方法之一，华西边疆研究学会成立的初衷在很大程度上也是为增进对未知人群的了解。首任会长莫尔思在学会的第一次公开演讲中就说，创立华西边疆研究学会的想法乃是"在我们意识到了在我们周围有无人重视的无知人群的压力和激动之下而诞生的"②。他说成立学会只是单纯的出于对知识的渴望，对未知的好奇，"没有任何其他掩饰的居心"，他们只是"谨慎地希望能为人类共有知识文库添加一点我们的贡献"。当然，在莫尔思看来，这种行为的背后也是上帝的指引和基督精神支撑的结果③。此外，莫尔思在演讲最后特别强调了所谓的"探险精神"。他称探险精神是人类的天性之一，而这种精神常常能激发传教士的兴趣，也是进行人类学研究必须要具备的精神之一。因为探险缘于"人对人的兴趣"，而这正是人类学的重要原则之一。莫尔思进而指出学会在人类学事业方面的设想，称他们进行探险考察的主要原因就是想要"用人类学的概念来研究这里的人民，并从科学的角度来研究他们所在的地区。在世界上现有人类和地域学的基础上添砖加瓦"。莫尔思还强调了成为探险传教士需要具备哪些素质以及探险事业能够给传教士带来的多种精神益处④。莫尔思的种种言说都足以证明，华西边疆研究学会成立初期，成员大都以探险传教士自居，他们试图通过以博物学活动为基础的人类学方式来了解华西边疆这片神奇的大陆。

早期加入学会的传教士大多有着探险的欲望，他们都对川康边区充满了好奇与向往。20 年代，传教士个人或团体的探险、考察、旅行极为盛行。他们通过科学的论文或非正式的游记、通信、札记等多种方式向其它西方人传递对"未知"之地的探索与了解，他们通过对这些未知之地的各种事物的定位、描绘，从而将它们转变成为西方知识体系中的一部分。1920 年到 1922 年，莫尔思、叶长青、赫立德等传教士曾两次组队到川西高原探险（相关论述见本书第五章第一节）。川

---

① 范发迪著、袁剑译：《清代在华的英国博物学家：科学、帝国与文化遭遇》，北京：中国人民大学出版社，2011 年版，中文版序第 4 页。
② W.R.Morse, "President's Address", *JWCBRS*, Vol.1, (1922 - 1923): 3.
③ 同上。
④ 同上。

西高原上位于横断山脉东段，处在青藏高原与四川盆地之间，川西高原与成都平原的分界线是邛崃山脉，邛崃山脉以西是川西高原。川西高原是青藏高原东南缘和横断山脉的一部分，海拔四千米至四千五百米。川西地势西北高、东南低。根据切割深浅可分为高山原和高山峡谷区。这一地带地形地貌变化明显，有极高山峰、低海拔冰川、深切峡谷、湍急河流、高寒草原、溪沟清泉。境内有金沙江、大渡河、雅砻江等大河切割出来的高山峡谷，形成了河谷亚热带、山地寒温带、高山寒带等几种气候垂直分布带，植被和自然景观亦呈垂直分布。主要山脉为岷山、巴颜喀拉山、牟尼芒起山、大雪山、雀儿山、沙鲁里山。大雪山主峰贡嘎山海拔七千五百五十六米。川西高原独有的地形地貌给这群探险者留下了深刻的印象。

美国传教士、学会创立人之一的赫立德感叹："陡峭的高山狭谷、奔腾的河流和普遍存在着的不稳定地形地貌，是该地区新的地质特征，也是大自然的力量还没来得及雕琢其景观的概述。通过查阅华西任何地图，得知华西地形地貌最显著特征是一系列河川溪流从北到南穿行于高山峡谷中。"① 赫氏随后就将这次旅行写成了博物学的文章，并在会刊第 1 卷刊出。在这篇《海拔一万四千英尺高的四个山口》这篇文章中，赫氏记录了该区域内四个超过一万四千英尺的山口，即大雪山脉的大炮山口（Tapao Pass，一万四千四百英尺）、马尔帮（Ma Er Pang）以东的工古山口（Kongkeo Er Pass，疑似，一万五千七百英尺）、邛崃山脉的红桥山口（Hung Ch'iao Pass，一万六千三百英尺）、威州以东的大梁子山口（Ta Lang Tse Pass，一万五千英尺），并对每个山口附近的主要山峰以及沿途主要地名和植被进行了描绘②。他踌躇满志地写道："由于已经被很多旅行者所走过，前两个山口已经较为人知，但是后两个却几乎没有人穿越过。"赫氏的言外之意是，他是第一位穿越此地的西方人，这也是他率先将这一区域的"地理志"介绍到西方的知识界。赫氏认为他的发现事实上是关于华西地区川西高原的"新知识"。赫氏在文末建议：

> 如果学会其它成员有兴趣爬山的话，据我所知没有比红桥地区更有趣的地方了。学会在使用运输工具的情况下可以毫无困难地到达森林边缘，建立一个永久营地，在那里等待有利的天气条件。我们可以利用它在一天内达到

① G.G.Helde, "Four Passes over Fourteen Thousand Feet", *JWCBRS*, Vol.1,（1922 - 1923）: 8.

② G.G.Helde, "Four Passes over Fourteen Thousand Feet", *JWCBRS*, Vol.1,（1922 - 1923）: 8 - 13.

最高峰，然后回到营地，这将显示我们的"非凡"。对于爬山者而言，华西
具备有真正的高山条件。①

图 6—2—1　懋功官寨（Kuanchai）　丹巴东谷（T'ungku）

（1922 年夏学会会员赫立德［G.G.Helde］、李哲士［S.H.Liljestrand］拍摄。影像数
据刊于《华西边疆研究学会杂志》第 1 卷。）

　　赫立德还在同卷发表《雪山定位》一文，饶有兴致地利用数理方法推测川西
的大雪山山脉的位置②。赫氏在文章中提到，他绘制大雪山山脉地形图的三个点
时所采用的纬度和经度数据，是法国科学家几年前从成都、彭县（Penghsien，今
彭州市）和白鹿顶（Behluding，今彭州市白鹿镇）这三个观察点测量得出的。他
只是在 1923 年 5 月至 7 月又从这三个观察点作了同样的测量。在绘制地图过程
中，用于检查的数据来源于威尔逊（Wilson）的《华西的一个博物学者》（A
Naturalist in Western China）和法国科学家弗格森（Fergusson）。他之所以对测绘
大雪山位置地图抱有极大兴趣，源于两次去川西地区探险的经历。一次是自灌
县、威州北上，往西北进入小金河谷，再往南进入懋功，又东进灌县；一次是经
雅州、打箭炉北上大炮山口，往西北进入崇化、工古山口，经过懋功、灌县返回
成都。

　　另外，在同卷最后还附有一张赫立德绘制的《四川西部民族区域图》，这一
地图仅绘制了川西高原东经 102 度—104 度、北纬 30 度—32 度之间的地区。地图
上标注的高山峡谷、大川河谷、道路隘口及主要地名，大都是赫氏一行探险轨迹

---

① 　G.G.Helde, "Four Passes over Fourteen Thousand Feet", *JWCBRS*, Vol.1, (1922 – 1923): 13.

② 　G.G.Helde, "Location of Snow Mountains", *JWCBRS*, Vol.1, (1922 – 1923): 52.

的记录。赫氏绘制的《四川西部民族区域图》为诠释《海拔一万四千英尺高的四个山口》一文提供了有价值的参考，想必读者会借助地图标示去理解该地区的地形地貌。赫氏地图还为那些希望来华西探险或科考的西人提供了帮助，亦增进了西方世界对华西自然地理的新认知。1922 年与赫氏一道赴川西探险的华西大学的李哲士博士，在研究川藏边界药用植物问题时也从赫氏地图中获得了不少地理信息。

　　李哲士在《川藏边界药用植物学观察》① 一文中，首先感谢赫立德绘制标有海拔高度和当地地名的地图为其研究提供的帮助。随后赞扬了协助他完成考察活动的叶长青。李氏说：叶长青是这支科学考察队的灵魂，他的不屈不挠精神令人振奋，每个队员都曾得到他的帮助和关怀。在考察途中，遇到因某队员的特殊任务加速前进或长时间等待拖在后面的成员时，他都表现出极大的忍耐性，并总是忙中偷闲地利用其便携式印刷机工作。李氏对他的助手给予了较高的评价，他说："我忠实的助手和诚信的朋友庐宅仁先生理应得到足够的赞扬，在最艰难的条件下他表现出持久耐力，多日来一直吃着单调的食物——玉米饼，晚上总是熬夜，忙着将采集的植物放在点着火的耐火材料上烘干压平制成标本（材料）。"庐宅仁是华西协合大学医科的一名学生，在此次博物学考察活动中担任李氏的助手。

　　李哲士还在文章中表明其研究动机"（一个热切渴望）是在那些神秘的高山峡谷中找出或发现治疗人类疾病的植物"。同时坦言自己是一个业余的植物学家，他的有关植物分类的知识与技能部分来源于持续的观察，部分来源于文献资料，部分来源于瑞典植物学家史密斯的指导。李氏将其所获植物标本按照名称（Name）、采集地（Altitude Place）、别名与用途（Synonyms and Use）进行分类，试译数例如下：

Name	名称	Altitude Place	采集地	Synonyms and Use	别名及用途
polyganum	蓼属	Bawang	巴旺	Vegetable	蔬菜
Salix Populus	杨柳	Tong Valley	大渡河河谷	Beh Yang Liu	白杨柳
Primula	报春花	Ta Valley	大金川河谷	Den Dsan Hwa	灯盏花

---

① S.H.Liljestrand，"Observations on the Medical Botany of the Szechuan Thibetan Border，with Notes on General Flora"，*JWCBRS*，Vol.1，(1922 - 1923)：37 - 46.

续表

Name	名称	Altitude Place	采集地	Synonyms and Use	别名及用途
Dang Gwei	当归			Tonic，costly	补药 昂贵的
Fritillaria Bei mu	贝母			Roylei first among Cough Cures	川贝 主治咳嗽
Atropa bel	颠茄	Hsin Dien Dze Ba Lang Shan	新店子 巴郎山	Past flowering season Berries present	成熟期的 浆果
Aconite	乌头			Tall peaked cowl, Pien Teo Hua	编兜花（音译）

上举的几个植物分类例子中，植物别名与用途并置一处的，别名多为俗名，显然是当地人对该植物的俗称，如灯盏花、川贝、编兜花。李如东说：若以现代植物分类学的基本原则来看，这种分类显得不是那么"规范"，它既不完全同于林奈所建立的等级分类体系与双名制命名法，也不同于现代植物分类的原则。不过，即便如此，有证据显示，李哲士对华西植物的命名最终还是被植物学家所接受①。在中国科学院植物研究所编《新拉汉英植物名称》中"马尔康乌头"与"贡嘎乌头"两词条下，有李哲士"Liljestrand"英文姓氏出现于两词条的拉丁学名与英文学名中，李如东据植物学名之公式"植物学名＝属名＋命名人"推导，这两种乌头是以李哲士姓氏命名的，大概属 S.H.Liljestrand 所发现的新品种之一②。虽然李氏这篇药用植物分类文章，离现代严格意义上的植物分类有很大差别，但在 20 年代华西传教士博物学领域中几乎无人涉及植物分类问题时，李氏的研究无疑开了植物分类之先河。

在 20 世纪 20 年代的华西，像赫立德、李哲士这样热衷于"找到""发现"或向外界介绍"华西"自然地理知识的传教士不占少数。在早期华西边疆研究学会中，叶长青③无疑是最杰出的一位自然博物学家。叶氏在地理学、植物学及矿物

---

① 相关论述见李如东：《华西的植物研究：1920－1937——以华西协合大学为中心》，2012 年硕士学位论文，中央民族大学，第 76－77 页。

② 相关论述见中国科学院植物研究所编：《新拉汉英植物名称》，北京：航空出版社，1996 年版，第 18 页。

③ 《教务杂志》称叶长青是研究领域的多面手、权威的地理学家、皇家地理学会会员，擅长人类学的研究，在此领域著述颇丰，其成果以皇家人类学学会会员的身份所发表。叶长青还是华西边疆研究学会的创始人之一，多年担任荣誉主席。"James Huston Edgar"，*The Chinese Recorder*，Vo.l67，No.5，(1936)：298－299.

学方面都有很高的造诣，他直接推动了华西边疆研究学会在上述各相关领域的研究。叶长青传奇的人生经历以及在川康藏边区长达三十多年的探险活动充分体现了一个传教士人类学者所具备的探险精神。

叶长青（J.H.Edgar，1872—1936）是西方著名地理学家、人类学学者，1898年受中国内地会派遣来华传教，长期在藏汉边地贩书传教与考察，1936年逝世于打箭炉，是英国皇家地理学会、英国皇家人类学会会员（Fellow of the Royal Anthropological Institute）[1]，在地理学、宗教学、民族学、考古学，藏学方面颇有建树。1913年他在岷江上游和川西高原一带采集到一些古人类使用过的石器，是最早发现川西高原旧石器材料者[2]，发表《西康或藏东史前遗迹》《关于中国史前石器的注释》等文。20世纪西藏气候很少被人们关注时，只有他在西藏旅行时对西藏的气候作了观测记录[3]。30年代藏区稀少的尼庵及觉姆（尼姑）的修行活动几乎被外来者忽视，而他访问了藏区的一所尼庵，并对觉姆虔诚艰辛的修行生活进行了详细的描述[4]，为研究当时觉姆的状况提供了非常宝贵的第一手数据。叶长青是华西边疆研究学会名誉会长，对学会影响很大。叶氏既参与学会的建设、协助拟定科考计划，还以身作则为会员的边疆科考活动充当临时向导。1922年夏天，学会科考队首次由邛州前往"打箭炉－巴底－巴旺－懋功－威州－灌县"考察，就是在他指引下完成的。

叶长青在《地理杂志》《人类学》《皇家亚洲文会北中国支会会报》《字林西报》《教务杂志》《华西教会新闻》等英文刊物上发表一百五十多篇文章，内容涉及康藏的人文地理、自然地理、宗教信仰、民族语言、风俗习惯、历史考古、农业等方面。叶氏是华西边疆研究学会的创建者，也是在会刊发文最多的会员，在《华西边疆研究学会杂志》上发表文章七十多篇，其中有二十多篇涉及川康藏地区人文地理与自然地理内容。这类成果都是在大量的地理学实地考察测量与研究的基础上取得的，发表有《前往拉萨的旅行者须知》《华西边疆略图》《河口：明正土司辖区的重要门户》《丹巴至瞻对路线图》《理塘至瞻对行纪》《打箭炉山脉概述》《西藏高原积雪融化造成长江水灾》《"雅拉"名考》《孟获与古城》《汇集于打箭炉的商路》《打箭炉至拉萨的驿站》等。

---

① "J.H.Edgar", *WCMN*, No.4,（1936）：31.

② 石硕：《从旧石期晚期遗存看黄河流域人群向川西高原的迁徙》，《西藏研究》，2004第2期。

③ 王毅：《皇家亚洲文会北中国支会研究》，上海：上海书店出版社，2005年版，第129页。

④ J.H.Edgar, "Convents and Nuns in Tibet", *JWCBRS*, Vol.5,（1932）：62－65.

图 6—2—2　1934 年叶长青出席学会年会

（拍摄于华西协合大学校园内。1936 年叶长青逝世于打箭炉，学会发行纪念专号
刊载此照。影像数据刊于《华西边疆研究学会杂志》第 8 卷。）

　　1922 年叶长青在学会会刊发表《贡嘎山附图说明》（素描图）[1]。叶氏在其说
明短文中说："绘制贡嘎略图的目的在于尝试着介绍这一高峰。"这是他自 1903 年
以来多次探险川西高原的成果。在说明文字中亦说："我理解佩雷拉将军
（General Pereira）怀疑贡嘎可能比珠穆朗玛峰还高的说法。在成都平原甚至在眉
州可以观察到这座山峰，我脑海里的印象是贡嘎峰高度大概在海拔三万英尺。"[2]
叶氏是在营官寨以东、海拔一万五千英尺的高原上观测和描绘贡嘎的。那里的视
野极其开阔，许多海拔两万英尺以上的山峰就挺立在他眼前。"到目前为止，在
这个海拔高度达到一万五千英尺的高原，乃至常年积雪的下界（雪线）为一万八
千英尺的地方，除非有科学测量依据让我放弃贡嘎海拔是三万英尺的期望。在贡
嘎的周围环绕着四组海拔超高的雪山群峰，与之形成了群峰簇拥、雪山相接的雄
伟壮丽的景象，但它们都远远低于贡嘎插入天穹的深度。"[3] 叶氏并非第一个"发

---

① 　J.H.Edgar，"Note Accompanying Sketch of the Gang Ka"，*JWCBRS*，Vol.1，（1922 – 1923）：58.

② 　同上。

③ 　同上。

现"贡嘎山的西人，但其贡嘎山附图及说明文字表明，他对川西高原大雪山山脉宏伟地貌的描述，以及贡嘎山是川西高原第一高峰的判断是准确的，这既增添了世界文库的地学知识，又助于他者对贡嘎山的认识。但叶氏的推测与贡嘎山实际高度（七千五百五十六米）存在较大误差。

1930 年 7 月[①]，吉士道、叶氏一行赴川西实地考察后在学会会刊发表《贡嘎山草图》《贡嘎山——藏东最高峰》。吉士道发表的是两幅素描图[②]，一幅是从成都到营官寨（贡嘎观察点）的路线图，另一幅是从营官寨东南观察贡嘎山的地貌图。路线图是探险者前往营官寨、贡嘎山的行动指南，标注有地名的经纬度，标示营官寨位于打箭炉西北。地貌草图比叶长青《贡嘎山附图说明》清晰些，周围的群山也纳入素描范围，贡嘎山更显雄伟。吉氏还加注说"贡嘎"一词的意思是"最高的雪山"。如果他者查阅《贡嘎山草图》，一定会获得不少有关这一地区的地理知识。

叶长青在《贡嘎山——藏东最高峰》一文中表示他再次研究贡嘎山的动因是，"贡嘎是一个神秘的山峰，许多欧洲人似乎确信从成都和成都平原的其它城市就可能观望它。如果是这样，那么对许多传教士和其它人来说，虽然不知道贡嘎的真实位置，但可以有幸欣赏大量的高山积雪或低于贡嘎的多座山峰"[③]。为了让更多的欧洲人以及在华西的西人了解贡嘎地理，他又撰文介绍贡嘎的自然地理和人文地理。叶氏在文中，首先描述了贡嘎的地理特征，以及贡嘎自然地理对生活在这一地区的康巴藏族性情信仰的养成产生的深远影响。其次，他追述了西人从"未知"到"发现"贡嘎的认识历史。西人对贡嘎的认知源于 19 世纪 70 年代至 80 年代在打箭炉传教的法国神甫们，他们对贡嘎作了最早的测量和报道，随后来华西探险的欧美人士陆续观测并报道之。1903 年叶氏本人看到了贡嘎，之后又多次观测它，1922 年发表素描的贡嘎略图。30 年代有华西协合大学探险队在营官寨地区和美国人洛克等探险家在高原地区对贡嘎进行观测和报道。叶氏在文章中说："贡嘎山肯定是世界瞩目的一座山峰，面对它那宏伟壮丽的奇观，诗人和艺术家的颂扬都显得格外的苍白。贡嘎是生活在这一世界屋脊有限地区上的少数游

---

① 笔者根据吉士道素描图说明文字确定。学会会刊将吉士道、叶长青的图文纳入学会 1926 年至 1929 年的研究成果中发表，有误，特勘误。参见 H. J. Mullett， "Sketches of the Gangka"，*JWCBRS*，Vol.3，(1926 - 1929)：156.

② H.J.Mullett， "Sketches of the Gangka"，*JWCBRS*，Vol.3，(1926 - 1929)：156.

③ J.H.Edgar， "The Gangka -A Peak in Eastern Tibet"，*JWCBRS*，Vol.3，(1926 - 1929)：157.

牧民族的自然遗产。"① 叶长青、吉士道、洛克的图文在贡嘎新知识西传过程中发挥了一定作用。

叶长青上述诸文是其利用实地考察的机会，研究康藏地区重要的地形地貌的结果，旨在探寻或介绍华西的地质与地理知识。在此基础上，他运用地学理论讨论自然环境对人类族群行为方式、宗教信仰、政治制度、习俗及生理心理的影响。叶氏亦在《西藏地理环境与人类活动》② 一文中，系统地论述了地理环境与人类行为之间的相互关系，从土地、制度、习俗和未来四方面讨论了地理环境对人类族群行为的巨大影响。在"土地"部分，他在描写西藏独特的地理环境时提到，那是一片与世隔绝的高原，是这个星球上最神奇的地方之一，只有体魄强壮的强者才可能拥有和开发这片土地。他指出地理环境对人的成长影响很大，并解释了藏民的思维行为及性格的形成过程，"这片土地上的族群是受地理环境控制的'奴隶（slave）'"，高原环境孕育出"他们与这片土地一样粗犷（wild）和独特（unique）的性格"。

在"制度"部分，他将西藏的专制统治归结于恶劣的自然环境，"大自然似乎说，'这里是我的地盘，符合或远离，否则你死'。这一自然法则不仅运用于习俗、宗教和政治，而且运用于人类心理类型（的形成）"。他认为政教合一的"神权政治"是西藏社会文化的核心内涵，喇嘛教是西藏制度的基石。他对神权制度构建及喇嘛教的巨大影响作了以下叙述：

> 这个理想中的地方所在的广大地区严格意义上还没有城镇，所以从这里神学院（学院式寺院）毕业的学生们（学僧）回归远方的家乡时，他们想着能够带给故乡的也就只能是个缩微的拉萨（藏语意思是"佛地"或"圣地"），和本地的关系正如拉萨和整个西藏的关系一样。反映拉萨文化（the Lhasa culture）、模仿其礼拜、复制其贸易方式的喇嘛庙，也就这样成为游牧民和达赖喇嘛（Dalai god）之间的中途驿站，推动着远距离朝圣、礼拜游行，提供着学习机会。对活着的神灵而言，圣城当然是必要的附属，不过有可能这些缩微的拉萨正是形成和保持西藏统一的主要原因。它们直接传播拉萨模式，让僧侣和民众保持联系，并使这种联系变得愉快、有利可图而且必要，

---

① J.H.Edgar, "The Gangka -A Peak in Eastern Tibet", *JWCBRS*, Vol.3, (1926 - 1929)：157.

② J.H.Edgar, "Geographic Control and Human Reactions in Tibet", *JWCBRS*, Vol.2, (1924 - 1925)：2 - 19.

大众也就被从其它方向拉回到往返于西藏"耶路撒冷"的主流之中。①

在"习俗"部分，叶长青考察藏民的衣食住行、婚姻家庭及生计等方面情况。他将藏式建筑、毛皮服饰、一妻多夫都归结于地理环境的结果。在谈到服饰时，他说："普通藏民的衣服是用毛皮制成，样式非常简单，以至于可以随着气候的变化轻而易举地增加或减少。"在谈到职业时，他认为，这种环境使"藏民是牧人、农夫或商人，前两者是高原地理造成的，后者是喇嘛教的结果"。他对婚姻的观察是，"最典型的婚姻模式是异族通婚或半异族通婚；但是地理环境要求当地人选择同族婚姻"。在谈到藏民心理状况时，他认为"藏民是最谦恭而又最勇敢的人"，"谦恭"源于"对鬼魂世界、喇嘛和自然控制力的敬畏和恐惧"，"勇敢"源于"充满着冒险和危险的普通生活"。在他看来，如果神权统治"超越一定限制"，统治者"会发现在谦恭的地壳下（the crust of servility）有着撕裂天地的伟大力量"。在"未来"部分，叶氏对藏区未来充满着希望，并认为"藏族是高度文明化的民族"，藏区的安定团结与兴盛有利于周边汉族地区的发展②。

叶长青去世后，《教务杂志》《华西教会新闻》及会刊都刊载有大量纪念文章，称其向国际汉学界传播了大量有关川康藏地区的信息，推动华西研究的发展。学会专门出版一卷纪念文集，以追思他对学术的卓越贡献。葛维汉说，"他的去世是学会的一个巨大损失"③。戴谦和赞誉他是华西边疆研究的"开拓者"④。学会会刊评价叶长青说：

> 作为一个基督教传教士，叶长青探求改变古老的习俗与陈旧礼仪（的方法），从而给许多人带去希望与新生，但他总把自己的工作看作是充满传奇的，将生活视为一个迷人且充满激动人心的冒险与丰富多彩的传奇故事。生命或许尚有其它表达方式，但人决不能生活在一个冰冷的物质世界。对他的朋友（尤其是那些与他一道进入西藏东部高地的朋友）来说，叶长青将永远是使生活充满趣味与传奇的化身。⑤

---

① J.H.Edgar, "Geographic Control and Human Reactions in Tibet", *JWCBRS*, Vol.2, (1924-1925): 2-19.
② 同上。
③ D.C.Graham, "President's Address", *JWCBRS*, Vol.9, (1937): 226.
④ D.S.Dye, "James Huston Edgar, Pioneer", *JWCBRS*, Vol.8, (1936): 14.
⑤ W.G.Sewell, "James Huston Edgar, An Appreciation and Interpretation", *JWCBRS*, Vol.8, (1936): 22.

　　叶长青的博物学研究只是华西边疆研究学会中的一个典型。叶氏博物学研究充分反映了20世纪20年代至30年代传教士针对华西边疆开展的博物学、人类学研究的基本路径。华西边疆独特的地理环境为博物学的研究提供了广阔的田野，在华西边疆为数众多的植物、动物都不曾为西方知识界所认识。与19世纪早期的博物学研究相比，20世纪的博物学显然已经更为成熟，无论是动物、植物，还是矿物的研究已经发展出单独的学科。这一时期，除叶长青外，华西边疆研究学会其它成员中也有不少人投身动植物采集与博物学研究。例如学会另一位荣誉会员顾富华牧师，从20世纪10年代至40年代都在打箭炉中国内地会服务，多年来一直在康藏边地采集高山植物标本，并陆续将采集到的植物标本送给他家乡的爱丁堡皇家植物园，到1942年去世时，他已向该植物园贡献了上万种植物标本（Thousands of botanical specimens）。

　　加拿大传教士孔昭潜从1898年开始在嘉定办学布道，考察当地人文和自然地理，最大兴趣是收集当地及周边地区的鸟类标本，20年代在会刊发表《华西和长江下游的某些鸟类》一文①。孔文说："我在中国发现了八百只鸟，在四川已经收集了大约一百三十种。据报道，中国北方有近四十种特有的鸟类，南方大约有一百五十种鸟类，其它地方鸟类存在的情况不了解。而华西大约应该有六十种特有的鸟类。"② 他的目的是按生物学鸟类分类法将在华西和长江下流发现的这些常见鸟类列出来。而希望在以后的文章中描述这些鸟类。孔氏还说："我收集到鸟类并不是按贝克（Bake）、Gee和莫菲特（Moffett）有关'长江流域的鸟类'的论著分类，因为这些鸟类可能都是华西特有的物种。"③ 这些鸟被分属于七目（Order），三十一科（Family），八亚科（Sub-Family）。文章还提到的分类表中的鸟类，"几乎所有的鸟在当时的嘉定都能见到"。在这项研究中，孔氏使用的参考书有，贝克的《长江下游二百种常见鸟类》、Gee和莫菲特的《长江下游鸟类》④。孔昭潜以收藏华西鸟类标本而闻名，1923年华大博物馆馆长戴谦和从他处收购了不少鸟类标本，30年代华大自然历史博物馆陈列两大玻璃柜鸟类标本，多

---

① A.P.Quentin, "Some Birds Common to West China and the Lower Yangtse Valley", *JWCBRS*, Vol. 3, (1926 - 1929): 1 - 8.

② 同上。

③ 同上。

④ 同上。

数来自他的采集①。

　　与孔昭潜一样对华西鸟类感兴趣的还有女传教士戴鲍德敦（J.B.Dye），但他们的研究风格有所不同。孔氏在实地考察中尤其注意发现新物种，采集鸟类标本，旨在为研究而记录标本。戴氏则以动态观察鸟类种群的分布与数量多寡、习性与栖息地为重心。她从 1921 年起就不间断地观察华大校园内的鸟类，观察报告《华西协合大学校园内二十种常见鸟类》② 发表于学会会刊。戴氏文章说，成都平原鸟类的一般地理分布，是按照北京鸟类列表来进行研究的。当然这二十种鸟类是不足以得出结论的，当地鸟类与福建、广东和海南的鸟类有关联。似乎有一种鸟类可联系到缅甸和印度的相关种群。戴氏对这二十种鸟类进行分类时，首先给出当地"俗名"，然后于其后附上鸟类分类学的"学名"，接着又联系分类学科术语对这些鸟在当地情况进行描述。文末还附有"鸟类记录观察结果表"和"校园内二十种鸟类频率表"③。其后，戴氏还利用暑假去峨眉山、蒙顶山、周公山及青城山等地观察栖息于山里的各种鸟类，并定期将其观察结果公布在《华西教会新闻》上，如《1931 年 2 月的鸟类观察》《1931 年 5 月的鸟类观察》等近十篇观察报告。戴鲍德敦与孔昭潜虽研究风格存在着差异，也有共同之处，即他们在讨论鸟类分类问题时都运用了生物学知识，对鸟类进行生物学意义上的分类或种群繁衍与分布的描述。而戴氏还利用地方知识（俗名）进行讨论，重视地方知识在理解当地"特有物种"时所具有的意义。两文在发现与传播华西鸟类知识方面是有贡献的，后学者能从他们的研究中获取一些材料。

　　身为皇家亚洲文会北中国支会会员的英国传教士傅文博，是 1902 年来华西的，在从事教会文字工作之余，爱好收集成都平原的蝴蝶，1922 年以后多次参与学会边疆考察活动，到灌县、峨眉山、松潘的高山峡谷地区采集蝴蝶，藏有大量鳞翅目动物标本。1924 年在会刊发表《四川蝴蝶收藏》④。傅氏与孔昭潜、戴鲍德敦一样深知生物学分类的"普遍法则"在某种程度上受制于地理与气候等具体环

---

① 　1923 年 3 月 9 日戴谦和给孔昭潜的信，1922 年 4 月 15 日孔昭潜给博物馆的鸟类标本单，参见四川大学博物馆档案编号：607、608；葛维汉：《华西协合大学古物博物馆概况》，《中国博物馆协会会报》，1936 年第一卷第 3 期，第 11 页。

② 　Jane B.Dye，"Twenty common Birds of the West China Union University Campus"，*JWCBRS*，Vol. 3，(1926 – 1929)：9 – 24.

③ 　同上。

④ 　George M.Franck，"A Collection of some butterflies of Szechuan"，*JWCBRS*，Vol.2，(1924 – 1925)：47 – 56.

境，对分类对象的完整的认知不能脱离其所处的地理环境。故在文章中讨论蝴蝶的种属问题时，首先介绍了蝴蝶收集地的纬度、海拔以及山系等的地质地貌与气候条件。随后按科学分类法将其标本归入不同的科内进行描述。对某科蝴蝶描述时，擅长与欧美地区分布的此类物种作对比研究。傅氏收藏有凤蝶科、粉蝶科、斑蝶科、眼蝶亚科、闪蝶科、蛱蝶科、喙蚬蝶科、灰蝶科、弄蝶科的蝴蝶①。据戴谦和回忆，20 年代华大博物馆藏有傅氏捐赠的部分标本，30 年代华大自然历史博物馆向傅氏采购了四千多件蝴蝶标本②。

除上述诸文外，《华西边疆研究学会杂志》还刊载有大量博物学文章，例如葛维汉《华西新物种》《松潘采集行记》《瓦屋山、峨眉山采集行记》、戴谦和《史密斯索尼学会收藏的四川标本》、叶长青《大熊猫栖息地》、任福根 (L. A. Lovegren)《嘉定水母》等，都是华西动植物研究之先声。他们所应用的科学理论与模式对后学多有启发意义。有必要指出，华西边疆研究学会早期的传教士博物学研究更多的是一种业余活动，研究活动的展开或出于个人爱好，或旨在为欧美国家的博物学或人类学机构提供动植物标本或人类学材料（如英国皇家地理学会、英国皇家人类学会、英国爱丁堡植物园、美国国家博物馆、美国农业部、哈佛大学植物研究所），从而参与欧美国家博物机构或知识界建构“他者”的知识活动。

随着动植物学的日趋专业化，业余的兴趣研究开始日益淡出了学会，取而代之的则是以中国人为主体的专业研究，这种转换在 40 年代表现得特别明显。在专门化的研究中，最著名的可能要算是中国籍会员刘承钊博士对两栖动物的研究。40 年代刘氏在会刊发表有关华西两栖类的十多篇论文，例如《华西无尾两栖类之新种》《华西两栖纲的自然史研究（六）：皱皮狭口蛙之生命史》《华西两栖纲的自然史研究（七）：斑腿树蛙之生命史》《华西两栖纲的自然史研究（八）：蛙类生活史及相关种类的探讨》《华西两栖纲的自然史研究（九）：白龙 (Batrachuperus pinchonii) 之生命史》《华西两栖纲的自然史研究（十）：大蹼铃蟾 (Bombina maxima) 之生命史》《华西两栖纲的自然史研究（十二）：胡氏树蛙 (Rhacophorus hui) 之生活史》。1943 年至 1946 年刘氏发表《西康昭觉县两种新蛙种》《昭觉林

---

① George M.Franck，"A Collection of some butterflies of Szechuan"，*JWCBRS*，Vol.2，（1924 - 1925）：47 - 56.

② 葛维汉：《华西协合大学古物博物馆概况》，《中国博物馆协会会报》，1936 年第一卷第 3 期，第11 页。

蛙（Rana Chaochiaoensis）及中国西部林蛙之分布》①，两文均以"华西林蛙物种"为题，前文以昭觉发现新蛙种为研究对象，后者将此新蛙种纳入华西林蛙分布体系中进行比较研究，两者间有内在的联系。在《昭觉林蛙及中国西部林蛙之分布》一文中，刘氏将昭觉发现的新蛙种与中国西部分布的其它林蛙进行对比研究并指出：

> 昭觉林蛙原发现于昭觉县境，西康宁属之其它各县及云南之林蛙均此属新种。此蛙与日本林蛙（Rana Japonica）近似，惟背侧腺褶颇为发达且黑斑亦多，蝌蚪之唇齿则与日本林蛙者不同，如新种之下唇齿为四行，而日本林蛙仅三行，日本林蛙分布于川西及中国长江流域以南，中国林蛙（Rana temporaria Chaochiaoensis）则分布于川康草地、陕、甘、青及中国北部。此蛙与昭觉林蛙不同，其背侧腺褶在耳膜附近成角形，昭觉林蛙及日本林蛙为直线。②

上述诸文被视为中国两栖类研究领域的开山之作，实现了我国该领域零的突破。刘氏据此撰成的《华西两栖类》于1950年由芝加哥自然历史博物馆出版，在国际两栖爬行学界引起极大反响，至今仍被视为研究中国两栖动物的经典之作。美国刊物《两栖爬行学报》称："对于世界两栖动物研究，这部书无疑是一项重大贡献。"刘承钊成为华西两栖类动物学的开创者、领军人、中国两栖类爬行动物学的主要奠基人。

除刘承钊外，胡秀英、方文培、何文俊、孟庆华等人的研究也值得关注。胡秀英在会刊发表有《茯苓或土茯苓——中国药用植物研究中的难题》《冬青科植物之一新种（黎氏大果青冬青）》《成都生草药用植物之研究》。胡秀英的研究与学会早期的"业余"植物研究者相较，专业素养有了较大提升。就植物学研究而言，主要研究植物的形态、分类、生态系统、遗传属性等内容。其目的在于开发和保护资源，让植物为人类提供更多的物质资源。对于专业植物学者来说，仅能对植物进行简单分类或描述是不够的，其目标乃是从分类学上去辨析不同的植物，尤其是对该植物的种属、特点及利用价值的认识。胡秀英对"茯苓或土茯苓"这一中国药用植物难题的研究，就显示了一个专业植物学者的素养。《茯苓

---

① C.C.Liu,　"Two New Scutigers from Chao-chiao-hsien, Sikang",　"A New Woodfrog, Rana Chaochiaoensis", *JWCBRS*, Vol.14, B. (1943)：35－38；Vol.16, B. (1946) 7－14.

② C.C.Liu, "A New Woodfrog, Rana Chaochiaoensis", *JWCBRS*, Vol.16, B. (1946) 13.

或土茯苓——中国药用植物研究中的难题》① 是胡氏提交给岭南大学的硕士论文。据其自序，她是花了四年时间才完成这一课题研究的。1936 年，胡氏在广州注意到人们对出口到印度、缅甸地区的一种中草药（China-Root，即茯苓）称呼混乱，于是她决定研究这一问题。在金陵学院生物学系主任黎富思启发和帮助下，在其导师岭南大学经济植物学与植物性药材测量馆馆长麦克卢尔（P.A. McClure）教授的指导下开始了此项研究。胡氏首先对茯苓市场进行了调研，从草药市场购置了不少药用植物回来进行比较，并与采药者到山中做实地考察和采集。实地调查活动一直持续到她来华西发现可靠证据之后，胡氏才开始撰文辨析土茯苓与茯苓之异同。在写作这篇论文时，她不仅向多位植物学专家请教，还参考了其他学者就这一问题发表的最新成果及相关的中国药学辞典。胡氏认为茯苓和土茯苓是两种药用植物，从医生角度讲，茯苓和土茯苓都是补药，茯苓有健脾利尿的功效，土茯苓有清热解毒的功效②。胡氏严谨的学风、实事求是的科学态度，也体现在她的《成都生草药用植物之研究》③ 一文中。该文是她对成都药材市场作了全面调查的基础上运用植物学与药学理论综合分析研究中草药的成果。这种研究意识与方法在 40 年代的华西是先进的。胡氏在文中自序：

> 成都虽系廿世纪之文化城，其大学数目居自由中国首位，国内之最高医药学府在此，惟其居民之疾病大半缺乏科学化治疗，官药草药人人应用，'草草药治大病'之俗语，几成一般医药信条，其草药店林立，草药担周游，问施草药者所买何草，则答曰'三千有种，八百无苗'，究竟何草治何病，则无科学之研究，作者有鉴于此，乃作成都生草药用植物之研究，历时六载，采收草药标本二千余件，鉴定其科学名称，得三百八十五种，依植物分类学方法，分门别类，每种于其学名下，历举其土名并注以英文拼音，然后略述其药用部分之性状与用途，末据采集号数（制图）以备考证。科学之研究贵分工合作，本文所载植物与其所治疾病，乃系经验之谈，至于每植物中究有何种足以治病之成分，尚待药医学家之验证。④

胡秀英（1908—2012）1946 年获哈佛大学拉德克利夫学院奖学金赴美国深造

---

① S.Y.Hu, "China-root-Fu-Ling 茯苓 or Tu-Fu-Ling 土茯苓, A problem in Chinese Medicinal Plants", *JWCBRS*, Vol.12, B. (1940): 80 - 86.
② 同上。
③ S.Y.Hu, "Medicinal Plants of Chengtu Herbshops", *JWCBRS*, Vol.15, B. (1945): 95 - 177.
④ 同上。

植物学，1949 年获哈佛大学博士学位后在哈佛大学安诺树木园（Arnold Arboretum）从事植物学研究，1957 年出版《中华食用植物》（*Food Plants of China*），获美国科学成就奖。胡氏早年对华西冬青等植物的研究，为其终身致力中国植物研究打下了基础。如今，胡秀英已是国际植物学界著名的"冬青胡"（Holly Hu），全球四百多种冬青中，有三百多种是以她的名字命名的，她还是金针属、泡桐属、菊科、兰科等植物研究方面的世界级权威学者。

　　方文培（1899—1983）系英国爱丁堡大学植物学博士，1937 年回国执教于国立四川大学生物系，主讲植物学和植物分类学，兼授该校农学院林学系树木学，还兼任华西协合大学博物馆自然历史博物馆馆长。方文培早在 1932 年就提出要建立"以中国植物为材料"的"纯粹之中国植物学"。随后发表《中国杜鹃属之初步观察》①，文中期望本土学者重视本国杜鹃植物的研究，呼吁园艺学家栽培这一"极有价值极美观之本国植物"。1934 年至 1935 年在《中国植物学杂志》发表《中国槭树科之地理分布》《中国落叶杜鹃》②。后文讨论了中国落叶杜鹃花三十二种的生长习性及地理分布、文献参考等方面的一些重要问题，不仅对于已知的三十二种杜鹃花作了分种检索表和每个种的特征的具体记载，还对杜鹃花的引种繁殖提出了一些具体的办法③。1939 年发表《近来所采之中国杜鹃》，该文是他根据秦仁昌等植物学者前此十多年来在各地所采标本（一百二十余种）撰成的一份综合性的报告，可供后学研究参考。其中金山杜鹃（R.chieanum Fang）、西南杜鹃（R. huianum Fang）、海绵杜鹃（R.pingianum Fang）、昭通杜鹃（R.tsaii Fang）、弯尖杜鹃（R.youngiae Fang）、毛杜鹃（R.radentum Fang）等新种乃方氏发现的④。方氏与植物学家胡先骕、陈焕镛开始了国人研究杜鹃花的历史。40 年代中期在学会会刊发表《峨眉山之杜鹃花》⑤。方文摘要：

---

①　方文培：《中国植物学发达史略》《中国杜鹃属之初步观察》，《科学世界》，1932 年第一卷第 2 期，第 125 页；1934 年第三卷第 8 期，第 777 页。后文曰："欧美各国植物园栽培我国杜鹃已甚多。而我国园庭对于此极有价值极美观之本国植物尚鲜栽培，殊可惜也！今后尚望社会人士多多提倡，园艺学家多多种植于园庭，使国人皆能欣赏此高尚美丽之国产园庭之植物，庶不负其本质也。"

②　方文培：《中国槭树科之地理分布》《中国落叶杜鹃》，《中国植物学杂志》，1934 年第一卷第 2 期，第 139—158 页；1935 年第二卷第 2 期，第 598—642 页。

③　方文培：《中国落叶杜鹃》，《中国植物学杂志》，1935 年第二卷第 2 期，第 598—642 页。

④　W.P.Feng, "Rhododendron Collected by Recent Chinese Expeditions", *Contr.Biol.Iab.Sci.Soc.China Bot.Ser.*1939, 12（1）：1-88.

⑤　W.P.Feng, "The Rhododendrons of Mount Omei", *JWCBRS*, Vol.16, B.（1946）：200-218.

峨眉山共产杜鹃二十三种。全国最普遍之映山红在山麓极为习见：长蕊杜鹃花之产地限川、鄂、黔三省，在峨眉山麓亦常成纯粹矮林。两色杜鹃之产地仅限于四川、湖北，在峨眉则见于山腰，其余各种之分布则仅限四川及西康东部。美丽杜鹃虽曾见于南川县，但在此山之阎王坡至雷洞坪一带，极为普遍，美丽夺目，堪称杜鹃花中之王也。另有多种杜鹃围绕之，状似其卿相卫士，以保护此杜鹃花之王者也。赫氏杜鹃、天放杜鹃、雅丽杜鹃、承先杜鹃四种之产地限于斯山。其余峨眉产者如银叶杜鹃、来丽杜鹃、农山杜鹃、灵山杜鹃、欧氏杜鹃、大卫杜鹃、绒毛杜鹃、芒刺杜鹃、绉叶杜鹃、费伯杜鹃、惟丽杜鹃、树生杜鹃、亮鳞杜鹃、汉士杜鹃、黄花杜鹃等十五种，在峨眉山极为常见；在川西南及西康东部虽亦产之，但此区位于邛崃山脉之南端，气候土质，均极相同，从植物地理学上看，应视上述诸处为峨眉高原区。故上述之十五种亦应视为特产。峨眉山产杜鹃花种类既多，又复系特殊种。在川、康两省中，确堪称杜鹃花分布之中心地域也。①

以上诸文是方文培数十年在华西各地实地调研的成果，也是研究华西杜鹃花最早的文章。50 年代以后方氏继续研究杜鹃花，以此为据出版专著《四川杜鹃花》《中国植物志·杜鹃花科》，成为世界公认的杜鹃花科专家。另外，40 年代中期方氏在会刊发表《四川柳属之一新种》《中国旌节花》，还主持完成《峨眉植物图志》一书，对峨眉山植物作了系统的分类研究。李约瑟评价说："在 30 年代强有力的林奈分类法及西方科学文化影响下，中国最杰出的植物学家方文培于 1939 年发表了槭树科专著，他不仅给出了科学的拉丁学名、中文名称及特征，而且用英文著述。后来在他另一部著名的《峨眉植物图志》对这些相关问题都包含在它的研讨之中，开拓了中国植物学研究的新道路。"② 方文培对槭树、杜鹃花、八角枫、山茱萸等十三个科的植物研究造诣颇深，发现植物新种一百多个，采集标本五十万份、十一万多号。发表论文八十余篇，编撰著作十多部。其中，《峨眉植物图志》曾获英国皇家园艺学会（Royal Horticultural Society）银质奖章。

1929 年毕业于华西协合大学的何文俊（1909－1967），执教于该校理学院生物系，其后任教授兼任华西协合大学自然历史博物馆主任。30 年代初，先后在会刊发表《四川西南部蜥蜴的初步调查》《四川蝶类名录》《四川金花虫科甲虫分类分

---

① W.P.Feng, "The Rhododendrons of Mount Omei", *JWCBRS*, Vol.16, B. (1946)：200－218.
② 李建华、李朝鲜：《开辟中国植物学研究新道路》，《光明日报》，2006 年 7 月 4 日。

布及经济上之重要》。《四川金花虫科甲虫分类分布及经济上之重要》是何氏在同一大标题下发表的两篇独立文章，即《四川西南部采集志》和《四川金花虫科甲虫志》。前者是何氏 1932 年 7 月在四川西南部的岷江和沱江流域上的成都、资州、峨眉山、古寺、灌县、青城山等地采集金花虫科甲虫时的科学考察记。后者是何氏对收藏于华大自然历史博物馆的金花虫科甲虫标本进行的分类研究，并指出利用有益的金花虫科甲虫传粉，能达到农作物增产的经济效果。1940 年何氏因其在华西生物学研究上的造诣，被美国爱荷华农工学院授予哲学博士学位。

　　山东齐鲁大学教授孟庆华（1906—1986），因抗战随校西迁成都华西坝，1938年以后加入华西边疆研究学会，以蚊虫为研究对象，研究成都蝇类繁殖习性，在会刊发表《成都双翅目的医学特征》。孟氏对成都双翅目感兴趣，与加拿大医学传教士杨济灵（A.E.Best）博士之前的研究有一定联系。杨氏早在 20 年代后期就开始这一课题的研究，历时两年完成了对成都平原蚊类的实地研究，在会刊发表《成都蚊类》。文章对成都平原的蚊虫种类、分布情况、生活习性、生态环境等问题进行了讨论，提出了防治措施。孟庆华、杨济灵同为学会成员，在成都双翅目问题上有交流的机会。孟氏《成都双翅目的医学特征》显示，该论文是在杨氏《成都蚊类》基础上对成都蝇类繁殖习性问题深入研究。孟氏这篇从医学角度研究成都蚊虫的论文，为其一生致力于中国双翅目研究奠定了基础。50 年代以后，他从宏观的角度对中国蚊虫分类的标准及如何进行防治的具体措施进行讨论，发表《中国按蚊的分类、习性与防治》。其专著《中国蚊虫检索表》，是该学科研究必定参考的工具书。

第七章　华西边疆研究学会的研究特点

第一节　华西边疆研究学会的研究领域、方法与特征

华西边疆研究学会在近代西南边疆研究中扮演着极重要、关键性的角色。该研究机构从创立至 1950 年以后停顿，数十年来一直致力于西南边疆研究，与近代西南边疆研究的发展休戚相关，也为民国时期西南经济、文化、政治的发展做出了很大的贡献。作为现代性的研究机构，学会在研究领域、研究方法上都体现出了鲜明的特色，这在前述章节中已有局部的体现。概括来说，学会的研究特色主要体现在以下几个方面：

一、以华西社会为中心，尤以川康、康藏多民族区域为重点的综合研究

先期到华西的西人或探险、或传教、或商业、或军事、或交通、或地理、或考古、或采集，目的各异，但几乎无综合考察研究华西的意识。华西边疆研究学会是综合研究华西之先锋，率先涉及华西人文自然科学各领域，诸如华西人类学（考古学、文化人类学、体质人类学）、史学、宗教、民族语言、地理学、民族音乐、动物学、植物学、医学、农学等领域都有涉及。学会有效地整合了上述研究力量，积极倡导跨学科的交叉研究，显示了学会试图全面、深入了解华西社会的宏大抱负。

图 7—1—1　20 世纪 20 年代的藏族同胞

(1925 年葛维汉摄于松潘黄龙。华西边疆研究学会考察活动影像数据藏于四川大学博物馆。)

学会研究的综合、多元、跨学科特色在学会会刊所刊载文章的分类统计中反映得非常清楚：

表 7—1—1　《华西边疆研究学会杂志》文章分类统计表

文章分类	篇数	百分比	文章分类	篇数	百分比	文章分类	篇数	百分比
宗教	54	15.9	文物考古	38	11.2	农业	9	2.7
文化教育	3	0.9	民俗	12	3.5	建筑	3	0.9
语言文字	10	2.95	人文地理	9	2.7	交通	4	1.2
文学	11	3.2	行记	10	2.95	环境科学	3	0.9
艺术	4	1.2	气象地质	6	1.8	其它	8	2.4
历史	13	3.8	自然地理	13	3.8	书评	16	4.7
民族	35	10.3	生物科学	59	17.4	总计	339	100
传记	6	1.8	医学	13	3.8			

资料来源：《华西边疆研究学会杂志目录索引》，载李绍明、周蜀蓉选编：《葛维汉民族学考古学论著·附录二》，成都：巴蜀书社，2004 年版，第 265—393 页。

从上表可以看到，华西边疆研究学会研究涉及学科领域非常广泛，不仅包括人文地理、历史、语言、文学，也涵盖了自然地理、医学、地质等学科门类，尤以生物科学、宗教、文物考古、民族为最，刊载文章的比例都在 10% 以上。

图 7—1—2　杂谷脑寺庙僧侣　卓克基土司夫人像

(1934 年学会成员庄学本摄。华西边疆研究学会影像数据藏于四川大学博物馆。)

从研究涉及的具体地域上看，中外学者研究的重心一直放在康藏地区，即今中国人类学界称之为"藏彝走廊"的地区。历史上的康藏地区是指原西康和西藏两个地域。西康①位于四川与西藏之间，基本相当于藏文化中的康区，多数地区是以藏族为主的少数民族聚居地。所以，康藏在某些时候又是西康与西藏两个地域的合称。由于西南地区藏族分布相当广阔，且自清末以来因外国势力的侵入，该地的形势十分严峻，再加以这里的藏民笃信藏传佛教，文化特点显著。同时，在西康建省以后，我国最大的彝族聚居区大凉山亦划入该省版图。这里的彝族同样有着鲜明的特点，当时尚盛行奴隶制度，而民族关系亦甚为突出②。西方学者把研究重点放在这一区域既是科学研究的需要也是传播福音的需要，中国学者则更多的出于国家存亡的需要。

学会的研究旨趣及涉猎的领域，在其会刊中有鲜明的体现。《华西边疆研究学会杂志》极具风格，典型地反映了学会的学术重心、兴趣及观念。在会刊刊发的三百三十九篇文章中，涉及康藏地区研究的共有一百二十八篇，约占总数的38％，内容涵盖该地区的人文地理和自然地理。其中，环境、宗教、族群、语言、考古、历史、医学、农业是学者们关注的重点，例如杰弗里（J.Howard Jeffrey）《藏语中的雅利安语成分》，叶长青《西康或藏东史前遗迹》《对藏东耕地大麦耕种的调查》《西藏本教记述》《丹巴拜神节》，邓肯《藏东的天气》，布礼士《西藏边

① 1939 年民国政府正式设置西康省，简称康。1949 年以后，人民政府继续管辖西康省，1955 年废止。

② 李绍明：《略论中国人类学的华西学派》，《广西民族研究》，2007 第 3 期，第 43—52 页。

地山脉的丘陵地带》，顾富华《喇嘛教和喇嘛寺的起源》《朗格桑传奇》，戴维尼夫人《藏传佛教"六字真言"》，莫尔思《藏医》《关于藏东部落成员人类学数据记录》，李哲士《汉藏交界金河流域地方性甲状腺肿调查》，施备（A.Guibaut）《峡谷地区》，冯大然《诺苏人和苗人的箭毒》，李安宅《喇嘛寺概说》《萨迦派喇嘛教》，闻宥《理番语言》，刘恩兰《理番地理》，蒋旨昂《黑水河流域社群的政治》，林耀华《燕京大学考察团"倮倮"地区考察简报》。

学会强调以康藏为中心的多学科研究，也是学会早期研究者奠定下的学术理路。早期学会的会员较少，而且是清一色的传教士，因此其研究兴趣、领域的选取多受几位核心学者的影响。当然，这也在很大程度上奠定了学会后来的研究路径。从早期几位重量级的研究学人的身上，也可以对学会的研究风格、研究特色作些了解。

藏学家叶长青在《华西边疆研究学会杂志》上发表七十多篇涉及川康藏地区人文自然地理的文章。就研究领域而言，有二十多篇是描述地理环境的，例如《西藏两条河流：鄂宜楚河与无量河》《金沙江、理塘河、雅砻江和大渡河的弯道》《理塘至瞻对行纪》《华西边疆略图》《乡城：杜赫德笔下的"喇嘛领地"》《拉萨旅行者须知》，川康藏地区独特的地质地貌在他的笔下多有描述。涉及康藏社会生活及文化的有十多篇，如《第一代瓦寺王》《雅砻江霍尔巴人》《萨尔温江俾格米人》《"缺失的环节"——汉藏边地的原始部落》《天葬纪要》《藏区边地据说可食用的鸟巢》《大熊猫栖息地》《"吐番"词源考》《嘉绒藏语》《嘉绒藏语句子和短语的语法结构》《藏区边地诗文》等。涉及历史、考古等方面的大约有十篇，如《中国石器时代》《高丽文物与山西社神》《孟获与古城》。发表十多篇宗教方面的文章，其中包括《白石装饰图案》《从比较宗教学的角度评"有罪之人"》《本教小记》《开阔地带——中央政府治藏策略及其与传教事工的联系》《本教真言与信仰》《西藏景教》《藏传佛教中可能存在的摩尼教影响》《嘛呢与摩尼》。

身为传教士的叶长青，不仅研究佛教传入以前西藏流行的本教和藏传佛教的各个派别，亦讨论景教、基督教的传播，充分展现康藏地区宗教的多元性。他关注的重点是藏传佛教，对其寺院建筑、功能、影响及信徒的宗教行为都有所描写与分析。在《藏区尼庵和觉姆》一文中，记载了作者造访一处尼庵的经过。在经当地上层人士疏通并获得尼庵住持允许后，他以贩书者的身份前往那里，近距离地观察尼庵内的人与事物。他发现觉姆们的起居室低矮狭窄，"永远不可能让居住者感到舒适"。觉姆只能弯着腰,"睡觉时必蜷缩着身体,或如佛像一样盘腿打坐。在任何情况下她们都不可能伸直身体"。觉姆们就是在这如此简陋的空间里过着圣洁的修行生活。他还与尼庵住持进行了坦诚的交流,又将带去的基督教书籍分发给觉姆们。叶氏以客观、平和、严谨的态度去叙述"他者"宗教,无疑体现其开放的思维与宽广的胸怀。"在价值取向上,作为传教士的叶长青也没有以基督教神学作为价值判断的基点,将非基督教的宗教视为偶像崇拜或迷信、异端,而是将各个不同的宗教视为不同的文化圈,相互之间存在交流与融合。"① 叶长青对藏民族的生存环境、宗教信仰、语言文字及社会习俗都有所研究,但他着力最多的是藏传佛教。

长期生活在打箭炉的汉学家顾富华(R. Cunningham,1883—1942)精通藏语,研究康藏地区土著的人文地理、宗教信仰及社会生计,"在'西藏人'的笔名下,长期向《北华捷报》投稿,描写华西边疆打箭炉的人文与环境"②。在学会会刊、《教务杂志》、《皇家亚洲文会北中国支会会报》、《华西教会新闻》等刊物发表大量论文,如《轮回》《藏传佛教坛城》《藏传佛教概说》《青藏高原活佛转世制度》《论藏传佛教》《西藏东部之旅》《藏东基督教差会》《藏东地区的贵族妇女(A gya)》《打箭炉地区的各个民族》《边远地区》《打箭炉新闻》《巴塘消息》等。汉学家布礼士称,顾富华这样的传教士旅行者,为边疆研究"提供了大量有价值的信息,并对此激励甚多"③。

图7-1-3 藏传佛教"六字真言"
(顾富华摄。影像数据刊于《华西边疆研究学会杂志》第9卷。)

① 申晓虎:《比较的视角:叶长青康区宗教文化研究探析》,《北方民族大学学报》(哲学社会科学版),2011年第1期,第126页。

② S.H.Liljestrand, "Presidential Address, A Resume of Border Research and Researchers", *JWCBRS*, Vol.6,(1933–1934):Ⅻ. D.C.Graham, "Foreword", *JWCBRS*, Vol.13, A&B,(1941).

③ A.J.Brace, "Travellers in West China", *JWCBRS*, Vol.6,(1933–1934):Ⅻ.

　　顾氏熟悉打箭炉周边的地理环境和土著民族的生活习性，又乐于向来访者伸出援手，自然他家（打箭炉中国内地会教堂）成了中外科学家和探险家的大本营。顾氏不仅欢迎中外人士的到访，还为他们提供物质上和考察计划上的帮助，从而赢得中外人士的尊重，他也以友好款待而著称①。1942 年 11 月 29 日顾富华逝世于打箭炉，葛维汉追思说："他的逝世，让华西边疆失去一位唯一的灵魂人物，学会失去了一位忠诚的朋友。"②

图 7—1—4　1937 年夏，顾富华

在打箭炉内地会教堂接待来访的西康地质考古测绘团

（顾富华左五，顾富华夫人前排右二。影像数据刊于《华西边疆研究学会杂志》第 9 卷。）

　　汉学家布礼士（A.J.Brace，1877—1949）教授，1912 年来到华西，在华西协合大学任教。1920 年加入英国皇家地理学会，1922 年参与创建华西边疆研究学会。李哲士说，布礼士从 1920 年暑期开始定期到杂谷脑考察，是学会主要成员，多年致力于研究边疆与中国哲学和文字③。20 年代至 30 年代，他数次随彭普乐、叶长青、李芝田、刘延龄等人到川西北杂谷脑、理番、威州及康藏边地宣教和研

---

①　S.H.Liljestrand，"Presidential Address，A Resume of Border Research and Researchers"，*JWCBRS*，Vol.6，（1933－1934）：ⅩⅦ.

②　D.C.Graham，"Foreword"，*JWCBRS*，Vol.13.A&B，（1943）.

③　S.H.Liljestrand，"Presidential Address，A Resume of Border Research and Researchers"，*JWCBRS*，Vol.6，（1933－1934）：Ⅻ.

究人类学，是"华西传教士人类学的先驱"①。在学会杂志上发表《威州札记》
《法轮长转或六道轮回》《中国宗教的统一象征》《中国宗教信仰中的鬼魂与巫术》
《华西旅行者》《西藏边地山脉的丘陵地带》《打箭炉流通的银卢比》《高原朝圣之
路》《四川的秘密社团》等文。在《华西旅行者》一文中，他陈述了对康藏边地
的认识："在这片广袤丰硕的边疆地区，我们拥有'年轻的地球'，我们已经发现
了大量的'新知识'，但还只是接触到这些人类学与考古学知识的边缘。这些丰
富的内容不会偶然或轻易地为我们所知，只有通过非凡的耐心和学术的研究，加
上大量努力与个人奉献才能得到……这片神秘地区有着不可抗拒的吸引力，就像
磁石一样吸引了世界上的旅行者。"② 在《教务杂志》《华西教会新闻》上，布礼
士发表有《四川谚语》《中国早期的军事谋略》《中国人的风水观》等，出版专著
《杜甫与草堂祠》《中华英雄：Munn 的传奇和历史》《中国哲学家》等。

　　戴谦和是以理科见长的教授，又是个博物学家，研究涉及华西人文地理、自
然地理诸多领域。曾任华西协合大学校长的方叔轩说："（戴氏）除专治物理外，
兼通地质、地理、中国考古学、中国美术，对于四川的地质与文化均有特殊之创
见，曾收集中国古代各式窗棂图案多种，加以分析与解释，成书二册，由哈佛燕
京学社出版，为研究中国美术另开生面。"③ 戴氏尤对华西考古文博感兴趣，20 世
纪 10 年代至 40 年代，经常去川康边地考古与采风，为华大博物馆收集到不少有
价值的藏品，拍摄的川西民俗照片及收集的历代窗格至今仍珍藏于馆内。关注华
西汉藏器物上的图案及色彩，研究其内涵的象征意义④。戴氏研究多有独到之处，
如在其论文《华西的人类和他的文明》中预言，"随科学技术的发展，再隔二十
年，华西的某个地方，早期人类化石将被意外发现，'北京人'那样的原始人化石
有存在的可能性"⑤。20 世纪 50 年代以后，华西考古有重大突破，陆续发现旧石
器时代晚期的"资阳人"、距今两百万年的"巫山人"、广汉三星堆及成都金沙遗
址。这证实了戴谦和的科学预见。在《华西教会新闻》《教务杂志》及学会杂志
上发表文论数十篇，如《华西发现的石器》《图案的象征意义》《中国窗格研

---

① L.G.Kilborn, "President's Address", *JWCBRS*, Vol.14.A, (1943): 101 - 106.

② A.J.Brace, "Travellers in West China", *JWCBRS*, Vol.6, (1933 - 1934): ⅩⅪ, ⅩⅫ.

③ 金开泰：《百年耀千秋：华西协合大学建校百年历史人物荟萃》，香港：中国文化出版社，2010
　年版，第 16 页。

④ D.S.Dye, "Symbolism of the Designs", *JWCBRS*, Vol.2, (1924 - 1925): 74.

⑤ D.S.Dye, "West China Man and His Culture", *JWCBRS*, Vol.7, (1935): 92.

究——以四川古遗文物为例》《寺庙与时代潮流》《四川古代祭祀遗迹及新近发现之器物》《西部边地的挑战》。

图7—1—5 李哲士博士
（华西边疆研究学会创始人之一。影像数据藏于四川大学博物馆。）

医学博士李哲士（S. H. Liljestrand，1888－?），是个对边疆研究具有广泛旨趣的热心人，也是该领域的一位资深学者，早年参与学会的创建，随后又加入学会首次赴川康藏边地探险活动。从1922年到40年代，数次赴川康藏边地研究，在学会举办的演说及刊物上发表的论文大多是对这一地区社会科学研究的成果。演讲内容包括：《打箭炉到巴底巴旺途中药用植物的特别观察》《有关气候和健康的中药》《边疆的诱惑》《从地质学、人类文化学及气象环境方面调查金川（Kinchuan）地区——甲状腺肿这一地方性流行病的状况》《四川工艺品动物的象征意义》《在小金河流域和人迹罕至的诺苏调查》《小金河谷黄土之谜》《岷江上游黄土之堆积》。医学是李氏研究的重心，在《华西教会新闻》和会刊上发表

《今日医学》《川藏边界药用植物学观察》《植物生长和健康的关系》《汉藏交界金河流域地方性甲状腺肿调查》等。这表明在边疆医学研究方面，李氏早期关注药用植物学实地研究，30年代兴趣迁移到流行病学调查方面。对甲状腺肿的研究受到叶长青启发，早在1904年叶氏和帕里（Parry）医生在考察大金川河谷计划开设传教点时，就发现当地流行甲状腺肿病，并首次报告了边疆"雨带"（rain screen）地区居高不下（80%）的甲状腺肿病症。1932年李哲士等人在叶长青的陪同下，再次对这个地区以北以及丹巴以西的地理与环境等因素进行了实地研究，并收集到兰花类与乌头类植物，发现了一些新物种及新昆虫①。其后发表的《汉藏交界金河流域地方性甲状腺肿调查》报告，金川河谷地带是地方性甲状腺肿高发地区。缺碘、环境被污染、生活艰辛、卫生条件差等原因造成该病流行。其统计表显示，甲状腺肿在劳动负担重的生活

---

① S. H. Liljestrand, "Presidential Address, A Resume of Border Research and Researchers", *JWCBRS*, Vol.6,（1933－1934）：XⅧ.

中和生育哺乳时最容易被感染，最大污染源可能是被污染的水域。报告引用叶长青话说，"金川河谷地带的巴底和巴旺已遭到重创，据叶长青估计，三十年间损失了近50％的人口"。这篇医学报告也显现了李氏的文化人类学素养，文中插有他素描的三张藏寨图：巴旺的藏式建筑、巴旺土司的官寨、巴底土司的官寨废墟。李氏在介绍巴旺土司官寨时说，这里是"甲状腺肿最流行的区域，在大金河谷的这个官寨碉楼，似欧洲中世纪城堡的防御塔。事实上，这个山谷引人回忆欧洲莱茵河"①。李氏以科学论文、绘画及诗歌等方式来认识华西社会，其论文和其它作品蕴涵有丰富的人文情愫。1934 年发表《会长致辞：华西边疆研究和研究者》，记述了 19 世纪 50 年代至 20 世纪 30 年代西方探险家、传教士及学者对华西边疆探险活动及研究历史，有一定的学术价值，是研究近代华西社会的基础材料。

图 7—1—6　金川河谷地带巴旺的藏式民居

(1932 年李哲士写生于丹巴地区。图片刊于《华西边疆研究学会杂志》第 6 卷。)

二、学会以现代学术方法开创了近代西南边疆研究的诸多学科门类

宏观地看，近代边疆研究存在明显的从传统学问向现代学术转型的过程。

---

①　S.H.Liljestrand, "A Survey of Endemic Goitre, with Special Reference to the Gold Rivers District in the Chino -Tibetan Border Marches", *JWCBRS*, Vol.6, (1933 - 1934): 196 - 207.

而在这个转型过程中，华西边疆研究学会的角色至为关键，华西边疆研究学会是当时华西社会研究的权威机构。从某种意义上讲，正是华西边疆研究学会开创了近代西南边疆研究的诸多学科范式，奠定了西南边疆研究诸多学科门类的基础。

华西体质人类学研究是由学会会长莫尔思开创的。从 1916 年起，莫尔思曾十次前往华西边疆地区收集各民族体质人类学资料。在体质人类学研究上有很高的造诣，李绍明说："在 20 世纪的体质人类学研究方面，莫尔思的贡献较大。"① 早在 1924 年，莫尔思就在学会会刊上发表了《关于藏东部落成员人类学数据记录》一文，这是华西体质人类学研究的早期记录。1935 年至 1936 年间，莫尔思收集到汉、藏、苗、羌等族的血型，撰成《四川人的血型研究》论文。1937 年，莫尔思发表专著《华西四川地区十个少数民族体质人类学观测一览表》，介绍了对 1919 年至 1926 年四川十个民族三千零五十一名健康人七十个人体专案的检测资料，这是典型的医学人类学（其时言"体质人类学"）的研究成果。1938 年，《英国人类学杂志》再度发表这一研究成果，从而引起世界人类学界的关注。葛维汉的评价是，这测量"应该对人类学家有很大的帮助，材料上有助于华西地区不同民族体质上差异性问题的解决"②。

华西边疆研究学会开拓了华西史前文化研究。据郑德坤《四川古代文化史》一书所述："四川史前文化之调查已有五六十年之历史。1886 年英人贝巴（C.F. Baber）入川游历，在重庆附近购得磨制石器二枚，西蜀有石器文化遂闻于世。其后居住川康传教士叶长青、戴谦和及葛维汉等在各地调查，所得甚夥，除数枚捐赠上海皇家亚洲文会北中国支会博物馆及南京中央研究院外，全部收藏于成都华西大学博物馆，计有各式石器数百件。叶、戴、葛三氏前后发表关于川康石器之文章十余篇，刊载于《华西边疆研究学会杂志》及《皇家亚洲文会北中国支会会报》，四川史前文化遂为中外学者所注意，故西来调查者接踵而

---

① W.R.Morse, *WCMN*, No.12,（1939）：471. 李绍明：《略论中国人类学的华西学派》，《广西民族研究》，2007 年 3 期，第 43—52 页。

② D.C.Graham, "Foreword of Schedule of Physical Anthropological Measurements and Observations on Ten Ethnic Groups of Szechwan Province, West China, by W.R.Morse", *JWCBRS*, Vol.8,（1937）：*Supplement*.

至。"① 可见，贝巴、叶长青、戴谦和、葛维汉皆是华西史前文化研究的拓荒者，后三者是学会的先驱。他们的调查及研究成果问世，还带动一批中外学者对这一领域关注。例如美国考古学家奈尔逊（N.C.Nelson）、中山大学赫音（Arnold Heim）、哈佛燕京学社包戈登、瑞典考古学家安特生，中央研究院吴金鼎、凌纯声、马长寿等都发现了石器。郑德坤在华西史前文化方面承前研究，在专著《四川古代文化史》中对"华西史前文化"进行了专题讨论。

叶长青、陶然士、葛维汉、林名均、吴金鼎、郑德坤、冯汉骥等是华西考古发掘之先驱。他们将不为世界所知的广袤的华西人文地理和自然地理传播出去，让中外学者对历史悠久的华西文明有了认识，更让"禁锢在书斋"的中国学者认识到田野调查与考古的重要性。1934 年，葛维汉、林名均以"广汉遗物之富于考古价值"，对汉州遗址进行了首次科学考古发掘，揭开了"三星堆文化"的考古序幕。1935 年葛氏发表《汉州发掘的初步报告》指出：

> 这次发现的器物，至少对研究古代东方文化和历史学者们提供了三种情况：一是，随葬品可以帮助我们了解古代的葬俗、社会和宗教习俗。二是，玉石器以及器物上的纹饰，颇能引起考古学家的兴趣。三是，出土的大量陶片，为研究四川古代陶器提供了重要资料。②

葛氏报告是"三星堆文化"研究的第一篇论文，开四川"三星堆文化"研究之先，经会刊"西传"欧美，对国际汉学界产生了影响。中国学者林名均发表《广汉古代遗物之发现及其发掘》，郑德坤撰著《四川古代文化史·广汉文化》，使国内学界探讨汉州古蜀遗址问题蔚然成风。戴谦和《四川古代石器》、陶然士

---

① 郑德坤述，1925 年至 1926 年间，美国考古学家奈尔逊率中亚探险队调查三峡史前洞穴遗迹数百处。其调查报告刊载《自然科学杂志》（*Natural History*），后又刊入《中亚自然科学》（*Natural History of Central Asia*）第 1 卷。1930 年，中山大学教授赫音至川边考察地质，亦得石器数枚，详见其专著《木雅贡卡》（*Minya Gonka*）书中。1931 年，美国哈佛燕京学社包戈登至川西调查民俗，在道孚附近发现史前遗址多处，采集石器数十种，其报告刊载于《中国地质学会志》。1934 年葛维汉发掘汉州史前遗址，发现石、陶、玉器数百件。1937 年瑞典考古学家安特生与中央研究院祁延霈、四川大学周晓和、华西大学葛维汉合组川康考察团，重勘道孚一带遗迹，由中央研究院代表祁延霈主持发掘，所得古物甚富。抗战以来，中央研究院研究员吴金鼎、凌纯声、马长寿等人，分别至华西各地调查，史前遗址屡有发现。1941 年夏，教育部派王文萱领导边疆服务团至理番工作，亦得石器多种。见郑德坤：《四川古代文化史》，成都：华西大学博物馆发行，1946 年版，第 1 页。

② D.C.Graham, "A Preliminary Report of the Hanchow Excavation", *JWCBRS*, Vol.6, (1933 - 1934)：118.

《川西汉墓考》、冯汉骥与郑德坤《成都平原之大石文化遗迹》、郑德坤《四川古代文化史》是华西考古开拓之作。1942年冯汉骥主持成都前蜀王建墓考古发掘，并在学会发表"永陵王建墓"讲演，1944年在国立四川大学校园内发掘出一件雕版印刷品，该标本是目前国内保存最早的一件中国古代印刷品。葛维汉在对"僰人悬棺"田野考察基础上发表的文章，是僰人研究领域的开山之作，为国内及国际汉学界展示了"僰人悬棺"这一新的研究领域。林名均追随葛维汉研究僰人，成为最早研究僰人的国内学者。

美国传教士洛克（J.F.Rock，1884—1962）则是纳西族与西南地区植物学研究的先行者，长期在川滇少数民族地区为美国农业部和哈佛大学植物研究所采集动植物标本并实地考察纳西族，在美国《地理杂志》发表有纳西族文章，在会刊发表《摩梭民间文学中有关洪水的传说》《纳西或摩梭人的占卜文献》《纳西男巫诅死咒语》，这是洛克研究纳西族历史文化的早期成果，在此基础上撰成的《中国西南古纳西王国》是研究纳西族文化的必读文献。学者杨福泉说，这本书可以说是将史料和实地考察密切结合而写出的一本实证民族史地杰作，更是一本周详、准确论述西南各民族尤其是纳西民族史地、文化的力作，不仅在国外有很大的影响，同样受到在国内民族学研究者的推崇，还得到纳西族学人的高度赞誉①。

图7—1—7　20世纪30年代丽江纳西族祭祀活动场景

（洛克摄。影像数据刊于《华西边疆研究学会杂志》第7卷。）

英国外交官柯姆伯、传教士藏学家邓肯、葛维汉、刘延龄、满恩溢（Grace

---

① 洛克著、刘宗岳译、杨福泉审校：《中国西南古纳西王国·后记》，昆明：云南美术出版社，1999年版。

Manly）等人，先后赴康藏川西地区考察少数民族音乐，在会刊发表六篇论文①，他们的研究开华西民族音乐研究之先河，奠定了今人研究中国西南音乐之基础。现代学者萧梅说："他们的描写有一个共同的特点，就是现场的直观性，并且较为注意音乐的功能以及当地人的音乐文化观念，并关注了特定历史时期文化的变迁。在'眼见为实'的客位描写上，可以说是相当细致的，并提供了许多有关活动的具体情节。特别是照片和乐谱的记录，对今人的研究更有不可替代的价值。因此，这些考察文献往往在西方的相关研究中得到了广泛的引用。它们对外国人了解中国和中国文化起到了相当重要的作用。"② 在《川苗音乐考》一文中，刘延龄以比较视角，将川苗歌曲与世界其它民族音乐进行分析，讨论川苗与世界其它

图7—1—8　20世纪30年代刘延龄
拍摄的《在川苗地区考察》《川苗妇女》
（刊于《华西边疆研究学会杂志》第11卷。）

民族音乐之间在主题、传承、来源等方面的相似性与特异性。并深入探讨中西方歌曲在调式结构关系、语言构成上的不同后，指出对于作曲家来说意义重大的是，应该了解不同民族所拥有音乐形式、特点及价值，更要寻找音乐表达新模式的价值。因此，在创作中应将种族和民族音乐特点有机融合到音乐中去丰富艺术表现力。萧梅认为，刘延龄的"文化相对论"思想，在当时西人学者中间也是相当前卫的。

① 柯姆伯《打箭炉"鬼舞"》（1924—1925），邓肯《藏族的新年舞蹈》（1930—1931），葛维汉《川苗习俗》《川苗礼仪》（1937），刘延龄《川苗音乐考》（1939），满恩溢《川西"滑杆"夫行路号子之研究》（1941）。

② 萧梅：《中国大陆1900—1966：民族音乐学实地考察——编年与个案》，《20世纪前半期外国探险者、传教士、文化学者在中国的几次考察》，中国艺术研究院音乐研究所、台南艺术大学民族音乐学研究所编：《音乐文化》（音乐学年度学刊2004年卷），北京：文化艺术出版社，2007年版。

　　学会在华西历史地理、宗教文化、语言文化、现代医学、动植物学、农学等领域都有不少开创性成果。杨少荃《1911—1912 年四川革命》是作者亲身经历辛亥革命运动的回忆，内容翔实、材料丰富，对史学界及思想界影响颇大，至今仍是中外学者从事相关领域研究不可替代的基础资料。陶然士是最早研究羌族文化的汉学家。费尔朴是西人研究峨眉山的集大成者，有多篇关于峨眉山人文地理的文章发表，向世界揭开"峨眉媛"的神秘面纱。他将佛教圣地峨眉山视为中国人文精神之象征的认识更具学术创新。莫尔思《中医修炼及原理》《藏医》，将汉藏医学与技法介绍给西方。刘延龄是川康藏地区口腔病调查第一人，在《四川口腔病理学》中率先提出"中国是世界上最早发现牙病且有文献记载的国家"[1]。林则《中国牙科学》至今是牙医学科学生必读之书。病理学家侯宝璋，40 年代数次前往川西北民族地区进行流行病学调研，发现黑热病的病原体寄生虫——中华白蛉，从而证实中国黑热病分布不仅限于北方，四川汶川一带也流行"恶浊病"（黑热病）[2]。寄生虫学家张奎，参与四川流行病学调查，研究钩虫病流行规律，提出防治措施，出版专著《华西四川省钩虫病研究》。高毓灵《用化学方法鉴定四川陶瓷》，是近代最早采用化学分析方法研究古代四川陶瓷的中国学者。抗战期间，徐维理在华大主持染色工艺研究，发表《松潘羊毛研究》，为中国军用毛毯解决染料退色问题获国民政府奖状[3]。刘承钊《华西两栖类》，实现中国两栖类研究领域零的突破。胡秀英研究华西植物，为她成为世界植物学界"冬青胡"奠定了基础。方文培《峨眉山杜鹃之分布》，是华西杜鹃花研究的最早的文章。吴征镒《瑞丽流域植物种类初志》，是对瑞丽地区植物最早的记录。杨鸿祖《促进甘薯开花结实之初步报告》，是我国第一篇关于甘薯有性杂交的论文，为国内早期开展甘薯有性杂交育种提供了方法。李先闻、李竞雄《单倍体小麦的细胞学研究》，是国内农学作物育种研究领域的早期之作，对华西现代农业发展具有指导价值。

三、形成了"文理同举、诸派并存、兼收并蓄"的研究之风

　　学会的西方学者，大多因传播福音定居华西的，中国学者中有的是本地的，

---

①　R.G.Agnew，"Oral Pathology in Szechwan"，*JWCBRS*，Vol.3，（1926 - 1929）：61 - 81.

②　侯宝璋：《四川黑热病之调查》，《现代医学》，1944 年第一卷第 1 期，第 25 - 28 页。

③　金开泰：《百年耀千秋：华西协合大学建校百年历史人物荟萃》，香港：中国文化出版社，2010年版，第 42 页。

有的是抗日西迁至华西的。虽然中外学者学术背景、思想意识、立场观点、研究领域及志趣各不相同，但他们为了同一个研究目标汇集到学会提供的学术空间中，交流互动，相互碰撞，求同存异，合作共事，以求更大的发展。以华西人类学者的学术思想而论，早期华西人类学的领军人物叶长青、葛维汉的学术思想属于美国自然历史学派。"虽然没有接受过专业的人类学训练，但从叶长青在地理学、语言学及比较宗教学的研究取向和持中的科学收集方法当中，却看到鲍亚斯（一译博厄斯，F.Boas，1858—1942）的影子。"[1] 博厄斯被尊称为美国文化人类学之父，其学术理论是文化相对论，搜集材料和艺术品的研究方法被称为历史特殊论，在"欧洲中心论"充斥的时代坚持反对种族主义、沙文主义和殖民主义。博厄斯的理论与搜集方法对葛维汉影响很大[2]。葛氏在芝加哥大学、哈佛大学深造时，分别师从撒比尔（E.Sapir）、柯尔（F.C.Cole）、胡顿（Earnest Hooton，1887—1954）学习初民心理学、文化人类学和考古学，诸学者都是博厄斯的学生，自然秉承了导师的学术理论。而另一有影响的学者陶然士则更倾向于英国史密斯（Grafton Elliot Smith）的极端传播论学派。从事华西社会人类学研究的布礼士，学术思想主要源于美国人类学历史学派博厄斯，也受法国社会人类学家罗伯特·布里福特（Robert Stephen Briffault，1876—1948）思想的影响[3]。

华西学派后期的领军人物李安宅学术思想博大精深。陈波说："除了受到以博厄斯为首的德美人类学派的影响外，李先生的祖尼人类学思想尚有三个渊源。第一渊源来自卡尔·曼海姆的知识社会学系和皮亚杰的儿童心理学；第二渊源来自吕嘉慈的语义学及其它者关怀；第三个渊源可以上溯清代的今文经学研究，经康有为的《孔子改制考》而至胡适之和顾颉刚等人的新史学。"[4] 在学会中，现代考古学家、龙山文化发现者吴金鼎，20年代在清华国学研究院学习时，师从李济攻读人类学专业。李济是美国哈佛大学人类学博士，其思想源于美国人类学历史学派。吴氏1933年赴英国伦敦大学东方学院留学，其间随考古学家、汉学家颜慈（Walter Perceval Yetts，1878—1957）、英国考古学家彼特（E.W.Petrio）教授学习，

---

① 申晓虎、陈建明：《叶长青康藏民族学研究综述》，《西南民族大学学报》（人文社会科学版），2010年第10期，第64页。

② 李绍明、周蜀蓉选编：《葛维汉民族学考古学论著》，成都：巴蜀书社，2004年版，第215、222页。

③ A.J.Brace, "Travellers in West China", *JWCBRS*, Vol.6, (1933-1934): XXI, XXII.

④ 陈波：《祖尼小镇的结构与象征——纪念李安宅先生》，王铭铭：《中国人类学评论》（第3辑），北京，世界图书出版公司，2007年版。

还随彼特到巴勒斯坦田野考古，想必李济、颜慈、彼特的学术理念和研究方法都被吴金鼎传承；林耀华属中国社会人类学功能学派。他曾师从中国第一批本土人类学家吴文藻学习社会学，后去美国哈佛大学人类学系深造，获博士学位。吴文藻是社会人类学燕京学派的提倡者，他结合英国马林诺夫斯基（Bronislaw Kaspar Malinowski，1884－1942）功能主义人类学和美国芝加哥学派的社会学理论，提出本土化的"小区方法论"，这些学术理论与方法对林耀华研究影响很大。冯汉骥则主要受进化学派思想的影响。语言学博士李方桂在美国留学期间，先后受印欧语言学大师 C.B.博克、著名梵文教授 W.E.克拉尔克、日耳曼语教授 L.布龙菲尔德、人类语言学家 E.萨丕尔指导，学习各种语言、语言学理论和实地调查研究方法，想必其研究思想与路径追寻着这些名师大家的学术理论。

郑德坤有着多元化的学术思想。早年师从顾颉刚、容庚等名师。顾、容二氏毕业于北京大学研究所国学门，北大是新史学理念形成与传播的策源地，郑德坤新史学观的形成无不与顾、容二位的新思潮有关。中国民俗学策源地在北大，顾氏是北大歌谣研究会及风俗调查会积极参与者。顾氏后执教于燕京大学，将此风气带了过来，郑氏随之搜集民俗材料等活动。容庚师从罗振玉研习古文，好收藏上古彝器，郑氏随容庚养成古物考古之兴趣。又经李济、董作宾、梁思永等考古学家指导[1]，加深了郑氏对考古事业的追求。郑氏一生重视古文献资料编纂源于历史学家洪煨莲的教诲。30 年代初，郑氏是洪煨莲的哈佛燕京学社引得编纂处研究员，在治学严谨的洪氏指导下校读《山海经》《水经注》和研究古物鉴赏。郑氏参照洪氏《中国字庋撷法》编成《水经注引得》《水经注引书考》《水经注故事钞》《水经注研究史料汇编》等专著；郑氏受西方考古学和博物馆学影响，1938年经哈佛燕京学社推荐，入哈佛大学攻读考古学及博物馆管理博士学位，这使得其学术思想中增加不少西学元素。郑氏用欧美现代博物馆模式来进行华大博物馆陈列工作及馆藏编目，希望将该馆办成中国标准博物馆、近代化教育的圣地、华西研究的中心，甚至国际学术研究的大本营[2]。同时以现代考古学理论与方法来指导文物收集和考古发掘。

---

① 吴春明：《郑德坤教授对厦门大学的学术贡献》，郑德坤：《郑德坤古史论集选》，北京：商务印书馆，2007 年版。

② 郑德坤：《五年来之华西大学博物馆》，华西大学博物馆铅印单行本，1947 年版，第 9 页。

英国爱丁堡大学植物学博士方文培，在南京东南大学及中国科学社生物研究所学习时，师从中国生物界前辈秉志、钱崇澍、胡先骕等人。后留学英国爱丁堡大学深造，受植物系主任及爱丁堡皇家植物园主持人、植物学家史密斯教授（W.W.Smith）及高文博士（J.M.Cowan）的教诲，导师在传授知识的同时将其学术理念与方法传授给他，使其在植物学分析研究中蕴藏中西方文化观念。刘承钊早年在燕京大学动物学系求学时，受胡经甫、李汝祺教授和美籍教授博爱理（Alice M.Boring）的熏陶与指导。在美国康奈尔大学研究生院深造时，又师从芮特（Albert H.Wright）教授主攻两栖爬行动物学，其后研究中继承了芮特等人的学术理念。刘恩兰（1905－1986）毕业于金陵女子学院，又到美国克拉克大学师从布鲁克斯学习自然地理，布氏亦是地理学家竺可桢的导师。后刘氏又到英国牛津大学研究院攻读自然地理学博士学位，因而学术理念中多为欧美的科学观念。她善于运用欧美科学理论方法从事研究与教学，主张把自然地理、经济地理和人文地理三者相结合来研究，以解决社会、民生等诸多问题，在30年代国内学界意识超前①。上面这些从事自然科学研究的学者，大都还受达尔文进化论思想的影响。达尔文进化论对体质人类学的发展产生过巨大推动作用。他在《人类的由来及性别选择》（*The Descent of Man and Selection in Relation to Sex*，1871）中，第一次提出了有关人类起源的有科学根据的假说，为以人种进化过程为研究重点的体质人类学提供了科学依据。从事体质人类学研究的莫尔思必然受到达尔文进化论的启示。

前已言及学会的中外学者的学术背景各不相同，学术观点也存在差异，这一特点在他们的论文中均有反映。如叶长青、陶然士、葛维汉、庄学本、冯汉骥都在川康考察过羌人，有不同的论述。陶、葛二人在羌人信仰问题上存在着分歧，陶说羌族是一神论者，是古老的以色列人后裔，葛说羌族是多神信仰，从人种学上看，属黄种人藏缅支系②。尽管他们学术理念不同，认识上有差异，但在研究中却能相互支持与配合。又学会杂志刊有外国学者有关藏人宗教舞蹈的文章，如柯姆伯《打箭炉"鬼舞"》、邓肯《藏族的新年舞蹈》、叶长青《丹巴的拜神节》、葛维汉《西藏神灵节面面观》等。由于文化背景的差异，观察视角的不同，以及

---

① 陈德源：《刘恩兰》，《海洋技术》，1983年3期，第98页。

② 更多的内容，参见叶长青《白石考》《白石图案》，陶然士《青衣羌——羌族的历史、习俗和宗教》，葛维汉《羌族的习俗和宗教》，庄学本《羌戎考察记》，冯汉骥《松理茂汶羌族考察杂记》。

对藏族宗教文化认识程度上的差异，学者们对藏族宗教舞蹈的看法各异，甚至有错误的认识。葛维汉在《藏族宗教仪式及节日》中提到了外国人对藏族人宗教习惯误解的倾向时说："今年突出的事件是被外国人称为'鬼舞'的事，对笔者而言，这似乎是一种用词不当，并且将这种宗教节日本质的错误观点传达给了外国读者。"① 葛氏通过对这些宗教细节详细记录和分析研究，表现出保护这些宗教的兴趣。同时表现出一个传教士人类学者对"他者"宗教文化的尊重与平和心态。在"基督教文化中心论"充斥的时代，在世界各宗教派别之间又缺乏沟通与尊重的时期，因"他者"失语状态，以西方文化中心论的视角，视"他者"文化为异端是在所难免的。而葛维汉这种反对种族主义、沙文主义和殖民主义的人类学历史学派的意识，无疑是先进的，体现了葛氏对美国人类学家博厄斯的学术理论的传承。

又如 30 年代至 40 年代葛维汉、郑德坤都曾数次到成都东南的琉璃厂窑址实地考察，1939 年葛维汉发表《琉璃厂窑址》，郑德坤 1958 年出版专著《四川考古研究》（有"琉璃厂窑遗址"专论）。虽两文都采用与邛窑陶器相较之法对琉璃厂窑址进行研究，但由于作者视角、观点不同，认识有差异，结论上更存在分歧。葛文认为，琉璃厂窑较邛州窑为晚，其结果是它与唐代陶器的密切关系略少，而与宋代的关系较多。没有发现明代的釉器。该窑址显然是一个出产瓷器的地方，它的时代在北宋末，历经南宋，至少下延到元初，即大约从公元 1100 年至 1300 年间。并假定它可能在更早一些时候开始和更晚一些时候还继续使用。郑文认为，琉璃厂窑陶器工业初建于唐代末期，南宋时期它的产品几乎独占了四川市场，它可能在明代仍在生产釉陶。17 世纪张献忠时期的动乱，可能对窑址的破坏负有一定的责任②。可以说，当学会学者们走到华西这块土地上，尤其是国难当头民族意识递增的抗日战争期间，为了同一研究目标合作共事时，往往他们能够相互尊重、求同存异、豁达通融、不拘一格，从而在学术上形成一种文理并举、诸派并存、兼收并蓄的局面。

---

① D.C. Graham， "Notes on Tibetan Religious Ceremonies and Festivals"，*JWCBRS*，Vol. 5，(1932)：51. 更多的内容参见会刊柯姆伯《打箭炉"鬼舞"》（1924—1925）、邓肯《藏族的新年舞蹈》（1930—1931）、叶长青《丹巴的拜神节》（1932）、葛维汉《西藏神灵节面面观》（1932）。

② 葛维汉、郑德坤论文转引自成恩元：《成恩元文集》（上下卷），成都：四川民族出版社，2013 年版，第 209—210 页、第 216 页。

四、研究方法从重"探险"迁移至"二重证据法"

20 年代，学会重在以"探险"（实地考察）为中心的研究方法。30 年代至 40 年代，采用将考察新发现与文献资料结合的研究新途径。葛维汉说"学会最先存在的意义是为了研究藏人和华西土著，会员也只是面向那些到汉藏边地远征和考察的非中国公民"①。葛氏的回忆说明学会成立之初，是将能否"远征"作为入会的首要条件，反映了早期"探险活动"是学会西方学者进行研究的重要手段。他们通过到边疆实地考察来获取第一手研究材料，并将搜集的标本资料作为进行研究的基础材料，故发表的研究成果中不乏报告、行记、数据记录及对边地人文地理和自然地理的观察描述。例如李哲士《川藏边界药用植物学观察》、葛维汉《史密斯索尼学会记录：华西发现的新物种》《史密斯索尼学会收藏的四川标本》、叶长青《藏东贡嘎山》、赫立德《川西土著民族分布图》、戴谦和《华西发现的石器》、傅文博《四川蝴蝶汇集》、孔昭潜《华西和长江下游的某些鸟类》等。《黑俄番河谷行记》②，是 1922 年 7 月彭普乐在毛树森、彭启麟两位中国基督教信徒的陪同下前往川康边地探险的经历。他们从成都出发，经灌县、汶川，沿理番、杂谷脑、松潘、茂县、黑水、马塘探险，最远到达嘉绒人居住的"四土（今马尔康市）"，即历史上嘉绒藏族卓克基、松冈、党坝、梭磨四个土司的属地。彭普乐重点考察嘉绒人的生态环境、宗教信仰、社会生活、生计及习俗，尤其详细地记述了嘉绒人笃信的喇嘛教。毛树森是中国基督徒，在理番传教。这表明彭普乐等人的探险包含有宣教和人类学研究内容，反映出学会初期的科学考察属于传教士人类学范畴，与基督教边疆活动有一定联系，两者是交织在一起的。当然华西协合大学莫尔思、李哲士、费尔朴、葛维汉等传教士学者的边疆探险，更偏重于科学研究，与宗教活动没有多大联系。

可以说，上述西方学者的研究是多注重于人类学田野调查，并从大量的民族志资料或科学文献中抽象出若干理论来指导实践，基本不运用历史资料与田野调查相配合进行研究。他们主张用民族志的资料以说明历史进程中的一些问题，但很少运用历史数据与民族志数据相结合来研究问题。学会发展到 30 年代，随着中

---

① D.C.Graham, "President's Address", *JWCBRS*, Vol.9, (1937): 225.

② T.E.Plewman, "A Journey into the Heofan Valley", *JWCBRS*, Vol.1, (1922 - 1923): 14. "Heofan" 笔者音译为"黑俄番"，后来发现作者彭普乐用中文发表在《希望月刊》上的文章中述为"猴番"，有现代藏学专家推测是"后番"。

国学者踊跃参与学会活动，学术风气有所改观。由于中国古代有丰富的文献数据和民族志数据，外加中国学者大多既有西学背景又有深厚的国学基础，受科学熏陶与新史学影响，开辟出将"纸上之材料"与"地下或地上之新材料"① 结合论述华西问题的新途径，西方学者受其影响纷纷效法。中外学者既重视田野调查又注重历史资料的运用，形成了以历史文献和实地调查相互印证的新研究方法。学术风气之迁移，势必将学术引向纵深，为成果的创新性奠定了更牢固的理论基石。

学会学者运用新的研究方法发表的论述有，陶然士《华西土著记要》、叶长青《雅砻江霍尔巴人》、白思德《中国神话概论》、布礼士《中国宗教之灵性及魅力》、李安宅《萨迦派喇嘛教》等。现对代表著作进行简单分析，莫尔思《中国针灸技法节略》②，是一篇从西医的视角对中医特有针灸技法的专题研究，开学会西人研究中医技法之先，其引用的参考古籍达十多种，如《黄帝内经》、孙思邈《千金要方》、《御纂医宗金鉴》、姚武《针灸图经》、高武《针灸节要》、《针灸大成》等，还参考了 1911 年版的《中国医学大辞典》。董笃宜《四川汉州黄金时代与黑暗时代之一：房公与黄金时代》③，是一篇充分引用了大量的中国古代文献与汉州考古新发现材料相结合形成的学术论文，布礼士称，董的论文是最具"原创性"的研究。

这种研究方法，在既有西方人类学素质又有中国历史学的学术背景的中国人类学学者之中表现得尤为突出。刘恩兰的《川西北理番民族概况》④，是在理番人文与自然地理实地研究的基础上，根据历史文献有关番、嘉绒、羌的历史沿革记载，"将自然地理、经济地理和人文地理三者结合"进行综合讨论的成果，体现了"二重证据法"的研究方法。刘氏文章认为，因为地形高度、地质和气候的不同，故人们所依赖的生活方式，一地与一地各有不同，因此各地便有不同的文化和政治结构产生，理番是一个具有许多不同地理因素的地方，所以理番的民族文化，亦具有复杂状态。

---

① 王国维提倡和运用的"二重证据法"，即"纸上之材料"与"地下或地上之新材料"结合的古史研究新方法。

② W.R.Morse, "A Memorandum on the Chinese Procedure of Acupuncture", *JWCBRS*, Vol.5, (1932): 153.

③ V.H.Donnithorne, "The Golden Age and the Dark Age in Hanchow, Szechwan: Fang Kung and the Golden Age", *JWCBRS*, Vol.6, (1933－1934): 208.

④ E.L.Liu, "Tribes of Li-fan County in Northwest Szechwan", *JWCBRS*, Vol.15.A, (1944): 1.

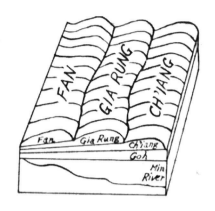

图 7—1—9 刘恩兰博士绘制的理番民族分布图

(刊于《华西边疆研究学会杂志》第 15 卷 A 编。)

郑德坤《四川古代文化史》，不是传统著述的历史著作，而是充分运用了历史文献、民族志和中西学者在华西发现的考古新材料基础上综合研究的创新学术专著。冯汉骥、郑德坤的《成都平原之大石文化遗迹》也有上述诸文"二重证据法"的特点。他们是在对成都平原大石遗存考察的基础上，将考古新发现、民族志资料与历史文献进行综合对比研究，得到"四川之巨石遗存是新石器时代大石文化"的结论。正由于学会学者在研究方法上有这样的努力和拓展，故其学术成果不乏新意和创见。

第二节　边疆研究的合作与传承：以葛维汉、林名均为例

1932 年，葛维汉受聘于华西协合大学，担任华大古物博物馆馆长，同时在文学院讲授文化人类学、考古学课程。葛维汉上任后，出于进一步推进古物博物馆工作的考虑，向学校董事会提出申请，请求校方增派一位助手来配合他的工作。经校董事会讨论决议，派华大毕业生林名均到馆。林名均是中国基督教徒，1925年在四川资中加入基督教卫理公会，是后任华西协合大学校长张凌高介绍的，随后转为基督教美以美会教友。1933 年毕业于华西协合大学文学院中国语文系，同年 8 月来博物馆协助葛维汉工作，1945 年 12 月离开博物馆。在博物馆的十多年里，先后担任馆长助理、馆员、总务主任兼馆长秘书等职。

同在博物馆的葛、林二人，开始了工作与学术上的合作与交流，学术上的互动持续时间更长，直到葛氏 1948 年退休回国。葛维汉称刚到博物馆的林名均是

"未经训练的中国秘书"①，字里行间透露出对林氏的不满意。林名均对葛维汉的叙述是：

> （我很）尊敬他（葛维汉）。他所写的文章有关中国古书的材料，几乎都是我为他找的，并开头为他讲解，由他译成英文；他时常请成都名流吃饭，也命我作陪，表示他真是研究学问的；他有一次引领宋美龄参观博物馆，我一同陪同……他弄"川苗语汇"的时候，我曾到他家里为他抄写中文。②

> 1934 年从笔记小说（《太平广记》四百八十三卷"南楚风俗"）中寻得有关"产翁"的材料，都由葛维汉译成英文在会刊（第 8 卷）上发表。我为他从四川方志中收集过有关川苗和古代僰人的材料并讲解给他听，他就根据这些材料写成文章发表。③

上述材料引自林名均 20 世纪 50 年代至 60 年代的档案材料，因其所处的特殊历史时期，所以陈述简略、措辞生硬，让现今学者似乎很难发现两学者之间的学术交流。但分析研究两学者的学术成果，不难发现这样一个事实，他们在边疆领域中有过研究合作与传承的经历。林名均与葛维汉共事十余年，在博物馆工作及西南边疆相关的学术研究上合作广泛。两者的合作与学术互动，不失为华西边疆研究学会中西学人合作的典范。以下仅以几次重要的考古及研究为例，略为铺述。

一、三星堆（汉州）考古发掘

由葛维汉主持、林名均参加的汉州遗址首次科学考古发掘活动及发表的成果，对国内外学界产生了较大影响，前文已述，此不重赘。这一节着力讨论合作发掘汉州遗址带给葛维汉与林名均认识上、治学上的影响。

其实葛维汉与林名均之间的合作，开始于 1933 年林氏来博物馆工作。最初葛氏对林氏的印象是不甚满意的。他评价林名均是"未经训练的中国秘书"，言语间透露出对林氏的失望。如果用博物馆学人的标准来衡量才毕业于中国文学系的林氏，他是不合格的。林氏缺乏现代考古学和博物馆学的专业知识，但他国学基础深厚，擅长考据，这是其优势。由于当时博物馆正处于百废待兴之时又缺乏人手，葛氏便承担起对林氏的培训。一方面葛氏让林氏进修自己为华大学生讲授

---

① 大卫·克罗克特·葛维汉：《葛维汉回忆录》，未刊稿，第 86 页。
② 林名均：四川大学干部档案袋编号：121·（2）主卷·附卷，第 2—3 页。
③ 林名均：四川大学干部档案袋编号：121·（1）主卷。

的考古学、文化人类学课程。另一方面，在博物馆开展的工作中，葛氏尽量用传、帮、带的方式让林氏掌握应该具备的工作技能。作为馆长的葛氏，带领着林氏去完成馆内的各项工作，如曾多次去琉璃厂考察和收购器物，编制馆藏目录，他承担英文部分，并指导林氏编制中文部分。不管是陈列展览、接待参观，以及实地考察都由他带领林氏进行。汉州遗址的考古发掘与研究，拉近了葛维汉与林名均之间的关系，让他们彼此更加了解，学术方面亦越走越近。这为葛林二人治学上的合作与传承打下了基础。

在汉州遗址考古发掘中，葛维汉让林名均协助发掘工作，负责修复陶器和草拟发掘简报。郑德坤回忆："以发掘方法归由葛氏负责指导，以该馆馆员林名均氏襄助田野工作。"① 事后葛氏又让林氏写信给考古学家郭沫若，通报汉州遗址发掘情况。通过这次汉州遗址发掘及后续的研究活动，葛氏对林氏有了进一步的认识，发现林氏不仅工作能力有进步，而且业务水平也在提高，同时观察到林氏具有学者的潜质。1934 年 6 月，在葛氏推荐下，林氏被华西边疆研究学会吸收为会员，这为他的学术进步搭建了一个全新的交流平台。在葛氏支持与鼓励下，林氏以文化人类学视角撰成《中国传说和信仰中的杜鹃》一文，由葛氏翻译，发表会刊第 8 卷（1936）上。1938 年该文中文版又以《谈杜鹃》为题发表于《华西大学文学院院刊》创刊号上。这时林氏已成为葛氏学术上的中文助手，参与了葛氏多项学术研究。

对林名均而言，这次考古发掘的意义更大。首次参与田野考古活动，是对林氏所掌握的新知识的实践与检验，能在葛维汉指导下顺利完成任务，无疑提升了林氏从事田野考古的能力与自信。而葛氏严谨的工作作风和治学态度给林氏留下较深印象，并在他后来工作与学术研究中得到传承。而葛氏对他学术上的关怀让林氏格外地尊敬葛氏，不仅视葛氏为"馆长"，更视之为学术上的"导师"。林氏是参与汉州遗址考古发掘的第一个国人，因与郭沫若学术通信倍受国内学界关注，这为他代表华西大学博物馆参加 40 年代冯汉骥、吴金鼎先后主持的王建墓发掘打下了基础。1942 年，林氏在葛氏《汉州发掘的初步报告》的基础上撰成《广汉古代遗物之发现及其发掘》一文，发表在《说文月刊》上。林文说，这是"根据当时参加发掘经验，及个人研究所得，并参考葛氏报告，草成此篇，以就正于

① D.C.Graham，"A Preliminary Report of the Hanchow Excavation"，*JWCBRS*，Vol.6，（1933 - 1934）：118 - 119. 郑德坤：《四川古代文化史》，成都：巴蜀书社，2004 年版，第 46 页。

国人"。又说："蜀中埋葬于地下之古物，较此更古更重要而尚未经发现者，必有无穷之数量。"① 从 20 世纪 50 年代起，"资阳人"、"巫山人"、广汉三星堆、成都金沙遗址等巴蜀考古新发现，证明了林氏推断的科学性。

二、华西古陶瓷研究

1935 年四川邛崃县十方堂发现邛窑遗址，1936 年 9 月②葛维汉、郑德坤和贝德福一行赴邛窑十方堂遗址考察的情况，本书第六章第一节中"考古：以邛窑遗址考古为例"有详细论述，此处不赘。1939 年葛维汉发表《邛崃陶器》（英文）研究报告，该文是最早研究邛窑遗址陶器的学术论文，亦是该领域早期的代表作。

葛氏能在邛窑遗址研究中取得突破性研究成果，与林名均的支持分不开。葛文在论及邛窑遗址未发现参考古籍时说："林名均先生曾仔细查阅现存的、比较早的中文地方志、历史文献，但都没找到任何有关的参考资料。"其后在文末感谢诸位的帮助时又说："林名均先生为我辛勤仔细地收集四川地方志及史籍中的参考数据，并协助我进行翻译。"文中杜甫诗《又于韦处乞大邑瓷碗》是林氏协助葛氏翻译的③。半个世纪过去了，成恩元在《邛窑遗址五十年》中，批评葛文引用文献，不引十方堂的直接数据而误用二十里外孔明庙的间接资料。仍将这一失误归咎于"似应由为葛氏搜集中文资料的林名均负责"④。这间接说明林氏对葛文的贡献。

早在邛窑十方堂遗址发现前，林名均就曾多次随葛维汉到成都东门外琉璃厂窑址考察，为博物馆收购了一批陶器，也为他的研究积累了材料。在为葛氏研究邛窑陶器收集地方志和史籍资料的同时，林名均也开始关注馆藏陶器和陶片。这些陶片是叶长青 1911 年、葛维汉 1938 年在理番一带发现的。由于出土的具体位置不详，数量又少，故未引起学人重视与研究。1941 年，林名均参加

① 林名均：《广汉古代遗物之发现及其发掘》，《说文月刊》（巴蜀文化专号），1942 年第三卷第 7 期，第 93 页。

② 成恩元译葛维汉文《邛窑陶器》时，笔误为 6 月，根据原文修正。见四川古陶瓷研究编辑组：《四川古陶瓷研究：一》，四川省社会科学院出版社，1984 年版，第 101 页；D.C.Graham, "The Pottery of Ch'iun Lai", *JWCBRS*, Vol.11,（1939）：46 – 53.

③ D.C.Graham, "The Pottery of Ch'iun Lai", *JWCBRS*, Vol.11,（1939）：46 – 53.

④ 成恩元：《邛窑遗址五十年》，四川古陶瓷研究编辑组编：《四川古陶瓷研究：二》，成都：四川省社会科学院出版社，1984 年版，第 1—20 页。

闻有负责的华大中国文化研究所考察团赴川西北汶川、理番一带考察，在理番附近的威州发现了陶片两百多块。考察归来，林氏将其发现示之于葛维汉，葛氏告之馆内收藏陶片与他此次发现陶片，都是威州同一地方出土的。葛氏之说为林氏研究提供了非常宝贵的信息，有助于拓宽其思路。叶、葛二人所收集的陶片亦为林氏研究提供了更多的实物。1944 年林氏发表《四川威州彩陶发现记》。林文从"发现经过""发现地之史地考察""各类陶片""四川与中原的关系"四个方面进行论述，并将各类陶片分为彩陶、红色素陶、灰色素陶、红色绳纹细陶、灰色绳纹细陶、灰色绳纹粗陶六类，与中原出土陶片进行对比研究，指出彩陶上之花纹与仰韶期各陶器花纹相较，其时代大概相近，即属于新石器时代之末期。进而论述，威州所出陶片，与山西、河南、陕西出土诸器，颇有相似之点，为同一系之物，故推断四川与中原文化必早有接触①。有学者称，岷江上游新石器时代文化遗存的调查工作开始于上世纪 30 年代至 40 年代，最早公布的材料见林名均《四川威州彩陶发现记》②。学者朱彦民评价林名均《广汉古代遗物之发现及其发掘》《四川威州彩陶发现记》是"中国南方地区考古工作的重要发掘报告和调查报告"③。

三、僰人墓葬研究

30 年代初，葛维汉开始关注僰人墓葬的问题。1932 年葛氏在《华西边疆研究学会杂志》上发表短文《四川古代的僰人墓葬》，开启了对僰人墓葬问题的讨论。正如他在发表的《有关僰人的历史文献》中所坦言，"那个札记既没有解决僰是何民族，也没有详细论述这些墓葬属于僰人，抑或属于其它民族"。1934 年至 1935 年间，葛氏曾数次前往川南珙县一带实地考察僰人悬棺，首次发现并记录了珙县麻塘坝东西两侧悬崖绝壁上的"悬棺崖画"，还观摩到唐宋时期僰人精美的陶器，并将 1928 年至 1929 年间叙府出土的《平蛮碑》摹钞照相保存。川南考古归来，葛氏在林名均协助下，查阅了《叙州府志》《兴文县志》及相关的历史文献，又发表《川南僰人墓葬》《有关僰人的历史文献》二文。在后文中，葛氏公布了新近获得的僰人资料：兴文县《征服僰人记功碑》和川苗关于僰人的传

---

① 林名均：《四川威州彩陶发现记》，《说文月刊》（巴蜀文化专号），1944 年第四卷合订本。

② 黄家祥：《汶川姜维城发掘的初步收获》，《四川文物》，2004 年第 3 期。

③ 朱彦民：《巴蜀文化的倡导者——卫聚贤先生的历史考古学贡献》，《长江三峡古文化学术研讨会暨中国先秦史学会第九届年会论文集》，重庆：重庆出版社，2011 年版，第 721－739 页。

说。《征服僰人记功碑》发现时，字迹半已剥落，似应是林名均据《兴文县志·艺文志》所记录《万历二年李长春所撰之巡抚四川都御史确庵曾公平蛮碑》加以校勘后发表的①。随着研究的深入，葛氏认为使用木棺的是僰人，迁徙到云南的后裔却称为摆夷或白夷②。

1941 年林名均发表《川南僰人考》，从古文释"僰"、僰人所在地域、遗迹、消亡经过等方面对僰人进行考证，重点论述僰人消亡的多种原因，例如为明朝曾省吾所剿灭，为明季张献忠所屠戮，为苗族所排挤迁徙。林氏在研究僰人问题上，是以历史文献和方志中有关僰人的史料为其论证的主要依据。虽然他未能与葛维汉同行前往川南珙县一带考古。但他在研究中参考了葛氏有关僰人的撰述，还在论述过程中大量使用葛氏收集的考古新材料，得出僰人悬棺的结论。林氏"余论"推测，"云南民家或即古之僰人的可能性较大"③。这与葛氏摆夷是僰人后裔的结论不同。用现代学术的眼光来衡量他们的结论，都存在不同程度的偏颇与局限。但瑕不掩瑜，二人是僰人悬棺考古与研究的拓荒者，在他们共同努力下，僰人悬棺研究序幕被拉开。

四、川苗研究④

1921 年，在叙府传教的葛维汉开始与川苗接触。1932 年担任华西大学博物馆馆长的他，更加潜心地研究川苗，直至 50 年代仍未停止。葛氏曾多次深入川苗地区进行人类学考察，学语言观风俗，与川苗交朋友，这为其研究提供了方便。他还将苗人歌手带到成都，让音乐家把他们的音乐记录下来，写成研究川苗音乐论文发表于会刊上，开华西少数民族音乐研究之先河。从 1930 年起，他分别在《华西边疆研究学会杂志》和《亚洲民俗·社会生活专刊》上发表《川苗述评》《川苗习俗》《川苗礼仪》《川苗传说》《川苗词汇表》《川苗故事与歌谣》等论著。

① 林名均：《川南僰人考》，《文史教学》，1941 年创刊号。

② D.C.Graham, "Ancient White Men's Graves in Szechwan", "The'White Men's Graves' of Southern Szechwan", "Historic Notes on the P'o Jen", *JWCBRS*, Vol.5, (1932)：75. Vol.7, (1935)：84. Vol.8, (1936)：82. 秦学圣、陈宗祥译葛维汉文，载李绍明、周蜀蓉选编：《葛维汉民族学考古学论著》，成都：巴蜀书社，2004 年版，第 163—175 页。

③ 林名均：《川南僰人考》，《文史教学》，1941 年创刊号。

④ 川苗是华西一个族群，约有十五万人，居住在四川、贵州、云南三省接壤的边缘地带。D.C. Graham, "The Customs of the Ch'uan Miao", *JWCBRS*, Vol.9, (1937)：13. 葛维汉译文，载李绍明、周蜀蓉选编：《葛维汉民族学考古学论著》，成都：巴蜀书社，2004 年版，第 133 页。

1951 年发表的《川苗故事与歌谣》是在前期之作《川苗习俗》《川苗传说》的基础上写成的，包括苗人历史、经济、社会、社交与礼俗、宗教信仰、语言、歌谣等方面的内容，获维京基金赞助，是川苗研究的代表作。对川苗问题的研究，使葛维汉成为国内及国际汉学界享有盛名的学者。在川苗的研究上，林名均曾给予过葛氏大力支持与帮助。葛文说"华西协合大学博物馆馆长助理林名均为我将苗语译成汉语或英语，还为我查阅大量历史资料，供我研究川苗时参考"①。如葛文所述，林名均对他的研究给予了极大支持和帮助。同时葛氏的研究也给了林氏一些启发和帮助。林氏说，他写《川苗概况》"受助于川苗熊朝嵩先生之处甚多，谨此志谢。又关于川苗的一切情形，华西大学古物博物馆馆长葛维汉博士调查至为详尽，不久将有专著出版，特此预为介绍。作者附识"②。川苗熊朝嵩是葛氏一位川苗友人，葛氏从他那获得了大量川苗信息。林氏通过葛氏认识了熊朝嵩。这表明葛、林二氏在川苗研究方面有过较多的合作与互动。

　　但从政学关系的角度审视，或许能对林名均研究川苗的动因有更深刻地认识。在近代中国边疆研究史上，一旦"边事"告急，边疆研究就"呈一种空前的热烈与紧张"③ 态势。1931 年"九一八"事变之后，东三省被日本侵占，1932 年伪满洲国成立，导致严重的民族危机，边疆研究遂构成"爱国救亡运动"的重要组成部分。"国家兴亡，匹夫有责"思想是林氏参与边疆研究"救亡运动"的动力，这是激励林氏研究川苗的关键。另外，对于林氏而言，以一位学者的眼光去为葛维汉查阅历史文献时，必然会萌发研究这一问题的渴望。外加有"间亦出外从事于实际调查"的机会，为其研究收集到更多材料。1936 年，他发表调查报告《川苗概况》，以一个"关心边事者"的视角，从整个国家民族生存着眼去研究川苗现状。"报告"从川苗居住地域、人口生计、生活习性、服饰、语言文字、教育状况、丧葬祭祀、宗教信仰、婚姻家庭、故事与歌谣等十个方面，对苗人社会状况进行全面阐述，目的在于给政府决策和关注边事者提供依据和参考④。

①　葛维汉：《川苗故事与歌谣》，原载《亚洲民俗·社会生活专刊》第一百零二卷，1951 年版。郎维伟译葛维汉文，载李绍明、周蜀蓉选编：《葛维汉民族学考古学论著》，成都：巴蜀书社，2004 年版，第 149 页。

②　林名均：《川苗概况》，《新亚细亚月刊》，1936 年第十二卷第 4 期，第 59 页。

③　马长寿：《十年来边疆研究的回顾与展望》，蒙藏委员会《边疆通讯》，1947 第四卷第 4 期，第 1—5 页。

④　林名均：《川苗概况》，《新亚细亚月刊》，1936 年第十二卷第 4 期，第 67—72 页、第 59 页。

在川苗问题上，林名均与葛维汉的良好互动与相互影响是不争的事实。虽林氏与葛氏都研究川苗，但出发点与重心有所不同。葛氏是以西人的视角，运用美国人类学历史学派的思想方法，又旁征博引中国历史文献数据对川苗进行研究，力图客观再现川苗生活场景；林氏则以国人的视角，将人类学调查研究与边疆问题相结合，带有解决川苗现实问题的目的性。他的调查包括社会现实内容，例如汉苗隔阂、基督教侵入、教育匮乏、汉俗影响等诸多问题。林文更多地显示出那个时代的印记，即政治对学术的影响。抗战时期"边政研究"已成为边疆研究中的热门课题①。这也是中国人类学研究不同于西方人类学的地方，林文无疑也是中国人类学研究的一个典型范例。

从 1934 年汉州发掘到 40 年代后期对川苗研究，葛、林二氏在近代华西社会诸多领域进行长期学术合作，这在中外学界都是不多见的，具有典型的学术意义。葛、林二氏之互动是一个渐进的过程，它始于华大博物馆建设、汉州考古发掘的合作，继而发展到学术诸领域的互助及中西文化积极因素的吸纳，又深入至学术观点的交流与讨论，以及研究成果上的推陈出新。

葛、林两人的合作促使两人研究方法均发生不同程度变化，即将实地考察与中国史志研究相结合。在国外人类学研究方法中，一般只注重于民族志田野调查，并从大量民族志资料中抽象出若干理论来指导实践，基本不运用历史资料与之配合进行研究②。葛维汉属美国人类学历史学派，在对华西社会的早期研究中，亦很少运用历史数据与民族志数据相结合研究问题；教会大学毕业的林名均，有西方理论修养，但更多具备中国历史学、中国民族历史修养。换言之，他具备较深厚的国学底蕴，尤其是历史学功底以及对历史资料的熟悉与掌握。葛氏运用现代意义的学术理论方法进行华西研究，林氏利用自身的国学基础，为前者的研究提供相关领域历史学、民族学文献信息，使其研究成果更具新意和创见。后者借鉴前者先进的理论方法和思考问题的模式，并利用其成果中传递的新思路以及田野考古新数据，继后进行再研究，拓宽了研究领域。葛、林二氏《有关僰人的历史文献》《川南僰人考》《川苗故事与歌谣》《川苗概况》等文，反映了他们研究方法发生了改变。

总之，与林名均合作使葛维汉的研究视野中增添了中国元素，史志结合的研

---

① 王建民：《中国民族学史》（上卷），昆明：云南教育出版社，1997 年版，第 263—276 页。

② 李绍明：《略论中国人类学的华西学派》，《广西民族研究》，2007 年第 3 期，第 43—52 页。

究方法使其"研究成果更显出新意而有创见"①。对林氏而言意义更为重大。从辅助葛氏工作到随之搞学术，再到独立思考研究，实现了从一个西人"助手"到一名本土著名学者的"飞跃"。截至 40 年代末，他不仅是中国科学社、中国民族学会和中国边疆研究学会会员，还先后在《论语》《逸经》《华西边疆研究学会杂志》《华西大学文学院院刊》《新亚细亚月刊》《说文月刊》《边疆研究通讯》《文史春秋》等杂志上发表涉及华西历史、民族、考古、文学及图书馆学论文二十余篇，编有《华西大学图书馆四川方志目录》。林氏不但在学术上受葛氏影响，且在研究中学习西人先进理论方法，还善于将西人考察华西的新发现用于华西诸领域的研究，实现研究中国化。宏观地看，葛维汉与林名均的学术关系体现了近代华西边疆社会研究由西人到国人的学术进程，以及中国本土学者是如何从学术"边缘"融入学术"中心"，再发展成此中主力的历史过程。

第三节　民族语言文字研究：以闻宥为例

闻宥（1901－1985）字在宥，上海松江人，教授、古文字学家、语言学家、考古学家，自学成才的知名学者。他国学基础深厚，擅长于诗书词话，又通晓英、法、俄、日等数国语言，国学西学皆精。曾入私立复旦大学（1941 年更名国立复旦大学）进修，毕业于商务印书馆函授班。早年参加南社从事文学创作，著有鸳鸯蝴蝶派小说，是该派重要成员。曾任《中国画报》《新文学丛刊》等刊物主编。发表《白话诗研究》《转注理惑论》《殷墟文字孳乳研究》等论文。1929 年以后专注于学术。1929 年至 1954 年先后执教于广州中山大学、青岛山东大学、北平燕京大学、成都国立四川大学、昆明云南大学、成都华西协合大学。1940 年任华西协合大学文学院中文

图 7—3—1　语言学家闻宥
（照片由戚亚男提供。）

系教授兼中国文化研究所所长。主持出版《华西协合大学中国文化研究所论丛》和《华西协合大学中国文化研究所集刊》，被国际汉学界认为"是中国同类刊物

---

① 李绍明：《略论中国人类学的华西学派》，《广西民族研究》，2007 年第 3 期，第 43—52 页。

中最杰出者"①。1950 年任华西协合大学古物博物馆馆长。1955 年后任中央民族学院教授。

20 世纪 30 年代至 40 年代，闻宥致力于古文字学、音韵学、考古学、民俗学、民族学的教学与研究，对民族学语言文字造诣尤深。在《燕京学报》《图书季刊》《科学时报》《西南研究（昆明）》《华西协合大学中国文化研究所集刊》《华西边疆研究学会杂志》《历史语言研究所人类学集刊》《边疆研究论丛》《民族学研究集刊》《康藏研究月刊》《世界的语言》等中外刊物上发表论文近百篇。代表作有《四川汉代画像选集》《古铜鼓图录》。闻宥是古代铜鼓研究之开拓者，出版《四川大学历史博物馆所藏古铜鼓考》《四川大学历史博物馆所藏铜鼓续考》等专著，引发了国内外学界研究铜鼓的热潮，引起了德国民族学博物馆及美国芝加哥考古博物馆等文化机构的高度关注。诺贝尔文学奖评委、瑞典汉学家马悦然（Goran Malmqvist）评价说：闻先生"对语音学、上古汉语音韵学、藏学和词学很有研究。他自己填的词也非常精彩"②。闻宥是法国远东博古学院通讯院士、德国东方学会会员、土耳其国际东方研究会会员、华西边疆研究学会会员③。

闻宥被国际学术界誉为"东方语言学的权威"，他对民族语言研究是开创性的，彝文、羌语和字喃研究都由他创始。他的《读〈爨文丛刻〉兼论罗文之起源》《论字喃之组织及其与汉字之关涉》《论民族语言系属》《川西羌语之初步分析》《羌语比较文法》《保罗译语考》《印支语族中前缀复音消失过程之一例》《评托玛斯南语——汉藏边区一种古语》《西藏缅甸系语文略说》《谈〈保罗字典〉》等论文，受到国内外学术界称道和引述，为其赢得了极大的声誉。以下仅以彝文、羌语和字喃研究为例，略为铺叙。

一、彝文研究

1936 年丁文江主编、罗文笔翻译的《爨文丛刻》，由商务印书馆出版。《爨文丛刻》是"丁在君（即丁文江）先生以其频年在滇黔川诸省所得罗文集"，被闻宥视为"盖已往所未有之大结集也。吾人对于此方面夙感兴趣者，于此贵重典籍

---

① 四川大学史稿编审委员会：《四川大学史稿：华西协合大学（1910—1949）》第四卷，成都：四川大学出版社，2006 年版，第 4—5 页。
② 王跃、马骥、雷文景：《成都百年百人》，成都：四川人民出版社，2008 年版，第 188 页。
③ 周蜀蓉、谌海霞整理：《华西边疆研究学会杂志影印本》，北京：中华书局，2014 年版，第 4610—4611页。

之流传，诚不禁有贫儿暴富之乐"。随后闻宥发表《读〈爨文丛刻〉兼论罗文之起源》，以极大兴趣与丁在君、罗文笔就罗文诸多问题进行讨论。正如闻氏所述："在君先生之长序中创义甚多，足以启发吾人者至富。惟亦有可商者数事。"[1]

闻宥与丁在君、罗文笔商榷的问题有四：1. 丁在君将《千岁衢碑记》(1546) 视为罗文最古之文献，闻氏认为丁氏之说"盖失之未考也"。理由是在西人早期著述中记录有土官知府《凤诏碑》(1534)，《凤诏碑》年代早于前者十多年。2. 闻氏又指出丁氏与罗氏在一些罗文音形义的注音与释义方面有误，如"人"者。闻氏称罗氏是彝族人，汉文程度不高，以汉文示罗文词性，难免词不达意。罗语有无尾音的特点，罗氏所注又用汉文注音符号，遂口语中读注音符号亦不能准确，彝人发音方式及工具的欠缺，造成"罗君失知其误也"。3. "在君以最早罗文研治者为 Vial，此言亦未尽信。Vial 之著录，诚较以前诸人为重要而进步。然必溯其源，则较早者仍当为 P'ere Crabouillet 之 *Les Lolos* (1873) 和 Hyde Clarke 之 *Lolo and Vei Characters* (1882)，亦早于 Vial 书若干年。""故此学之开山祖，似不能必归之 Vial 也。"4. 丁氏序将罗文起源与《后汉书》卷一一六《南蛮西南夷列传》中的《白狼歌三歌》相联系。《白狼歌三歌》，即"白狼王唐菆慕化归义，作诗三章"。丁氏以为白狼或已有文字，即今日罗文的前身。闻氏就罗文是否起源于白狼歌进行了分析，得出"总之无论白狼有文与否，在目前尚无法以罗文与之联系"[2]。闻氏从《白狼歌三歌》进行分析：

> 然以性质言之，此白狼文者，又必为一种写音文字，而后借用汉语，乃可以如在君先生所言自由 Transliterate 而无碍。吾人翻检近代译语，诚亦不乏类是之例。然在时间上观之，则尔时之白狼，显然不能具此音字。白狼歌之可宝，吾人自亦不愿否认，然窃以为其价值应有限度。年代湮远，苟无中间之论证，则与近代材料，联系为难，一也。史书所纪，不尽可凭。汉狼对译，其准确程度何若，今皆无法覆勘，二也。至其借语之多，则吾人之愚，窃以为别有解释之道。此三歌作者，疑出汉人……今检汉狼对文，除在君先生所举而外，以及其他品词之位置，皆显然同于汉文，非吾人理想中之白狼语法。至于歌辞意味，亦不似出于白狼人之手，更不待论。故此歌之先有汉

---

① 笔者将闻宥《读〈爨文丛刻〉兼论罗文之起源》中"猡文"改写为"罗文"，罗文即彝文，罗人即彝人。又本段引文见闻宥：《读〈爨文丛刻〉兼论罗文之起源》，《图书季刊》，1936 年第 3 卷第 4 期，第 177、179 页。

② 闻宥：《读〈爨文丛刻〉兼论罗文之起源》，《图书季刊》，1936 年第 3 卷第 4 期，第 179—181 页。

语，亦事状之至明者也。既为以狼译汉，则遇有难译，直写原音，自是意中之事。而借语之多，又不足为已有文字之证矣。总之，无论此歌性质何若，以相距过久，材料又短少，决不足引为若何主要之论证。涉论至此，可知欲决罗文之起源，仍须于罗文自身求之。向来学者对于此题，颇有异说。①

闻宥与丁文江榷罗文若干问题之后又兼论罗文起源：

> 涉论致此，请得对于全部罗文之性质，及其发生之顺序，为一完全之窥测，以著者臆见言之，罗文之若干重要单位，大致袭自汉文。其袭取似又经过较长之时间，大约时袭时废，不皆保存，各支间又不皆一致。故今日所见，有留存近似篆文之痕迹者……有完全与楷书相合者……总之此二者皆与汉字有直接关涉，此第一部分也。外此则有罗人自作之单位，虽不袭用汉字，而作风宛然相同……凡此为罗人自身之创作，或别受他方面之影响，要之不与汉字相蒙，此第二部分也。第二部分之成立，其是否与第一部分同时，今已无从考索，两者又往往杂糅而不分。罗人自身，殆亦早已不能细辨。总之单位一多，则转而为假借式之使用……此一法后来用之至广，遂将已往若干符号式之意字（本苦神秘而不明了）尽化而为表音之字，以其一音不限于一字，故以汉字学之名称言之，只能目为假借，而不能目为有组织之 Syllabie Writing，此第三阶段，亦即第三部分也。至各支中偶有一二独特之形字，如上所述，则疑是后来分支以后所产生，且为数不多，实非罗文主要之所在，此第四部分也。罗文之大体，私见所能测知者既若此。②

上述引文表明，闻宥认为罗文是罗人自身创造的，"虽不袭用汉字，而作风宛然相同"，即造字方法与汉文相同。罗文与上古汉字的渊源久远，其中若干重要单位是因袭先秦篆文和六朝楷书创造的。罗文分数支（方言），正如闻氏在《倮㑩文之起源与分析》中所提及的那样：

> 向来对于倮㑩文之起源有最要而相反之两说：一为 T de Lacoupevie 之音字说，一为 P.Vial 之意字说。T de Lacoupevie 所根据材料过少，且不甚确准，故由今视之，其说实多可商。Vial 之说，比较可信，其 *Les Lalos* 中所列举之四十四字，今以 *d'Ollone*、《爨文丛刻》，及东川府属倮㑩译语等综合观之，知其中虽不皆为形字，而有若干确有其共同之渊源，此类渊源，即可

---

① 闻宥：《读〈爨文丛刻〉兼论罗文之起源》，《图书季刊》，1936 年第 3 卷第 4 期，第 181—182 页。
② 闻宥：《读〈爨文丛刻〉兼论罗文之起源》，《图书季刊》，1936 年第 3 卷第 4 期，第 194 页。

证明其确为意字。其尤重要者，厥为同音异义之字，不同其书法，而此不同在各支间适相一致。

由此更进一步，而将一倮文之性质，加以初步之分析，则约可得四类如下：第一类，借用汉字而读以得音，略似日人之训读，如数目字是。第二类，借用汉字为音字，略似日本之万叶假名。第三类，为倮人所自作，先具若干基本单位，然后由之以孳乳其情况或略如 Deveria 所推测及 *d'Ollone* 所排此。推其主要的条件若何，今尚未明，故其性质究为纯粹之意字，抑含有若干音字之成分，亦尚未能断定。第四类，为少数之形字。①

闻宥《读〈爨文丛刻〉兼论罗文之起源》述，"吾人目前所有材料，尚未充富，故不能推勘其递衍之迹，他日川滇黔诸地搜集，或能发现更多材料以证之"②。1938 年春闻氏内迁昆明，在云南大学文学院执教，任文史学系教授兼主任兼西南联大义务讲师。其间闻氏不忘初心，利用课余时间赴彝族聚居地考察，收集到大量彝文材料。1941 年在《华西协合大学中国文化研究所集刊》发表《云南四种罗文的初步比较》，1946 年在《华西边疆研究学会杂志》发表英语《云南四种罗文之比较》。闻氏明确：

本文系作者据其旅滇时所得之罗文材料，即虚能、维则（属路南县），昭宗、西庄（属昆明县）四村之罗文经卷，加以比较，其结果除每村有其极少数之独有字外，其余皆不出下列三类：

1. 完全相同。

2. 点画小异而主要结构全同。

3. 结构小异而仍可证知为同源。

作者列为三表，就读音字形两者详加论列，并述经卷款式及书写工具之演变。最后复列一表，就川黔滇各地之罗文，择其十八字加以比勘，证明此诸地之罗文皆出一源，且其本原乃意字（Ideographs，表意文字）而非音字（phonographs，表音文字）。③

上文是闻氏利用收集到彝族语言材料进行研究的成果，其结论为罗文同源，是一

---

① 闻宥：《倮倮文之起源与分析》，《科学时报》，1936 年第 3 卷第 10 期，第 56 页。笔者改"猓猡"为"倮倮"。

② 闻宥：《读〈爨文丛刻〉兼论罗文之起源》，《图书季刊》，1936 年第 3 卷第 4 期，第 192 页。

③ Y.Wen, "A Study of the Lolo Script With Special Reference to Yunnan Varieties", *JWCBRS*, Vol 16, A, (1946): 95 – 103.

种表意文字，亦即音节文字。

20世纪40年代闻宥亦在《华西协合大学中国文化研究所集刊》《康藏研究月刊》等刊物上发表《倮罗译语考》《谈〈倮罗字典〉》等论文，闻宥对罗文的先行研究对后来的彝文研究影响很大。现代治学者更清晰地认识到，彝语属汉藏语系藏缅语族彝语支，有十分悠久的历史。中国彝语分六个方言。彝文是生活在四川、贵州、云南等地的彝族使用的文字，又叫"爨文""韪书""罗文""蝌蚪文"。它是一种表意的单音节文字。从形体上看与汉字很接近，实际上是彝族创造的一种独立文字，有仿汉字造字方式创造的可能，如彝文的象形、指事文字。

二、羌语研究

20世纪40年代初，闻宥在《华西协合大学中国文化研究所集刊》上发表《川西羌语之初步分析》，全文从"过去关于羌语之纪录""汶理二县羌语分布之梗概""语法上之特征""音韵上之特征""余论"五个方面对羌语进行论述的。闻氏自述：

> 汉藏语族（Sino-Tibetan）之研究，在今日尚极幼稚。此固吾人所习言者也。然其全族之中得分为若干系，每系又得分为若干支，则虽学者间所见有出入，材料又往往零星不完具，乃其名称则固已尽知之。惟在川甘之交，别有藏缅系之一支名羌语，不第为生存之活语，且尚保存若干极古之特征，其性质远较吾人所习知之摩些、倮倮诸语为重要。则学者间至今尚未有能言之者。
>
> 我侪今日苟未身至川西，固已不知版图之内，尚有羌人。以一早见于先秦文献之族类，亘数千年，历无数之移徙混合，卒未灭绝，而并世竟无知之者，斯真学林之憾事已。
>
> 故以今日言之，羌语之研究，实完全为未拓之荒野。
>
> 作者自入川以来，即抱有垦拓此荒野之痴愿，私计果有十年之光阴，专事于此，则一切精微之现象，皆可登之楮墨。[①]

上述文字表明时至20世纪40年代，羌语研究仍处于"未拓之荒野"状态。国内外语言学界对其尚处于认知初期，而闻宥却"抱有垦拓此荒野之痴愿"，计划潜

---

① 闻宥：《川西羌语之初步分析》，《华西协合大学中国文化研究所集刊》，1941年第2卷，第38、40—42页。

心研究十年，以弥补羌语研究上的空白。

闻文在回顾过去羌语纪录历史时提及："中国西南西北沿边诸小民族，其名或不见于本国载籍，而外籍教士行人所撰诸行纪，则往往能言之。惟罕有提及此名，更绝未有纪录其语言者。"① 西方汉学 1868 年出版亨特（W.W.Hunter）《高亚洲与南亚非印欧语系比较词典》（*Comparative Dictionary Nor-Aryan Languages India and High Asia*）与 1928 年出版格尼尔森（G.A.Grierson）《南亚地区语言学调查》（*Linguistic Survey of India*），都未及羌语。惟有吉尔（Capt.W.Gill）《金沙江》（*The River of Golden Sand*）及华特森（W.C.H.Watson）《松潘行纪》（*Journey to Sungp'an*），以极粗略的音符，纪录有极少数单字。但他们将"羌"称之为"蛮子"（Man-tzu），让读者无从知其为羌语。只有彭普乐与包戈登两人发表的行纪，才开始明确提及羌语。但闻氏认为"纪音之术仍未密，字数亦仍过少，故于正式研究上并无若何裨益"②。国内古籍中曾有零星涉及，然为数亦殊有限。"自宋以后，纪录更稀，以此羌字出见虽早，而废弃亦早，其始所指似颇广，浸假而渐狭，应用亦渐少，最后并别种如党项等名亦不复见。"③

1937 年闻宥入川，得知川西尚有羌人又流行羌语，便萌生了研究思想，但不久他又去了云南，这个计划随之搁置。1940 年春，闻氏返回成都在华西协合大学文学院就任中文系教授兼中国文化研究所所长，研究计划得以实施。正如他言：

> 作者自入川以来……所怀过巨，旦暮不易遽遂，而从事之先，尤应先有一概括之认识，乃于今年初夏，先为一试探性之旅行。④

如上纪录，1941 年 7 月暑期，闻宥率华大中国文化研究所考察团赴川西汶川理番地区进行数周考察。闻氏以收集羌语材料为己任，而其他成员考察对象不尽相同，或考边地人文地理，或考古文物与语言文学，如成员林名均以考察威州彩陶为对象，后发表《四川威州彩陶发现记》。闻氏这次考察活动范围是汶、理二县羌语分布区，由于时间紧迫、边地多事、客观限制过严，故理番境内大部分险阻之羌区均无法深入，足迹仅抵汶川、理番而未及北川（石泉）、茂县。如其所言：

> 有若干地域明知为羌人聚居之区，而既不能前往，又不能得其旅外之土著。则只有阙疑俟异日。如通常所谓三番一带，即黑水以南，中三枯、后二

---

① 闻宥：《川西羌语之初步分析》，《华西协合大学中国文化研究所集刊》，1941 年第 2 卷，第 38 页。
② 闻宥：《川西羌语之初步分析》，《华西协合大学中国文化研究所集刊》，1941 年第 2 卷，第 39 页。
③ 闻宥：《川西羌语之初步分析》，《华西协合大学中国文化研究所集刊》，1941 年第 2 卷，第 40 页。
④ 闻宥：《川西羌语之初步分析》，《华西协合大学中国文化研究所集刊》，1941 年第 2 卷，第 42 页。

枯之北，此一片空白，即作者遗憾之所在。①

闻氏自认"收集材料过少且纪录粗疏"，但大体将这些材料加以归纳分为八组，即瓦寺、雁门、中三枯、后二枯、九子屯、蒲溪、黑水、芦花。他通过对其掌握的羌语方言材料初步归类分析，对羌语语音、语法及词汇方面的特征有所了解。

闻宥考察发现，羌语语法方面最重要的特征是人称代词有格的变化，如其所言"然亦已有至重要之特征得以窥见者，则人称代词之用法是也"②。为了更清晰说明羌语语法上的这一特征，闻氏将人称代词格式化，代词的格由主格、间接格组成，即人称代词有主格、间接格之分，而间接格由宾格和所有格组成。关于所有格，密切的所有格与普遍的所有格并不相同，普遍的所有格带有标示，而密切的所有格不带标示。关于宾语，当存在宾格和与格区别时，与格通常采纳所有格使用的标示。闻氏编制第一身表、第二身表和第三身表，将瓦寺、雁门、中三枯、后二枯、九子屯、蒲溪、黑水、芦花八组归纳入表，分析三表得出人称代词三类：

（1）有格的区别者，为瓦寺组的里坪、高东山和鞍子头三地，后二枯组的嘉山北岸和牛山两地，蒲溪组的半坡、大蒲溪和色如三地。

（2）无格的区别者，为雁门组的下白水、青土坪、通山寨和索桥四地，中三枯组的昔格一地，黑水组的二水一地，芦花组的一地。

（3）第一身已无别而第二身尚存者，为中三枯组的龙渠一地，九子屯组的耳瓦和九子两地。③

继往开来，当代学者认识到羌语更多的语法特征，即人称代词有格，量词与数词结合为数量型，但不如彝语支丰富，动词有人称、数、体、态、式、趋向等语法范畴，用前后缀方式表达，各语言表示相同语法意义的前后缀有明显起源上的共同性，形容词没有级的范畴，结构助词比藏语支语言丰富④。

在音韵方面，闻宥认为"亦已有至重要之特征得以窥见者"。第一，在若干单字中，Root Initial（词根声母）之前，尚有一极明晰之摩擦的或颤闪的前置。

以作者所知，此现象普见于各组之间。且除羌语而外，西康道孚方言，及若干西部或东部藏人之文语读音，亦皆有之，故在了解藏文 Superscripts

① 闻宥：《川西羌语之初步分析》，《华西协合大学中国文化研究所集刊》，1941年第2卷，第46页。
② 闻宥：《川西羌语之初步分析》，《华西协合大学中国文化研究所集刊》，1941年第2卷，第47页。
③ 闻宥：《川西羌语之初步分析》，《华西协合大学中国文化研究所集刊》，1941年第2卷，第48页。
④ http://baike.baidu.com/view/11615172.htm

之音变及若干西藏文语与缅甸文语之对立上，实为极重要之副证。①

第二，别有一种复合声母，其第一声母每为舌根或小舌之闭阻（其清者破裂时必送气，故或亦变为摩擦），第二声母则多为舌尖摩擦（亦或舌面化）。第三，舌尖边擦声。

三者而外，尚有一种与第一类相似之前置，即在 Initial（声母）之前，先作一种两唇闭阻之形式，此闭阻例不密合，又往往与声母之间阻碍，同时进行，使之唇化……与第二类相似之结合，亦尚有一种双唇破裂与舌尖颤闪。②

当代学者认为羌语语音方面复辅音丰富，单辅音声母有小舌塞音和擦音，塞擦音有四套，元音有长短、卷舌、鼻化，但很少有松紧，韵尾大体已丢失，声调的作用不大。词汇方面，有较多的汉语借词和藏语借词，各语言之间的同源词一般在 20％左右，最多达 30％。由此可见，闻宥研究对当代学者有或多或少的影响，在他们的羌语理念中不乏批判性传承。闻宥在文末推论：

（1）以若干单字言，羌语与缅语及其他较古之族语，形成毫无可疑之一致，而反与西藏文语不同……从这些词语形势看，然其皆应较西藏文语为更近于 Prototype（原始形态），则仍无疑义。故此诸例所示，积极方面，固在予吾人以比较之良资；而消极方面，尤在修正吾人对于西藏文语之信仰，使之至于合理之程度。（2）死语如西夏，活语如西派之 Himalayan 等支，应为将来比较研究之主题，自无可疑……依私意测度，羌语或亦与之有悠远之亲缘，而此时苦无材料可得。甚望将来能获得 Donner 诸家之著述，以为比论之基础。（3）本文之任务，在乎供给读者以一全新之刺激，而非全新之事实与结论，以十年计划之完成，不知将在何日，而烽燧满眼，喋血正殷，即此区区，以极感保存之不易；故不嫌粗略，整理为文。所愿时会昭苏、文明回复，吾侪预期之计划，得以次第进行。十年而后，各组各支之详细纪录，先后公世；而原始羌语之拟测，羌语与他语间之远近离合，亦皆得以次为绵密之考论。③

同年 10 月 18 日，闻宥应华西边疆研究学会启真道会长邀请，在学会讲演

---

① 闻宥：《川西羌语之初步分析》，《华西协合大学中国文化研究所集刊》，1941 年第 2 卷，第 61 页。

② 闻宥：《川西羌语之初步分析》，《华西协合大学中国文化研究所集刊》，1941 年第 2 卷，第 66 页。

③ 闻宥：《川西羌语之初步分析》，《华西协合大学中国文化研究所集刊》，1941 年第 2 卷，第 67—71 页。

"关于理番地区的语言"（A Symposium on the Li-fan District Language）。该讲演引发与会者极大兴趣，并通过学会执委会审阅，将讲演文稿发表于1942年出版的《华西边疆研究学会杂志》上。目前供学界参考的是讲演英文稿，亦是这年初夏闻宥去理番考察提交给学会的一份调查报告。现将讲演译文胪列于下：

今年初夏我去了趟理番，现在受 Kilborn 博士相邀，来谈谈当地的语言。由于学习语言是一个漫长的过程，我在理番只待了寥寥数周，在此只能简单地讲讲语言的问题，抱歉不能用理番话给大家唱首歌或讲个故事。

理番地域广袤，居民属于不同族群，语言也呈现多元化。理番地区的居民有（1）汉族、（2）羌族、（3）嘉绒、（4）博罗子（Bo-lo-tzu）、（5）西番。西番人又被称为草原牧人，他们所讲的藏语方言与拉萨标准藏语有些区别，类似广东话与北京话的关系。博罗子族群的起源还不太明晰，但他们的语言与羌族相同。因此，理番地区共有四种语言，即（1）汉语、（2）藏语、（3）羌语、（4）嘉绒语。因为在座各位对于汉语和藏语并不陌生，我就集中谈谈羌语和嘉绒语，它们虽属于藏缅语系，但较少有人了解。

讲羌语的人群居住在杂谷脑河两岸和与蒲溪沟的交汇处，所以懂羌语的人不多。许多旅行者，如 Gill 上尉和 Watson 先生，把讲羌语者称之为"蛮子"（Man-tzu），他们不知道这些羌人的历史可以追溯到殷商时期。甲骨文上早已有羌的记载，而一直到1933年 Gordon Bowles 博士才发表文章向外部世界介绍羌人，但他的介绍不够充分，对语言学的研究还远远不足。在我看来，理番的羌语可分为五个或六个分支，相互之间有形态、语言和时间上的一些差异。最有趣的一点是，羌语在表示人称时有格的变化，如主格或宾格。

羌语这个特点，在汉藏语系中是独一无二的。在华大中国文化研究所的杂志上，我的文章《川西羌语初步分析》对此问题进行了更详尽的阐述。现在，除了边远地区的人或老年妇女只讲羌语外，其他青年一代的羌人都说羌、汉两种语言，因为他们发现汉语表现力更强而且词汇更丰富。另外，羌语没有书面文字，羌人也要学汉字以便书写，所以汉语的口语和书面语在羌人中都很流行。

毫不夸张地说，我们可以预见在五十年后，您几乎找不到一个能很流利地说这种古老语言的羌人了。所以当前最紧迫的事，就是在羌语消亡之前对它进行深入的研究。

嘉绒最初是个地理名称，但是长期以来也指代居住在那里的人们。就宗教和风俗习惯而言，嘉绒与拉萨两地算是一脉相承。尽管两地讲的口语不同，但书写的文字都同是藏语。现代嘉绒语的地域分布很广，这些区域通称为"四土"。嘉绒方言细微的区别可忽略不记，从卓克基来的村民可以与杂谷脑来的人自由地交谈。与之形成鲜明对比的是，羌语的地域性非常强，同样都说羌语，来自九枯的人与来自雁门沟的人就无法交流。这其中很重要原因是嘉绒语是一种复合性语言，嘉绒语动词的变化会引起人称、时态、语气的变化。而元音和辅音的变化，不会影响语言的交流与理解。我以表格形式来举例说明。

......

H.B.Hodgson 先生、H.V.Rosthorm 先生和 B.Shaufer 博士，这些早期的西方研究者对嘉绒语言的研究都没有深入下去。近期 S.N.Wolfenden 出版社出版了一些更详尽的研究成果，但是我对于其中的观点不敢苟同。他们出版的《嘉绒词汇》一书，虽然对语言学研究有所帮助，但很多例句错误百出。

总而言之，羌语和嘉绒语的研究，都处于语言学研究的初始阶段。尽管它们在大范围上都属于藏缅语系，二者都保留了一种原始的状态，这种原始的状态在其它语言身上已经消失殆尽。上述列表中的例子证明了，羌语和嘉绒语不仅比拉萨的藏语古老，甚至比经典藏语更古老。对这两种语言的研究，刚刚开始就迫不及待，其研究成果必定会对我们从整体上研究汉藏语系有重要的启示意义。①

闻宥讲演重点是羌语和嘉绒语。闻氏认为，羌语和嘉绒语都属于汉藏语系藏缅语族，是一种保留了原始状态的古老语言。羌语在表示人称时有格的变化，嘉绒语是一种复合性语言，动词的变化会引起人称、时态、语气的变化。国内外学界当时对羌语和嘉绒语研究，尚处于语言学研究的初始阶段。他希望学者在这两种语言原始状态消失殆尽之前进行深入研究，这将对从整体上研究汉藏语系有重要的启示意义。

在闻宥的另一篇论文中，他又就嘉绒语与羌语动词前置问题进行对比研究：

在八什脑嘉绒语中，动词之前，有方向前置四，即前后上下是也。此现象以前尚未有人言之，今作者加以研究，知其由指示词中衍出。同时羌语动

① Y.Wen, "the Languages of Li Fan", *JWCBRS*, Vol 14, A, (1942): 31-35.

词之前，亦有类似之前置，在瓦斯组方言中有四，在萝卜寨组方言中有六，其用法与嘉绒语大同小异，而其与指示词之关系则未明。最后作者复指出在 Chin 语中亦有类似之前置。[①]

闻宥不仅是国内外研究羌语的开拓者，还是多民族语文文化的研究者。20 世纪 40 年代，他在《史学季刊》《华西协合大学中国文化研究所集刊》《边政公论》《说文月刊》《学思》《中国文化研究汇刊》《华西边疆研究学会杂志》等中外文学术刊物上发表数十篇涉及民族语言学的论文。羌语论文有《汶川瓦寺组羌语音系》《理番后二枯羌语音系》《羌语比较文法》《论黑水羌语中之 Final Plosives》《汶川萝卜寨羌语音系》《汶川羌语词汇简编》。其他民族的语言学论文有《云南开远仆俐语小考》《撒尼语小考》《哀牢与南诏》《乌蛮统治阶级的内婚及其没落》《印度支那语中双唇鼻声之舌面化》《民家语中同义字之研究》《西南边民语言的分类》《印度支那语族概说》《西藏缅甸系语文略说》等。闻宥论著广受国内外学者关注与引述，他成为当时著名的民族语言学家。

20 世纪 60 年代初，国内从事少数民族语言研究的一些学者为了解决羌语的支属问题，借助同语族有关亲属语言的平面比较后，初步提出在藏缅语族内设立一个羌语支。后来随着研究的进一步深入，以及被研究的语种的增多，70 年代末 80 年代初，在一些论著里正式提出羌语支的说法。民族语言学家认为，羌语属汉藏语系藏缅语族，分布在我国四川省茂、汶川、理、黑水、松潘等县。分南、北两个方言。复辅音较丰富，北部方言没有声调，南部方言有声调。南部方言动词和形容词作谓语时有人称、数、时间、体、态、式、趋向等语法范畴，主要用元音、声调的变化以及用前加、后加成分等方式表示。羌语助词比较丰富。句子成分的基本次序是：主语—谓语—宾语。名词、代词作定语时在被修饰词之前，形容词、数量词作定语时在被修饰词之后[②]。时至今日，闻宥开拓的研究领域不断深入，当代学者普遍认为，羌语支语言是我国汉藏语系藏缅语族内的一群语言，包括十二种现行语言和一种文献语言，即羌语、普米语、木雅语、嘉绒语、道孚语、扎巴语、却隅语、鱼通语、栗苏语、纳木依

---

① 闻宥：《嘉绒语中动词之方向前置及其羌语中之类似》，《华西协合大学中国文化研究所集刊》，1941 年第 1 卷第 4 期，第 18 页。

② 辞海编辑委员会：《辞海缩印本》，上海：上海辞书出版社，1979 年版，第 1918 页。

语、史兴语、拉乌戎语和西夏语。羌语分南、北方言，前者受彝语影响大，后者受藏语影响大①。当代羌语研究与 40 年代初那些研究者的努力分不开，其中闻宥贡献最多。

三、字喃研究

字喃，又称喃字，是越南主体民族京族历史上使用过的文字。越南在借用汉字的年代里，为了书写越南语而借用的汉字和仿照汉字形式创造的越南字。借用的如"固"（有，音 go［ko］）、"埃"（谁，音 ai［ai］）等。借音不借义，创造的如"巴三"字（三，音"巴"）、"牛甫"字（黄牛，音"甫"）等。在越南语里定语放在名词之后，"字喃"是南国的文字的意思②。近代研究字喃的历史开始于西方学者，如法国学者 J.Bonet、H.Maspero、G.Aubaret，代表人物有法国语言学家普祖鲁斯基（Jean Przyluski）、法国汉学家马伯乐（Henri Maspero）。随后越南本土学者和中日学者都加入研究行列中，如越南学者阮文做、陈文玾，中国学者闻宥，日本学者山本达郎。闻宥是国内学者中最早从事字喃研究的学者，可以说他开创了国内字喃研究史。

1929 年闻宥南下广州，在中山大学文学院任教。其间，他利用讲习余暇在岭南地区考察字喃，又造访越南学者阮文做等人，讨论字喃与汉字诸问题，并和法国学者马伯乐等人通信进行学术切磋，发表论字喃的多篇论文。正如他《论字喃（Chu Nom）之组织及其与汉字之关涉》所述："余自前岁（1930），流窜岭南。幸有机会，得从彼邦人士问业，粗明概略。复得读 J.Bonet、H.Maspero、G.Aubaret 诸家之书，爰以余暇，草此短文，冀先与汉字为一赅括之比较。至于形素数其蓄变，音素明其迁流，皆将继是而有作。"③激发闻宥研究兴趣的是，汉字与之关系甚深，研究字喃将有利于理清汉语中"隐晦之事象"。同时对认识汉字文化的传播有重要的启示意义。另一方面是闻氏在岭南考察时发现，"自顷法人既辖有越南，国语流行，字喃尽废。持以问三十以下之越人，既已瞠目不知所对。果再假以岁月，其命运之将同（西）夏文，可断言也"④。从事语言学研究的闻氏从文化人类学视角，期望在字喃消失殆尽之前进行抢救性的

① http://baike.baidu.com/view/11615172.htm。
② 辞海编辑委员会：《辞海缩印本》，上海：上海辞书出版社，1979 年版，第 1006 页。
③ 闻宥：《论字喃之组织及其与汉字之关涉》，《燕京学报》，1933 年第 14 期，第 204 页。
④ 同上。

研究。

《论字喃之组织及其与汉字之关涉》分两层论述：其一论点是字喃与汉字之关涉。闻宥在文中将两者的关系比喻为"同一语中两种方音"，又以越人借用汉字创造字喃的历史加以论述。其论述如下：

> 故以语言学上之现象譬之，则夏文与汉字之不同，犹同语族中两种姊妹语之不同；而字喃与汉字之不同，则仅为同一语中两种方音不同。

> 字喃与汉字之间，其有甚深的关涉。是研治字喃，一方固所以阐明其自身，一方亦即所以阐明吾汉字。字喃中有繁赜之事象，固得以证之汉字而始明；汉字中有隐晦之事象，或亦得以证之字喃而大白。乃数百年来，国人迄未有措意于此者。

> 字喃产生之年代，通常称为 14 世纪。以有碑刻可以为证也。然此当是赅括言之。若以事实言，则越人既习用汉字，当其不足，斟酌损益，另定新字。又或别读汉字，赋以新义。此皆事理之所宜然，不必待 14 世纪而始有。

> 顾字喃之产生，虽不必皆在 14 世纪以后，而亦不能上推至古代。盖其所袭用者，已皆为我楷体成熟以后之成分，此可知其去隶体之世已远。又惟其所用者为楷体之成分，故其构造法则，虽亦不能出我范围，而所谓象形指事者，则已不得见。①

《论字喃之组织及其与汉字之关涉》另一论点是字喃的组织形式，即字喃的分类。闻宥述，"今就所见，加以剖析，则一切字喃，约得分为三类：表意字、表音字、半音半意字"。对其所分有如下论述：

> （甲）表意字，此即向来所谓会意，在字喃中为数绝少。（乙）表音字，此皆以整个汉字之音，代表其自国语之音。惟一字或不限于当一音，而一音尤不限于用一字，故不能目为有条贯之 Syllabic Signs（音节符号），以此土术语言之，即所谓假借是也。其为数较多于会意。（丙）半音半意字，此皆为两成分之集合。其一所以表意，而其一则以表音。与此土所谓形声同例（形声每有一字含两成分以上者，如同时用两义符，或用两音符是也。字喃则未见有含三成分者，此为小异）。亦即西土学者如威戈

---

① 闻宥：《论字喃之组织及其与汉字之关涉》，《燕京学报》，1933 年第 14 期，第 203—205 页。

（Weiger）和高本汉（Karlgren）所谓 Phonetic Complexes 或 Phonetic Compounds（语言学上的复合词）者也。此类数量最富，而法则则甚一致。①

发表于 1933 年的《论字喃之组织及其与汉字之关涉》广受国际学术界的称道和引述，1935 年日本学者山本达郎在东京出版的《东洋学报》（22 卷第 2 号）上发文评述闻文②。1940 年闻宥又发表两篇论字喃文，即《论越南语之系属》③ 和《字喃杂考》。前文介绍西方研究越语之系属最流行的两说，后文再论字喃造字年代及分类诸问题，是闻氏研究字喃的新成果。《字喃杂考》自序"本文为拙作《论字喃之组织及其与汉字之关涉》之补篇，前文发表已六年，讲习之暇，杂检群书，亦间有所弋获，今分为左列三事言之"④：

第一为字喃制作之年代。余前文于此未详言。Cadiére、Pelliot 文引《大越史记全书》《钦定越史通鉴纲目》等所谓"国语诗赋"，以为字喃之发生当在 13 世纪之末、14 世纪之初，Maspero 文更告吾人，现存字喃碑刻之最古者为 1343 年宁平护城山之一碑；书籍最古者，为黎朝初阮廌之《家训歌》。此已往学者考证之荦较也。近年越南阮文做君为《越南汉考》作评，更援冯兴称布盖大王一证而主提早为 8 世纪，同国陈文玾君备引诸说，而以为尚有待于更详之考索，以吾人言之，言渊源与言通行不同，而皆得用以为制作年代之准，以越人习于汉字之久，万叶假名式之使用，宜不待 13 世纪而始有，故言其创始，则阮君之言为近；言其用以入文（即已通行），则《大越史记》所载，Cadiére、Pelliot 两氏所资以为证者，固亦可以信之而不疑也。

第二为字喃性质之分析。余前析一切字喃为（甲）表意字、（乙）表音字、（丙）半音半意字三类。山本达郎氏评述拙文，且引 Miden 依据 Phan Quynh（疑是范琼 Pham Quinp 之误）之分颣，加以比较，Miden 之文，余尚未见，依山本所列，则吾二人间之异同，当如下表：

① 闻宥：《论字喃之组织及其与汉字之关涉》，《燕京学报》，1933 年第 14 期，第 206-208 页。
② 闻宥：《字喃杂考》，《西南研究（昆明）》，1940 年第 1 期，第 112 页。
③ 闻宥：《论越南语之系属》，《西南研究（昆明）》，1940 年第 1 期，第 73 页。
④ 闻宥：《字喃杂考》，《西南研究（昆明）》，1940 年第 1 期，第 111 页。

	Miden	闻宥
1. 用汉字原文者	a. 表借入之汉语者 b. 对于汉源而未甚变化之越语为比较的使用者 c. 完全作音符用者	甲·表音字
2. 就汉字原素加以组织者		乙·表意字 丙·半音半意者

　　盖 Miden 详其前半，而余详其后半，自文字学的观点言，则结构材料之分析，自应如余之分乙丙（Miden 文余虽未见，然颇疑其于汉字未有素养，故于会意、形声两者之区别，未能剖析。正犹 Bonet 为越学专家，著为字典，而亦以未通汉文，疏舛不少，如余前文所指摘是也）。自文章学及语言学的观点言，则本语借语之科分，本义转义之料简，亦极应如 Miden 君之分 a.b. 总之其意字一类（即 Miden 之 2，亦即余前文之乙表意字 Ideographs、丙半音半意者 Semi-ideographs 二者），出自越人之意匠，故虽所用材料为汉源，而其语言之背景反比较的单纯，其音字一类（即 Mliden 之 1，余之甲）则所表达者或如所谓 Mots de civilisation 或如所谓 mots trés usuels，而所用之材料又皆为汉文本身而无所增损，故性质反更凌杂（至少以汉人观之，当觉其更凌杂）。Phan Quynh（？）及 Miden 两君加以区分，且极致密，诚卓见也。

　　第三为字喃研究之文献。余前文仅引李仙根《安南杂记》以为国人绝少措意，此实余谫陋之过，徐延旭《越南辑略》为通常习见之书，而于地名之用字喃者，已有诠释，盛庆绂《越南地舆图说》亦有移引。此虽去学术的研究绝远，然先民述作之功，不可没也。至西人之注意于此者，则远在百年以前，即已有之，其人为 Father Joseph Morrone，其书名 *Vocabulary of the Cohinchinese Language with Marginal Notes*，*showing its Relation to the Chinese*，所言虽亦未精审，而对于其成分之剖析，固已为初步之努力矣。余既寡陋，至最近始得读，山本颇有意补苴，而亦未之及，盖甚矣，问学之道之无穷也。[①]

　　现代学者吴凤斌认为，字喃是从汉字胚胎中产生出来的。它是采用汉字的结构和形声、会意、假借等造字方法而创造出的一种新文字。字喃的结构和汉字基本相同，它是汉字的异体，有的字喃本身就是汉字，不是汉字的也属于汉字体方

---

① 闻宥：《字喃杂考》，《西南研究（昆明）》，1940 年第 1 期，第 111—113 页。

块字的类型，这种字喃与我国古代契丹、女真、西夏等民族的文字相似。字喃是借用汉字、汉音来表义，它用汉字形声、会意和假借等的造字方法，但没有汉字的四声，字喃实际上是越南人民用汉字来记载越南语言的一种文字，这种文字也需懂得汉文才能认识，这就表明了两者关系的密切。当前学界对字喃的产生意见各一。吴凤斌推测，东汉时，是字喃胚胎时期。唐代时，字喃得到发育，而字喃真正作为书本文字得到发展是在越南独立后，特别是在 12 世纪、13 世纪以后的事①。然闻宥述作之功，不可没也。

---

①　吴凤斌：《略论汉字汉语与越南语言文字的关系》，《南洋问题》，1984 年第 1 期，第 102—113 页。

第八章 华西边疆研究学会与近代边疆研究

自 19 世纪中叶至 20 世纪西学大举输入中国以来，中国近代学术在"西学东渐"[①] 影响下，发生了前所未有的迁移。蔡元培 1914 年感叹："中国之地质，吾人未之绘测也，而德人李希和为之；中国之宗教，吾人未之博考也，而荷兰人格罗为之；中国之古物，吾人未能有系统之研究也，而法人沙望、英人劳斐为之；中国之美术，吾人未之试为也，而英人布绥尔爱铿、法人白罗克、德人孟德堡为之；中国古代之饰文，吾人未之疏证也，而德人贺斯曼及瑞士人谟脱为之；中国之地理，吾人未能准科学之律贯以记录之也，而法人若可侣为之；西藏之地理风俗及古物，吾人未之详考也，而瑞典人海定竭二十余年之力考察而记录之。"[②] 困惑中国知识界半个多世纪的中学西学孰重孰轻的问题，到民族危机越发深重的民国初年有了定论，"尊西崇新"成为时代潮流，而中学地位却愈益边缘化。蔡元培回忆京师大学堂早期历史时说，"自开办至民元（1911）十数年中，学校的方针叫做'中学为体，西学为用'。故教者学者大都偏重旧学一方面，西学方面很有点看作装饰品的样子。自民元至民六（1911－1917），大有完全弃旧之概。那时候，中学退在装饰品的位置了。自民六至现在（1917－1923），谋贯通中西，如西洋发明的科学，固然用西洋方法来试验，中国的材料，就是中国固有的学问，也

---

① 本文特指清末民初欧美等西方学术思想再度传入的过程。

② 马叙伦：《北大整理国故国学计划书》，《北大日刊》，1920 年 10 月 19 日，第 2 页。

要用科学的方法来整理他"①。这无疑是 20 世纪初中国传统学术在西学冲击之下"江河日下"的最好写照。中国传统学术框架"经史子集"完全被颠覆，称之为旧学的整体思想言说偏离了中心，在输入的西方学术思想基础上架构的整个新学之学术体系已具规模。随着具有现代科学含义的"后传统时代"的到来，许多在中国传统文化中不被重视、不存在的学科领域在"尊西崇新"影响下得以"复兴"和发展。

华西边疆研究学会兴起于中国学术新旧交替之时，是一个具有典型意义的范例。它代表近现代学术的发展方向，演绎了中国 20 世纪 20 年代至 50 年代学术发展进程。了解其发展轨迹是理解西学与中国近代学术交流互动、学术变迁与中国社会政治影响的重要线索。学会是华西地区近代学术研究的第一个中心，在存在的近三十年间，历经了非基督教运动、抗日战争和两次国内战争。其组织结构、学会宗旨、学术思想等方面都发生了很大变化，较充分展现了近代学术与中国社会、政治的互动，尤其是中外学者因中国社会变革思想意识方面发生转变的内在动机，更能展现中外学者与中国传统文化、西方近代科学以及中国社会变迁之间互相渗透变化的内在理路。

第一节　作为现代学术机构：近代西南边疆研究的奠基

近现代学术范畴的中国边疆问题研究，始于外国传教士、旅行者、外交官、军事家、自然科学家在中国边疆地区所作的考察。这是 20 世纪 30 年代至 40 年代国内学者认可的事实。华西边疆旅游探险与考察，肇始于 19 世纪 60 年代，至 20世纪初达到高潮。晚出的华西边疆研究学会，自然不是探险考察活动先驱，但它是近代中国边疆研究史上中国自身边疆学术研究尚处萌芽时出现的最早的组织形式，也是中国边疆研究领域中第一个以华西边疆研究为宗旨的学术机构。

在 20 年代初的中国，各种学术研究机构、图书馆、博物馆尚未普遍设立，学术期刊尚未普遍发行之前，学术信息与学者研究成果的传播，受到很大的限制，往往仅及于学者居住地域与人际网络所能到达的范围。学术交流的方式，主

---

① 蔡元培：《北大成立廿五周年纪念会开会词》，收入高平叔编：《蔡元培全集·卷三·教育》，北京：中华书局，1984 年版，第 296 页；马叙伦：《北大整理国故国学计划书》，《北大日刊》，1920年 10 月 19 日，第 2 页；蔡元培：《北大 1921 年开学式演说词》，收入高平叔编：《蔡元培全集·卷三·教育》，北京：中华书局，1984 年版，第 178 页。

要还是以登门造访、函札往来、著述刊布等传统方式进行，学术信息传播的速度缓慢、范围狭小①。这就是民国初年中国学术界的基本现状。

华西边疆研究学会是华西边疆研究领域中最早成立的学术组织，在中国近代学术思潮发生转移的过程中，无疑是中国近代边疆研究史上一件"标新立异"之举。此前，华西边疆研究多系研究者的个人行为，即零散的、个别的、专业或非专业的边疆研究活动。学会开启了有组织、有计划、专业化、制度化的边疆研究方式，是由研究者个人为主的研究行为向着专门学术机构的研究行为转化的标志，这是具有近现代学科含义的华西边疆研究的一个重要特征。学会是传教士学者照搬欧美学术研究机构模式组建的，换言之，是在华西的西方学者将欧美学术机构直接移植到了华西，会员们通过组织、计划、田野调查、学术会议、学术讲座、发表学术论文和出版学术刊物、学术专著的方式来达到研究华西的政治、人文、环境、风俗及少数民族的目的。

默顿（Robed K.Merton）曾以 17 世纪的英国为例，指出学术机构重要性在于，科学家彼此间的会面、通信以及期刊的出版，提供了思想交流的机会，因而有助于创造性研究的出现。像皇家学会（Royal Society）这类学术团体的成立，因强化了科学家之间的接触、导致科学研究的兴趣与成就在当时的英国有显著增长②。学者洪式闾亦说："各种研究所，均各有其专门之杂志，以发表其成绩，成绩愈多，则其在学术上之地位愈高。而所谓叙述中心之所在，即以发表成绩之多寡定之。此学术中心，非由威劫势夺而来，实无数学者之心血造成之也。"③ 在观察学术机构发展时，默顿指出研究机构有助于创造性研究的出现，而洪式闾认为一个研究机构发行刊物之地位的高低与发表研究成果多寡成正比，成果越多它的学术地位自然越高。

像这样一个以华西作为研究对象的先进的具有多种功能的学术机构，在学会之前，华西地区还不曾有过。在学会成立的前一年蔡元培说："现在西洋各国，对于中国从来的文明，极想知道，从事收集中国的典籍，供他们学者研究。我们

---

① 陈以爱：《中国现代学术研究机构的兴起：以北大研究所国学门为中心的探讨》，南昌：江西教育出版社，2002 年版，第 77 页。

② Robed K. Merton, *Science, Technology & Society In Seventeenth Century England*, New York: Howard Ferting, 1970, pp.216 - 224.

③ 洪式闾：《东方学术之将来》，收入《晨报》编辑部：《晨报五周年纪念增刊》，1923 年 12 月 1 日版，第 19 页。

一方面注意西方文明的输入，一方面也应该注意将我国固有文明输出，幸今日中外文明，既有沟通交换的机会，我们是格外要留心的。"① 正如蔡元培观察到国际东方学的新动向，学会正是这一风气的结果。

学界一般认为，中国现代学术研究机构得以"自觉"创建出现在 20 世纪 20 年代后期②。1927 年，中山大学历史语言研究所在广州成立，是我国最早的人类学研究机构。1928 年，南京国民政府成立国立中央研究院社会科学研究所③。这个被胡适称为"规模最大成绩最好的学术研究团体"④，是当时中国最高学术研究机构。30 年代，中国出现最早的考古学组织，其中既有具有一定管理功能的考古学会和博物馆学会，也有学人自发成立的学术组织。1930 年旨在"研究中国边疆与亚洲问题"的新亚细亚学会⑤在南京成立，发行《新亚细亚月刊》，它是我国资格最老的边疆研究学会。1934 年中国民族学会在南京成立，出版《民族学研究集刊》，是中国第一个"以民族学为研究对象"，以"联络全国民族学者，提倡民族科学，调查研究边疆民族，发刊关于民族科学之刊物及丛书"为宗旨的学术团体⑥。1938 年中国边疆问题研究会成立，翌年出版《边疆问题杂志》。1939 年中国

---

① 蔡元培：《北大 1921 年开学式演说词》，收入高平叔编：《蔡元培全集·卷三·教育》，北京：中华书局，1984 年版，第 178 页。

② 也有例外，如 1910 年丁福保在上海发起的中西医学研究会。该会以研究中西医药学，交换知识，振兴中国医学为宗旨，是清末民初时期一个影响较大的医学团体。1915 年由留美学生赵元任、任鸿隽等在美国成立的科学社（中国科学社），该社以"联络同志、研究学术，以求图中国科学之发达"为宗旨。1918 年迁回国内活动，存在近半个世纪。在中国现代科学文化发展中贡献颇大。这两个国人自办的全国性研究团体，是中国现代学术研究机构得以"自觉"创建的先锋。

③ 国立中央研究院社会科学研究所的任务是，从事科学研究并指导、联络、奖励学术研究。后来南京、上海、北平设立天文、气象、物理、化学、工程、地质、历史语言、社会科学、心理九个研究所和自然历史博物馆（动植物研究所）。同期设最高学术评议机构：评议会。国立中央研究院历史语言研究所最早将人类学放在考古学组。1934 年，历史语言研究所设四组，即历史学、语言学、考古学和人类学组。

④ 胡适《治学方法》，收入胡适：《胡适演讲集》，台北：远流出版公司，1994 年版，第 42 页。

⑤ 关于新亚细亚学会成立的时间，目前有多种说法，徐益棠《十年来中国边疆民族研究之回顾与前瞻》说，民国十九年（1930）10 月《新亚细亚月刊》杂志在南京出现。照此推算学会成立的时间不会晚于此。但《边疆研究通讯》第 2 卷第 1 期刊登的《边疆学术研究消息》说，该会成立于民国二十年（1931）。本文采用前者的说法。《新亚细亚月刊》一度停刊，1943 年在重庆复刊。

⑥ 中国民族学会由凌纯声、商承祖、胡鉴民、徐益棠等人在南京创立。1937 年抗战爆发，会址西迁至滇，1938 年在昆明创办《西南边疆》月刊，1941 年会址移至成都华西坝，由徐益棠任书记。1944 年 12 月出版一期《中国民族学会十周年纪念论文集》，此后未有更多活动。

边疆文化促进会成立，翌年发行《边疆研究季刊》。同年，旨在"服务边疆、研究边疆"的中华基督教会边疆服务部在重庆成立。同年，由张西曼、杨成志、马鹤天、常任侠等人组成的，以"宏扬边疆学术、团结民族感情"为宗旨的中国边疆学术研究会在重庆成立，三年后创刊《中国边疆》。1941年6月，由重庆的赵守钰、黄奋生，成都的顾颉刚、徐益棠、柯象峰，榆林的马鹤天等人分别发起的中国边疆学会正式成立。该会以"研究中国边疆学术文化及政教、经济、社会等问题，拟具治边建边方案，贡献政府采择，以促进民族团结与建设边疆"为宗旨，以"实现民族团结、建立国防力量、开发富源为目的"。1946年秋，任乃强、谢国安、刘立千等人在成都成立康藏研究社，发行《康藏研究月刊》（1946—1949），这是我国第一个以康藏研究为目的的民间学术团体。综上所述，中国近现代边疆学术研究机构大多数都组建于华西边疆研究学会之后，而以华西边疆研究为职志的现代研究机构，当首推华西边疆研究学会。

作为率先以华西边疆为研究对象的现代学术机构，华西边疆研究学会在西南边疆研究的近代转型过程中扮演了非常重要的角色。具体来说，华西边疆研究学会在西南边疆研究的近代转型过程中，其价值、意义、作用主要体现在以下三个方面。

首先，华西边疆研究学会在西南边疆研究中本来就扮演着"参与者""组织者""推动者"等多重角色，这在很大程度上促进了近代西南边疆研究的开展。华西边疆研究学会"中西互渗"的研究特色也提升了西南边疆研究的国际视野，使得从一开始，这一领域的研究就具备了相当高的学术水平，并成为这一时期西南边疆研究的学术中心。

自近代意义上的西南边疆研究开创之始，贯穿整个民国时期，华西边疆研究学会始终是西南边疆研究的重要参与者与推动者，它成为民国时代边疆研究的富有国际影响力的研究重镇，参与、组织、推动了一系列有关华西社会、康藏边区的社会学、人类学、考古学及自然科学的学术研究。早在国民政府关注西南边陲之前，华西传教士受西方国家兴起的"科学帝国主义"的影响，就对西南边地的地理、自然、人文充满了兴趣，投入了大量的精力，组织学会会员进行科学考察，进行初步的科学研究。至抗战爆发，国民政府内迁，西南边陲在国家复兴进程中的意义日益强化后，华西边疆研究学会凭借其高规格的学术水平、长期的学术积淀成为30年代至40年代西南边疆研究热潮中的引领者之一。鉴于华西边疆研究学会在西南边疆研究中的参与、组织、推动之功，如果说华西边疆研究学会足以成为近代西南边疆研究的典范，当不是夸张之辞。

其次，在民族主义高涨的民国时期，华西边疆研究学会这样一个以"外国人"为主体的研究机构，其在西南边疆研究方面作出的卓越贡献，也深深地刺激了中国人以"本土者"的身份参与研究。1937 年，江应梁指出：

> 今日国人皆醉心于民族复兴之谈论，但对自己内于民族之认识，却又极端隔膜。西南民族为中华民族之一大支派，过去国人对西南民族传统的谬误见解固无论矣，即今日言民族统一、民族平等者，能有几人亲身到西南民族集团中作实地之调查研究？反之，外国却有花毕生精力，冒最大危险，往我国西南边境中作实际考察；考察报告一类书籍，在国内出版界中如凤毛麟角，在欧美以至日本学术界中，却有不少专门著述，这不仅为国人极大耻辱，且为民族前途极大的危机……今日国人欲求知晓自己国内的民族，反不能不从外人著作中寻取数据，我们应该深深地觉得内愧。①

该年成立的燕京大学边疆问题研究会也注意到："到今日，我们若要认识自己的边疆问题，已经不得不借材料于外国，这岂不是大大耻辱的事吗？"② 中国学者的"深觉内愧"，也引发了他们"迎头赶上"的奋发精神。学会会员李安宅就强调，"我们向来对于边疆的注意太少，为了补偏救弊计，非特别研究边疆不可，以前对于边疆的研究多是误解或是偏见，连外国对中国边疆的研究也走在中国人的前面，故而应趁着抗战建国的特殊局面，在边疆研究方面迎头赶上"③。正是在这种刺激之下，国人关于边疆研究的团体开始逐步发展起来。1943 年，中华基督教会边疆服务部主任张伯怀曾记述说：

> 抗战以来我政府对边地民众关怀日切，八中全会及各院部会均在积极推行种种善政，向边地民众宣达中央德意。各地学术专家亦在响应政府倡导，从事边疆问题之研究。本部于二十八年（1939）成立时，国内之边疆团体尚属绝无仅有，最近已遍地皆是矣。④

这一时期国内边疆团体的"遍地皆是"，固然主要原因是抗战兴起后，政治及知

---

① 江应梁：《评鸟居龙藏之〈苗族调查报告〉》，《现代史学》，1937 年 4 月，转引自黄才贵：《影印在老照片上的文化——鸟居龙藏博士的贵州人类学研究》，贵阳：贵州民族出版社，2000 年版，第 271 页。

② 《本会成立宣言》，《燕京大学边疆问题研究会汇报》，1937 年 1 月，第 4 页。

③ 李安宅：《实地研究与边疆》，蒙藏委员会《边疆通讯》，1942 年第一卷第 1 期，第 1 页。

④ 张伯怀：《服务运动之重要》，《边疆服务》，第 2 期，第 206 页。

识界对"边疆""重新"认识后的结果。但对比张氏的言说，早在 20 年代初期就成立的华西边疆研究学会在西南边疆研究中的先驱地位愈发显现。而且，学会的地位并不因为 40 年代"遍地皆是"的研究团体而有所降低，相反，在边疆研究极尽繁荣的抗战时期，华西边疆研究学会也迎来了其发展的巅峰，成为享誉全球的西南边疆研究权威机构。

　　40 年代，受益于国家文化中心的西移，学会也一举迎来发展的黄金时期，这在学会的各类会议及学术交流活动记录中已有明证。不过，通过旁观者对于 40 年代西南边疆研究学术状况的判断，或许更能彰显出学会的学术地位。对于 40 年代的西南边疆研究状况，朱家骅曾有过分析，朱氏坦称虽然国内的研究发展迅猛，但总体的格局却仍是处于外人"喧宾夺主"的状况，朱氏因而呼吁国人不可放松，要力图挽回这一局面。朱氏在边务工作会上说：

　　　　年来边务工作是有进步的，比较以前大家连"边疆"两个字都不常听到的时代实在是大不同了，大家已经感觉到边务的重要性了。大家都明白，主要的边疆问题是不在内而在外。近百年来，我们自己不做的工作，外人会去做，我们自己不去过问的地方，外人会去过问，我们以前的马虎便形成了如今的棘手。为了挽救这个喧宾夺主的局面，我们的边务工作就更加不可放松一步。[1]

或许是因为在西南边疆研究领域从一开始中国人就扮演了"追随者"的角色，也许是长期以来虽然边疆研究的意识得到重视但其效果却并不理想之故，中华基督教会边疆服务部在 1947 年谈及边疆研究问题时，仍然对中国学者的努力感到不满。在其刊发的《边疆服务》中，对比了中、西学者对待边区学术研究的不同态度，指出"我们认为蛮荒不可踏足的地区"，"外国的学者和探险家却认为是学术研究上的宝地"。因而反省说："试问我们自己：究竟有多少学人深入边疆埋头研究自己的边疆？究竟有多少专家能真正了解本国边疆的实在情形？国外的探险没有中国人，还可以科学落后为说词；国内的考察仍然借重于外人，我们将何以自解？难道说中国人真的是只有党派之斗争，只有利禄之角逐吗？"[2] 显然，在中西对比之下，边疆服务部察觉中国边疆研究仍有努力深入

---

① 朱家骅：《边务工作应有的认识和态度》，收入张其昀：《边疆论文集》，台北："国防研究院"，第 665 页。

② 《边疆服务》编辑：《几点感想》，《边疆服务》，1947 年 4 月第 16 期，第 2 页。

的必要。固然，中国学者 30 年代在西南边疆研究中崭露峥嵘主要是受国家抗战救亡背景下开发大后方的战时策略影响，但显然也不容忽视以华西边疆研究学会为代表的外籍学者对西南边疆的深入研究刺激了中国知识分子的学术激情。

再者，作为第一个以华西边疆研究为宗旨的现代学术机构，华西边疆研究学会对西南边疆的科学研究有重要的示范意义，它向同时期的中国同行以及后来的研究者明确展示了西方学术研究的基本规则。华西边疆研究学会完全移植了西方式的学术团队组织模式，学会的研究理念、体制机构、研究计划、学术讲座、实地调查、出版乃至规章制度等诸多方面，完全源自西方学术研究模式。这种现代学术团体在上世纪 20 年代的中国显然还非常罕见，这对中国学术研究的近代转型有着明显的示范与导向作用。从这个意义上讲，华西边疆研究学会可谓直接奠定了现代西南边疆研究的基本框架与学术基础。

学会在华西边疆研究"复兴"过程中扮演着重要角色。学会致力推进的"边疆研究"，内涵与近代以来长时间居于"显学"地位的边疆研究有着明显区别。近代传统意义上的边疆研究以西北边疆研究为要端；学会倡导推进的"边疆研究"偏重华西地区，研究族群主要为藏、羌、彝、苗、纳西等族。尽管研究中涉及的社会历史民族部分与传统边疆研究在内涵上有所交叉和部分重合，但后者运用的是西方学术理论与分析框架，强调进行实地考察，兼有学理分析，不同之处甚为明显。与中国学者致力推进的边疆研究所涉及的学科相比较，学会研究更独具特色。徐益棠指出：

> 惟当时学术考察团所注意者，大都为纯粹之自然科学，边疆上之实际问题，常被视为属于外交或内政之问题，科学家不甚加以注意，偶或有所记述，大都由于好奇，零星简略，不足以供参考，盖其时边疆学术之综合的研究，尚无人注意，而民族学在我国之幼稚，在当时亦毋庸讳言也。[1]

华西边疆研究学会在 20 年代至 30 年代中国自身"边疆学术之综合的研究尚无人注意"的节点上继往开来，组织边疆学术之综合研究，既拓展了研究的领域，又弥补了传统边疆研究的缺失，推动学术从传统向近现代转化，开启中国边疆学术

---

[1]　徐益棠：《十年来中国边疆民族研究之回顾与前瞻》，《边政公论》，1942 年第一卷第 5—6 期合刊，第 51—63 页。

综合研究的新局面，对此后的学术发展带来很大影响①。

　　华西边疆研究学会在对西南边疆早期的研究实践中，示范性地展示了有别于乾嘉学问的"西式学术"是如何系统地运用来研究西南边疆的，这在很大程度上奠定了近代西南边疆研究的方法和路数。西南边疆的研究在清末的边疆危机中亦曾是一门"显学"，不过其时对西南边陲的关注仍不脱传统"经世致用"的治学范畴，尚不具备现代学术研究的含义。钱穆曾说："中国古人并不曾把文学、史学、宗教、哲学各别分类独立起来，毋宁是看重其相互关系，及其可相通合一处。因此中国人看学问，常认为其是一整体，多主张会通各方面而作为一种综合性的研究。"② 就研究的内容来看，也主要集中在边疆史地方面，很少涉及民族学、人类学、宗教与社会，更不论动植物学及其它自然科学。而反观华西边疆研究学会对西南边疆的研究，其在方法上显然是建立在现代西方分科制的基础之上，在其内容上，其研究显然也突破了传统史地研究，传统史地研究已渐被近代科学知识体系所取代，学术研究逐渐从以传统的"经世"为目的的研究范围中分离出来，自成体系。

　　自然，华西边疆研究学会对中国西南边疆研究近代转型的影响显然并不仅仅体现在对相关学科西方知识及研究方法的引进上，更体现在与近代学术研究制度相关联的学科分类、认知观念、知识生产模式等方面。胡适即言："传教士的真正价值在于外国传教士就像一个归国留学生一样，他总是带回一种新的观点，一种批判的精神。这种观点和精神是一个对事件之既存秩序逐渐习以为常、漠然无

---

① 参见徐益棠：《十年来中国边疆民族研究之回顾与前瞻》，《边政公论》，1942 年第一卷第 5－6 期合刊，第 51－63 页；马长寿：《十年来边疆研究的回顾与展望》，蒙藏委员会《边疆通讯》，1947 年第四卷第 4 期，第 1－5 页；陈永龄：《20 世纪前期的中国民族学》，收入中国民族学研究会编：《民族学研究》（第 1 辑），北京：民族出版社，1981 年版，第 261－299 页；张泽洪：《近代以来西南少数民族宗教研究：以国外学者为中心》，《西藏民族学院学报》（哲学社会科学版），2004 年第 1 期，第 33－38 页；李绍明：《略论中国人类学的华西学派》，《广西民族研究》，2007 年第 3 期，第 43－52 页；王建民：《中国人类学西南田野工作与著述的早期实践》，《西南民族大学学报》（哲学社会科学版），2007 年第 12 期，第 1 页－13 页；杨天宏：《基督教与中国"边疆研究"的复兴》，《四川大学学报》（哲学社会科学版），2008 年第 1 期，第 31－45 页；罗安国：《民国时期的民族构建和人类学：四川西部的传教人类学事业（1922－1945）》，收入特木勒编：《多元族群与中西文化交流：基于中西文献的新研究》，上海：上海人民出版社，2010 年版，第 105－133 页；李如东：《华西的植物研究：1920－1937——以华西协合大学为中心》，2012 年硕士学位论文，中央民族大学。

② 钱穆：《中国学术通义·四部概论》，收入罗联添：《国学论文选》，台北：学生书局，1985 年版。

动于衷的民族所缺乏的，也是任何改革运动所绝对必须的。"① 相较于那些由传教士引入的具体的知识，传教士带来的理念、精神和生产方式更为重要，也更为对既存秩序"习以为常、漠然无动于衷的民族"所需要。胡适所赞赏的，恰恰是传教士对传统知识"去疆界化"② 的努力，在他看来，这是用一种新的文明摧毁旧的认知秩序。已经有不少学者注意到葛维汉在华西的研究很大程度上受到其时主流的美国文化人类学之父博厄斯（Franz Boas）的影响。就葛维汉在华西的研究实践来看，博厄斯的理论显然经过葛氏的居中转译影响了华西协合大学人类学、考古学及博物学的发展。正是葛维汉注意到"华西民族处于十分快速的文化变迁之中，今后的五十年，今天华西汉、藏民族中广泛存在的文化要素，其大部分可能都不能保留下来"，因此葛维汉希望"通过援助博物馆搜集、保存和展示这些东西"③，最终借此发展壮大华西协合大学博物馆，并进而影响华西协合大学的人类学、考古学和博物馆学的研究路径。民国时期，基督教传教士从事的西南边疆研究逐步经历了世俗化与专业化的过程。虽然许多机构附设于教会大学之中，但宗教色彩已大为弱化，研究主体也渐由传教士转变成为职业性的学者。在这一过程中，华西边疆研究学会无疑是最具代表性。专业性的研究机构逐渐诞生，专业性的期刊陆续出版，西南边疆研究在体制上的"专业化"，既显示出近代西南边疆研究的逐步成熟，又为该领域的进一步发展提供了体制保障。这种从西方移植而来的"再疆界化"的进程，无疑主宰了 20 世纪学术发展的主要形式④。

第二节　"帝国想象"与"国族意识"：
政学关系语境中的西南边疆研究

　　一般认为，近代意义上的西南边疆研究兴起于 19 世纪中后期，这一波的边疆研究浪潮主要由外国学者所开拓。外国学者群体以学者、军官、传教士为主。民

---

① 转引自罗志田：《再造文明的尝试：胡适传（1891—1929）》，北京：中华书局，2006 年版，第 1—2 页。

② Gilles Deleuze and Felix Guattari, *Anti-Oedipus*, *Capitalism and Schizophrenia*, University of Minnesota Press，1983，pp.222 - 240.

③ D.C.Graham, "The West China Union University Museum", *WCMN*, No.1, (1933)：14.

④ 参见龙伟：《基督教与西南边疆研究的近代转型》，《中国史研究》（韩国），总 71 辑，2011 年 4 月版。

国边疆史学家徐益棠回顾中国边疆民族研究的历程，对此深有感慨，他说："我国边疆民族之研究，创始于外国之传教士、商人、领事、军事家、自然科学家，而尤以法国之天主教徒及英国之基督教徒为最有贡献。"[①] 李绍明在回顾西南民族研究时亦说：

> 在国人应用现代科学体系研究西南民族以前，西南民族研究的领域主要是由外国学者开拓的。近代，一些外国人先后进入西南地区，除了有的是直接为帝国主义侵华服务或传教外，也有不少学者进行了非常重要的研究工作……虽然他们的调查研究均有其特殊的时代背景，但他们对于西南民族研究引进了现代科学的方法，所形成的研究成果至今仍然十分有用，应该根据具体情况，予以区别对待。[②]

从根本上讲，外国人对东方的调查与研究，是西方殖民国家对世界范围的"未知"之地探险的一部分，它自 19 世纪上半叶时兴起以来迅速席卷了全球。宏观上看，20 世纪 20 年代成立的华西边疆研究学会无疑还是资本主义全球范围内殖民扩张的重要组成部分。自欧洲资本主义革命以来，资产阶级毫无例外地开始了全球性的扩展与征服，在军事领域其表现为殖民征服，而在宗教领域，与之相伴随的则是宗教的全球大奋兴。基督教在华的传教运动也因其与帝国主义殖民侵略的密切关系在很长时间内被视为帝国主义对华的"文化侵略"。上世纪 20 年代，瞿秋白就指出帝国主义侵略中国有四大方式，"文化侵略"即其中之一[③]。毛泽东在《中国革命和中国共产党》一文中也指出"文化侵略"是帝国主义侵略和压迫中国的形式之一，帝国主义"对于麻醉中国人民的精神的一个方面，也不放松，这就是它们的文化侵略政策。传教、办医院、办学校、办报纸和吸引留学生等，就是这个侵略政策的实施。其目的，在于造就服从它们的知识干部和愚弄广大的中国人民"[④]。在学术领域，宗教、学术与殖民之间的话语模式也在这一逻辑之内得以建立。马长寿在新中国成立前论人类学的发展的文章中就清晰展现这一内在逻辑：

---

① 徐益棠：《十年来中国边疆民族研究之回顾与前瞻》，《边政公论》，1942 年第一卷第 5—6 期合刊，第 51 页。

② 李绍明：《西南民族研究的回顾与前瞻》，《贵州民族研究》，2004 年第 3 期，第 53 页。

③ 瞿秋白：《瞿秋白文集》，北京：人民出版社，1988 年版，第 70—80 页。瞿氏言帝国主义侵略中国的步骤有四："一、强辟商场，二、垄断原料，三、移植资本，四、文化侵略。"

④ 毛泽东：《毛泽东选集》第二卷，北京：人民出版社，1991 年版，第 629—630 页。

人类学的发生原系由于帝国主义势力的扩张……欧洲先进国家莫不迫切
需要了解殖民地与民族、特别是野蛮民族的一切状况，这便成了如何控制殖
民地的主观要求。调查、探险，成了一时的风尚，商人们的日记和传教士的
报告等，就是当时人类学原始的资料。他们用白种人的尺度，来测量有色人
种的体质和文化，用基督教的教义，来判断异教徒的信仰、道德和制度，以
为统治殖民地民族的凭借。所以人类学最初实际只是一种蛮族学
（Barbarology）而为帝国主义侵略的工具。①

范发迪对此更有清醒的反思，他指出在帝国征服的背景之下，19 世纪在华兴
起的博物学研究是"科学帝国主义"的重要组成部分，这种学术研究事实上与帝
国政治有紧密的联系，科学与帝国殖民事业两者存在着共生关系，在某些情况下
两者构成了一个相互作用的回馈圈。范氏描述在帝国主义时代博物学的研究事实
上反映出在"西方中心观"支配下对世界范围内认知体系的塑造过程，他说：

在帝国背景下，博物学的活动——制图、采集、整理、分类、命名
等——不只代表探求事实（matter of fact）的科学研究，也反映出（某种文
化定义下）认知领域的侵略性扩张。"发现"一种新的鸟类或植物——用林
奈分类法或其它通用分类法加以分类，用严格的科学拉丁文加以描述，用西
方制图传统及技术加以再现，将实物标本转变为抽象科学观念及专门术语的
体现，用精确定义的图表展现其全球分布——也同时赋予这种定义自然、事
实和知识的方式一个特殊的地位。在 19 世纪，科学考察的核心观念与行动
包括采集、测量、制图与旅行，而其最终目的是要全面而精确地书写全球博
物史。这种信念源自于与欧洲扩张相伴而生的地理与自然观，也源自于认为
欧洲科学家有权"客观地"游历观察世界其它大陆的假设。②

虽然马氏所说"工具论"与范发迪认为的"共生"关系颇有差异，不过两者
却都在事实上部分地揭示了近世以来"宗教""科学"与"帝国主义"间的内在
关系，因而有其合理的部分③。可以肯定的是，基督教的传教运动、以及传教士

① 马长寿：《人类学在我国边政上的应用》，《边政通讯》，第 6 期，第 5—6 页。
② 范发迪著、袁剑译：《清代在华的英国博物学家：科学、帝国与文化遭遇》，北京：中国人民大学出版社，2011 年版，第 114 页。
③ 有关"文化侵略"之认识，参见陶飞亚：《"文化侵略"源流考》，《文史哲》，2003 年第 5 期；王立新：《"文化侵略"与"文化帝国主义"：美国传教士在华活动两种评价范式辨析》，《历史研究》，2002 年第 3 期。

在华从事的科学研究与帝国主义军事殖民的确存在着千丝万缕的联系，早期传教士在华的大多数工作都从帝国主义的枪炮中受益，而传教士的福音工作、科学探险也在一定程度上产生了有利西方政治、军事侵略的客观效果，即所谓与帝国政治存在共生性的关系。在这种"工具论"下，人类学诚如马长寿所言的实际只是一种"蛮族学"，是在西方文明偏见中服务于西方扩张的人类学早期形态。不过"工具论"的解释，其缺点也显而易见，即它过分强调了帝国主义与殖民地国家的对立关系，并不足以全面认识基督教在华的历史角色①。

自 20 世纪以来，人类学的发展正逐步超越早期"蛮族学"的形态，与此同时无论是传教，还是学术，基督教大多竭力与政治和军事侵略划清界限。但如果按西方 60 年代兴起的"文化帝国主义"的解释方式，即帝国主义不仅仅是军事或政治的殖民侵略现象，那么学术研究的这一界限划分也不足以澄清其与帝国主义的干系②。传教士在华从事的学术研究仍然自觉或不自觉地成为整个帝国主义生产方式、知识体系、体制观念传播链条中的重要环节③。以华西边疆研究学会及其骨干葛维汉为例。华西边疆研究学会之所以能够开展学术研究，在学会初期无疑是因为会员对西南边疆极大的探险兴趣，在西方世界对科学技术的领先感、特定的荣誉观念、文化自信与自负的"帝国想象"的驱动下完成的。他们采用西方的知识框架、认识方法来处理中国的未知之物，将未知的物种纳入西方的知识分类体系中，给未知的山峰确定名字，标示清楚的坐标、测量其高度，使之成为西方知识体系中明确的一个部分。至于学会中后期的工作，则愈来愈多地受到西方

---

① Stephen Neill, *Colonialism and Christian Mission*, New York，1966.

② 如果说第一种"文化侵略"的模式可以从传教士是否实际参与西方政治与军事殖民的活动成为其"帮凶"来加以判断的话，那么"文化帝国主义"就是一种历史存在，是任何身处其时代的传教士都无法逃避的处境和客观实在。"文化帝国主义"大致在 60 年代中后期出现于西方理论界，用于解释西方与不发达国家之间的文化关系，并发展成为后殖民批评的主要理论之一。参见约翰·汤林森著、冯建三译：《文化帝国主义》，上海：上海人民出版社，1999 年版。何伟亚在他的新著《英国的课业：19 世纪中国的帝国主义教程》中提到帝国主义不仅仅是一个军事与枪炮的过程，同样也表现为一个文化的过程。这一论识同样可以在以萨义德为首的西方后殖民主义的经典论著中读到。何伟亚著、刘天路译：《英国的课业：19 世纪中国的帝国主义教程》，北京：社会科学文献出版社，2007 年版；萨义德著、王宇根译：《东方学》，北京：生活·读书·新知三联书店，1999 年版。

③ 已有众多的学者采用"文化帝国主义"的模式来分析基督教在华的传教运动。例如：Harris，"Cultural Imperialism and American Protestant Missionaries：Collaboration and Dependency in Mid-Nineteenth Century China"，*Pacific Historical Review*，Vol.60，No.3，（1991）：320 - 326.

各个不同组织与机构的赞助，接受它们的捐款，也为这些机构和组织提供学术服务。葛维汉之所以开始他的学术探索，很大的原因在于史密斯索尼学院能够为他的探险提供经费的资助，而葛氏给史密斯索尼学院的回报则是，为史密斯索尼学院送去约四万件标本，有二百五十个新物种，其中有二十九个以他的名字命名。葛维汉抓住了两只大熊猫并将它们作为中国政府送给美国的礼物送到了布郎克斯动物园。他还负责抓住了一只名叫"潘多拉"的大熊猫，送到 1939 年世界博览会上展出①。"潘多拉"的命运事实上隐喻了地方性的物种、文化是如何被卷入帝国主义知识生产、审美需求的过程，博物学的发展显然与帝国海外殖民的世界格局暗相呼应。范发迪明确指出，19 世纪下半叶，西方人的田野博物学研究伸展到中国内陆。这个过程与英帝国主义势力在中国的扩张有密切的关系，同时也与中国人因应此一变局的方式有关。这个时期，在华的博物学研究主要呈现出以下三个明显的特征：

（1）英国"非正式帝国"（Informal Empire）在中国的扩张。帝国势力透过领事机构、中国海关，以及各式各样的商务与传教组织，在支持与执行博物学研究上，扮演了一定角色。（2）在中国的西方社群中，汉学与博物学的交织发展。长居中国的洋人，尤其是传教士及领事、海关人员，因职务所需及兴趣学习中文，研究中国文化和古籍，也进而对中国的博物学感到好奇。他们结合汉学与博物学，阅读中国古代对动植物的记载，如本草、农书、花谱等。（3）内陆田野工作机会的增加，也对博物学研究范围产生正面影响。地理空间的扩张，不但使得博物学者能较广泛地调查中国各地区的动植物，也因而渐能拼凑一个较完整的动植物分布图像。这类的研究只有从田野间的实地观察做起。虽然采集、鉴定、分类仍是他们研究的要务，但在结合生物地理空间分布的知识后，对当时刚起步的生物地理学与生态学有奠基的功用。此外，博物学者也从田野的实作经验中，获得了博物学研究不可或缺的在地知识（Situated Knowledge）。②

范发迪所言，大抵还是 19 世纪下半叶的情形，这种情况在 19 世纪末及 20 世纪上半叶也发生了较大的变化。特别是 20 世纪上半叶，近代中国越来越与西方世界产

---

① 苏珊·R.布朗著、饶锦译：《在中国的文化人类学家——戴维·克罗克特·葛维汉》，收入李绍明、周蜀蓉选编：《葛维汉民族学考古学论著》，成都：巴蜀书社，2004 年版，第 217 页。

② 范发迪著，袁剑译：《清代在华的英国博物学家：科学、帝国与文化遭遇》，北京：中国人民大学出版社，2011 年版，第 6 页。

生紧密的联系。其中一个重要的变化即是这些博物学的研究已由传统的、分散的、个人的研究转变成为有组织的、有机构的团队行为，无论是与中国社会，还是与西方政治，它都联系得更为紧密，更具合法性。柯尔曾言："在 19 世纪末，国家、民众、学术的自豪感与政府对科学文化的援助相结合，尤其是与大量资本主义慈善事业的输出，引起了令人难以置信的大量机构投身于收藏和展示科学和人工作品的现象。"① 虽然这些学术性的活动看上去与武装侵略毫无关系，甚而还是一场文化救助运动，但无法否认的是，这些活动恰恰构成资本主义知识体系生产过程中的一环。美国洛克菲勒基金会负责人盖茨曾明确地讲：

> 从长远观点来看，英语国家的人民所从事的传教事业，带来的最终结果必将是和平地征服世界——不是政治上的支配，而是在商业、制造业、文学、科学、哲学、艺术、思想、道德和宗教上的控制，传教事业在未来的几代将在各个领域获得收益，其发展前途远比现在更为远大。②

毫无疑问，华西边疆研究学会对西南边疆研究的工作与西方殖民主义有着内在的天然联系，它原本就是西方文化系统的重要组成部分，是西方为中心的"权力话语"重绘世界图景的重要方式。而且从华西边疆研究学会的研究方式、学术方法上看，虽然它强调历史的客观、文化的多样，但大多数的研究的确是基于西方中心主义这样的帝国想象基础之上的，其在华的人类学调查与田野实践虽然有助于改变萨义德在《东方学》里所论述的西方对东方"虚构"与"想象"的成分③，但它的成就与问题就好比早期人类学饱受批评的那样，它虽然深入异邦蛮族同吃同住同交流，但从根本上看，人类学的出发点就带有明显的文化优越感。

华西边疆研究学会的成立与衰亡都与政治格局有紧密的关系，也是民国时期政学关系中值得关注的个案。其一，华西边疆研究学会受到整个世界政治格局走向的影响。如前所述，它的成立本来就与西方世界范围的殖民扩张有内在的联系，也可以说是西方文化扩张的一个组成部分。其二，学会的工作、命运也深受

---

① 苏珊·R.布朗著、饶锦译：《在中国的文化人类学家——戴维·克罗克特·葛维汉》，收入李绍明、周蜀蓉选编：《葛维汉民族学考古学论著》，成都：巴蜀书社，2004 年版，第 226 页。

② Arthur H.Smith, *China and America Today*, New York, 1907, p.236.

③ 萨义德指出：自古希腊开始，在欧洲各种历史、哲学、文学等著作中呈现出来的东方，并非一种历史存在的真实的东方，而是西人对东方的一种文化构想物，一种人为的话语实践，西方人以此来陪衬和确证自身的优越感。更多内容参见萨义德著、王宇根译：《东方学》，北京：生活·读书·新知三联书店，1999 年版。

中国政局影响，学会历史再现了近代学术变迁与社会、政治、经济的相互影响。20世纪20年代，中国人的民族意识深刻觉醒，反帝爱国运动如火如荼，先后爆发非基督教运动、五卅运动、收回教育权运动和北伐时的反帝活动。尤其是"五卅惨案""万县惨案""南京惨案"，更激化国人的民族意识。各地教会、教会学校受到冲击，骚乱事件和退学风潮频仍。华西基督教亦越来越多地卷入非基督教运动的"冲击"漩涡，遭遇了继"庚子事件"之后又一次华西宣教"危机"，传教士们纷纷转移到东部沿海口岸，这就是华西传教士文档中提及的1927年"大撤离"。作为传教士人类学组织的学会在劫难逃，学术活动被迫中断，大多数人撤离华西。如戴谦和所言，1927年的革命导致大多数学会成员离开华西，造成准备出版的文章长时间搁在编辑手中①。直到1928年底，学会的考察、讲座及出版活动才得以恢复。30年代在相对稳定的政局中，学会终于迎来兴盛，学会的兴盛虽然与学会会员的不懈努力有关，但最根本性的刺激则来自抗战后中国学术重心的西移，"华西坝"成为民国时期学术研究的重镇。与此同时，国家、民族对西南边疆研究的重视程度也达到前所未有、"空前绝后"的高度②，这些政治因素共同催生了学会的繁荣。与之相对应，随着抗战胜利后各单位的复员，大批学者从四川撤离，学会也不可避免地呈现出下滑的趋势。而在中华人民共和国成立之后，特别是朝鲜战争爆发后，中国政府为彻底根除教会内的"帝国主义分子"、肃清"帝国主义影响"的举措，最终导致学会终止了活动。这些都明确反映出学会的命运与国家政治是密切相关的，任何学术活动事实上并不可能完全游离在政治的背景之外。再者，地方局势的变化也对学会的研究带来影响。华西边疆研究学会地处西蜀，其展开研究的田野主要是西南边疆，尤其是川康藏边区，民国时期地方局势对学会的科学考察、田野调查以及考古发掘也会产生微妙的影响。特别是在川政统一之前，四川军阀割据严重，各地方势力、土匪、袍哥都可能会对以外国人为主体的研究学会的正常学术考察造成影响。揆诸实情，华西边疆研究学会在20年代筹划的多次科学考察就是因为地方局势的紧张以及匪祸横行而被迫推迟，华西大学博物馆主持的首次对三星堆的考古发掘则是得到地方军政长官的首肯，并派出士兵保护后才得以顺利开展。这些都表明，在学会的具体操作上，学

① D.S.Dye, "Foreword", *JWCBRS*, Vol.3, (1929)：7-8；四川大学博物馆馆藏档案编号：Ⅰ—C—2—2375：1928年10月戴谦和给学会会员的信。
② 马长寿：《十年来边疆研究的回顾与展望》，蒙藏委员会《边疆通讯》，1947年第4期，第1页。

会活动范围内的政治组织、政治环境在很大程度上关系到学术工作是否能正常开展，而国家政治局势的发展则直接关系到学术机构的命运。华西边疆研究学会深受世界政治格局、近代中国政治与西南区域政治的三重影响，它的研究行为、迁变历程无不反映出时代语境下政治、学术、社会三者的互动关系。

具体从华西边疆研究学会的发展历程上看，如果说早期学会的发展明显带有以传教士群体为核心，带着典型的"帝国想象"展开对西南边疆研究的特征的话，那么30年代的学会会员明显表现出一种更大的包容度、混杂性，而其学术风格则更多带有强烈的"国族意识"。这种转变过程事实上是多年潜移默化、相当复杂的历程，不过从较宏观的视角上看，也不难看出一些基本的轨迹。

其一，抗战军兴、国府西迁的政治大背景，使文化的中心从北平、上海转移到内地，这为华西边疆研究提供了丰富的人员储备。20世纪以来，随着西方殖民统治在世界范围内不断扩展，殖民地国家民族意识随之高涨，民族意识日益强化的国人以民族运动冲击着外国人在华的各种事业，基督教更是首当其冲。30年代初期，学会传教士因应时代潮流对其组织机构进行改革，尽可能地吸纳众多来源的学术力量，使其在30年代看起来更加多元化，更加开放与宽容。随着大批文化、学术机构的内迁，葛维汉表示说："在华西的中国学者越来越多，学会欢迎更多的中国学者成为我们学会的会员，这将给学会带来新的活力，同时也帮助将学会发展成为一个规模更大的组织。"刘延龄说："对于中国成员的加入以及中国同事们表现出的研究热情，我深感喜悦。对于一个一开始由西方人组建的组织而言，学会正在变得越来越国际化，这也是学会自创始之初赖以不断成长的原因和动力。我们还将继续致力于与我们的中国同事一道开展更多的活动，发展更多的会员。"黎富思提出应鼓励那些还没有与学会有所联系的中国年轻人参与到学会的工作中来[1]。部分传教士更认识到"华西的问题只有华西的人们才能解决"[2]。这些思想的转变，促使学会不断地以开放的姿态朝着国际化的学术机构迈进，学会新章程第三条规定，"（学会）对该领域的科学研究感兴趣的任何人都开放"[3]。

① D.C.Graham, "Presidential Address", R. G. Agnew, "Presidential Address", C. D. Reeves, "Presidential Address", *JWCBRS*, Vol.9, (1937): 225 - 226.Vol.10, (1938): 241 - 245.Vol.19, (1941): 61 - 65.

② C.D.Reeves, "Presidential Address: Proceeding of the Society", *JWCBRS*, Vol.13, (1941): 61 - 65.

③ "Proposed Constitution of The West China Border Research Society", *JWCBRS*, Vol.16.B, (1946): 220 - 221.

这表明学会的态度是，不论其国籍和居住地、宗教信仰、政治倾向、学术背景乃至立场观点诸多不同，只要对华西边疆研究感兴趣，任何人都可以加入其中。学会逐步从华西基督教旗帜下的一个传教士人类学社团嬗变为一个国际化、学术化、综合性的社团。"国际化"取代了"区域化"，"学术化"代替了"基督化"，"全盘西化"迁移为"中西融合"，科学研究与传教活动逐渐剥离。

抗战以来，随着大量政治、经济、文化机构的内迁，大批的中国知识精英来到华西，为西南边疆研究提供了丰富的人才储备，也为学会的发展带来了契机。学会也审慎地同意部分优秀的中国研究者加入学会，到 30 年代后期，学会已拥有中国籍会员五十六人。40 年代在学会成员总体呈下降趋势之时，入会的中国学者呈上升态势，例如 1940 年新增七人，1941 年新增五人……截至 40 年代后期，新增中国会员六十一人。在学会历史上有一百一十八名中国人入会，占会员总数的 21.6%①。这些入会的中国学者大多有西学背景和留学经历，在民族意识驱动下活跃在华西研究领域。他们善于运用西方科学理论方法去考察边疆，从不同视角去研究华西社会，在与西方同人的交流中提升自身学术水平，以期弘扬中华文化，改变中国学者几乎"失语"的现状。中国籍学者的加入在很大程度上改变了学会的面貌。40 年代，学会的会刊（第 12 卷至第 16 卷）共发表九十五篇文章，其中西人三十七篇、本土学者共五十八篇，本土学者发表文章数量占总数的 61%。1943 年学会秘书郑德坤致函中国文化研究所所长闻宥，无比自豪地说，学会现在拥有数量多、质量高的学术文章，其中部分是西方学者的，而大部分是中国学者的②。中国学者的研究突破传统思维模式，借鉴西方先进的思维理论与方法，在对华西进行实地考察的基础上进行多学科研究，其研究结果是本土化的成果，且不乏该领域的开拓之作。与之同时，本土学者积极推进与国民政府合作、与国内学界的互动，以期让更多的四川乃至华西的中国学者聚集到学会中来，共同研究边疆，使之成为该地区的学术重镇③。中国学者在学会的崛起，与抗战前夕"中国学术界曾一度呈现突飞猛进的

---

① 资料源于附表:《华西边疆研究学会会员表（1922—1950）》。

② 四川大学博物馆馆藏档案编号：I—C—1—2001：1943 年学会秘书郑德坤博士致华西协合大学中国文化研究所所长闻宥函。

③ S.C.Yang, "Presidential Address", *JWCBRS*, Vol.8, (1936): 185-187.

进步"① 的学术潮流相因应。

其二，西南边疆在国家抗战复兴的历史使命中的地位日益上升，这使华西边疆研究学会在 30 年代的地位、研究的内容、学术的宗旨都发生了很大的转变。学会的本土会员服务国家、服务民族的"国族意识"日益强烈。整个国家，包括学术机构都统一在"抗战建国"的主题之下，因而确定了学会研究的母题与本色。

抗战时，西南边疆的地位陡然上升，华西地区成为"民族复兴"基地和"抗战建国"后方，倍受政府与学界的关注。边疆研究与"其它学科的研究恰然相反，呈现一种空前的热烈与紧张"②，成为当时学术领域中最流行的学问。一些学术机构、政治团体纷纷将边疆研究纳入"爱国救亡运动"之中，"各地学术专家亦在响应政府倡导，从事边疆问题之研究"③。受此刺激，众多学者投身研究边疆问题，边疆研究机构及学术刊物也如雨后春笋大量涌现；与此同时，政府机关及社会团体也组织了不少边疆考察和研究活动④。

本土学者尤其容易受到社会局势的影响，也更倾向于与民族主义思潮结合。华西边疆研究学会本土学者积极参加政府、社会及学界组织的考察和研究活动，希望能将学术研究与国家"抗战建国"的历史使命结合，为国家、为抗战、为民族的复兴出力和服务。观察学会中杨少荃、方叔轩、李安宅、于式玉、李方桂、刘承钊、侯宝璋、陈耀真、刘恩兰、胡秀英、蓝天鹤、吴金鼎、郑德坤、冯汉骥、闻宥、方文培等本土学者在 30 年代的思想动态与研究旨趣，当不难看到许多研究中都反映出深沉的民族情感。以植物学家方文培为例，1932 年，已经在四川做过四年有余植物考察和采集的方文培发表了《中国植物学发达史略》一文。在该文中，方文培把中国植物学史追溯到神农时代，并以不少篇幅梳理道咸以降在华采集植物的西方植物学家。尽管方氏承认西洋人对中国近代植物学有重要的贡献，

---

① 马长寿说，"（民国）二十五年（1936）以前，中国学术界曾一度呈现突飞猛进的进步"。徐益棠说，"（民国）十九年（1930）虽政局阢陧不定，而国人之科学研究殊突飞猛进。中央研究院之成立，又成为学术研究之主要机构。当是时，科学考察团之纷起，尤足以突破中国科学史上之记录"。更多内容参见马长寿：《十年来边疆研究的回顾与展望》，蒙藏委员会《边疆通讯》，1947 年 4 月第 4 卷第 4 期，第 1—5 页；徐益棠：《十年来中国边疆民族研究之回顾与前瞻》，《边政公论》，1942 年第 1 卷第 5—6 期合刊，第 51—63 页。

② 马长寿：《十年来边疆研究的回顾与展望》，蒙藏委员会《边疆通讯》，1947 年 4 月第 4 卷第 4 期，第 1—5 页。

③ 张伯怀：《服务运动之重要》，《边疆服务》，1943 年 6 月第 2 期。

④ 杨天宏：《基督教与中国"边疆研究"的复兴》，《四川大学学报》（哲学社会科学版），2008 年第 1 期，第 31—45 页。

但他认为"西洋以科学方法研究之植物学输入中国，学校课程中始列入植物学，惟其材料，最初大部分系采取欧美及日本之适合我国情形者用之耳。仍非纯粹之中国植物学也"。有鉴于此，方文培呼吁应该建立"以中国植物为材料"的"纯粹之中国植物学"[1]。方氏致力建立的"中国植物学"明显蕴涵着学科独立的民族情感。而另一位植物学家胡秀英则撰写有《植物学与民族复兴》，彻底将人们日常观念中纯粹的植物学研究与民族意识联系起来。胡秀英在文中谈到植物学与民族复兴的基本问题——优生学的问题。胡氏指出欧美国家利用基因遗传原理来避免先天疾病，胡文说："这些急进的思想我们暂且不提，可是别国所实行有效之优生方法，我们不能再漠视之。这次的国难虽使我们觉产生优良健壮国民之重要，因为优良健壮之国民，就是建国的基础，所谓优良健壮之国民，必须身体强壮，精神丰富，智力充足，脑筋健全。"[2] 无论是方文培提倡的"中国植物学"，还是胡秀英基于民族复兴提倡的优生论，都可以看到在30年代抗战复兴的历史语境下，科学研究与国族意识的紧密结合。

此外，不少的西方学者亦融入了中国人民反法西斯侵略事业。1937年，葛维汉代表华西协合大学参加由四川省政府组织，瑞典考古学家安德生、中央研究院考古所祁延霈、国立四川大学周晓和等人组成的西康地质与考古考察团前往西康地区考察。这是中外学者第一次与当地政府合作进行科学考察，收集到的文物资料归国立四川大学保存[3]。1941年、1942年，葛氏又加入中国教育部、中华基督教全国总会联合组织的边疆服务团前往川西考察羌人礼俗宗教，为羌人修建了一所学校。他对羌人、川苗进行田野调查（1933－1948）和研究，成为当时的中国政府制定部落民政策的基础[4]。1937年，丁克生在华西协合大学开设农业基础课程，为华西地区培养科技人才，长期进行华西传统农业与畜牧业改良，开拓该地区近现代农业与畜牧业，又与化学教授徐维理联合领导华西天然食品研究项目。徐维理教授染色学，研究华西天然染料，支持中国反法西斯战争，为抗战军用毛毯解决染料退色难题，获得国民政府颁发的奖状。

过去人们曾经将华西边疆研究学会单纯看作是帝国主义文化侵略的工具、

----

① 方文培：《中国植物学发达史略》，《科学世界》，1932年第一卷第2期，第125页。
② 胡秀英：《植物学与民族复兴》，《华大农学》，1932年12月1日，第47页。
③ D.C.Graham, "An Expedition to the China-Tibetan Border", *JWCBR*, Vol.9, (1937): 215–217.
④ 《边疆服务》编辑：《葛维汉边区研究兴趣高》，《边疆服务》，1943，创刊号，第20页；李绍明、周蜀蓉选编：《葛维汉民族学考古学论著》，成都：巴蜀书社，2004年版，第217、256页。

"反动学术机构"，殊不知它也是近代中西文化交流的产物，它的发展变化是近代中西文化交流史的重要组成部分。作为西南边疆研究的第一个近代机构，华西边疆研究学会对于促进近代西南边疆研究的转型起着某种程度的示范与导向的作用。学会强调田野调查与文献结合的研究方法，将人类学与汉学共冶一炉的学术风格，都为近代西南边疆研究奠定了扎实的学术基础，为中西文化的相互了解、互动与整合作出了重要贡献。无论从哪个角度来观察，华西边疆研究学会都无疑是中国近代学术史及中西方文化交流史上不可或缺的篇章。

《华西边疆研究学会历届执行委员会名单(1922－1950)》

MEMBERS OF THE EXECUTIVE COMMITTEE OF WEST CHINA BORDER RESEARCH SOCIETY(1922－1950)

年份	会长	副会长	财务总管	秘书	图书室主任	编辑	执行委员	其他
1922－1923	W.R.Morse 莫尔思	G.G.Helde 赫立德	D.L.Phelps 费尔朴	E.Dome 冬雅德		J.Beech 毕启	J.Beech 毕启	
1923－1924	G.G.Helde 赫立德	J.Beech 毕启	D.L.Phelps 费尔朴	A.J.Brace 布礼士		J.Beech 毕启	E.C.Wilford 胡祖遗	
1924－1925	G.G.Helde 赫立德	J.Beech 毕启	D.L.Phelps 费尔朴	A.J.Brace 布礼士		D.S.Dye 戴谦和	G.G.Helde 赫立德	
1925－1926	W.R.Morse 莫尔思	G.M.Franck 傅文博	H.D.Brown 包忠	D.S.Dye 戴谦和		D.S.Dye 戴谦和	L.G.Kilborn 启真道	
1926－1929	W.R.Morse 莫尔思	T.E.Plewman 彭普乐	H.D.Brown 包忠	D.S.Dye 戴谦和		D.S.Dye 戴谦和	L.G.Kilborn 启真道	
1929－1930①	D.S.Dye 戴谦和	T.Torrance 陶然士	O.G.Starrett 苏德箴	L.G.Kilborn 启真道		L.G.Kilborn 启真道	A.W.Lindsay 林则	
1930－1931	D.S.Dye 戴谦和	A.W.Lindsay 林则	O.G.Starrett 苏德箴	L.G.Kilborn 启真道		L.G.Kilborn 启真道	T.Torrance 陶然士	

① West China Border Research Society Officer List,Feb.21,1930.1－C－2－114,Sichuan University Museum.

续表

年份	会长	副会长	财务总管	秘书	图书室主任	编辑	执行委员	其他
1931—1932	D.S.Dye 戴谦和	S.H.Liljestrand 李哲士	D.L.Phelps 费尔朴	L.G.Kilborn 启真道		L.G.Kilborn 启真道	F.Boreham 罗四维	
1932—1933	W.R.Morse 莫尔思	S.H.Fong 方叔轩	A.J.Brace 布礼士	L.G.Kilborn 启真道		L.G.Kilborn 启真道	F.Boreham 罗四维	荣誉主席 J.H.Edgar 叶长青
1933—1934	S.H.Liljestrand 李哲士	S.C.Yang 杨少荃	W.R.Albertson 曾思孔	D.C.Graham 葛维汉		L.G.Kilborn 启真道	W.R.Morse 莫尔思	荣誉主席 J.H.Edgar 叶长青
1934—1935①	A.J.Brace 布礼士	S.C.Yang 杨少荃	W.B.Albertson 曾思孔	D.C.Graham 葛维汉		Vol.VI L.G.Kilborn 启真道 Vol.VII W.G.Sewell 徐维理	S.H.Liljestrand 李哲士	审计委员 G.S.Bell 钟善亭 B. Bassett 白思德 编辑委员 L.G.Kilborn 启真道 O. Jolliffe 李芝田 D.L.Phelps 费尔朴 W.G.Sewell 徐维理 会员委员 S.C.Yang 杨少荃

续表

年份	会长	副会长	财务总管	秘书	图书室主任	编辑	执行委员	其他
1935—1936 (1-C-2-209)	S.C.Yang 杨少荃	D.C.Graham 葛维汉	G.M.Frank 傅文博	T.E.Plewman 彭普乐		W.G.Sewell 徐维理	A.J.Brace 布礼士	D.C.Graham 葛维汉 F.A.Smalley 司马烈 任命会员 J.E.Lenox 冷乐施 W.Crawford 高子嵩 J.Neava 倪尧然 荣誉主席 J.H.Edgar 叶长青 编辑委员 D.C.Graham 葛维汉 J.Kitchen 秦约翰 Mrs.O.Jolliffe 李芝田夫人 任命会员 G.Sparling 宋道明 W.R.Morse 莫尔思 H.D.Robertson 罗成锦 会员委员 L.Tompkinson

年份	会长	副会长	财务总管	秘书	图书室主任	编辑	执行委员	其他
1936—1937	D.C.Graham 葛维汉	R.G.Agnew 刘延龄	R.L.Simkin 沈克霆	D.S.Dye 戴谦和		Vol.VIII W.G.Swell 徐维理 Vol.IV L.G.Kilborn 启真道	S.C.Yang 杨少荃	R.C.Spooner 董克圣 陈普仪 L.G.Tsang 张凌高 审计委员 J.E.Moncrieff 孟克明 G.S.Bell 钟蒂孚
1937—1938 (1—C—2—17)	R.G.Agnew 刘延龄	T.E.Plewman 彭普乐	R.L.Simkin 沈克霆	D.C.Graham 葛维汉		English L.G.Kilborn 启真道 Chinese T.K.Cheng 郑德坤	D.S.Dye 戴谦和	编辑委员 W.G.Swell 徐维理 L.G.Kilborn 启真道 T.E.Plewman 彭普乐 T.K.Cheng 郑德坤 任命委员 D.S.Dye 戴谦和 H.G.Brown

续表

年份	会长	副会长	财务总管	秘书	图书室主任	编辑	执行委员	其他
1938—1939 (Ⅰ-C-2-168)	T.E.Plewman 彭普乐	S.H.Fong 方叔轩	R.L.Simkin 沈克靈	D.C.Graham 葛维汉	Mrs.J.S.Kennard 解雅夫人	English L.G.Kilborn 启真道 Chinese K.C.Liu 刘益芝	R.G.Agnew 刘延龄	饶和美 D.L.Phelps 费尔朴 R.A.Peterson 毕德生 会员委员 S.H.Fong 方叔轩 J.H.Lechler 路景荣 审计委员 E.Hibbard 海布德 J.E.Moncrieff 孟克明 编辑委员 L.G.Kilborn 启真道 K.C.Liu 刘益芝 Mrs.J.S.Kennard 解雅夫人 D.L.Phelps 费尔朴 会员委员 H.J.Mullett 吉士道 H.Li 李矞

续表

年份	会长	副会长	财务总管	秘书	图书室主任	编辑	执行委员	其他
1939—1940①	S.H.Fong 方叔轩	C.D.Reeves 黎富思	R.L.Simkin 沈克荦	L.C.Walmsley 黄思礼	Mrs.J.S.Kennard 解维夫人	Chinese T.K.Cheng 郑德坤	D.S.Dye 戴谦和	D.L.Phelps 费尔朴 Mrs.O.J.Dudley 杜华芳 审计委员 E.Hibbard 海布德 J.E.Moncrieff 孟克明 任命委员 D.S.Dye 戴谦和 R.L.Simkin 沈克荦 F.Dickinson 丁克生
1940—1941	C.D.Reeves 黎富思	P.C.Hou 侯宝璋	R.C.Spooner 陈普仪	T.K.Cheng 郑德坤	Mrs.D.C.Graham 葛维汉夫人	Series A D.C.Graham 葛维汉 Series B K.J.Richardson 理查森夫人	S.H.Fong 方叔轩	编辑委员 Mrs.J.S.Kennard 解维夫人 会员委员 S.H.Fong 方叔轩

① West China Border Research Society Officer List, 1939.1-C-2-131, Sichuan University Museum.

续表

年份	会长	副会长	财务总管	秘书	图书室主任	编辑	执行委员	其他
						Series A D.C.Graham		C.S.Lo 罗忠恕 R.C.Spooner 陈普仪 审计委员 E.Hibbard 海布德
1941—1942	L.G.Kilborn 启真道	P.C.Hou 侯宝璋	R.C.Spooner 陈普仪	T.K.Cheng 郑德坤	Mrs.D.C.Graham 葛维汉夫人	K.J.Richardson 理查森夫人 Series A D.C.Graham 葛维汉 Series B K.J.Richardson 理查森夫人	S.H.Fong 方叔轩	编辑委员 Mrs.J.S.Kennard 解维汉 T.K.Cheng 郑德坤
1942—1943	P.C.Hou 侯宝璋	H.L.Richardson 理查森	R.C.Spooner 陈普仪	T.K.Cheng 郑德坤	Mrs.D.C.Graham 葛维汉夫人	Series A D.C.Graham 葛维汉 Series B D.C.Graham 葛维汉	L.G.Kilborn 启真道	
1943—1944①	H.L.Richardson 理查森	A.C.Li 李安宅	R.C.Spooner 陈普仪	T.K.Cheng 郑德坤	Mrs.D.C.Graham 葛维汉夫人	Series A D.C.Graham 葛维汉	P.C.Hou 侯宝璋 D.S.Dye 戴谦和	

续表

续表

年份	会长	副会长	财务总管	秘书	图书室主任	编辑	执行委员	其他
						Series A D.C.Graham 葛维汉 T.K.Cheng 郑德坤 Series B C.C.Liu 刘承钊 D.C.Graham 葛维汉	E.L.Liu 刘恩兰 S.Y.Hu 胡秀英 S.Y.Li 李小缘 Y.H.Lin 林耀华 K.Chang 张奎	
1944—1945	A.C.Li 李安宅	W.P.Fenn 芳威廉	R.C.Spooner 陈普仪	T.K.Cheng 郑德坤	Mrs.D.C.Graham 葛维汉夫人	T.K.Cheng 郑德坤 葛维汉	D.S.Dye 戴谦和	
1945—1946①	W.P.Fenn 芳威廉	A.C.Li 李安宅	B.Harland 韩博能	T.K.Cheng 郑德坤	Mrs.D.C.Graham 葛维汉夫人	Series A D.C.Graham 葛维汉 T.K.Cheng 郑德坤	D.S.Dye 戴谦和	

续表

年份	会长	副会长	财务总管	秘书	图书室主任	编辑	执行委员	其他
						Series B C.C.Liu 刘承钊 D.C.Graham 葛维汉	D.S.Dye 戴谦和 C.C.Liu 刘承钊 A.C.Li 李安宅 李安宅 C.S.Lo 罗忠恕	顾问 A.W.Lindsay 林则 L.Chen 陈玄 W.C.Ho 何文俊 H.S.Fong 方叔轩 C.S.Lo 罗忠恕
1946—1947	C.C.Liu 刘承钊	L.G.Kilborn 启真道	L.G.Kilborn 启真道	T.K.Cheng 郑德坤	Mrs.A.W.Lindsay 林则夫人	葛维汉 D.C.Graham T.K.Cheng 郑德坤 葛维汉 D.C.Graham C.C.Liu 刘承钊 Series B Series A	D.S.Dye 戴谦和 T.K.Cheng 郑德坤 C.C.Liu 刘承钊 A.C.Li 李安宅 D.C.Graham 葛维汉	顾问 H.S.Fong 方叔轩 W.C.Ho 何文俊 A.W.Lindsay 林则
1947—1948	S.H.Ljestrand 李荣士	T.H.Lan 蓝天鹤	E.R.Cunningham 韩培林	T.K.Cheng 郑德坤	Mrs.A.W.Lindsay 林则夫人	D.C.Graham 葛维汉 T.K.Cheng 郑德坤 郑德坤 Series B W.G.Sewell 徐维理 Series B C.C.Liu 刘承钊 刘承钊	D.C.Graham 葛维汉 T.K.Cheng 郑德坤 A.C.Li 李安宅 L.G.Kilborn 启真道	

续表

年份	会长	副会长	财务总督	秘书	图书室主任	编辑	执行委员	其他
1948—1949①	T.H.Lan 蓝天鹤	W.G.Sewell 徐维理	E.R.Cunningham 韩培林	T.K.Cheng 郑德坤 W.C.Sewell 徐维理	Mrs.A.W.Lindsay 林则夫人	Series A L.G.Kilborn 启真道 Series B C.C.Liu 刘承钊		S.H.Liljestrand 李哲士 P.C.Hou 侯宝璋 A.W.Lindsay 林则 D.S.Dye 戴谦和
1949—1950②	W.G.Sewell 徐维理	S.Y.Chen 陈思义	E.R.Cunningham 韩培林	C.Bright 白天宝	Mrs.A.W.Lindsay 林则夫人	Chief L.G.Kilborn 启真道 Series A E.Wilmott 云从龙 Series B C.C.Liu 刘承钊	T.H.Lan 蓝天鹤 D.L.Phelps 费尔朴 H.F.Sheo 邹海帆	

资料来源：
1. 1922年—1934年执行委员会资料主要参照《华西边疆研究学会杂志》第5卷。1944年—1947年执行委员会资料主要参照《华西边疆研究学会杂志》第15卷、第16卷。
2. 四川大学博物馆馆藏历史档案。

① West China Border Research Society Officer List,1948.I－C－2－003,Sichuan University Museum.
② West China Border Research Society Officer List,1949.I－C－2－004,Sichuan University Museum.

《华西边疆研究学会会员表 (1922－1950) 》说明

1. 本表主要依据《华西边疆研究学会杂志》（1922－1946）所刊载的会员信息、四川大学博物馆收藏的华西边疆研究学会原始档案中保存的会员名册，经过统计，目前可以确认的会员有五百四十三名，实际会员大于这个数字。笔者对每个会员尽可能地予以考证，详细列表于后，会员表格内容主要是：会员英文名、中文名、国籍、身份或职业、工作部门、居住地址、入会时间、会员级别。

2. 会员姓名和工作部门的中文译称，主要参照《华西教会新闻》（1898－1943）中华西传教顾问委员会公布《华西各差会传教士中英文对照名册》（The West China Missions Advisory Board's Directory According to Missions），黄思礼撰、秦和平译《华西协合大学》（珠海出版社 1999 年版），四川大学史稿编审委员会编《四川大学史稿》第四卷（四川大学出版社 2006 年版），刘吉西撰《四川基督教》（巴蜀书社 1992 年版），黄光域编《近代中国专名翻译词典》（四川人民出版社 2001 年版），四川大学博物馆（原华西协合大学古物博物馆）三千多份有关华西边疆研究学会的原始文件。

3. 会员国籍主要参照《华西教会新闻》、《华西协合大学》、《四川大学史稿》第四卷、《四川基督教》、《近代中国专名翻译词典》、四川大学博物馆藏学会原始文件中会员名册所包含的信息。

4. 身份或职业主要参照《华西边疆研究学会杂志》、《华西教会新闻》、《华西协合大学》、《四川大学史稿》第四卷、《四川基督教》、《近代中国专名翻译词典》、四川大学博物馆藏学会原始文件中会员名册包含的信息。

5. 居住地址主要参照《华西边疆研究学会杂志》、《四川大学史稿》第四卷、《四川基督教》、《近代中国专名翻译词典》、四川大学博物馆藏学会原始文件中会员名册包含的信息。因会员居住地的变更，本表仅以会员名册登记的信息以及工作部门所在地为准。

6. 入会时间主要参照《华西边疆研究学会杂志》刊载的会员名册和四川大学博物馆原始文件中会员名册所包含的信息。由于该学会杂志刊载的会员名册表截止于 1942 年，其后入会者大多入会时间不详。

7. 会员类别中的英文字母缩写的含义如下：HM：荣誉会员，LM：终生会员，CM：通信会员，OM：普通会员。部分会员由于工作调动、居住地址变更或对学会贡献卓越等因素，先后当选通信会员、普通会员、终生会员，本表仅列其一。

《华西边疆研究学会会员表（1922－1950）》

英文名	中文名	国籍	身份/职业	工作部门	居住地址	入会时间	会员类别
Abrey，F.E.L.	艾伯	加拿大	传教士/教师	华西协合大学	重庆、成都、多伦多	1935	CM
Agnew，R.G.	刘延龄	加拿大	传教士/博士/教授/牙医	华西协合大学	成都	1928	OM
Agnew，Mrs.R.G.	刘延龄夫人	加拿大	传教士/博士/教授	华西协合大学	成都	1930	OM
Ainslie，Robert B.	安斯利		传教士		叙府		CM
Albertson，W.B.	曾思孔	加拿大	传教士/教师	华西协合大学	成都、多伦多	1933	CM
Allen，Dr.A.Steward	梁正伦	加拿大	传教士/博士/医生	加拿大联合教会	重庆	1934	CM
Allen，Mrs.A.Steward	梁正伦夫人	加拿大	传教士/医务人员	加拿大联合教会	重庆	1934	CM
Allen，Miss Mabel E.	安怀信	美国	传教士	美以美会	重庆	1935	CM
Allen，W.J.	欧伦	英国	旅华洋商		重庆	1942	CM
Alley，Mr.Rewi	路易·艾黎	新西兰	技术顾问	中国工业合作协会	重庆	1938	OM
Anderson，Dr.H.G.	安得胜	英国	传教士/博士/教师/医生	华西协合大学	成都	1931	OM
Anderson，Dr.R.M.	安德生	加拿大	传教士/博士/教授/牙医	华西协合大学	成都	1934	OM
Anderson，Mrs.R.M.	安德生夫人	加拿大	传教士/教师	华西协合大学	成都	1934	OM
Andre，Guibaut	施备	法国	外交官/研究员/教授	法国驻华使馆/巴黎大学	重庆、巴黎	1940	CM
Argetsinger，Minnie E.	明德馨	美国	传教士/教授	华西协合大学	成都	1932	OM
Argetsinger，Miss Wilhelmina	威廉敏娜	加拿大	传教士		成都	1932	OM
Arnault，Donald	阿诺特	英国	传教士/学者		英国	1937	CM
Arnault，Donald G.	唐纳德·阿尔诺	美国	学者		康涅狄格州米德尔顿	1937	CM
Arnold，Roger D.	安汝智	美国	传教士	中华基督教青年会	昆明		CM
Arnup，Dr.J.H.		加拿大	传教士/博士/医生	加拿大联合教会	多伦多	1931	CM

英文名	中文名	国籍	身份/职业	工作部门	居住地址	入会时间	会员类别
Avett，Miss Louise	艾维特		传教士/教师	美以美会	遂宁		CM
Ayscough，Mrs. F.(Mrs.H.F.MacNair)	爱司克夫人	美国	教师	芝加哥大学	芝加哥	1935	CM
Bacon，R.L.	培根	加拿大	传教士	加拿大联合教会	嘉定	1935	CM
Bannon，Peter L.	彼得	美国	传教士/学者	南京大学	成都、纽约	1938	OM
Baranoff，A.T.	巴拉诺夫		学者		北平	1932	CM
Barker，Mr.Kenneth C.	巴克	英国	教师	利兹大学	利兹	1937	CM
Bassett，Miss B.E.	白思德	美国	传教士/教师	华西协合大学	嘉定、成都	1931	CM
Bates，Dr.M.S.	贝德士	美国	传教士/博士/教授/副校长	金陵大学	成都		OM
Beatty，Edward E.	爱德华·比迪	英国	传教士	内地会	成都	1940	OM
Beatty，Mrs.Edward E.	爱德华·比迪夫人	英国	传教士	内地会	成都	1940	OM
Bedford，Oliver.H.	奥利弗·贝德福德	英国	学者		伦敦	1936	CM
Beech，Dr.Joseph	毕启	美国	传教士/博士/校长	华西协合大学	成都	1924	OM
Beh，Dr.Yin-tsai	白英才	中国	博士/教授/医生	华西协合大学	成都	1937	OM
Behenna，Miss D.A.	白汉娜	英国	传教士	公谊会	三台	1936	CM
Bell，Rev.G.S.	钟善学	加拿大	传教士/教师	华西协合大学	成都	1932	OM
Bell，Mrs.G.S.	钟善学夫人	加拿大	传教士/教师	华西协合大学	成都	1932	OM
Best，A.E.	杨济灵	加拿大	传教/博士/教授/医生	华西协合大学	成都	1928	OM
Billington，Dr.J.G.	毕林顿	英国	博士/教师	伯明翰大学	伯明翰	1934	CM
Birtch，George W.	乔治·伯奇	英国	传教士	伦敦会	涪州	1940	CM
Birtch，Mrs.George W.	乔治·伯奇夫人	英国	传教士	伦敦会	涪州	1940	CM
Blofeld，J.E.C.	布鲁弗	英国	外交官	英国驻华使馆	重庆		CM
Bookless，Mr.A.	蒲克礼士		盐务稽核	国家盐务局	重庆	1934	CM
Bookless，Mrs.A.	蒲克礼士夫人		盐务稽核	国家盐务局	重庆	1934	CM

续表

英文名	中文名	国籍	身份/职业	工作部门	居住地址	入会时间	会员类别
Boreham, Archdeacon F.	罗四维	英国	传教士/教师	华西协合大学	绵阳、成都、伦敦	1931	CM
Bothner-By, Aksel	博斯尼一拜	英国	盐务稽核	三台盐务所	三台	1936	CM
Bowles, Gordon, Ph.D.	包戈登	美国	博士/教授	哈佛大学	美国	1931	CM
Bowyer, R.	巴尔德	加拿大	传教士	加拿大联合教会	多伦多	1932	CM
Bowyer, Mrs.R.	巴尔德夫人	加拿大	传教士	加拿大联合教会	多伦多	1932	CM
Brace, A.J.	布礼士	加拿大	传教士/教授	华西协合大学	成都	1922	LM
Brace, Mrs.A.J.	布礼士夫人	加拿大	传教士/教师	华西协合大学	成都	1930	OM
Brace, Brokman	布克曼	美国			成都	1934	OM
Brace, Carman S.	卡门·布礼士	加拿大			重庆、南京、多伦多	1936	CM
Braid, Andrew F.	布雷德		教育工作者	华西协合大学	华西坝		OM
Brane, L.M.S.	布莱恩				乐山		CM
Bridgman, C.A.	满毓仁	加拿大	传教士	英美会	荣县	1933	CM
Bright, C.	白天宝	美国	传教士/教师		华西协合大学成都		OM
Brodbeck, Miss L.E.	客维坤	美国	传教士	浸礼会	雅州	1938	CM
Broomhall, A.J.	海恒博	英国	传教士/医生/汉学家	内地会	保宁、西昌、昭觉		CM
Brown, H.D.	包冉	加拿大	传教士/博士/教授	华西协合大学	成都	1924	OM
Brown, Rev.H.G.	饶和美	加拿大	传教士/教师	华西协合大学	成都	1923	OM
Brown, Mrs.H.G.	饶和美夫人	加拿大	传教士/教师	华西协合大学	成都	1930	OM
Brown, Miss Isabel	伊莎贝尔·布朗	加拿大	传教士	英美会	成都	1938	OM
Brown, R.	包志德	加拿大	传教士/医师	圣公会	昆明		CM
Bryan, H.D.	班以安	英国	外交官	英国驻华使馆	南京、重庆		CM
Buchanan, Miss E.	布坎南	加拿大	传教士/教师	英美会	仁寿	1941	CM
Buck, J.L.	卜凯	美国	传教士/教授	金陵大学	成都	1941	OM
Buzzell, A.B.	卜思里	美国	传教士	基督复临安息日会	成都	1934	OM
Buzzell, Mrs.A.B.	卜思里夫人	美国	传教士	基督复临安息日会	成都	1934	OM

英文名	中文名	国籍	身份/职业	工作部门	居住地址	入会时间	会员类别
Caill，Edwin	柯希禄	美国	外交官	美国驻华使馆	重庆	1941	CM
Cairncross，Mr. Alex，T.	凯尔克罗斯	加拿大	政界人士	市政委员会	成都、上海	1935	OM
Cammann，Mr.Schuyler Merrick	甘曼	美国	传教士/汉学家	圣经会	纽约	1937	CM
Campbell，Dr.W.Gordon	甘如醴	加拿大	传教士/博士/教授	华西协合大学	成都	1937	OM
Campbell，Mrs. W. Gordon	甘如醴夫人	加拿大	传教士/教师	华西协合大学	成都	1937	OM
Canright，C.	甘来德	美国	传教士/教师/医生	华西协合大学	成都、新泽西州	1931	OM
Carlson，C.E.	卡尔松		传教士	美国基督教会	甘肃洮河旧城		CM
Carpenter，M.G.	贾美玉	英国	传教士	内地会	四川珙县		CM
Carter，T.Donald	卡特	美国	研究员	美国自然历史博物馆	纽约	1934	CM
Cassels，W.C.	盖士利	英国	外交官	英国驻华使馆	重庆		CM
Causer，M.	考泽		教师	金陵女子文理学院	成都		OM
Cavaliere，E.A.	卡伐利埃		邮政官员	邮政总署	成都、开封	1934	OM
Chan，Dr.Eugene	陈耀真	中国	博士/教授	齐鲁大学	成都	1937	OM
Chang，B. H.（Djang，W.B.）	张伯怀	中国	教授/院长	齐鲁大学	成都方正街72号		OM
Chang，Mr.Carson	张嘉森	中国	教授/政治家	燕京大学	重庆	1940	CM
Chang，C.C.	张某	中国			重庆	1933	CM
Chang，H.L.	张孝礼	中国	博士/教授	华西协合大学	成都	1934	OM
Chang，Kia-ngau	张嘉璈	中国	银行家/交通部部长/华大理事会主席	交通部	成都、重庆	1935	OM
Chang，Kuei	张奎	中国	博士/院长/教授	齐鲁大学	成都		OM
Chang，Dr.Lincohn	张凌高	中国	博士/校长	华西协合大学	成都	1931	OM
Chang，Ming-shun	张明俊	中国	教授/院长	华西协合大学	成都		OM
Chang，Paul-sheng	张保升	中国	副教授	华西协合大学	成都		OM

英文名	中文名	国籍	身份/职业	工作部门	居住地址	入会时间	会员类别
Chang，Shih-wen	张世文	中国	教授	国立四川大学/华西协合大学	成都		OM
Chang，Tsen-tao	张真道	中国	新闻工作者	新闻界	重庆南岸		CM
Chao，Samuel M.C.	赵敏求	中国	记者	《时事新报》	重庆		CM
Chapman，Mr.B.B.	贾溥萌	英国	传教士/教师	华西协合大学	成都	1936	OM
Chapman，Mrs.B.B.	贾溥萌夫人	英国	传教士/教师	华西协合大学	成都	1936	OM
Chen，Dr.Chia-chi	陈家芷	中国	博士/教授	国立武汉大学	成都	1938	OM
Chen，His-sung		中国			成都、爪哇	1935	OM
Chen，Kuo-hua	陈国桦	中国			成都		OM
Chen，Leslie Hung	陈宏	中国	博士/教授	华西协合大学	成都		OM
Chen，Ssu-yi	陈思义	中国	博士/教授	华西协合大学	成都	1947	OM
Chen，Yi	陈义	中国	博士/教授/博物馆主任	国立中央大学/华西协合大学	成都		OM
Chen，Prof.Y.T.	陈耀庭	中国	博士/教授	国立武汉大学	乐山	1943	CM
Ch'eng，Chung-hsiang	陈宗祥	中国	教师	华西协合大学	成都		OM
Cheng，En-yuan	成恩元	中国	教师	华西协合大学	成都		OM
Cheng，Libin T.	郑礼宾（郑集）	中国	博士/教授	国立中央大学	成都	1941	OM
Cheng，P.D.	郑博士	中国	博士/教授	金陵女子文理学院	成都	1940	OM
Cheng，Prof.T.K.	郑德坤	中国	博士/教授/博物馆馆长	华西协合大学	成都	1937	OM
Cheng，Wei-ping	陈维屏	中国	博士/教授	金陵大学	成都	1941	OM
Cheo，Prof.Hsiao-ho	周晓和	中国	教授	国立四川大学	成都	1937	OM
Chester，Ruth M.	蔡路德	美国	传教士/教师	金陵女子文理学院	成都	1940	OM
Ch'i，Dr.Yin-pei	祁延霈	中国	博士/研究助理	中央研究所	长沙	1937	CM
Chiang，Chih-ang	蒋旨昂	中国	研究员/教授	华西协合大学	成都	1942	OM
Chiang，Dr.Ho-Sen	蒋（姜）博士	中国	博士/教师	华西协合大学	成都	1937	OM

续表

英文名	中文名	国籍	身份/职业	工作部门	居住地址	入会时间	会员类别
Chiang, Kai-sheik, Generalissimo	蒋介石	中国	国民政府委员长	国民政府	重庆	1935	HM
Chiang, Kai-sheik, Madam	宋美龄	中国	国民政府委员长夫人	国民政府	重庆	1935	HM
Chiang, Wen-kai.	蒋文开	中国	教师	华西协合大学	成都	1940	OM
Chiang，Wen-kang	姜蕴刚	中国	教授	华西协合大学	成都		OM
Ching, Leslie Y.E.		中国	教师	华西协合大学	成都		OM
Chiu, Charls		中国	学者		成都	1933	
Christian, Sutton	克利斯蒂安	美国	情报人员	美国情报局	成都		OM
Chu，Dr.C.K.	朱承琯	中国	博士/教师	华西协合大学	贵阳、成都	1937	CM
Chu, Prof.Wei-fang	朱维芳	中国	教授	金陵大学	成都		OM
Chuang, Shioh-pen	庄学本	中国	记者/学者	《良友》画报	南京	1934	CM
Cladwell, Oliver	考德威尔	美国	美军上尉	援华美军	重庆		CM
Clarke, Miss A.H.L.	花若兰	英国	传教士	内地会	阆中	1942	CM
Cleave, D.C.	克利夫	美国	美军中校	援华美军	重庆		CM
Cleaveland, M.	克利夫兰		教师	国立四川大学	成都		OM
Collier, Dr.H.B.	柯利尔	英国	传教士/博士/教授	华西协合大学	成都、多伦多	1931	OM
Collier，Mrs.Dr.H.B.	柯利尔夫人	英国	传教士/博士/教授	华西协合大学	成都、多伦多	1931	OM
Collins, R.	柯林斯	加拿大	外交官	加拿大驻华使馆	重庆		CM
Cook, Mr.Thomas	顾明德	英国	传教士/教授	华西协合大学	嘉定、成都	1929	CM
Crawford, Dr.Wallace	高子豪（高文明）	加拿大	传教士/博士/教授	华西协合大学	成都	1926	OM
Crawford，Mrs.Wallace	高子豪夫人	加拿大	传教士/教师	华西协合大学	成都	1932	OM
Crawley, Miss M.	李普英	加拿大	传教士	加拿大教会	成都	1938	OM
Creighton, G.W.	柯瑞敦	英国	外交官	英国驻华使馆	北平	1935	CM
Cressy, Earl H.	葛德基	美国	传教士/教师	金陵大学	上海	1938	CM
Criswell, Dr.Marion.	克里斯威尔	美国	传教士/博士/医生	浸礼会	叙府	1935	CM
Crofton, M.C.	克罗夫敦	英国	外交官	英国驻华使馆	重庆	1941	CM
Crook, Dr.R.L.	柯培德	美国	传教士/医生		雅安、西康	1932	CM

英文名	中文名	国籍	身份/职业	工作部门	居住地址	入会时间	会员类别
Cunningham, Dr.E.R.	韩培林	加拿大	博士/医生/教授	华西协合大学	成都	1931	OM
Cunningham, Mrs.E.R.	韩培林夫人	加拿大	教师	华西协合大学	成都	1931	OM
Cunningham, Dr.G.S.	韩芳清	加拿大	博士/医生/教授	华西协合大学	成都	1931	OM
Cunningham, R.	顾富华	英国	传教士/藏学家	中国内地会	打箭炉	1926	HM
Dai, Dr.David S.K.	戴大卫	中国	博士/学者		成都	1935	OM
Darby, Miss L.W.	白玉英	加拿大	传教士	英美会	自流井	1931	CM
Day, Alfred L.	戴尔福	加拿大	传教士/华英书局负责人	加拿大联合教会	青神、成都	1940	CM
Day, Mrs.A.L.	戴尔福夫人	加拿大	传教士	加拿大联合教会	青神、成都	1940	CM
Deens, Miss Ann	田安	英国	传教士/教师	齐鲁大学	成都	1940	OM
Den, Kwang-lu	邓光禄	中国	教师	华西协合大学	成都	1934	OM
Dickinson, Frank	丁克生	加拿大	传教士/教授	华西协合大学	成都	1930	OM
Dickinson, Mrs.Frank	丁克生夫人	加拿大	传教士/教师	华西协合大学	成都	1932	OM
Din, Shang	丁山	中国	教授	国立四川大学	成都	1936	OM
Dirk, Mr.	迪克	美国	传教士	美国基督教会	松潘	1942	CM
Dome, A.E.	冬雅德	美国	传教士/考古学者	中华基督教青年会	成都	1922	OM
Donnithorne, Rev.V.H.	董笃宜	英国	传教士/汉学家	英国圣公会	汉州	1930	OM
Donnithorne, Mrs.V.H.	董笃宜夫人	英国	传教士	英国圣公会	汉州	1934	OM
Downer, Miss Sara B.	德乐尔	美国	传教士/教授	华西协合大学	成都	1930	OM
Drew, W.	德鲁	英国	传教士		兰州		CM
Drumright, E.F.	庄莱德	美国	外交官	美国驻华使馆	重庆		OM
Du, Fung-fu.	杜奉符	中国	教授	华西协合大学	成都	1940	OM
Dudley, Mrs.Ola	杜华芳	美国	传教士	美以美会	成都	1936	OM
Duncan, Miss M.	邓肯	美国	传教士/藏学家	浸礼会	成都	1932	OM
Dyason, Mrs.Anne	安妮·戴厄森				重庆	1940	OM

英文名	中文名	国籍	身份/职业	工作部门	居住地址	入会时间	会员类别
Dye，D.S.	戴谦和	美国	传教士/博士/教授/博物馆主任	华西协合大学	成都	1922	LM
Dye，Mrs.D.S.	戴谦和夫人	美国	教师	华西协合大学	成都	1930	OM
Dykstra，Theodore P.	戴克斯特拉	美国	外交官	美国驻华使馆	重庆		CM
Edgar，J.H.	叶长青	英国	传教士/汉学家	中国内地会	打箭炉	1922	HM
Edward，Oliver Philip	爱德华	英国	银行人员	香港银行	重庆盐岸建筑第18号		CM
Endicott，Rev.J.G.	文幼章	加拿大	传教士/教师	华西协合大学	成都、重庆	1936	OM
Endicott，Mrs.J.G.	文幼章夫人	加拿大	教师	华西协合大学	成都、重庆	1936	OM
Eriksen，Miss Alma	艾里克森	美国	传教士	卫理公会	重庆	1937	OM
Erwon，Rouselle，	欧文	德国	教授	海德堡大学	海德堡	1938	CM
Fairbank，J.K.	费正清	美国	重庆美国新闻处主任/教授	重庆美国新闻处/哈佛大学	重庆、哈佛大学		CM
Fang，Dr.Prof.Wen-pei	方文培	中国	博士/教授/博物馆馆长	国立四川大学/华西协合大学	成都		OM
Faulkner	福克纳						CM
Feng，Prof.Da-ran	冯大然	中国	教授	华西协合大学	成都	1933	OM
Feng，Dr.Han-yi	冯汉骥	中国	博士/教授	国立四川大学/华西协合大学	成都	1937	OM
Fenn，Dr.W.P	芳威廉	美国	传教士/博士/教授	金陵大学	成都	1938	OM
Fitch，George A.	费吴生	美国	传教士	中华基督教青年会	重庆	1942	CM
Flavelle，Sir Joseph W.	约瑟夫	加拿大	爵士/银行家/企业家/慈善家	加拿大银行	多伦多	1935	LM
Fong，Prof.S.H.	方叔轩	中国	博士/教授/校长	华西协合大学	成都	1931	OM
Fortune，Prof.R.F.	福契	法国	教授/银行家	法属印度支那河内渣打银行	河内	1939	CM
Fortune，Mrs.R.F.	福契夫人	法国	银行职员	法属印度支那河内渣打银行	河内	1939	CM

英文名	中文名	国籍	身份/职业	工作部门	居住地址	入会时间	会员类别
Fosnot，Miss P.B.	胡正德	美国	传教士/教师	华西协合大学	成都	1932	OM
Foster，Miss B.L.	方瑞芝	加拿大	传教士/教授	华西协合大学	成都	1932	OM
Foster，C.L.	傅士德	美国	传教士	浸礼会	雅州、成都	1923	CM
Foster，W.R.	福司德	英国	旅华洋商		成都	1922	OM
Fox，Miss Dorothy	福克斯	加拿大	传教士	联合医院	成都、荣县	1940	CM
Franck，Mr.G.M.	傅文博	加拿大	传教士/《华西教会新闻》经理	大英圣书公会	成都	1928	OM
Freeman，Paul L.	弗里曼	美国	军人	援华美军	成都	1941	OM
Fu，Mr.Chien-min	胡鉴民	中国	教授	国立四川大学	成都	1937	OM
Fu，Ho-chin		中国	学者		成都	1934	OM
Fugl，Dr.Prof.Paul-chen	傅葆琛	中国	博士/教授	华西协合大学	成都		OM
Gabosch，Miss Ruth	露丝	美国			成都	1935	OM
Gallagher，James	加拉格尔	美国	学者		底特律		CM
Gates，D.	盖茨	美国	传教士	浸礼会	叙府、成都		CM
Gentry，Dr.W.Max	金初锐	美国	传教士/博士/医生	美以美会	成都、重庆	1934	CM
Gould，J.S.	古尔德	美国	教师	德拉瓦大学	纽约		CM
Graham，Dr.D.C.	葛维汉	美国	传教士/博士/教授/博物馆馆长	华西协合大学	成都	1922	OM
Graham，Mrs.D.C.	葛维汉夫人	美国	传教士/图书馆馆长	华西协合大学	成都	1932	OM
Graham，D.W.	格雷汉姆	英国	神学院校长	喀伦神学院	印度、仰光		CM
Graham，W.	格雷厄姆	英国	外交官	英国驻成都领事馆	成都		OM
Graves，Miss Stella M.	格拉芙	美国	教师	金陵女子文理学院	成都	1940	OM
Gray，Miss Cammie	桂克敏	美国	传教士/教师	华西协合大学	成都	1940	OM
Gunn，Mr.G.D.	嘎纳	英国	传教士	浸礼会	西安	1938	CM
Haenisch，Dr.E.	海尼士	德国	博士/研究员/教授	柏林大学	柏林	1936	CM
Haines，J.	海恩斯	美国	传教士		重庆		CM

英文名	中文名	国籍	身份/职业	工作部门	居住地址	入会时间	会员类别
Hall，James W.	霍尔	美国	传教士/教师/学者	华西协合大学	成都、佛罗里达州		OM
Hansing，Dr.Ovidia	韩群生	美国	传教士/博士/医生/教授	华西协合大学	成都	1936	OM
Harkness，Mrs.Ruth	哈罗斯	美国	探险家			1937	CM
Harland，W.B.	韩博能	英国	教授/地理学家	华西协合大学	成都、约克郡		OM
Harmon，Mr.W.Gordon	郝戈登	英国	商务/使馆新闻专员	英国驻华使馆	自流井	1937	CM
Harris，Winifred	贺味兰	加拿大	传教士/教师		成都	1940	OM
Hartwell，Miss L.G.	何美贞	加拿大	传教士/医生/教育工作者	华西协合大学	自流井、成都	1931	CM
Hass，Miss L.	汉斯		传教士	中华基督教女青年会	成都	1942	OM
Hayward，Dr.Ralph	海沃德	加拿大	传教士/博士/医生	加拿大教会	嘉定	1936	CM
Helde，George G.	赫立德	美国	传教士	中华基督教青年会	成都、上海	1922	OM
Hensman，Miss Bertha	韩诗梅	英国	传教士/教师	华西协合大学	成都	1936	OM
Herman，A.H.B.	赫尔曼	英国	外交官	英国驻华使馆	重庆		CM
Hewes，Mr.Gordon W.	赫韦斯	美国	教师	加州大学	伯克利	1938	CM
Hibbard，Rev.E.	海布德	加拿大	传教士/教师	华西协合大学	成都	1929	OM
Hickson，Miss Grace M.	希克圣	英国	传教士/教师	齐鲁大学	成都	1939	OM
Highbaugh，Irma	海波	美国	传教士	卫理公会农村服务站	简阳、科菲维尔	1941	CM
Hipps，J.B.	海博士	美国	传教士	浸礼会	重庆		CM
Ho，Fong-tsi	何凤智	中国	助教	华西协合大学	成都	1934	OM
Ho，Wen-chuin	何文俊	中国	教授	华西协合大学	成都	1934	OM
Hockin，Miss Katharine B.	凯瑟琳	加拿大	传教士		彭山、嘉定	1940	CM
Hockin，Mrs.L.	韩德贞	加拿大	传教士	女美道会	嘉定	1934	CM
Holden，Bishop J.	侯礼敦	英国	传教士/会督	圣公会	成都	1934	OM
Holden，Mrs.J.	侯礼敦夫人	英国	传教士	圣公会	成都	1934	OM
Holder，Mr.R.R.	霍尔德	英国	传教士	内地会	打箭炉	1934	CM

续表

英文名	中文名	国籍	身份/职业	工作部门	居住地址	入会时间	会员类别
Holth，Sverre	霍砐	挪威	传教士/汉学家	挪威教会	成都		OM
Hotchkis，Miss A.M.	安妮·玛丽	英国	艺术家		北平	1936	CM
Hou，Bao-chang	侯宝璋	中国	博士/教授	齐鲁大学/华西协合大学	成都	1941	OM
Hsü，S.C.	许季珂	中国	邮政官员	邮政部门	成都	1938	OM
Hsu，Yu-tang	徐益棠	中国	教授	金陵大学	成都		OM
Hu，Hsiu-ying	胡秀英	中国	博士/教授/香港中文大学荣誉院士	华西协合大学	成都		OM
Hu，Y.T.	胡某	中国	教师	华西协合大学	成都	1931	OM
Huang，Prof.F.K.	黄方刚	中国	博士/教授	华西协合大学	成都	1934	OM
Huang，Mrs.F.K.	黄方刚夫人	中国	教师	华西协合大学	成都	1934	OM
Huang，Prof.Shui-tsai	黄教授	中国	教授	金陵大学	成都		OM
Huang，Dr.T.K.	黄汲清	中国	博士/技正/中央研究院院士	中国地质调查所	重庆北碚		CM
Hudspeth，Rev.W.H.	王树德	英国	传教士/人类学者	英国循道公会国外使命团	上海	1936	CM
Hughes，Mr.A.L.	休斯	英国	旅华洋商		重庆	1937	CM
Hutchinson，Miss I.	华琴声	英国	传教士/教师	华西协合大学	成都	1932	OM
Hwang，Y.E.	黄燕仪	中国	教师/社会学家	华西协合大学	成都	1941	OM
James，Dr.Harold E.	詹姆斯	美国	传教士/博士/医生	基督复临安息日会	打箭炉、加利福尼亚州	1934	CM
James，Mrs.Harold E.	詹姆斯夫人	美国	传教士	基督复临安息日会	打箭炉、加利福尼亚州	1934	CM
Jarvis，Mr.R.Y.	贾维斯	美国	外交官	美国驻华使馆	汉口	1935	CM
Jeffrey，Dr.J.Howard	杰弗里	英国	传教士/医生/人文学者	内地会	理番、杂谷脑、懋功	1937	CM
Jeffrey，Mrs.J.Howard	杰弗里夫人	英国	传教士	内地会	理番、杂谷脑、懋功	1937	CM
Jenner，Dr.Harley	詹纳	加拿大	传教士/博士/医生	加拿大教会	荣县	1938	CM
Jenner，Mrs.Harley	詹纳夫人	加拿大	传教士	加拿大教会	荣县	1937	CM

英文名	中文名	国籍	身份/职业	工作部门	居住地址	入会时间	会员类别
Jensen，Rev.Joshua	燕思思	美国	传教士/博士/医生	浸礼会	雅安	1936	CM
Johns，A.E.	周芝德	加拿大	传教士/教授	华西协合大学	成都	1922	OM
Johnson，Ray C.	周小姐	美国	传教士/教师	俄勒冈州立大学	大竹、俄勒冈州立大学		CM
Johnson，Mr.Floyd	章嘉理	美国	传教士/医生	S.D.A.传教会	华盛顿	1937	CM
Johnson，Nelson T.	纳尔逊	美国	外交官	澳大利亚堪培拉美国公使馆	堪培拉	1940	CM
Jolliffe，C.	李华秾	加拿大	传教士	加拿大联合教会	仁寿、成都		CM
Jolliffe，R.O.	李芝田	加拿大	传教士/主编/汉学家	加拿大联合教会	成都	1930	OM
Jolliffe，Mrs.R.O.	李芝田夫人	加拿大	传教士	加拿大联合教会	成都	1930	OM
Jolliffe，William	乔利夫				成都	1933	OM
Junior	朱尼尔					1935	CM
Kamp，Walter B.	沃尔特·坎普	美国	军人	援华美军	新津、威斯康星州		CM
Kao，Yoh-lin	高毓灵	中国	教授	华西协合大学	成都	1933	OM
Kao，Mrs.	高毓灵夫人	韩国	教师	华西协合大学	成都	1933	OM
Kennard，Dr.J.Spencer	解难	美国	传教士/博士/教授	华西协合大学	成都	1937	OM
Kennard，Mrs.J.Spencer	解难夫人	美国	传教士/图书馆馆长	华西协合大学	成都	1937	OM
Kilborn，Miss Cora	启智明	加拿大	传教士/教授/医生	华西协合大学	成都	1935	OM
Kilborn，Dr.L.G.	启真道	加拿大	传教士/博士/教授/院长	华西协合大学	成都	1925	LM
Kirk，Florence A.	弗洛伦斯	英国	传教士/教师	金陵女子文理学院	成都	1939	OM
Kirk，Lilian J.	莉莲	英国	传教士/教师	金陵女子文理学院	成都	1939	OM
Kitchen，J.	秦约翰	加拿大	传教士/华英书局经理	加拿大联合教会	成都	1931	OM
Kitchen，Mrs.J.	秦约翰夫人	加拿大	传教士	加拿大联合教会	成都	1931	OM

续表

英文名	中文名	国籍	身份/职业	工作部门	居住地址	入会时间	会员类别
Knights, F.	乃德	英国	传教士	卫理公会	成都	1940	OM
Knights, Mrs.F.	乃德夫人	英国	传教士	卫理公会	成都	1940	OM
Ku, Mr.C.C.	顾谦吉	中国	广告管理	政府新闻管理部门	重庆	1937	CM
Ku, Prof.H.T.	顾教授	中国	教授	光华大学	成都		OM
Kuan, Hsiang-heng	管相桓	中国	博士/技正/教授	四川农业改进所	成都		OM
Lafavre, R.	拉法主教		主教	中华基督教会	沅陵	1942	CM
Lamberton, Miss M.	贲培顿	美国	传教士/教师	金陵女子文理学院	成都	1941	OM
Lan, Dr.T'ien-ho	蓝天鹤	中国	博士/教授/美国纽约科学院院士	华西协合大学	成都		OM
Lapwood, R.	赖朴吾	英国	传教士/教师	燕京大学	成都		OM
Lattimore	赖德懋	美国	学者	约翰·霍普金斯大学	巴尔的摩		CM
Lechler, Dr.J.H.	路景荣	英国	传教士/博士/教师/医生	华西协合大学	成都、爱丁堡	1930	OM
Lee, Dr.J.S.	李博士	中国	博士/学者		成都		OM
Lenox, J.E.	冷乐施	美国	传教士/医生/教师	华西协合大学	成都	1931	OM
Lewis, Dr.S.	鹿依士	美国	传教士/博士/教师	华西协合大学	成都	1932	OM
Lewis, Mrs.S.	鹿善贞（鹿依士夫人）	美国	传教士/教师	华西协合大学	成都	1932	OM
Li, An-che	李安宅	中国	教授	燕京大学/华西协合大学	北平、成都	1940	CM
Li, Mrs.An-che	于式玉	中国	教授	燕京大学/华西协合大学	北平、成都	1940	CM
Li, Dr.Fang-kwei	李方桂	中国	博士/教授/中央研究院院士	燕京大学/华西协合大学	成都		OM
Li, Prof.H.	李珩	中国	博士/教授	国立四川大学	成都	1938	OM
Li, Dr.H.W.	李先闻	中国	博士/教授/高级农艺师/中央研究院院士	华西协合大学	成都		OM
Li, Huai-yi	李怀义	中国	教师/总务长	华西协合大学	成都		OM

续表

英文名	中文名	国籍	身份/职业	工作部门	居住地址	入会时间	会员类别
Li，S.Y.	李小缘	中国	教授/图书馆馆长	金陵大学	成都	1941	OM
Liao，Mr.S.C.	廖先生	中国			成都		OM
Lieu，Miss K.O.Victoria	刘小姐	中国	教师	国立四川大学	成都		OM
Liljestrand，Dr.S.H.	李哲士	美国	传教士/博士/教授/院长	华西协合大学	成都	1922	OM
Liljestrand，Mrs.S.H.	李哲士夫人	美国	传教士/教师	华西协合大学	成都	1931	OM
Lin，Min-guin	林名均	中国	馆长助理	华西协合大学	成都	1934	OM
Lin，Yueh-hwa	林耀华	中国	博士/教授	燕京大学	成都		OM
Lindsay，Dr.A.W.	林则	加拿大	传教士/牙学博士/教授/副校务长	华西协合大学	成都	1924	LM
Lindsay，Mrs.A.W.	林则夫人	加拿大	传教士/图书馆馆长	华西协合大学	成都	1931	LM
Lioyd，T.E.	雷鸣凤	英国	传教士		南部、广元		CM
Liu，Dr.C.C.	刘承钊	中国	博士/教授/博物馆馆长/校长/中国科学院院士	华西协合大学	成都		OM
Liu，C.C.	刘承钊夫人	中国	教师	华西协合大学	成都		OM
Liu，Chen-shuen		中国	学者		成都	1933	OM
Liu，D.K.		中国	学者		上海霞飞路	1935	CM
Liu，Dsi-giai	刘之介	中国	教授	华西协合大学	成都	1932	OM
Liu，Dr.En-lan	刘恩兰	中国	博士/教授	华西协合大学	成都	1943	OM
Liu，Prof.Heng-ruh	刘教授	中国	教授	国立南京大学	成都	1938	OM
Liu，Dr.K.C.	刘淦芝	中国	博士/教授	东北大学		1938	OM
Liu，Li-hsien	刘黎仙	中国	教授	华西协合大学	成都	1932	OM
Liu，Shao-tzu	刘绍志	中国	教师	大学	成都	1932	OM
Lo，Tsong-shu	罗忠恕	中国	教授	华西协合大学	成都	1934	OM
Lockwood	骆爱华	美国	传教士				OM
Longley，R.S.	龙从云	加拿大	传教士/教师	华西协合大学	重庆	1930	OM
Lousley，Dr.Helen M.	莱斯利	加拿大	传教士/博士/医生	加拿大教会	成都、多伦多	1936	OM
Lovegren，Mr.L.A.	任福根	美国	传教士	北美浸礼会	雅州、纽约	1926	CM

续表

英文名	中文名	国籍	身份/职业	工作部门	居住地址	入会时间	会员类别
Lu，Dsong-lin		中国	学者		成都	1934	OM
Lu，Dr.Louise	卢文筠	中国	博士/教师	华西协合大学	成都		OM
Lutley，A.E.	陆义全	英国	传教士/教师	华西协合大学	成都、伦敦萨里斯普利广场		OM
MacNair，Mrs.H.F.	麦克尼尔	美国	教师	芝加哥大学	芝加哥	1935	CM
Macrae，F.	麦克雷				成都		OM
Madsen，Miss Johanne	梅德生	丹麦	传教士/教师	金陵女子文理学院	成都	1941	OM
Maeller，Frieder R.					北平	1938	CM
Manly，W.E.	满理	美国	传教士/教师	芝加哥大学	重庆、成都、美国	1933	CM
Manly，Marian E.	满秀实	美国	传教士/教授/医生	芝加哥大学	成都	1940	OM
Mathieson，Mr.H.	马蒂逊	加拿大	传教士	英美会	自流井	1932	CM
Mathieson，Mrs.H.	马蒂逊夫人	加拿大	传教士	英美会	自流井	1932	CM
May，Rev.K.W.	马建中	英国	传教士	卫理公会	昭通	1937 (1936)	CM
McCurdy，W.A.	梅福霖	美国	传教士	美以美会	重庆	1935	CM
McCurdy，Mrs.W.A.	梅福霖夫人	美国	传教士	美以美会	重庆	1935	CM
McFadden，Miss A.I.	麦克法丹	加拿大	传教士	美以美会	成都	1936	OM
McGowan，Miss A.C.	麦高恩	加拿大	传教士	英美会	加拿大	1934	CM
McIntosh，Miss J.Muriel	麦金托	加拿大	传教士	英美会	加拿大	1936	CM
Meng，C.H.	孟庆华	中国	教授	齐鲁大学	成都		OM
Meng，Wellinton T.L.	孟体廉	中国	教师	华西协合大学	成都	1933	OM
Menzies，Prof.J.M.	明义士	加拿大	传教士/教授	齐鲁大学	济南	1935	CM
Merton，F.	默顿		旅华洋商		重庆		CM
Meuser，Dr.E.N.	米玉士	加拿大	传教士/教授/医生	华西协合大学	成都	1932	OM
Meuser，Mrs.E.N.	米玉士夫人	加拿大	传教士/教师	华西协合大学	成都		OM
Miao，Mr.Ch'iu-chieh	缪裘杰	中国	盐务人员	国民政府盐务局	自流井	1937	CM
Mickey，Miss Portia	桂玉芳	美国	访问学者	华西协合大学	李庄、成都		CM

英文名	中文名	国籍	身份/职业	工作部门	居住地址	入会时间	会员类别
Millar, Dr.Jean Ewald	米勒	加拿大	传教士/博士/医生	加拿大教会	成都	1935	OM
Millet	米瑞乐	美国	外交官		重庆		CM
Mölgaard, Mr.V.B.	穆乐戈德	法国	军人		昆明、成都	1939	CM
Moncrieff, J.E.	孟克明	美国	传教士/教授/华大理事部副主席	华西协合大学	成都	1930	OM
Moody, E.H.	穆迪	英国	传教士		昭通	1936	CM
Morgan, E.W.	孟感恩	加拿大	传教士		加拿大	1936	CM
Morgan, Mrs.E.W.	孟感恩夫人	加拿大	传教士		加拿大	1936	CM
Morse, Dr.W.R.	莫尔思	美国	传教士/博士/教授	华西协合大学	成都	1922	LM
Morse, Mrs.W.R.	莫尔思夫人	美国	传教士/教师	华西协合大学	成都	1930	LM
Muir, J.R.	慕如	英国	海关官员	中国海关	成都	1922	OM
Muller, Dr.Friedr E.	穆勒	德国	博士/外交官	德国驻华使馆	北京	1938	CM
Mullett, Dr.H.J.	吉士道	加拿大	传教士/牙学博士/教授	华西协合大学	成都	1926	OM
Mullett, Mrs.H.J.	吉士道夫人	加拿大	传教士/教师	华西协合大学	成都	1932	OM
Mullikin, Miss Mary A.	玛莉				天津	1936	CM
Neave, J.	倪维新	加拿大	传教士/人文学者	加拿大联合教会	嘉定、重庆、成都	1930	CM
Needham, Dorothy	李大斐	英国	中英科学合作委员会人员	中英科学合作委员会			CM
Nelson, Miss Esther	宜尔生	美国	传教士/教师/医生	华西协合大学	成都	1936	OM
Neumann, G.B.	路门	美国	传教士/华大董事会主席	华西协合大学	成都	1922	OM
Nowlin, Miss Mabel R.	李美博	美国	传教士	美以美会	重庆	1940	CM
Odlum, V.W.	欧德澜上校	加拿大	外交官	加拿大驻华使馆	重庆	1944	CM
Oliver, J.W.	奥利弗	英国	旅华洋商			1934	CM
Outerbridge, T.S.			在华国际救济总署官员	驻华国际救济总署	重庆		CM

续表

英文名	中文名	国籍	身份/职业	工作部门	居住地址	入会时间	会员类别
Outerbridge，Ralph E.	姚守仁	加拿大	传教士/医生/教师	华西协合大学	嘉定、荣县、仁寿、自流井、成都	1938	CM
Owen，Rev.A.E.	欧文	加拿大	传教士	加拿大联合教会		1937	CM
Oxlade，C.H.R.	萼斯礼	英国	海关官员	中国海关	上海	1940	CM
Parsons，Miss Maud	帕森斯	美国	传教士		成都		OM
Paxton，J.Hall	帕克斯顿	美国	外交官	美国驻华使馆	重庆		CM
Payne，Robert	罗伯特·佩恩		教师	西南联合大学	昆明		CM
Penfield，J.K.	彭菲尔德	美国	官员	美国国务院	华盛顿		CM
Perry，Mr.Harold G.B.	佩理	美国	旅华洋商	标准真空油公司	上海	1936	CM
Peterson，Dr.R.A.	毕德生	美国	传教士/博士/教授/医生	华西协合大学	成都	1928	OM
Peterson，Mrs.R.A.	毕德生夫人	美国	传教士/医生	华西协合大学	成都	1933	OM
Petro，Mr.	彼得	法国			河内	1937	CM
Petro，Mrs.	彼得夫人	法国			河内	1937	CM
Petro-Pavlovsky，Mrs.W.	洛夫斯基夫人				成都	1938	OM
Phelps，Dr.D.L.	费尔朴	美国	传教士/博士/教授	华西协合大学	成都	1922	LM
Phelps，Mrs.D.L.	费尔朴夫人	美国	传教士/教师	华西协合大学	成都	1933	OM
Pickens，C.L.	毕敬士	美国	传教士		上海	1935	CM
Pickens，C.V.	毕敬士	美国	传教士	圣公会	汉口	1935	CM
Pinney，Mr.Edward S.	佩恩尼	美国			纽约	1937	CM
Plewman，Mr.T.Edgar	彭普乐	加拿大	传教士/人文学者/华英书局经理	加拿大联合教会	成都、多伦多	1922	OM
Plumer，Mr.J.M.	濮勒玛	美国	海关官员/研究员	中国海关/密歇根大学博物馆	密歇根州	1935	CM
Pollard，Prof.R.T.	拉德	美国	教授	华盛顿大学	华盛顿	1934	CM
Pommeremke，H.H.							CM

英文名	中文名	国籍	身份/职业	工作部门	居住地址	入会时间	会员类别
Porter, Prof.Lucius C.	博晨光	美国	博士/教授/哈佛燕京学社干事	燕京大学	北平	1935	LM
Potts, J.H.	波茨						CM
Price, F.	裴来士	英国	传教士/教师	燕京大学	成都	1942	OM
Price, Mrs.F.	裴来士夫人	英国	传教士/教师	燕京大学	成都	1942	OM
Priest, Elsie M.	毕律斯	美国	传教士/教师	金陵大学	成都	1940	OM
Prip-Moller, J.	艾术华	丹麦	建筑师/汉学者		丹麦	1932	CM
Prip-Moller, Mrs J.	艾术华夫人	丹麦			丹麦	1932	CM
Quentin, A.P.	孔昭潜	加拿大	传教士/博物学者	加拿大联合教会	嘉定、加拿大	1926	CM
Quentin, Mrs.A.P.	孔昭潜夫人	加拿大	传教士	加拿大联合教会	嘉定、加拿大	1934	CM
Ravenhott, A.V.	瑞文和		驻华国际救济总署人员	驻华国际救济总署	贵阳	1942	CM
Reeves, Prof.Cora D.	黎富思	美国	教授	金陵女子文理学院	成都	1939	OM
Richardson, Prof.H.L.	理查森	英国	教授	国立中央大学	成都	1938	OM
Richardson, K.J.	理查森夫人	英国	副教授	国立中央大学	成都	1938	OM
Ritchie, W.W.	李齐	英国	海关官员	中国海关	重庆	1940	CM
Robertson, Miss Majorie	马宝瑾	英国	传教士/教师	华西协合大学	成都	1936	OM
Robertson, H.D.	罗成锦	加拿大	传教士/教师	华西协合大学	成都	1925	OM
Rock, Dr.Joseph F.	洛克	美国	博士/植物学者/汉学家	哈佛大学植物研究所	云南	1935	CM
Rousselle, Prof.Erwin	欧文	德国	教授	海德堡大学	德国	1938	CM
Roxby, Percy M.	罗士培	英国	地理学教授	英国某大学	重庆梁甫路胜利村1号		CM
Roy, Andrew T.	安德鲁·罗伊		教师	金陵大学	成都	1940	OM
Roy, Mrs.Andrew T.	安德鲁·罗伊夫人		教师	金陵大学	成都	1940	OM
Russell, Miss L.E.	饶贵和	加拿大	传教士/教师	加拿大联合教会	彭县、成都	1930	OM

续表

英文名	中文名	国籍	身份/职业	工作部门	居住地址	入会时间	会员类别
Russell，Miss Maud	陆慕德	美国	传教士	基督教青年会	成都、上海	1936	OM
Sage，Dean	舍基	美国	研究员	美国自然历史博物馆	纽约	1935	LM
Sage，Mrs.Dean	舍基夫人	美国	学者/教师		纽约	1935	CM
Salfeld，Dr.Hans	汉斯·萨弗德	德国	博士/教授	哥廷根大学	哥廷根	1936	CM
Sargent，Clyde B.	克鲁德·萨金特	美国	教授/汉学家	齐鲁大学	成都、华盛顿	1942	OM
Sargent，Rev. Douglas Noel	道格拉斯	英国	传教士/教师	华西协合大学	成都	1934	OM
Sargent，Miss Imogen W.	艾默根·萨金特	英国	传教士/教师	华西协合大学	成都、赫尔茨		OM
Sarkisian，H.M.	塞克西	美国	学者		科罗拉多州	1940	CM
Sawyer，Miss Myra L.	苏文瑞	美国	传教士/医生	齐鲁与华大联合医院	成都	1939	OM
Sax，G.	萨格思		盐务稽核官	中国盐务稽查所	乐山五通桥	1933	CM
Schroeder，Dr.P.	司考特	英国	传教士/博士/医生	内地会	泸县	1938	CM
Schroeder，Mrs.P.	司考特夫人	英国	传教士	内地会	泸县	1938	CM
Schuster，Dr.Carl	舒斯特	美国	博士/教授	哈佛大学	密尔沃基	1937	CM
Service，Richard M.	理查德·瑟维斯	美国	外交官	美国驻成都领事馆	成都、华盛顿		OM
Service，W.	瑟维斯	加拿大	传教士	加拿大联合教会	涪陵		CM
Sewell，Prof.W.G.	徐维理	英国	传教士/教授	华西协合大学	成都	1927	OM
Sewell，Mrs.W.G.	徐维理夫人	英国	传教士/教师	华西协合大学	成都	1927	OM
Shearer，Miss M.C.	谢尔若	美国	传教士	卫理公会	资州	1937	CM
Sheldon，W.G.	谢尔顿	美国	研究员	美国自然历史博物馆	纽约	1933	CM
Sheo，Hai-fan	邹海帆	中国	博士/教授/医生	华西协合大学	成都		OM
Sibley，W.E.	石玉光	加拿大	传教士	英美会	荣县、成都	1934	CM
Sibley，Mrs.W.E.	石玉光夫人	加拿大	传教士	英美会	荣县、成都	1934	CM
Simkin，Mr.R.L.	沈克莹	美国	传教士/教师	华西协合大学	成都、重庆	1933	OM

英文名	中文名	国籍	身份/职业	工作部门	居住地址	入会时间	会员类别
Simkin，Mrs.R.L.	沈克莹夫人	美国	传教士/教师	华西协合大学	成都、重庆	1933	OM
Slocum，Pry.B.A.	施乐康		教师	金陵大学	成都	1939	OM
Small，Mr.Walter	苏继贤	加拿大	传教士/总工程师	华西协合大学	成都	1926	OM
Small，Mrs.Walter	苏继贤夫人	加拿大	传教士/教师	金陵女子文理学院	成都	1940	OM
Smalley，Rev.F.A.	司马烈	英国	传教士/教师	华西协合大学	成都、伦敦	1934	OM
Smalley，Mrs.F.A.	司马烈夫人	英国	传教士/教师	华西协合大学	成都、伦敦	1935	OM
Smith，Rev.F.N.	史密斯	美国	传教士	浸礼会	雅州、西康	1934	CM
Smith，F.Tangier	史密斯	美国	教师	芝加哥大学	芝加哥、伦敦	1934	CM
Smith，Geoffrey	杰弗里	加拿大	传教士	加拿大教会	重庆、成都	1942	CM
Smith，Prof.Harold D.S.	史密斯	瑞典	教授	乌普萨拉大学	乌普萨拉	1935	HM
Smith，Horace Harrison	司弥福	美国	外交官	美国驻华使馆	南京、重庆		CM
Smythe，Dr. Prof. Lewis S.C.	史迈士	美国	传教士/博士/教授	国立南京大学	成都	1938	OM
Song，Dr.Prof.Bishop C.T.	宋诚之	中国	四川公理会主教/博士/华大理事会主席/教育家	华西协合大学	成都	1934	OM
Song，Shu-hua	宋蜀华	中国	教师	华西协合大学	成都		OM
Sparling，Dr.G.W.	宋道明	加拿大	传教士/博士/教授	华西协合大学	成都	1928	OM
Sparling，Mrs.G.W.	宋道明夫人	加拿大	传教士/教师	华西协合大学	成都	1933	OM
Spencer，Dr.J.E.	司本瑟	美国	博士/医生	国际红十字会	贵阳	1938	CM
Spooner，Prof.R.C.	陈普仪	加拿大	传教士/教授	华西协合大学	成都	1932	OM
Spooner，Mrs.R.C.	陈普仪夫人	加拿大	传教士/教师	华西协合大学	成都	1932	OM
Stallings，Miss Nina	思达令	美国	传教士	美以美会	成都陕西街29号	1942	OM
Stanway，E.R.	司丹伟	加拿大	传教士	加拿大教会	涪州	1934	CM
Starrett，O.G.	苏德儒	美国	传教士/教师	华西协合大学	成都	1934	OM
Starrett，Mrs.O.G.	苏鸿恩（苏德儒夫人）	美国	传教士/教师	华西协合大学	成都	1934	OM
Stein，Gunther	施丁	英国	旅华洋商			1940	CM
Steptoe，H.N.	司特图	英国	外交官	英国驻华使馆	成都	1922	OM

续表

英文名	中文名	国籍	身份/职业	工作部门	居住地址	入会时间	会员类别
Stevens，H.E.	史特芬	美国	外交官	美国驻华使馆	南京、重庆		CM
Stewart，Miss E.L.	史文宣（史棣华）	英国	传教士	英国行教会	成都、中江	1937	OM
Stewart，Miss Jean L.	史都华	加拿大	传教士/教师	加拿大教会	泸县、重庆	1934	CM
Stewardson，E.A.	斯图尔森				重庆	1938	CM
Stewardson，Mrs.E.A.	斯图尔森夫人				重庆	1938	CM
Stinson，J.	史迪逊	加拿大	传教士	加拿大教会	仁寿	1938	CM
Stockwell，Rev.F.Olin	卓伟	美国	传教士/教师/医生	华西协合大学	成都	1936	OM
Stockwell，Mrs.F.Olin	卓伟夫人	美国	传教士/教师	华西协合大学	成都	1936	OM
Streeter，Miss M.E.	施美兰	美国	传教士/教师	华西协合大学	成都	1936	OM
Streine，M.T.	史翠恩	德国	访问学者/汉学家	华西协合大学	成都、柏林	1936	OM
Struthers，E.B.	杜儒德	加拿大	传教士/教师/医生	齐鲁大学	成都	1940	OM
Sulliran，D.M.	苏立文	加拿大	教师/汉学家	金陵女子文理学院	成都		OM
Sutherland，Catharine	苏德兰	美国	传教士/教师	金陵女子文理学院	成都	1941	OM
Tai，Miss Mary	戴玛丽	中国	教师	金陵大学	成都		OM
Tarrant，G.F.	塔兰特	英国	传教士	内地会	懋功		CM
Teichman，Sir Eric	台克满	英国	外交官	英国驻华使馆	重庆、英国	1934	LM
Therolf，Miss Frances J.	饶梅香	美国	传教士/注册护士	浸礼会	雅州、西康	1938	CM
Thexton，Miss A.	丁玉成	加拿大	教师	华西协合大学	成都	1936	OM
Tingle，Geoffrey M.	丁果	英国	外交官	英国驻华使馆	重庆、德比郡		CM
Tinker，Miss Barbara	芭芭拉	美国	教师	密歇根大学	密歇根州	1937	CM
Todwem，Lawrence	陶德满	美国	传教士	基督教青年会	成都		OM
Tomkinson，Leonard	童克圣	英国	传教士/教师	华西协合大学	成都	1934	OM
Tomkinson，Mrs. Leonard	童克圣夫人	英国	传教士/教师	华西协合大学	成都	1934	OM
Tompson，Loren B.	汤普森	美国	学者		新泽西州里维顿		CM

英文名	中文名	国籍	身份/职业	工作部门	居住地址	入会时间	会员类别
Tong，Hollington，K	董显光	中国	《大陆报》总编/官员	国民党中央宣传部副部长	上海	1935	CM
Torrance，T.	陶然士	英国	传教士/教师/汉学家	中国内地会/华西协合大学	成都、爱丁堡	1926	HM
Trotter，Miss Charlotte	度夏云	美国	传教士	卫礼公会	成都	1938	OM
Tsai，Chiao	蔡翘	中国	博士/教授/中央研究院院士	国立中央大学/齐鲁大学/华西协合大学	成都	1938	OM
Tsu，Huan-chang	朱焕章	中国	教师	华西协合大学	成都、石门坎	1934	CM
Turner，Miss Jane S.	简·特纳		学者	华西坝上的某大学	成都华西坝51号		OM
Turner，Miss Margaret	丹娜	美国	教师	金陵大学	成都	1940	OM
Turral，G.R.	刁茹乐	英国	外交官	英国驻华使馆/英国外交部	重庆、伦敦		CM
Uphaus，Mrs.W.E.	阿普豪斯	美国	传教士	浸礼会	雅州、西康、康涅狄格州纽黑文	1938	CM
Urquhurt，A.	欧哈德	英国	旅华洋商	英国怡和洋行	昆明		CM
Uttley，Dr.K.H.	尤特里	英国	博士/医生	政府城市医院	香港	1936	CM
Van，Miss Amber	范安柏	美国	传教士		重庆	1941	CM
Vichert，Mr.C.G.	魏牧师	美国	传教士	北美基督教浸礼会	雅州、西康	1930	CM
Vichert，Mrs C.G.	魏牧师夫人	美国	传教士	北美基督教浸礼会	雅州、西康	1930	CM
Vichert，C.L.		美国	传教士	浸礼会	叙府	1930	CM
Vincent，John B.	文森特	美国			成都	1930	OM
Vittaly，Mr.M.E.	威达利		旅华洋商	上海医药合伙公司	上海	1937	CM
Votaw，Mr.M.E.	武道	美国	传教士/教师/公务员	圣约翰大学	上海、重庆	1934	CM
Walmsley，Mr.L.C.	黄思礼	加拿大	传教士/教授	华西协合大学	仁寿、成都	1930	CM
Walmsley，Mrs.L.C.	黄思礼夫人	加拿大	传教士/教师	华西协合大学	仁寿、成都	1934	CM
Wang Chuin-hsien	王俊贤	中国	教师	华西协合大学	成都		OM
Wang Shiao-han		中国			成都	1934	OM
Wang，Wallace	王华纳	中国			成都	1935	OM

续表

英文名	中文名	国籍	身份/职业	工作部门	居住地址	入会时间	会员类别
Wang，Yuan-hwa		中国			成都	1935	OM
Ward，Miss A.I.	汪德光	加拿大	传教士/教师	华西协合大学	成都	1935	OM
Ward，Miss Imogene	伍德	美国	传教士	卫理公会	成都	1937	OM
Ward，Mr.Ralph A.	黄安素	美国	传教士	美以美会	成都	1937	OM
Ward，Mrs.Ralph A.	黄安素夫人	美国	传教士	美以美会	成都	1937	OM
Washbrook，A.G.	倭士卜	英国	邮政官员	中国邮政部门	重庆	1942	CM
Webster，Rev.R.E.	韦斯达	加拿大	传教士	加拿大教会	泸县	1939	CM
Webster，Mrs.R.E.	韦斯达夫人	加拿大	传教士	加拿大教会	泸县	1939	CM
Weiss，Dr.Ruth	魏路诗	奥地利	博士/教师	华西协合大学	成都	1937	CM
Weigolt，Dr.Hugo	维戈特	德国	博士/研究员	汉诺威博物馆	汉诺威	1931	CM
Wellwood，Miss C.	梅秀贞	加拿大	传教士	英美会	重庆	1933	CM
Wen，Prof.Tsai-yu	闻宥	中国	教授/法国远东博古学院通讯院士	国立四川大学/华西协合大学	成都	1937	OM
Wheeler，R.N.	维勒	英国	上尉军医	英国伦敦海军部	伦敦	1934	CM
White，J.	怀特						CM
Whittington，H.B.	惠廷顿	美国	教师	金陵女子文理学院	成都		CM
Wiatt，Miss Lucy F.		.	学者	华西协合大学	成都、印度		OM
Wilford，Dr.E.C.	胡祖遗	加拿大	传教士/医学博士/教授	华西协合大学	成都	1925	OM
Wilford，Mrs.E.C.	胡祖遗夫人	加拿大	传教士/教师	华西协合大学	成都	1935	OM
Williams，H.C.	韦廉士	英国	传教士		仰光	1929	CM
Williams，Dr.T.H.	韦林士	加拿大	传教士/博士/教授	华西协合大学	成都	1939	OM
Wilmott，Mr.L.E.	云从龙	加拿大	传教士/教授	华西协合大学	成都	1932	OM
Wimsatt，Miss G.	温萨特	美国	教师	哥伦比亚大学	上海、纽约	1934	CM
Wint，F.G.A.	文特				上海法租界	1936	OM
Wolcott，R.D.	华勒克	美国	盐务稽核官	中国盐务稽核局	重庆	1941	CM
Wolfenden，Mr. Stuart N.	沃梦德	美国	金融人士		加利福尼亚州	1936	CM

续表

英文名	中文名	国籍	身份/职业	工作部门	居住地址	入会时间	会员类别
Wood，Chester F.	吴德	美国	传教士/汉学者	北美基督教浸礼会国外布道会	雅州、叙府	1930	CM
Wu，Mr.Aitchen K.	吴霭宸	中国	官员/教授	国民政府外交部/燕京大学	成都		OM
Wu，Gin-ding	吴金鼎	中国	博士/研究员	中央研究院			OM
Wu，Dr.Yu-fang	吴贻芳	中国	博士/教授/校长	金陵女子文理学院	成都	1942	OM
Yang，Cato	杨查德	中国	官员	国民政府	重庆	1940	CM
Yang，Chieh-mei	杨介眉	中国	工程师	华西协合大学	成都		OM
Yang，H.T.	杨鸿祖	中国	教授/薯类专家	国立四川大学/华西协合大学	成都		OM
Yang，S.C.	杨少荃	中国	华大理事会主席/教育家	华西协合大学	成都	1930	OM
Yoh，Dr.Ih-hsuin	喻宜萱	中国	博士/教授/歌唱家	金陵女子文理学院	成都		OM
Yü，Prof.Yen-wen		中国	教授	国立四川大学	成都	1937	OM
Yui，Dr.Nan-wen		中国	博士/教师	华西协合大学	成都		OM
Yvon，Col.L.	易风	法国	外交官/军官	法国驻华使馆	重庆	1940	CM

《1922 年－1950 年华西边疆研究学会历次讲演目录》

演讲时间	英文名	中文名	国籍	英文题目	中文题目	类别
1922.10.28	E.Dome	冬雅德	美国	The Black Lamasery at Badi	巴底苯教喇嘛寺	宗教学
1922.10.28	T.E.Plewman	彭普乐	加拿大	A Journey into the Heofan Valley	黑俄番河谷行记	文化人类学
1922.12.12	Harold Smith	史密斯	瑞典	Flora of the Tribes Country	部落地区的植物	生物学
1923.1.27	W.R.Morse	莫尔思	美国	Research	关于研究	会长演讲
1923.1.27	T.E.Plewman	彭普乐	加拿大	A Journey into the Heofan Valley	黑俄番河谷行记	文化人类学
1923.3.3	G.G.Helde	赫立德	美国	Four Passes over Fourteen Thousand feet	海拔一万四千英尺高的四个山口	地理学
1923.3.3	S.H.Liljestrand	李哲士	美国	Botanical Note from Tatsienlu to Badi Bawang: with Special Referance to Medical Plants	打箭炉到巴底巴旺途中药用植物的特别观察	医学
1923.4.7	J.R.Muir	慕如	英国	Snow Mountains	关于雪山	地理学
1923.4.7	C.L.Foster	傅士德	加拿大	Geology of Szechwan	四川地理	地理学
1923.10.8	W.R.Morse	莫尔思	美国	Presidential Address	会长演讲	会长演讲
1923.10.19	H.C.Emery	埃默里	美国	Journey from Peking to Chengtu by the Mongolian and Tibetan Borders	从北京到成都——蒙藏边疆研究之旅	文化人类学
1924.2.18	D.C.Graham	葛维汉	美国	An Amateur Naturalist in West China	华西的博物学爱好者	生物学
1924.3.26	G.G.Helde	赫立德	美国	Notes on Travel and Equipment	关于旅行与装备	会长演讲
1924.3.26	C.L.Foster	傅士德	加拿大	Mount Omei Geology	峨眉山地理	地理学
1924.5.19	A.G.N.Ogden	鄂克登	英国	The Tibetan Devil Dance	西藏"鬼舞"	音乐/宗教学
1924.5.19	A.J.Brace	布礼士	加拿大	The Lama's Wheel of Life	喇嘛的法轮	宗教学
1924.12.1	G.A.Combe	柯姆伯	英国	The Devil Dance at Tachienlu (Dartsendo)	打箭炉"鬼舞"	音乐/宗教学
1925.2.24	D.C.Graham	葛维汉	美国	Opportunities for Study of Religion in W.China	华西为宗教研究提供了机会	宗教学
1925.2.17	Joseph Rock	洛克	美国	Collecting in Yunnan and Szechwan	在云南、四川考察与收集	生物学
1925.4.24	J.H.Edgar	叶长青	英国	Geographic Control and Human Researches in Tibet	西藏地理环境对人的影响的研究	地理学

演讲时间	英文名	中文名	国籍	英文题目	中文题目	类别
1925.5.29	J.C.Humphreys	宏福礼	英国	Lolo Tribes and Territory	"罗罗"（彝族）部落与领地	文化人类学
1925.5.29	G.G.Helde	赫立德	美国	Presidential Address	会长演讲	会长演讲
1925.11	D.S.Dye	戴谦和	美国	Mountain Measuring, Stubbs Manly Larkin	拉金的山体测量法	地理学
1926.3	J.H.Edgar	叶长青	英国	Geological Control and Human Reactions in China	中国地理对人的制约和人的适应	地理学
1926.4	W.R.Morse	莫尔思	美国	Home Contacts	家族的纽带	体质人类学
1926.5.17	Stephenson	斯蒂文森		The Aims and Methods of Anthropological Research	人类学研究的目标与方法	文化人类学
1926.11.20	W.R.Morse	莫尔思	美国	Presidential Address	会长演讲	会长演讲
1926.12.29	H.D.Brown	包冉	加拿大	The Survey of Twenty-five Mt.Omei Farms	对峨眉山二十五个农庄的调查	农业经济学
1926.12.29	D.S.Dye	戴谦和	美国	Geography Data of Weather In Chengtu	成都天气的地理学数据	地理学
1927.11.8	Ming-liang Li	李明良	中国	Geography and Agriculture in Southwest Szechwan	川南的农业与地理	农业经济学
1928.11.17	S.H.Liljestrand	李哲士	美国	Chinese Drugs in Relation to Climate and Health	有关气候和健康的中药	医学
1928.12.15	T.E.Plewman	彭普乐	加拿大	The Grass Country and Its People	草场上的人们	文化人类学
1929.1.12	D.S.Dye & S.H.Soper	戴谦和、索珀	美国	Chengtu County Irrigation Project	成都平原的水利工程	地理学/水利
1929.3.9	W.R.Morse	莫尔思	美国	The Principles of the Practice of Chinese Medicine	中医的修炼及原理	医学
1929.3.23	Mrs.D.S.Dye	戴谦和夫人	美国	Birds of the University Campus	对华大校园内鸟类的观察	生物学
1929.4.6	H.D.Brown	包冉	加拿大	Survey of Fifty Chengtu Plain Farms	对成都平原五十个农庄的研究	农业经济学
1929.4.6	Miss A.B.Brechorst	贝爱理	美国	A Study of Chengtu Schools	对成都学校的研究	教育学
1929.4.20	W.G.Sewell	徐维理	英国	A Study of West China Wools	对华西毛织品的研究	化学
1929.4.20	Y.D.Hu		中国	Physical Measurements of West China Union University Students	华西协合大学学生体检报告	医学

演讲时间	英文名	中文名	国籍	英文题目	中文题目	类别
1929.5.4	Mrs.R.G.Agnew	刘延龄夫人	加拿大	Some Dietary Studies in Szechuan	四川饮食研究	文化人类学
1929.5.4	R.G.Agnew	刘延龄	加拿大	Oral Pathology of Szechuanese	四川人的口腔病理学研究	医学
1929.5.4	W.R.Morse	莫尔思	美国	Presidential Address	会长演讲	会长演讲
1929.11.9	W.R.Morse	莫尔思	美国	Tibetan Medicine	藏医	医学
1929.11.30	Y.D.Hu		中国	Physical Measurements of West China Union University Students	华西协合大学学生体检报告	医学
1929.11.30	R.G.Agnew	刘延龄	加拿大	Observations of a Pathologist in the Tribes Country	病理学家在部落区域的观察	医学
1929.12.14	D.S.Dye	戴谦和	美国	The Northeast Gateway of Szechwan	四川东北通道	地理学
1930.1.4	T.E.Plewman	彭普乐	加拿大	Among Hei Shui Robbers	在黑水强盗之中	文化人类学
1930.3.8	R..A.Peterson	毕德生	美国	Influence of Diet upon Trachoma	饮食对结膜炎的影响	医学
1930.3.29	A.W.Lindsay	林则	加拿大	Dentistry in Szechwan	四川牙医学	医学
1930.4.12	H.G.Brown	饶和美	加拿大	Studies in Szechwan Buddhism	四川佛教研究	宗教学
1930.5.10	L.G.Kilborn	启真道	加拿大	Metabolism in West China	华西人体的新陈代谢功能	医学
1930.5.10	D.S.Dye	戴谦和	美国	Presidential Address	会长演讲	会长演讲
1930.11.1	L.G.Kilborn	启真道	加拿大	Some Influence of Race and Environment upon Life	种族与环境对生活的影响	文化人类学
1930.11.22	G.G.Helde	赫立德	美国	Explorations into Ancient Chinese Documents	中国古籍研究	历史学/文献学
1930.12.13	D.S.Dye	戴谦和	美国	Notes on Szechwan Architecture	介绍四川建筑风格	艺术
1931.1.2	A.J.Brace	布礼士	加拿大	Symbolism in Chinese Religions	中国宗教信仰的符号体系	宗教学
1931.3.7	R.A.Peterson	毕德生	美国	Some Dietary Deficiency Factors in Eye，Ear，Nose and Throat Disease in Szechwan	若干缺失性营养不良因素造成四川人五官科疾病	医学
1931.3.28	H.J.Mullett	吉士道	加拿大	A Journey to Tachienlu and Beyond	去打箭炉及更远的地方旅行	文化人类学
1931.4.18	A.E.Best	杨济灵	加拿大	Mosquitoes of Chengtu	成都的蚊蝇	生物学
1931.4.18	S.D.Du	杜顺德	中国	Parasites Infesting Man in Szechwan	四川传染给人体的寄生虫	医学

演讲时间	英文名	中文名	国籍	英文题目	中文题目	类别
1931.5.9	A.W.Lindsay	林则	加拿大	The Szechwan Face	四川人的脸部	医学
1931.5.23	D.S.Dye	戴谦和	美国	Presidential Address	会长演讲	会长演讲
1931.5.23	T.H.Williams	韦林士	加拿大	Some Questions Confronted of Diseases in West China	有关华西疾病所面临的若干问题	医学
1931.5.23	H.G.Brown	饶和美	加拿大	What the Gods Say in West China	华西诸神之语	文化人类学
1931.5.23	S.H.Liljestrand	李哲士	美国	The Lure of the Border	边疆的诱惑	文化人类学
1931.5.23	Mrs.F.Dickinson	丁克生夫人	加拿大	Researchers	我所了解的研究者	其他
1931.10.24	G.G.Helde	赫立德	美国	Harmony of Contradictions in Taoism, Confucianism and Buddhism	道、儒、佛三教的对立统一	宗教学
1931.11.17	G.D.Bowles	包戈登	美国	An Anthropologist on the Tibetan Border	人类学家在藏区边地	文化人类学
1931.12.12	H.D.Robertson	罗成锦	加拿大	One Hundred Years of China's Foreign Relations, 1831—1931	中外关系一百年（1831—1931）	历史学
1932.1.2	D.S.Dye	戴谦和	美国	Some Elements of Chinese Lattice: with Notes on Szechwan Specialties	中国窗花图案——以四川为例	艺术
1932.3.5	A.J.Brace	布礼士	加拿大	Spirits and Magic in Chinese Religion	中国宗教信仰中的鬼神与巫术	宗教学
1932.3.26	W.Crawford	高文明	加拿大	Blazing a Health Trail In West China	创建华西健康之路	医学
1932.4.16	F.Dickinson	丁克生	加拿大	Socio-economic Aspects of Chinese Agriculture	中国农业的社会经济方面	农业经济学
1932.5.7	Mrs.B.E.Bassett	白思德夫人	美国	An Excursion into Chinese Mythology	中国神话传说的研究	语言学
1932.5.7	D.S.Dye	戴谦和	美国	Presidential Address	会长演讲	会长演讲
1932.10.15	Reichelt Rev.K.L	艾香德	挪威	Buddhist Mysticism	佛教的神秘	宗教学
1932.10.15	Prip Moller	艾术华	丹麦	Chinese Temple Architecture	中国寺庙的建筑风格	艺术
1932.11.5	J.H.Edgar	叶长青	英国	The Badi-Bawang	巴底巴旺	地理学
1932.11.26	S.H.Liljestrand	李哲士	美国	A Survey of Endemic Goiter in Kinchuan District: with Notes on the Geologic and Ethnologic Factors and Meteorologic Conditions	从地质学、民族学及气象环境方面调查金川地区——甲状腺肿这一地方性流行病的状况	医学/文化人类学

演讲时间	英文名	中文名	国籍	英文题目	中文题目	类别
1932.12.17	H.J.Mullett	吉士道	加拿大	An Excursion into Nosu Land	到诺苏（彝族）地区科学考察	文化人类学
1933.1.7	W.R.Morse	莫尔思	美国	Chinese Medicine-Acupuncture	中医的针灸	医学
1933.2.18	J.Beech	毕启	美国	West China Union University Beginnings	华西协合大学的成立	教育学
1933.3.18	D.L.Phelps	费尔朴	美国	My Omei Pilgrimage	峨眉山之游	文化人类学
1933.4.8	S.C.Yang	杨少荃	中国	The Revolution of 1911－12 in Szechwan	1911 年至 1912 年四川的辛亥革命	历史学
1933.4.22	J.Neave	倪焕然	加拿大	Some Missionary Experiences on the Indian and Tibetan-Chinese Borders	印度和汉藏边地的传教士及其见闻	宗教学
1933.5.6	L.G.Kilborn	启真道	加拿大	A Year's Research in the Department of Physiology and Pharmacology	一年来生理学和药理学方面的调查	医学
1933.5.20	C.Blanche Brace and Charles Chiu	布蓝奇	美国	A Study of Chinese Music	中国音乐研究	音乐
1933.6.3	W.R.Morse	莫尔思	美国	Presidential Address：Archdeacon Borehan Sang Masefield's "Down to the Sea Again"	会长演讲	会长演讲
1933. 9. 29－30	Mrs.W.R.Morse	莫尔思夫人	美国	Art Exhibit	自制艺术品展览与讲演	艺术
1933.10.21	A.J.Brace	布礼士	加拿大	Among the Foothills of the Tibetan Border	西藏边地山脉的丘陵地带	地理学
1933.11.18	Mrs.R.A.Peterson	毕德生夫人	美国	The Minya Kung Ka	明雅贡嘎山	地理学
1933.12.16	H.D.Robertson	罗成锦	加拿大	General History of the Nestorians	景教（基督教）发展史	宗教学/历史学
1933.12.16	Li-shien Liu	刘黎仙	中国	The Nestorians in Szechwan Province	四川基督教的教派	宗教学/历史学
1934.1.20	W.R.Morse	莫尔思	美国	The Nosu	诺苏人	文化人类学
1934.3.10	L.C.Walmsley	黄思礼	加拿大	Chinese Art	中国艺术	艺术
1934.3.10	Mrs.W.R.Morse	莫尔思夫人	美国	Chinese Art	中国艺术	艺术
1934.3.10	Mrs.F.Dickinson	丁克生夫人	美国	Chinese Art	中国艺术	艺术
1934.3.31	D.L.Phelps	费尔朴	美国	My Omei Pilgrimage	峨眉山纪行	文化人类学

演讲时间	英文名	中文名	国籍	英文题目	中文题目	类别
1934.4.30	R.G.Agnew	刘延龄	加拿大	Moving Pictures of Tribal Life	放映部落人生活场景的幻灯片	医学
1934.4.30	Mary Caldwell Agnew	刘延龄夫人	加拿大	Nutrition and Oral Disease Amongst the Tribes People	藏族人的食物与口腔疾病	文化人类学
1934.5.19	T.Torrance	陶然士	英国	The Basic Spiritual Conception of the Religion of the Chi'ang People	羌族人宗教信仰的基本观念	文化人类学
1934.6.9	S.H.Liljestrand	李哲士	美国	Presidential Address	会长演讲	会长演讲
1934.6.9	D.C.Graham	葛维汉	美国	Annual Meeting: Methods and Equipment for Rearch on the China-Tibetan Border	在汉藏边地调查的方法与装备	文化人类学
1934.9.29	H.D.Robertson	罗成锦	加拿大	Reports of Expeditions during the Summer of 1934 by Members of the Society	1934 年夏季学会会员科学考察汇报	文化人类学
1934.9.29	W.R.Morse	莫尔思	美国	Reports of Expeditions during the Summer of 1934 by Members of the Society	1934 年夏季学会会员科学考察汇报	文化人类学
1934.9.29	R.Orlando Jolliffe	李芝田	加拿大	Reports of Expeditions during the Summer of 1934 by Members of the Society	1934 年夏季学会会员科学考察汇报	文化人类学
1934.9.29	D.C.Graham	葛维汉	美国	Reports of Expeditions during the Summer of 1934 by Members of the Society	1934 年夏季学会会员科学考察汇报	文化人类学
1934.11.24	J.H.Edgar	叶长青	英国	Through Unexplored Religions of Hsiang Cheng in 1907—— (a Visit to the Ogreo's Den)	1907 年穿越未开发的乡城地区	文化人类学
1934.12.15	Harold Smith	史密斯	瑞典	Botanical Specimens From the His Kang Region	西康地区植物性药材的种类	生物学/医学
1934.12.18	Mr. & Mrs. Dean Sage	舍基	美国	Special Meeting: Expediton of the American Museum of Natural History	展示远征华西采集的标本与讲演	生物学
1934.12.18	T.Donald Carter	卡特	美国	Special Meeting: Expediton of the American Museum of Natural History	展示远征华西采集的标本与讲演	生物学
1934.12.18	W.G.Sheldon	谢尔顿	美国	Special Meeting: Expediton of the American Museum of Natural History	展示远征华西采集的标本与讲演	生物学
1935.1.10	A.J.Brace	布礼士	加拿大	Tu Fu, the Bard of Ts'ao T'ang Ssu	诗人杜甫与草堂祠	历史学

续表

演讲时间	英文名	中文名	国籍	英文题目	中文题目	类别
1935.1.10	V.H.Donnithorne	董笃宜	英国	The Golden Age and the Dark Age in Hanchow,Szechuan——Nestorianism in the T'ang Dynasty and Chang Hsien Chong	四川汉州黄金时代与黑暗时代	历史学
1935.2.16	Clarence Vichert	魏牧师	美国	Chinese Boxing——a Lecture and an Exhibition	讲演和表演中国太极拳	文化人类学
1935.2.16	R.G.Agnew	刘延龄	加拿大	Exhibited Moving Pictures Taken in the China-Tibetan Borderland，near Tatsienlu in the Summer of 1934	放映与解说1934年夏在汉藏边疆地区考察的幻灯片	文化人类学
1935.3.16	S.H.Liljestrand	李哲士	美国	Animal Symbolism of Szechuan Province	中国艺术中动物的象征手法	艺术
1935.3.16	Lucius C.Porter	博晨光	美国	Mengzi's Phylosophy System	孟子的哲学思想体系	宗教学
1935.4.3	Settle	希图	美国	Special Meeting：The Reason for the Flights into the Stratosphere	热气球飞行到平流层的原因	其他
1935.4.27	Wen-chuin Ho	何文俊	中国	The Natural History of Szechuan Province	四川自然历史	生物/历史学
1935.5.18	Gerald S.Bell	钟善学	加拿大	Land Settlement and Taxation in China	中国土地的产权与税赋制度	农业经济学
1935.6.1	A.J.Brace	布礼士	加拿大	Presidential Address	会长演讲	会长演讲
1935.6.1	S.H.Liljestrand	李哲士	美国	Animal Symbolism in Chinese Art	中国艺术中动物的象征手法	艺术
1935.10.26	Carl Schuster	舒斯特	美国	Szechwan Folk Craft in Blue Thread	四川民间蓝线针黹之手艺	艺术
1935.11.9	T.E.Plewman	彭普乐	加拿大	Before and after at Li Fan Ting	在理番厅及周边地区考察	文化人类学
1935.11.16	G.W.Sparling	宋道明	加拿大	Religious Origins	宗教的起源	宗教学
1935.12.14	W.R.Morse	莫尔思	美国	Ancient Aboriginal Tribes in Szechwan	四川古代的土著人部落	文化人类学
1936.1.18	C.F.Wood	吴德	美国	Szechwan Buddhism	四川佛教	宗教学
1936.2.22	A.J.Brace	布礼士	加拿大	Secret Societies in Szechwan	四川的秘密社团	宗教学
1936.3.21	R.G.Agnew	刘延龄	加拿大	Nutritional and Oral Studies amongst the Tibetans	在藏区考察藏人的食物与口腔	医学/文化人类学
1936.4.25	F.K.Huang	黄方刚	中国	Szechwan Taoism	四川道教	宗教学
1936.5.30	E.R..Cunningham	顾富华	英国	Causes of Blindness in West China	导致华西愚昧之研究	文化人类学

演讲时间	英文名	中文名	国籍	英文题目	中文题目	类别
1936.5.30	S.C.Yang	杨少荃	中国	Presidential Address	会长演讲	会长演讲
1936.10.17	D.C.Graham	葛维汉	美国	The Customs，Art, and Religion of the Ch'uan Miao	川苗的习俗、艺术及宗教信仰	文化人类学
1936.11.28	Lady Hosie	谢福芸	英国	The Chinese Art Exhibit in London	伦敦的中国艺术展览	艺术
1936.11.28	Marian Manly	满秀实	美国	Measurements of Chinese Pelves	中国人体骨盆的测量值	体质人类学
1936.11.28	W.R.Morse	莫尔思	美国	Physical Anthropological Measurements of Chu'an Miao	川苗体质人类学测量	体质人类学
1936.12.12	Mr. & Mrs. R. G. Agnew	刘延龄夫妇	加拿大	Diet and Dental Health among the Chu'an Miao	在川苗地区考察川苗饮食与牙齿健康	医学/文化人类学
1937.1.23	H.G.Anderson	安得胜	英国	The Plague that Has Never Ceased	从来没有结束过的瘟疫	医学
1937.2.27	H.B.Collier	柯利尔	加拿大	Research at the West China Union University	华西协合大学的学术研究	教育学
1937.2.27	T.Cook	顾明德	英国	The Independent Lolo	自治的"罗罗"	文化人类学
1937.4.26	S.Elisseeff	叶理绥	法国	Ancient Chinese Bronzes	中国古代青铜器	考古学
1937.4.26	S.H.Fang	方叔轩	中国	Chinses Mysticism and Chinese Art	中国人的玄想与中国人的艺术	艺术
1937.5.29	T.K.Tsen	郑德坤	中国	Excavation of a T'ang Dynasty Grave at Zayton	华西一座唐代墓葬的发掘	考古学
1937.5.29	D.C.Graham	葛维汉	美国	Presidential Address	会长演讲	会长讲演
1937.6.5	J.G.Anderson	安特生	瑞典	The Bronzes of the Ancient Huns	古代匈奴人的青铜器	考古学
1937.6.7	J.G.Anderson	安特生	瑞典	Peking Man	北京人	考古学
1937.10.16	D.S.Dye	戴谦和	美国	Some West China Horizons	华西之见闻	文化人类学
1937.11.20	L.G.Kilborn	启真道	加拿大	Studies in Physiological Anthropology	体质人类学研究	体质人类学
1937.12.18	Ming-liang Li	李明良	中国	Geography and Agriculture in Southwest Szechwan	川西南的地势与农业	农学
1938.1.7	Carl Schuster	舒斯特	美国	Special Meeting：Distribution and Decline of Cross Stitch Embroidery in Szechwan	四川的十字刺绣	艺术
1938.1.18	Tsai-yu Wen	闻宥	中国	Pictorial Scripts of the Nashi Aborigines	纳西族的象形文字	语言学

演讲时间	英文名	中文名	国籍	英文题目	中文题目	类别
1938.2.19	R.L.Cunningham	顾富华	英国	Reincarnations Among the Lamas of Tibet	西藏喇嘛的活佛转世	文化人类学
1938.2.19	F.A.Smalley	司马烈	英国	Some Aspects of China's Religious Heritage	中国宗教传统的概况	宗教学
1938.3.12	Mrs.Alexandra David-Neil	戴维尼夫人	法国	Original Buddhism and Lamaism	佛教和喇嘛教的起源	宗教学
1938.3.19	S.H.Fong	方叔轩	中国	Chinese Mysticism and Chinese Art	中国人的玄想与中国人的艺术	艺术
1938.3.19	Chung-fan Cheng	程千帆	中国	The Rise of the Scholar Painters in China and an Evaluation of Their Works	中国古典画家形成与评价	艺术/历史学
1938.4.16	R.A.Peterson	毕德生	美国	Changing Geography of Disease in Szechwan	四川疾病的地理变迁	医学
1938.4.20	Hsioh-pen Chuang	庄学本	中国	The Fan Tribes	有关"番"部族	文化人类学
1938.4.29	W.Hudspeth	王树德	英国	The Customs of the Hua Miao	花苗的习俗	文化人类学
1938.5.21	V.H.Donnithorne	董笃宜	英国	The Darkest Age in Hanchow	汉州最黑暗时代	历史学
1938.5.21	R.G.Agnew	刘延龄	加拿大	Presidential Address	会长演讲	会长演讲
1938?	J.Howard Jeffrey	杰弗里	英国	Aryan Roots and Comparative Philology	关于雅利安人的来源和他们的比较语文学	语言学/文化人类学
1938.10.15	F.A.Smalley	司马烈	英国	Some Aspects of Chinese Religious Heritage	中国宗教传统概况	宗教学
1938.11.19	D.C.Graham	葛维汉	美国	The Legends of the Ch'uan Miao	川苗的传说	文化人类学
1938.12.17	Chen-tsu Shang	商承祚	中国	Department of Chinese Cultural Studies of Nanking University	介绍南京大学中国文化研究所	历史学
1939.1.21	W.G.Sewell	徐维理	英国	The Natural Dyes of West China	华西的天然染料	化学
1939.1.21	R. G. Agnew&Mrs. Stockwell	刘延龄、斯托克韦尔夫人	加拿大	The Music of the Ch'uan Miao	川苗音乐考	音乐/文化人类学
1939.2.18	I-t'ang Hsu	徐益棠	中国	The Aborigines of Southeast China	中国东南地区的原住民	文化人类学
1939.3.18	Chen-tsu Shang	商承祚	中国	The Chinese Oracle Bones	中国甲骨文	考古学
1939.4.13	Cora D.Reeves	黎富思	美国	Playthings of an Ichthyologist	鱼类研究者的"玩偶"	生物学

演讲时间	英文名	中文名	国籍	英文题目	中文题目	类别
1939.4.15	Eugene Chan	陈耀真	中国	The History of Chinese Opthalmology	中国眼科史	医学
1939.5.20	R.A.Peterson	毕德生	美国	The Changing Geography of Disease in Szechwan	四川疾病的地理变迁	医学
1939.5.20	Yu-lin Kao	高毓灵	中国	The Identification of Szechwan Porcelains by the Chemical Analysis of the Glaze	化学分析鉴定四川陶器之釉（由化学分析方法证明四川瓷器之同一性）	化学/考古学
1939.5.20	T.E.Plewman	彭普乐	加拿大	Presidential Address: The Challenge to Adventure	会长演讲：挑战冒险精神	会长演讲
1939.11.25	D.L.Phelps	费尔朴	美国	A Pilgrimage of Poetry to Mount Omei	一篇漫游峨眉山之诗作	语言学
1939.11.25	Ssu-ming Mung	蒙思明	中国	Historic Places of Chengtu	成都的名胜古迹	历史学
1939.12.16	H.L.Richardson	理查森	英国	West China Soil and Population Distribution	华西的土地和人口分布	农业经济学
1940.1.29	Eugene Chan	陈耀真	中国	The History of Chinese Opthalmology	中国眼科史	医学
1940.2.24	D.S.Dye	戴谦和	美国	The West China Museum of Man and His Culture	华西博物馆：华西的人和他的文明	博物馆学
1940.3.16	C.C.Liu	刘承钊	中国	Adaptation in West China Salientia	华西蝌蚪适应性的变化	生物学
1940.4.20	Grace Manly	满恩溢	美国	"Reporting the Road" by Szechwan Chair Carriers (Songs of the Chairman)	四川抬"滑竿"的行路号子	音乐
1940.4.20	D.S.Dye	戴谦和	美国	A Display of Chinese Wood Carving and Color	展示中国木雕术及涂色工艺	艺术
1940.5.19	E.B.Stockwell	斯托克韦尔	美国	Szechwan Music in Four Dimensions	四川音乐发展历史	音乐/历史学
1940.5.18	R.Orlando Jolliffee	李芝田	加拿大	China's West	中国的西部	文化人类学
1940.5.18	S.H.Fong	方叔轩	中国	Presidential Address: Notes on the *Hua Yang Kuo Chi*	会长演讲：关于《华阳国志》	会长讲演/历史学/文化人类学
1940.9.19	P.C.Hou	侯宝璋	中国	A History Study of the Methods of Preserving the Human Body in China	中国历史上尸体防腐方法	医学
1940.11.16	S.H.Liljestrand	李哲士	美国	Dr Livtard Exploration Report	Livtard博士探险遇难报告	文化人类学

演讲时间	英文名	中文名	国籍	英文题目	中文题目	类别
1940.12.21	Tsai-yu Wen	闻宥	中国	The Chinese Script and its Derivatives	中国书法	艺术
1941.1.18	R.C.Spooner	陈普仪	加拿大	Chinese Alchemy	中国人的炼金术	化学
1941.2.17	B.H.Chang	张伯怀	中国	The Lolos of Nin District	宁远地区的"罗罗"	文化人类学
1941.3.15	Isabella Brown	伊萨贝拉	加拿大	At Home among the Gia Rong	在嘉绒人家里	文化人类学
1941.3.15	S.H.Liljestrand	李哲士	美国	The Riddle of the Little Gold River Valley and the Secret of the Loess	小金河谷之谜和神秘的黄土	文化人类学
1941.4.12	Chin-ting Wu	吴金鼎	中国	Neolithic Black Pottery	新石器时期的黑陶	考古学
1941.4.19	Feng-fu Du	杜奉符	中国	Some Great Writers of Szechwan	四川古代最伟大的文学家	历史学/文学
1941.5.17	A.W.Lindsay	林则	加拿大	Functions of the Jaws of the Giant Panda	大熊猫下颌的功能	医学/动物学
1941.5.17	C.D.Reeves	黎富思	美国	Presidential Address	会长演讲	会长演讲
1941.10.18	En-lan Liu	刘恩兰	中国	A Symposium on the Li-fan District (Geography)	理番地理研究	地理学
1941.10.18	Siu-ying Hu	胡秀英	中国	A Symposium on the Li-fan District (Botany)	理番植物研究	生物学
1941.10.18	Tsai-yu Wen	闻宥	中国	A Symposium on the Li-fan District (Language)	理番语言研究	语言学
1941.11.5	John Tee Van	狄万	美国	Life Half a Mile below the Ocean Surface	海底生活	生物学
1941.11.15	S.H.Liljestrand	李哲士	美国	The Riddle of the Little Gold River Valley and the Secret of the Loess	小金河谷之谜和神秘的黄土	文化人类学
1941.11.29	A.C.Li	李安宅	中国	Lamasery	喇嘛寺	宗教学
1941.12.20	Te-kun Cheng	郑德坤	中国	Prehistoric Archaeology of Szechwan	四川史前考古学	考古学
1942.1.17	Portia Michey	桂玉芳	美国	Hai-p'a Miao of Kweichow	贵州海葩苗	文化人类学
1942.2.21	H.L.Richardson	理查森	英国	The Ice Age of West China	华西冰川时代	地理学
1942.3.21	Chin-kang Ku	顾颉刚	中国	The Early History of Szechwan	四川早期历史	历史学
1942.4.18	J.L.Buck	卜凯	美国	Agriculture of Szechwan	四川农业	农业经济学
1942.5.16	I.Highbaugh	海波	美国	Szechwan Cross-stitch Patterns	四川刺绣	艺术

演讲时间	英文名	中文名	国籍	英文题目	中文题目	类别
1942.5.16	L.G.Kilborn	启真道	加拿大	Presidential Address	会长演讲	会长演讲
1942.10.17	Siu-ying Hu	胡秀英	中国	The Life of the Giarung in Relation to the Botanical Environment	嘉绒人生活与自然环境之关系	文化人类学
1942.11.21	Han-yi Feng	冯汉骥	中国	Megalithic Remains around Chengtu	成都平原之大石文化遗迹	考古学
1942.12.19	En-lan Liu	刘恩兰	中国	The Social Customs of the Tribes People as Effected by Their Climatic and Geographical Environment	气候和地理环境对部族社会风俗的影响	文化人类学
1943.1.16	D.S.Dye	戴谦和	美国	Pattern Belts of the Sino-Tibetan Marchers and Some of Their Relation and Implications	汉藏交界地区腰带类型及其关系和影响	文化人类学
1943.2.20	H.W.Li	李先闻	中国	The Introduction and Improvement of Field Crops in Szechwan	四川农作物介绍与改进	农学
1943.3.20	Yueh-hua Lin	林耀华	中国	Social Life of the Aborigines in Kweichow and around Yunnan	云贵川地区苗族的社会生活	文化人类学
1943.4.17	C.C.Liu	刘承钊	中国	Amphibia of West China	华西的两栖动物	生物学
1943.5.15	D.C.Graham	葛维汉	美国	The Customs of the Ch'iang	羌族人的风俗习惯	文化人类学
1943.5.15	P.C.Hou	侯宝璋	中国	Presidential Address	会长演讲	会长演讲
1943.10.25	Gin-ding Wu	吴金鼎	中国	Mystery of the Royal Tomb of Wang Chien	永陵王建墓的发掘	考古学
1943.11.8	Aitchen K.Wu	吴霭宸	中国	Fourteen Races of Chinese Turkestan	中国讲突厥语的十四个民族	文化人类学
1943.12.13	Mrs A.C.Li	于式玉	中国	Tibetan Womanhood	有关西藏妇女现状	文化人类学
1943.12.13	Chih-ang Chiang	蒋旨昂	中国	Black River Communal Politics	关于黑河政治	文化人类学
1944.2.14	Kuei Chang	张奎	中国	Hookworm Disease in Szechwan	四川地区的钩虫病	医学
1944.3.13	En-lan Liu	刘恩兰	中国	Reconnaissances in the Li-fan Szechwam Area (Ethnological)	理番地区人类学调查	文化人类学
1944.3.13	H.B.Whittington	惠廷顿	英国	Reconnaissances in the Li-fan Szechwam Area (Geological)	理番地区地质学探索	地理学

续表

演讲时间	英文名	中文名	国籍	英文题目	中文题目	类别
1944.4.10	Te-kun Cheng	郑德坤	中国	Slate Tomb Burial of Szechwan（The Archaeological Discover of the Li-fan Region）	四川理番地区的墓葬考古	考古学
1944.5.8	Rewi Alley	路易·艾黎	新西兰	A most Intimate Account of the Chinese in Cooperation	谈如何与中国人合作	其他
1944.5.8	J.Lossing Buck	卜凯	美国	Szechwan Agriculture during the War	抗战时期的四川农业	农业经济学
1944.5.8	H.L.Richardson	理查森	英国	Presidential Address	会长演讲	会长演讲
1944?	Yin-koh Tschen	陈寅恪	中国	China's Northwest Gateway	中国的西北通道	历史学/地理学
1944.10.9	Fang-guei Li	李方桂	中国	The Songs of Li Ngan, Kwei-chou	有关贵州Li Ngan地区的歌谣	音乐
1944.11.13	Alexandra David-Neel	戴维尼夫人	法国	Tibetan Rites to Infuse Life into Inanimate Things	藏族人宗教信仰的范围	宗教学/文化人类学
1944.12.11	Frank Dickinson	丁克生	加拿大	20 Years Dairy Cattle Improvement and Fruit Tree Introductions in Szechwan	二十年来对四川奶牛的改良和果树的引进	农学
1944.12.11	Siu-ying Hu	胡秀英	中国	Herbs used in the Medical Shops of Chengtu	对成都中药店药材的调查	医学
1945.2.12	W.Brain Harland	韩博能	英国	Physiographic History of Western Szechwan	川西的自然地理历史	地理学/历史学
1945.3.12	Pao-chang Hou	侯宝璋	中国	Geographical Distribution of Kara Azar in NW Szechwan	对四川西北雅拉地理的考察	地理学
1945.4.9	Yueh-hua Lin	林耀华	中国	Kinship System of the Lo-lo	"罗罗"的亲属体系	文化人类学
1945.5.14	A.C.Li	李安宅	中国	Lamaism	萨迦派喇嘛教	宗教学
1945.5.14	A.C.Li	李安宅	中国	Border Research in Free China	会长演讲：中国的边疆研究	会长演讲/文化人类学
1945.5.14	Alexandra David-Neel	戴维尼夫人	法国	Research of Tibetan Culture	有关藏族文化现象的深入探讨	文化人类学
1945.10.9	D.S.Dye	戴谦和	美国	Fields of Force and Chinese Lattice	关于引力与中国窗格设计的关系	物理学/艺术
1945.11.13	Te-kun Cheng	郑德坤	中国	A Chronology of Szechwan Pottery	四川陶器年表	考古学
1945.12.11	M.D.Sullivan	苏立文	英国	Development of Chinese Painting during the War	战争时期中国绘画的发展	艺术
1946.1.15	Fang-guei Li	李方桂	中国	The Giarung Language	嘉绒人的语言	语言学

演讲时间	英文名	中文名	国籍	英文题目	中文题目	类别
1946.2.12	Yu-tang Hsu	徐益棠	中国	Chinese border Reasearch during the War	战争时期的中国边疆研究	文化人类学
1946.3.12	Han-yi Feng	冯汉骥	中国	The Yung-ling, Royal Tomb of Wang Chien	永陵王建墓	考古学
1946.4.9	C.C.Liu	刘承钊	中国	Some Problems of Pelodytidaes in China	有关中国蟾蜍的一些问题	生物学
1946.5.14	A.C.Li	李安宅	中国	Presidential Address：Bonism	会长演讲：本教	会长演讲
1946.9?	Wen-pen Fang	方文培	中国	The Distribution of Rhododendrons in Mt.Omei	峨眉山杜鹃之分布	生物学
1946.10.14	Meng-hung Chiang	蒋梦鸿	中国	Frontier Education in Szechwan	边疆教育	教育学
1946.11.11	D.S.Dye & N.Glass	戴谦和	美国	Study of Chengtu District Water Supply	成都地区水质研究	农学
1946.12.9	Te-kun Cheng	郑德坤	中国	Five Years in the University	五年来之华大博物馆	博物馆学
1947.1.13	Yi Chen	陈义	中国	Zoogeographic Position of China with Special Reference to the Fauna of Szechwan	四川动物区系中国在动物地理学上的位置	生物学/地理学
1947.3.10	D.C.Graham	葛维汉	美国	Folk Stories of the Ch'uan Miao	川苗的民间传说	语言学
1947.4.14	F.D.Lessing	莱辛	美国	About Tibetan Buddhism	关于藏传佛教问题	宗教学
1947.5.12	C.C.Liu	刘承钊	中国	Presidential Address	会长演讲	会长演讲
1947.10.18	Yung-chung Lo	罗荣宗	中国	Miao of Kweichow	贵州苗族	文化人类学
1947.11.15	T'ien-ho Lan	蓝天鹤	中国	Biological Chemistry Research	生物化学研究	生物化学
1947.12.20	J.C.Thomson	唐美森	美国	Nutrition Research in Chengtu	成都的营养研究	医学
1948.1.17	Mrs.D.S.Dye	戴谦和夫人	美国	The Birds of The University Campus	对华大校园内鸟类的观察	生物学
1948.2.14	L.G.Kilborn	启真道	加拿大	Affected by much element on Physical of Miao People	饮水中过量氟元素对苗民体质上影响	体质人类学
1948.2.28	C.C.Liu	刘承钊	中国	Amphibia of West China	华西两栖动物	生物学
1948.3.20	D.C.Graham	葛维汉	美国	Lolo's Religion	"罗罗"的宗教信仰	宗教学/文化人类学
1948.3.20	Chung-hsiang Ch'eng	陈宗祥	中国	Lolo's Religion	"罗罗"的宗教信仰	宗教学/文化人类学
1948.4.17	En-yuan Cheng	成恩元	中国	Excavation of Buddha Stone Carving in Ch'iun Lai Long Xing Ssu	邛崃龙兴寺佛像石刻发掘报告	考古学

续表

演讲时间	英文名	中文名	国籍	英文题目	中文题目	类别
1948.4.17	R.L.Crook	柯培德	美国	Malaria Research in West China	华西疟疾研究	医学
1948.5.15	S.H.Liljestrand	李哲士	美国	Presidential Address：The accumulation of the loess in Upper Ming River	会长演讲：岷江上游黄土之堆积	地理学
1949.5.21	D.L.Phelps	费尔朴	美国	Poetry of Mt.Omei	有关峨眉山的诗篇	语言学
1949.5.21	T'ien-ho Lan	蓝天鹤	中国	Presidential Address	会长演讲	会长演讲
1949.11.19	Bertha Hensman	韩诗梅	英国	The Birth of the Inner Mongolian Self-government	内蒙古自治区的创建	文化人类学
1949.12.10	A.C.Li	李安宅	中国	Tsang Khapa — The founder of the Established Church of Lamaism	宗喀巴—喇嘛教的创始人	宗教学
1950.3.18	Hsiao-kuo Yang	杨啸谷	中国	The Szechwan Ceramic Industry	四川制陶业	考古学
1950.3.25	W.P.Fang	方文培	中国	Distribution of Species of Cornus and Dendrobenthamia in Southwestern China	山茱萸和四照花属在中国西南各省的分布	生物学
1950.5.6	Roger C.Rudolph	鲁道夫	美国	The Excavation of Chi Kung's Tombs	祁公墓的发掘	考古学
1950.5.27	Portia Mickey	桂玉芳	美国	The Interpretation of Some Designs Used in Ch'uan Miao Cross Stitch	川苗刺绣的常见图案	艺术
1950.6.10	W.G.Sewell	徐维理	英国	Presidential Address	会长演讲	会长演讲

1，资料来源于学会在《华西教会新闻》《华西边疆研究学会杂志》上发布的讲座信息，以及四川大学博物馆藏的学会讲座宣传单。2，20年代至30年代，印发的讲座宣传单是英文的，40年代印发的宣传单是中英文的。3，少数讲座的时间、题目有所变动。例如1924年5月10日布礼士《喇嘛的法轮》，改到5月19日演讲。4，保持历史称谓，对存歧义的称谓或表述加引号或括号，如"罗罗"（彝族）。5，学会规定一场讲座因听众要求可以再次演讲，例如陈耀真的《中国眼科史》。5，讲座类别是非严格意义的分类，有的涉及多个领域，在正文论述时以第一分类项进行分析与统计，例如《川苗音乐考》（音乐/文化人类学），统计归于音乐类。6，表中演讲者中文名字主要采自《华西教会新闻》、《华西边疆研究学会杂志》、黄思礼的《华西协合大学》、《四川大学史稿》第四卷、刘吉西的《四川基督教》、黄光域的《近代中国专名翻译词典》，少数系笔者参考《英文姓名译名手册》（商务印书馆1997年版）音译。

参考文献

一、论文

1. 中文

《边疆服务》编辑：《本部与二团体联合举办羌民文化展览》，《边疆服务》，1943 年第 2 期。

《边疆服务》编辑：《葛维汉边区研究兴趣高》，《边疆服务》，1943 创刊号。

《边疆服务》编辑：《几点感想》，《边疆服务》，1947 年 4 月第 16 期。

《边疆研究通讯》编辑：《边疆学术研究消息》，《边疆研究通讯》，1943 年第 2 卷第 1 期。

编者：《馆务》，《华西文物》，1951 年创刊号。

编者：《国外汉学论文提要索引分类目录》，《史学消息》，1936 年－1937 年第一卷第 8 期。

编者：《西洋汉学论文提要》，《史学消息》，1936 年－1937 年第一卷第 3 期。

陈波：《祖尼小镇的结构与象征──纪念李安宅先生》，载入王铭铭：《中国人类学评论》（第 3 辑），北京：世界图书出版公司，2007 年版。

陈德源：《刘恩兰》，《海洋技术》，1983 年 3 期。

陈显丹：《三星堆出土玉石器研究综述》，《四川文物》，2007 年第 2 期。

陈永龄：《20 世纪前期的中国民族学》，载入中国民族学研究会编：《民族学研究》（第 1 辑），北京：民族出版社，1981 年版。

邓聪：《悼念吾师郑德坤教授》，《中国文物报》，2001 年 5 月 30 日。

邓宏烈：《西方传教士眼中的羌族神灵信仰》，《贵州民族研究》，2006 年第 5 期。

邓杰、刘力：《基督教与民国时期四川羌区的社会研究》，《西南民族学院学报》，
　　2010 第 1 期。

邓林：《葛维汉与华西协合大学博物馆》，2013 年硕士学位论文，四川大学。

段渝：《三星堆与巴蜀文化研究七十年》，《中华文化论坛》，2003 年第 3 期。

方文培：《中国杜鹃属之初步观察》，《科学世界》，1934 年第三卷第 8 期。

方文培：《中国落叶杜鹃》，《中国植物学杂志》，1935 年第二卷第 2 期。

方文培：《中国槭树科之地理分布》，《中国植物学杂志》，1934 年第一卷第 2 期。

方文培：《中国植物学发达史略》，《科学世界》，1932 年第一卷第 2 期。

葛维汉：《华西协合大学古物博物馆概况》，《中国博物馆协会会报》，1936 年第一
　　卷第 3 期。

古董：《介绍华西大学博物馆》，《党军日报》，1942 年 6 月 19 日。

顾颉刚：《古代巴蜀与中原的关系说及其批判》，《中国文化研究汇刊》，1941 年第
　　1 期。

顾颉刚：《秦汉时代的四川》，《学思》，1942 年第一卷第 8 期。

《国民日报》记者：《参观华大博物馆》，《国民日报》，1933 年 12 月 23 日。

郝瑞著、范可译：《中国人类学叙事的复苏与进步》，《广西民族学院学报》（哲学
　　社会科学版），2002 年第 7 期。

洪式闾：《东方学术之将来》，《晨报五周年纪念增刊》，1923 年 12 月 1 日。

侯宝璋：《四川黑热病之调查》，《现代医学》，1944 年第一卷第 1 期。

侯宝璋：《汶川理番一带最常见的几种病症》，《边疆服务》，1944 年第 7 期。

胡适：《治学方法》，载入胡适：《胡适演讲集》，台北：远流出版公司，1994 年版。

胡秀英：《植物学与民族复兴》，《华大农学》，1932 年 12 月 1 日。

《华西日报》记者：《华大教授赴邛研讨古代磁窑，省府准予发给护照以利行程》，
　　《华西日报》，1936 年 9 月 3 日。

黄家祥：《汶川姜维城发掘的初步收获》，《四川文物》，2004 年第 3 期。

贾湖亭：《论我国半世纪以来之边疆政策》，载入张其昀：《边疆论文集》，台北：
　　"国防研究院"，1966 年版。

江应栋：《人类学的起源及其在我国的发展》，《云南社会科学》，1983 年第 3 期。

李安宅：《实地研究与边疆》，《边疆通讯》，1942 年第一卷第 1 期。

李安宅摘译：《藏人论藏》，《边政公论》，1942 年第一卷第 7—8 期。

李建华、李朝鲜：《开辟中国植物学研究新道路》，《光明日报》，2006年7月4日。

李如东：《华西的植物研究：1920—1937——以华西协合大学为中心》，2012年硕士学位论文，中央民族大学。

李绍明：《略论中国人类学的华西学派》，《广西民族研究》，2007年3期。

李绍明：《评李安宅遗著〈藏族宗教史之实地研究〉》，《中国藏学》，1990年1期。

李绍明：《西南民族研究的回顾与前瞻》，《贵州民族研究》，2004年第3期。

李绍明：《西南人类学民族学历史、现状与展望》，《西南民族大学学报》（人文社会科学版），2007年第10期。

李绍明：《中国人类学的华西学派》，载入《中国人类学评论》（第4辑），北京：世界图书出版公司，2007年版。

梁吉生：《旧中国博物馆历史述略》，《中国博物馆》，1986年第2期。

林名均：《川苗概况》，《新亚细亚月刊》，1936年第十二卷第4期。

林名均：《川南僰人考》，《文史教学》，1941年创刊号。

林名均：《广汉古代遗物之发现及其发掘》，《说文月刊》（巴蜀文化专号），1942年第三卷第7期。

林名均：《四川威州彩陶发现记》，《说文月刊》（巴蜀文化专号），1944年第四卷合订本。

刘复生：《巴蜀文化研究综述》，《文史知识》，2001年第7期。

龙伟：《传教士视野中的20年代四川基督教运动——以〈华西教会新闻〉刊载材料为中心的考察》，2005年硕士学位论文，四川大学。

龙伟：《基督教与西南边疆研究的近代转型》，《中国史研究》（韩国），总71辑，2011年4月版。

龙伟：《教会大学与"地方认知"：基于华西协合大学立案的分析》，《宗教学研究》，2009年第1期。

罗安国：《民国时期的民族构建和人类学：四川西部的传教人类学事业（1922—1945）》，载入特木勒：《多元族群与中西文化交流：基于中西文献的新研究》，上海：上海人民出版社，2010年版。

罗希成：《唐邛窑奇品》，《美术生活》，1936年第33—35期。

马长寿：《十年来边疆研究的回顾与展望》，《边疆通讯》，1947年第四卷第4期。

马叙伦：《北大整理国故国学计划书》，《北大日刊》，1920年10月19日。

钱穆：《中国学术通义·四部概论》，载入罗联添：《国学论文选》，台北：学生书局，1985年版。

申晓虎：《比较的视角：叶长青康区宗教文化研究探析》，《北方民族大学学报》
    （哲学社会科学版），2011年第1期。

申晓虎、陈建明：《叶长青康藏民族学研究综述》，《西南民族大学学报》（人文社
    会科学版），2010年第10期。

石硕：《从旧石期晚期遗存看黄河流域人群向川西高原的迁徙》，《西藏研究》，
    2004年第2期。

石硕：《我国现代藏学的发轫：民国时期康藏研究三种学术期刊及其价值——
    〈康藏前锋〉〈康导月刊〉〈康藏研究月刊〉》，《青海民族研究》，2012年第1期。

苏珊·R.布朗著、饶锦译：《在中国的文化人类学家——戴维·克罗克特·葛维
    汉》，载入李绍明、周蜀蓉选编：《葛维汉民族学考古学论著》，成都：巴蜀书
    社，2004年版。

孙家洲、高宏达：《"经世致用"学术传统之诠释》，《光明日报》，2011年3月
    31日。

王海文：《俾尽书生报国之志——追忆上世纪30～40年代的边疆史地研究热》，
    《中国民族报》，2009年3月13日。

王建民：《中国人类学西南田野工作与著述的早期实践》，《西南民族大学学报》
    （哲学社会科学版），2007年第12期。

王立新：《"文化侵略"与"文化帝国主义"：美国传教士在华活动两种评价范式辨
    析》，《历史研究》，2002年第3期。

王玮：《中国教会大学科学教育研究（1901－1936）》，2008年博士学位论文，上
    海交通大学。

卫聚贤：《巴蜀文化》，《说文月刊》，1941年3卷4期。

卫聚贤：《华西大学博物馆参观记》，《说文月刊》，1940年第二卷第8期。

魏尧西：《邛窑》，《风土什志》，1948年第二卷第2期。

吴春明：《郑德坤教授对厦门大学的学术贡献》，载入郑德坤：《郑德坤古史论集
    选》，北京：商务印书馆，2007年版。

萧梅：《20世纪前半期外国探险者、传教士、文化学者在中国的几次考察》，载入
    中国艺术研究院音乐研究所、台南艺术大学民族音乐学研究所编：《音乐文化》
    （音乐学年度学刊2004年卷），北京：文化艺术出版社，2007年版。

萧梅：《中国大陆1900—1966：民族音乐学实地考察——编年与个案》，载入中国

艺术研究院音乐研究所、台南艺术大学民族音乐学研究所编：《音乐文化》（音乐学年度学刊 2004 年卷），北京：文化艺术出版社，2007 年版。

徐益棠：《十年来中国边疆民族研究之回顾与前瞻》，《边政公论》，1942 年第一卷第 5—6 期合刊。

杨梅、贺圣达：《晚清至民国西方人在中国西南边疆调研资料的编译与研究》，载入《清史译丛》（第十辑），济南：齐鲁书社，2010 年版。

杨天宏：《基督教与中国"边疆研究"的复兴》，《四川大学学报》（哲学社会科学版），2008 年第 1 期。

杨枝高：《邛崃十方堂古窑记》，《华西学报之四·考证部》，1936 年第 4 期。

佚名：《博物馆消息》，《华西协合大学校刊》（募集基金运动专号），1947 年 8 月版。

佚名：《华西大学古物博物馆概况》，《文物参考数据》（西南专号），1951 年第二卷第 11 期。

易遵谅：《忆华西协合大学博物馆》，载入《成恩元文集》（上下卷），成都：四川民族出版社，2013 年版。

张伯怀：《服务运动之重要》，《边疆服务》，第 2 期。

张丽萍：《中国西部第一个博物馆》，《光明日报》，2006 年 6 月 11 日。

张泽洪：《近代以来西南少数民族宗教研究：以国外学者为中心》，《西藏民族学院学报》（哲学社会科学版），2004 年第 1 期。

郑德坤、冯汉骥：《郑德坤、冯汉骥致方叔轩函》（1947 年 3 月 26 日），载入党跃武编：《川大记忆：校史文献选辑》（第一辑），成都：四川大学出版社，2010 年版。

周蜀蓉：《本色化运动中的中国基督教文社》，《宗教学研究》，2005 年第 4 期。

周蜀蓉：《传教士与华西协合大学博物馆的创建》，《宗教学研究》，2014 年第 4 期。

周蜀蓉：《华西边疆研究学会与三星堆文化的早期研究》，《四川文物》，2012 年第 5 期。

周蜀蓉：《华西边疆研究学会之再诠释》，《中华文化论坛》，2010 年第 3 期。

周蜀蓉：《加拿大传教士在华西地区的社会活动——以 1937 年之前的华英书局为中心的考察》，《宗教学研究》，2013 年第 3 期。

周蜀蓉：《历史悠久独具特色的四川大学博物馆图书室》，《四川图书馆学报》，1999 年第 6 期。

周蜀蓉：《研究西部开发的珍贵文献——〈华西边疆研究学会杂志〉》，《中华文化论坛》，2003 年第 1 期。

周蜀蓉：《中西学术互动之典范——以华西协合大学博物馆葛维汉与林名均为例》，《博物馆学刊》，2013 年第 3 辑。

周蜀蓉编：《华西边疆研究学会杂志目录》，载入李绍明、周蜀蓉选编：《葛维汉民族学考古学论著》，成都：巴蜀书社，2004 年版。

朱家骅：《边务工作应有的认识和态度》，载入张其昀：《边疆论文集》，台北："国防研究院"，1966 年版。

朱彦民：《巴蜀文化的倡导者——卫聚贤先生的历史考古学贡献》，载入《长江三峡古文化学术研讨会暨中国先秦史学会第九届年会论文集》，重庆：重庆出版社，2011 年版。

2. 外文

T.K.Cheng, *An Introduction to Szechwan Pottery*, Chengtu：University Museum press，(1945)：12 – 14.

Harris，"Cultural Imperialism and American Protestant Missionaries：Collaboration and Dependency in Mid-Nineteenth Century China"，*Pacific Historical Review*，Vol.60，No.3，(1991)：320 – 326.

"James Huston Edgar"，*The Chinese Recorder*，Vo.l67，No.5，(1936)：298 – 299.

O.H.Bedford， "An Ancient Kiln Site at Chiung-Chou, Szechwan"，*The China Journal*，Vol.26，No.1，(1937)：14.

W.P.Feng， "Rhododendron Collected by Recent Chinese Expeditions"，*Contr.Biol. Iab.Sci.Soc.China Bot.Ser.*1939，12 (1)：1 – 88.

二、专著

1. 中文

巴特等著、高丙中译：《人类学的四大传统》，北京：商务印书馆，2008 年版。

[北宋] 李昉：《太平御览》，北京：中华书局，1985 年版。

陈波：《李安宅与华西学派人类学》，成都：巴蜀书社，2010 年版。

陈以爱：《中国现代学术研究机构的兴起：以北大研究所国学门为中心的探讨》，

南昌：江西教育出版社，2002 年版。

成恩元：《成恩元文集》（上下卷），成都：四川民族出版社，2013 年版。

戴维斯著、李安泰译：《云南：联结印度和扬子江的锁链：19 世纪一个英国人眼中的云南社会状况及民族风情》，昆明：云南教育出版社，2000 年版。

党跃武：《川大记忆：校史文献选辑》，成都：四川大学出版社，2010 年版。

范发迪著、袁剑译：《清代在华的英国博物学家：科学、帝国与文化遭遇》，北京：中国人民大学出版社，2011 年版。

冯汉骥：《冯汉骥教授百年诞辰纪念文集》，成都：四川大学出版社，2001 年版。

冯汉骥：《冯汉骥考古学论文集》，北京：文物出版社，1985 年版。

高平叔编：《蔡元培全集·卷三·教育》，北京：中华书局，1984 年版。

何伟亚著、刘天路译：《英国的课业：19 世纪中国的帝国主义教程》，北京：社会科学文献出版社，2007 年版。

胡适：《胡适演讲集》，台北：远流出版公司，1994 年版。

华西协合大学博物馆编：《竹扉旧藏名纸目录》，成都：华西大学博物馆铅印单行本，1947 年版。

黄才贵：《影印在老照片上的文化——鸟居龙藏博士的贵州人类学研究》，贵阳：贵州民族出版社，2000 年版。

黄思礼著、秦和平译：《华西协合大学》，珠海：珠海出版社，1999 年版。

江应梁：《江应梁民族研究文集》，北京：民族出版社，1992 年版。

金开泰：《百年耀千秋：华西协合大学建校百年历史人物荟萃》，香港：中国文化出版社，2010 年版。

李媚主编：《庄学本全集》，北京：中华书局，2009 年版。

李绍明口述、伍婷婷整理：《变革社会中的人生与学术》，北京：世界图书出版公司北京公司，2009 年版。

李绍明、周蜀蓉选编：《葛维汉民族学考古学论著》，成都：巴蜀书社，2004 年版。

李亦园：《人类学与现代社会》，台北：水牛图书出版事业有限公司，1985 年版。

李志刚：《基督教早期在华传教史》，台北：台湾商务印书馆，1985 年版。

梁启超：《中国近三百年学术史》，北京：中国书店，1985 年版。

刘吉西：《四川基督教》，成都：巴蜀书社，1992 年版。

罗志田：《再造文明的尝试：胡适传（1891—1929）》，北京：中华书局，2006 年版。

洛克著、刘宗岳译：《中国西南古纳西王国》，昆明：云南美术出版社，1999 年版。

毛泽东：《毛泽东选集》第二卷，北京：人民出版社，1991 年版。

秦和平：《基督教在西南民族地区的传播史》，成都：四川民族出版社，2003 年版。

瞿秋白：《瞿秋白文集》，北京：人民出版社，1988 年版。

萨义德著、王宇根译：《东方学》，北京：生活·读书·新知三联书店，1999 年版。

四川大学史稿编审委员会：《四川大学史稿》第一至四卷，成都：四川大学出版社，2006 年版。

[唐] 魏徵：《隋书》，北京：中华书局，1973 年版。

特木勒：《多元族群与中西文化交流：基于中西文献的新研究》，上海：上海人民出版社，2010 年版。

王笛：《街头文化：成都公共空间、下层民众与地方政治，1870－1930》，北京：中国人民大学出版社，2006 年版。

王建民：《中国民族学史》，昆明：云南教育出版社，1997 年版。

王铭铭主编：《中国人类学评论》（第 4 辑），北京：世界图书出版公司，2007 年版。

王仰之：《丁文江年谱》，南京：江苏教育出版社，1989 年版。

王毅：《皇家亚洲文会北中国支会研究》，上海：上海书店出版社，2005 年版。

王跃、马骥、雷文景：《成都百年百人》，成都：四川人民出版社，2008 年版。

文忠志：《出自中国的叛逆者——文幼章传》，成都：四川人民出版社，1983 年版。

闻宥：《古铜鼓图录》，上海：上海图书出版公司，1954 年版。

闻宥：《四川大学历史博物馆所藏古铜鼓考》，成都：四川大学历史博物馆发行，1953 年版。

闻宥：《四川大学历史博物馆所藏铜鼓续考》，成都：四川大学历史博物馆发行，1953 年版。

闻宥：《四川汉代画像选集》，上海：上海图书发行公司，1955 年版。

沃德著、杨图南译：《西藏之神秘水道记》，南京：蒙藏委员会发行，1934 年版。

熊月之：《西学东渐与晚清社会》，上海：上海人民出版社，1994 年版。

姚乐野、石硕编：《〈康藏前锋〉〈康导月刊〉〈康藏研究月刊〉校刊影印全本》，成都：四川大学出版社，2011 年版。

叶再生：《中国近代现代出版通史》，北京，华文出版社，2002 年版。

约翰·汤林森著、冯建三译：《文化帝国主义》，上海人民出版社，1999 年版。

云南财政厅编：《云南行政纪实》，昆明：云南财政厅印刷局承印，1943 年版。

张其昀：《边疆论文集》，台北："国防研究院"，1966 年版。

郑德坤：《四川古代文化史》，成都：华西大学博物馆发行，1946 年版。

郑德坤：《五年来之华西大学博物馆》，成都：华西大学博物馆铅印单行本，1947
年版。

郑德坤：《郑德坤古史论集选》，北京：商务印书馆，2007 年版。

中国科学院植物研究所编：《新拉汉英植物名称》，北京：航空出版社，1996 年版。

中国民族学研究会编：《民族学研究》（第 1 辑），北京：民族出版社，1981 年版。

中国民族学研究会编：《民族学研究》（第 2 辑），北京：民族出版社，1981 年版。

中国民族学研究会编：《民族学研究》（第 3 辑），北京：民族出版社，1982 年版。

中国民族学研究会编：《民族学研究》（第 4 辑），北京：民族出版社，1982 年版。

周蜀蓉编：《边疆服务》（上下卷），桂林：广西师范大学出版社，2011 年版。

周蜀蓉、谌海霞整理：《华西边疆研究学会杂志影印本》（10 册），北京：中华书
局，2014 年版。

2. 外文

Alfred Liétard, *Au Yun-nan, Les Lolo p'o, Une tribu des aborigènes de la Chine méridionale*, Munster, Aschendorff, 1913.

Archibald John Little, *Across Yunnan: A Journey of Surprises*, London: Sampson Low, Marston & co, 1910.

Clement Williams, *Through Burmah to western China: being notes of a journey in 1863 to establish the practicability of a trade-route between the Irrawaddy and the Yang-Tse-Kiang*, W.Blackwood and sons, 1868.

E. Colborne Baber, *Travels and Researches in the Western China*, London: J. Murray, 1882.

Edwin John Dingle, *Across China on Foot: Life in the Interior and the Reform Movement*, H.Holt and Company, 1911.

E. I. Hart, *Virgil C. Hart: Missionary Statesman, Founder of the American and Canadian Missions in Central and West China*, New York: Hodder & Stoughton; G.H.Doran Co., 1917.

F.M.Savina, *Histoire des Miao*, Paris：Societe des Missions Etrangeres，1924；Soc. des missions-étrangères，1930（second edition）.

Francis Garnier, *Voyage d'exploration de l'Indo-Chine：effectuée par une commission française présidée par le capitaine de frégate Doudart de Lagrée, relation empruntée au journal le tour du monde*, Paris：Librarie Hachette et Cie. ed.，1873.

F.S.A.Bourne, *Report by Mr.F.S.A.Bourne of a Journey in South-Western China*, H.M.Stationery Office，1888

G.A.Combe, *A Tibetan on Tibet*, T.F.Unwin, Limited，1926.

George Ernest Morrison, *An Australian in China, Being the Narrative of a Quiet Journey Across China to British Burma*, H.Cox，1895.

G.Litton, *Report by Acting Consul Litton on a Journey in North-West Yunnan*, H.M. Stationery Office，1903.

Henri d'Ollone, *Les derniers barbares：Chine, Tibet, Mongolie*, P. Lafitte & cie，1911.

Henri Philippe Marie Orléans, *Du Tonkin aux Indes*, C.Lévy，1898.

J.F.Rock, *Nakhi-English Encyclopedic Dictionary*, Serie Orientale Roma，1963.

J.F.Rock, *The Ancient Nakhi Kingdom of Southwest China*, Harvard University Press, Cambridge, Mass.，1947.

J.F. Rock, *The Zhi-ma Funeral Ceremony of the Nakhi of Southwest China*, Vienna，1955.

John Anderson, *A Report on the Expedition to Western Yunnan Viâ Bhamô*, Office of the Superintendent of Government Printing，1871.

John Anderson, *Mandalay to Momien, a Narrative of the Two Expeditions to Western China of 1868 and 1875*, Macmillan，1876.

J. W. Gregory, *To the Alps of Chinese Tibet：An Account of a Journey of Exploration Up to and Among the Snow-clad Mountains of the Tibetan Frontier*, Seeley, Service & Company, Limited，1923.

Louis de Carné, *Voyage en Indo-Chine et dans l'Empire Chinois*, E.Dentu，1872.

Émile Rocher, *La province chinoise du Yün-nan*, E.Leroux，1879.

Paul Vial, *De la Langue Et de L'écriture Indigènes Au Yûn-Nân*，1890.

Paul Vial, *Dictionnaire Français-lolo*, *Dialecte Gni*, Hongkong, 1909.

Paul Vial, *Grammaire Francorientale Le Deuxième Livre de la Jeune France en Chine*, Hongkong, 1913.

Paul Vial, *Les Lolos*, *histois*, *religion*, *moeurs*, *langue*, *ecriture*, Imprimerie de la Mission catholique, Orphelinat de T'ou-sè-wè, 1898.

P.G.Bonvalot, *De Paris au Tonkin àtravers le Tibet inconnu*, L.Hachette et Cie,1891.

Rev.Thomas Torrance, "My Work among the Tribes", *Chinese Recorder*, *April*, (1930): 2.

Roy Chapman Andrews, *Camps and Trails in China*, D.Appleton, 1919.

Samuel Pollard, *In Unknown China: A Record of the Observations*, *Adventures and Experiences of a Pinoeer Missionary during a Prolonged Sojourn amongst the Wild and Unknown Nosu Tribe of Western China*, J. B. Lippinott Company: London, Seeley, Service & Company Limited, 1921.

Samuel Pollard, *The Story of the Miao*, London, 1919.

Sir Alexander Hosie, *Manchuria: Its People*, *Resources and Recent History*, Methuen, 1901.

Sir Alexander Hosie, *Szechwan*, *Its Products*, *Industries and Resources*, Shanghai: Kelly & Walsh, Ltd., 1922.

Sir Alexander Hosie, *Three Years in Western China: A Narrative of Three Journeys in Ssu-ch'uan*, *Kuei-chow*, *and Yün-nan*, G.Philip & Son, 1897.

Sir Reginald Fleming Johnston, *From Peking to Mandalay.A Journey from North China to Burma through Tibetan Ssuch'uan and Yunnan*, London: J. Murray, 1908.

Stephen Neill, *Colonialism and Christian Mission*, New York, 1966.

Thomas M. Ainscough, Notes *from a Frontier*, Shanghai: Kelly and Walsh, Ltd.,1915.

Thomas Thornville Cooper, *Travels of a Pioneer of Commerce in Pigtail and Petticoats*, *Or an Overland Journey from China Towards India*, London: John Murray, Albemarle Street, 1871.

T.Torrance, *The Early History of Chengtu*, Canadian Mission Press, 1916.

三、报刊

1. 中文

《边疆服务》（1943—1947）

《边政公论》（1941—1948）

《风土什志》（1943—1949）

《国立中央研究院历史语言所集刊》（1928—1948）

《华文月刊》（1942—1943）

《华西文物》（1951）

《华西协合大学校刊》（1927—1949）

《华西学报》（1933—1941）

《康藏研究月刊》（1946—1949）

《科学世界》（1932—1948）

《美术生活》（1934—1937）

《史学消息》（1936—1937）

《说文月刊》（1939—1944）

《文史教学》（1941—1942）

《西南边疆》（1938—1944）

《新亚细亚月刊》（1930—1937）

《学思》（1942—1944）

《中国博物馆协会会报》（1935—1937）

《中国地质学会志》（1922—1937）

《中国文化研究所集刊》（1940—1949）

《中国植物学杂志》（1934—1937）

2. 外文

《大陆报》（*The China Press*，1911—1949）

《华西边疆研究学会杂志》（*Journal of the West China Border Research Society*，1922—1946）

《华西教会新闻》（*The West China Missionary News*，1899—1943）

《皇家亚洲文会北中国支会会报》（*Journal of the North China Branch of Royal Asiatic Society*，1910—1949）

《教务杂志》（*The Chinese Recorder*，1867—1941）

《京津泰晤士报》（*Peiping and Tientsin Times*，1894—1941）

《中国科学美术杂志》（*The China Journal of Science and Art*，1923—1926）

《中国杂志》（*China Journal*，1927—1941）

《字林西报》（*North China Daily News*，1864—1951）

四、档案

1. 中文

四川大学博物馆藏民国时期老照片（编号及未编号）。

四川大学档案馆藏四川大学干部档案袋编号：121，林名均。

四川大学档案馆档案临 28，目录号 254，卷号 84：《高等教育概况表》。

四川省档案馆藏（基）447：《中华基督教会边疆服务部》。

2. 外文

美国惠特曼学院（Whitman College）彭罗斯图书馆（Penrose Library）藏葛维汉资料第 16 箱《大学博物馆 1947—1948》(Box16，"Personnel and Work to the W.C. U.U. Museum 1947—1948")。

四川大学博物馆藏三千多份华西边疆研究学会档案（编号及未编号）。

四川大学博物馆藏华西边疆研究学会档案编号：I—C—2—2038、I—C—2—2136、I—C—2—2137、I—C—3—2680、I—C—2—3001、I—C—2—3002、I—C—2—3003、I—C—2—3004、I—[1]—C—2—3001、I—[1]—C—2—3002，华西边疆研究学会部分会员信息。

四川大学博物馆藏华西边疆研究学会外籍会员收集的边疆考察图像数据（编号及未编号）。

四川大学博物馆藏华西协合大学博物馆所有档案（编号及未编号）。

四川大学博物馆藏有关华西协合大学档案（编号及未编号）。

四川大学博物馆档案编号：1020、1032—1、1032—2、1032—3，华西协合大学博物馆戴谦和与葛维汉通信。

四川大学博物馆档案编号：1262，1946 年华西协合大学博物馆人员名单。

四川大学博物馆档案编号：2010-702，葛维汉《1935 年度华西协合大学博物馆工作报告》。

四川大学博物馆档案编号：2010-704-1，华西协合大学校长毕启讲话。

四川大学博物馆档案编号：243，葛维汉汇报华西协合大学博物馆工作与馆藏。

四川大学博物馆档案编号：273，1922 年 12 月 21 日华西协合大学博物馆主任戴谦和致 Dr.Liu 的信。

四川大学博物馆档案编号：314、315，1919 年华西协合大学博物馆戴谦和致传教士征求文物的信。

四川大学博物馆档案编号：375，1941 年 11 月 18 日华西协合大学博物馆委员会会议记录。

四川大学博物馆档案编号：378，1942 年 3 月 9 日华西协合大学博物馆委员会会议记录。

四川大学博物馆档案编号：389、390，郑德坤论博物馆功能。

四川大学博物馆档案编号：704、716，葛维汉进行华西协合大学博物馆学馆藏分类与研究。

四川大学博物馆档案编号：714，葛维汉讲华西协合大学博物馆展览。

四川大学博物馆档案编号：716-1、755，葛维汉论华西协合大学博物馆。

四川大学博物馆档案编号：949，1939 年华西协合大学博物馆学术讲座安排表。

四川大学博物馆档案编号：970，葛维汉谈华西协合大学博物馆藏族厅陈列方式。

四川大学博物馆档案编号：977、953、956、958、959，哈佛燕京学社历年对华西协合大学博物馆的预算。

四川大学博物馆档案编号：I-C-1-2001，1943 年华西边疆研究学会秘书郑德坤博士致华西协合大学中国文化研究所所长闻宥函。

四川大学博物馆档案编号：I-C-1-2202、I-C-2-2394，1937 年 10 月 26 日葛维汉致信华西边疆研究学会执委会，提议安排国立四川大学教授闻宥演讲及闻宥讲演题目。

四川大学博物馆档案编号：I-C-1-2220，I-C-2-2193、2278，华西边疆研究学会与瑞典乌普萨拉大学、美国自然历史博物馆华西远征队交往。

四川大学博物馆档案编号：I-C-2-0001，传教士创办的双周俱乐部。

四川大学博物馆档案编号：I-C-2-017，1942 年 1 月 16 日华西边疆研究学会会议记录。

四川大学博物馆档案编号：I－C－2－2004，1949 年－1950 年度华西边疆研究学会
　　执委会名单。

四川大学博物馆档案编号：I－C－2－2006，1947 年《华西边疆研究学会杂志》主
　　编启真道致顾问林则的信。

四川大学博物馆档案编号：I－C－2－2006－2014，1950 年 8 月南京英国文化委员
　　会致华西边疆研究学会顾问林则的信。

四川大学博物馆档案编号：I－C－2－2007，华西边疆研究学会顾问林则向执委会
　　提议杂志与大学杂志合并为《华西研究杂志》。

四川大学博物馆档案编号：I－C－2－2038，1941 年《华西边疆研究学会杂志》寄
　　赠机构名单。

四川大学博物馆档案编号：I－C－3－2680，西人在华创办汉学报刊交换《华西边
　　疆研究学会杂志》名单。

四川大学博物馆档案编号：I－C－2－2165、68，华西边疆研究学会郑德坤的秘书
　　报告。

四川大学博物馆档案编号：I－C－2－2230，华西边疆研究学会章程。

四川大学博物馆档案编号：I－C－2－2288，1933 年华西边疆研究学会在华西协合
　　大学博物馆举办展览。

四川大学博物馆档案编号：I－C－2－2301—2305，华西边疆研究学会会议纪录。

四川大学博物馆档案编号：I－C－2－2330，1934 年 11 月 24 日华西边疆研究学会
　　会议记录。

四川大学博物馆档案编号：I－C－2－2360，1935 年 3 月 16 日华西边疆研究学会
　　执委会会议记录。

四川大学博物馆档案编号：I－C－2－2375，戴谦和谈《华西边疆研究学会杂志》
　　出版问题。

四川大学博物馆档案编号：I－C－2－247，1939 年 5 月 29 日华西边疆研究学会会
　　长演讲记录。

四川大学博物馆档案编号：I－C－2－265，1922 年 3 月 24 日华西边疆研究学会筹
　　备会记录。

四川大学博物馆档案编号：I－C－2－274，I－C－2－350、1455、1456，1924 年 2
　　月 19 日华西边疆研究学会特别会议记录。

四川大学博物馆档案编号：I－C－2－293，1934 年 9 月 29 日华西边疆研究学会会

议记录。

四川大学博物馆档案编号：Ⅰ—C—2—351，戴谦和1925年9月致华西协合大学图书馆的信。

四川大学博物馆档案编号：Ⅰ—C—2—393，华西边疆研究学会1922年章程。

四川大学博物馆档案编号：Ⅰ—C—3—0066，1926年美籍传教士费什米尔致华西边疆研究学会的信。

四川大学博物馆档案编号：Ⅰ—C—3—2001，1945年11月10日葛维汉致英国驻华大使馆的信。

四川大学博物馆档案编号：Ⅰ—C—3—2287，华西边疆研究学会李方桂讲演嘉绒语言。

四川大学博物馆档案编号：Ⅰ—C—3—2289，葛维汉致中华基督教边疆服务部主任张伯怀的信。

四川大学博物馆档案编号：Ⅰ—C—3—2310，史密斯索尼学院与华西边疆研究学会学术交流。

四川大学博物馆档案编号：Ⅰ—C—3—2673，1947年《华西边疆研究学会杂志》主编谈出版费用。

四川大学博物馆档案编号：Ⅰ—C—3—2681，1924年华西边疆研究学会杂志交流机构名单。

四川大学博物馆档案编号：Ⅰ—C—3—802，1931年4月2日Bernard E.Read给启真道的信。

四川大学博物馆档案未编号：1922年—1950年华西边疆研究学会历次讲演目录。

四川大学博物馆档案未编号：1950年华西边疆研究学会年会通知。

四川大学博物馆档案未编号：《葛维汉图书室借书登记簿》（1945—1949）。

四川大学博物馆档案未编号：《葛维汉图书室书籍登记簿》。

四川大学博物馆档案未编号：华西边疆研究学会1931年修订章程及细则。

四川大学博物馆档案未编号：华西边疆研究学会成员考察活动信息。

四川大学博物馆档案未编号：莫尔思。

后　记

　　第一次听说华西边疆研究学会这个组织时，我还是个稚气未脱的小女孩。因大人及哥姐们都忙着"闹革命"，孩子们便趁"停课"之机整日疯耍。那是个冬日寒夜，又困又冷的我早早上床睡了，也不知过了多久，被房间里阵阵喧哗声惊醒。躺卧在床角的我透过床沿母亲背影的缝隙依稀发现，房间里坐满了父亲工作单位上的人，他们人人神情严肃、言辞激烈，正在诘问我父亲什么。有人大声呵斥，"都有人揭发你参加过华西边疆研究会这个反动组织了，你还抵触"。父亲细声应答："我是参加了研究会活动，但没加入组织。研究会事务是博物馆安排我的。"有人恨恨地指责，"你还狡辩什么，老实交代吧，你的情况都上报公安局了，你不承认也要结案"。有人更以厌恶口吻嚷道："知道不，这个是反革命行为。"父亲蜷缩着在那儿，显得格外的瘦弱渺小。恐惧让我喘不过气，心里怦怦乱跳，浑身似筛糠样哆嗦，好在没被众人察觉。随后有人鼓励我母亲与父亲划清界限，揭发其言行。话音刚落，一屋的人都把目光投向我母亲，静等她表态。母亲说："我相信政府、相信组织，老周做了什么该怎样办就怎样办，他干什么不会告诉我，我知道的就说，不知道的就不乱说……"

　　那以后，家里气氛越发沉闷，大家都忙碌起来，母亲买回棉布，忙着替父亲缝制藏青色的棉衣棉裤及棉鞋，父亲去理发店剃了个光头，专程上百货商场买了顶棉帽。一夜之间我长大了，清楚这是父亲在为不测做准备。白天父亲去单位交代问题，晚上则与我二姐守着昏暗的台灯，由父亲口述历史，二姐记录与缮写，第二天再由父亲将材料交给组织。日复一日，这种状态一直伴随了我们很长一段时间。政治运动后，再没有人提起父亲与华西边疆研究学会，它终于淡出了我们的视野。

1998 年，四川大学博物馆进行"整理馆故"工作，我承担包括《华西边疆研究学会杂志》在内的外刊整理任务。工作中，我将整理与研究融为一体，逐步对学会产生了研究兴趣，发表拙文数篇。2007 年博物馆迁新馆，发现学会档案数千份，为研究提供了极为珍贵的材料。2010 年本人以"华西边疆研究学会研究"为题，申报国家社会科学基金项目。获批的国家社会科学基金项目名称：华西边疆研究学会研究，项目编号：10BZS047。2016 年 4 月项目结项。

在国家项目最终成果（书稿）付梓之际，笔者真诚地感谢四川大学历史文化学院杨天宏教授、刘复生教授、陈廷湘教授、徐亮工教授、周静副教授，西南民族大学秦和平教授，重庆大学新闻学院龙伟教授，四川大学中国藏学研究所徐君教授，四川大学道教与宗教文化研究所陈建明教授，四川大学外文学院张基珮副教授，四川大学档案馆谭红副研究馆员，四川大学图书馆肖金萍馆员，四川大学博物馆谌海霞馆员，四川大学成人继续教育学院黄超英主任，四川省社会科学规划办公室黄兵主任，中国光华基金会张建国博士，巴蜀书社编审段志洪博士、朱娅玲博士，成都海关林彦谷硕士等学者及亲朋好友给予的大力支持与帮助。最让人感激的是，特约笔者撰成第一篇华西边疆研究学会文章的四川大学博物馆霍巍馆长，为笔者化解作序纠结的历史文化学院博士导师陈廷湘教授，学术交往十余载、时时为笔者解难的重庆大学新闻学院龙伟教授，治学严谨、审稿直言不足的西南民族大学西南民族研究院秦和平教授。另外，感谢北京润合公益基金会（原北京一点公益基金会）与中华书局在出版方面提供的支持。还感谢家人多年来的支持与理解，且分担笔者学术上的烦恼及事务上的纠结。最后，感谢父母（周乐钦先生及孙雁秋女士）对笔者多年的教诲。

周蜀蓉
于四川大学专家楼
2016 年 12 月